Frauke Geyken

Wir standen nicht abseits

Frauke Geyken

Wir standen nicht abseits

Frauen im Widerstand gegen Hitler

Verlag C.H.Beck

Förderer des Buches (siehe auch Seite 286):
Brougier-Seisser-Cleve-Werhahn-Stiftung
Deutsches Literaturarchiv Marbach
Forschungsgemeinschaft 20. Juli 1944
Gerda-Weiler-Stiftung für feministische Frauenforschung

Mit 49 Abbildungen

Satz: Fotosatz Amann, Memmingen
Druck und Bindung: CPI – Ebner & Spiegel, Ulm
Umschlaggestaltung: Konstanze Berner, München
Gedruckt auf säurefreiem, alterungsbeständigem Papier
(hergestellt aus chlorfrei gebleichtem Zellstoff)
Printed in Germany
ISBN 978 3 406 65902 7

www.beck.de

Inhalt

Drittes Kapitel
Leben im Krieg, 1939–1943

Viertes Kapitel
Die Schatten des 20. Juli 1944

Fünftes Kapitel
Not überwinden, Neuanfang wagen? 1945/46

Anhang

«Ein feines schmales Gesicht fällt mir auf. Der Blick ist nach innen gekehrt. Plötzlich im Vorbeigehen ein Hauch: ‹Erhalten Sie sich, ich bin hier ohne Namen, damit mich niemand finden kann, ich bin hier in der Zelle 25, vergessen Sie mich nicht, wenn Sie wieder frei kommen, ich heiße …› Den Namen konnte ich nicht mehr verstehen.»
Marie Louise von Scheliha

«Vergessen Sie mich nicht!»

Die Frau, deren Namen Marie Louise von Scheliha nicht verstehen konnte, war Mildred Harnack. Die gebürtige Amerikanerin hatte ihren Mann, den Juristen und Nationalökonomen Arvid Harnack, in den USA kennengelernt, 1926 gingen sie gemeinsam nach Deutschland. Die Literaturwissenschaftlerin war damals Lektorin an der Berliner Universität, nebenher übersetzte sie Goethe ins Englische. Ab 1933 verbrachte Mildred Harnack einen Teil ihrer Zeit damit, über Beziehungen zur amerikanischen Botschaft Informationen zu beschaffen, die es in Goebbels' Propaganda-Blättern längst nicht mehr zu lesen gab. Dazu gehörten Nachrichten über den Spanischen Bürgerkrieg oder Reden und Kommentare ausländischer Politiker und Journalisten, die sie unter Freunden verbreitete. Ihr Mann organisierte einen Schulungszirkel, in dem er mit Gleichgesinnten die politischen und wirtschaftlichen Zusammenhänge des Nationalsozialismus analysierte und Perspektiven für eine Zeit danach diskutierte. 1940 schloss sich dieser Kreis mit einem weiteren oppositionellen Freundeskreis um den Publizisten Harro Schulze-Boysen zusammen. Diese vereinigte Harnack/Schulze-Boysen-Gruppe wurde später von der Gestapo als «Rote Kapelle» bezeichnet. Ein Großteil der Beteiligten wurde von den Nazis 1942/43 hingerichtet, darunter ungewöhnlich viele Frauen. Mildred Harnack war eine von ihnen. Ihre Bitte: «Vergessen Sie mich nicht!» sollte in Erfüllung gehen, als sehr viel später, im Jahr 2000, eine umfangreiche Biographie über sie erschien.[1]

Marie Louise von Scheliha war in demselben Gefängnis wie Mildred Harnack inhaftiert, die sie später auf Fotografien wiedererkannt hat. Sie hatte begonnen, sich mit dem Widerstand zu beschäftigen, da ihr Mann, der Diplomat Rudolf von Scheliha, ebenfalls exekutiert worden war. Sein widerständiges Handeln hatte er vor seiner Frau weitestgehend verborgen gehalten – vor allem, um sie zu schützen. So musste sie sich nach 1945 die Geschehnisse erst mühsam im Zuge eines quälend langen Wiedergutmachungsverfahrens erschließen. Marie Louise von Scheliha ist eine der Frauen, die im Zentrum dieses Buches stehen. Es wäre unmöglich, auf so wenig Raum allen Frauen des Widerstands mit ihren ganz unterschiedlichen Biographien und Schicksalen gerecht zu werden. Darum wurden sieben Frauen ausgewählt, die verschiedene Facetten des Widerstands widerspiegeln.

Behandelt werden drei Frauen, die selbst Widerstand geleistet haben: Antje Hasenclever (1909–1985), die erste Frau von Robert Havemann, setzte sich für Verfolgte ein und gehört damit zum sogenannten Rettungswiderstand. Außerdem war sie für die sozialistische Gruppe «Europäische Union» aktiv. Cato Bontjes van Beek (1920–1943) engagierte sich im Widerstand ähnlich wie die ein Jahr jüngere Sophie Scholl, indem sie illegale Flugblätter und Schriften verteilte. Am 5. August 1943 wurde sie im Alter von zweiundzwanzig Jahren in Berlin-Plötzensee hingerichtet. Sie wird dem Umfeld der vermeintlich kommunistischen Roten Kapelle zugeordnet. Sophie Scholl (1921–1943) verbreitete zusammen mit ihrem Bruder Hans und anderen Mitstreitern die Flugblätter der «Weißen Rose» gegen das NS-Regime. Sie wurde im Februar 1943 in München-Stadelheim enthauptet.

Außerdem nimmt das Buch exemplarisch zwei Frauen in den Blick, die den Widerstand ihrer Männer unterstützten: Annedore Leber (1904–1968) war in die Aktivitäten von Julius Leber zur Vorbereitung des Umsturzversuchs vom 20. Juli 1944 eingeweiht. Rosemarie Reichwein (1904–2002) wusste vom Engagement Adolf Reichweins für den «Kreisauer Kreis» und billigte es, obwohl er damit nicht nur sich selbst, sondern auch sie und die vier Kinder aufs Höchste gefährdete.

Schließlich soll es auch um zwei Frauen gehen, die aus Widerstandsfamilien stammen, ohne selbst informiert oder beteiligt gewesen zu sein, deren späteres Leben aber maßgeblich vom Widerstand bestimmt war: Inge Aicher-Scholl (1917–1998), die ältere Schwester von Sophie und Hans Scholl, begriff ihr Handeln nach 1943/45 ausdrücklich als Erfüllung des Erbes ihrer ermordeten Geschwister. Das Leben der bereits erwähnten Marie Louise von Scheliha (1904–2003), deren Ehemann Rudolf von Scheliha als Kommunist und käuflicher Spion verleumdet und hingerichtet worden war, wurde nach 1945 ganz von dem Verdikt gegen ihren Mann überschattet.

Diese Frauen, die im Mittelpunkt des Buches stehen, repräsentieren völlig unterschiedliche Widerstandsgruppen. Ihre Schicksale sollen jedoch nicht unverbunden nebeneinandergestellt werden. Das Buch folgt vielmehr der Chronologie der politischen Ereignisse und zeigt immer wieder, wo Verbindungen zwischen den Frauen bestanden, wo sich die Wege kreuzten oder auseinanderliefen. Auf diese Weise wird neben den Protagonistinnen auch immer wieder das Leben anderer Frauen im Widerstand gegen Hitler betrachtet.

Viele der überlebenden Frauen sind sehr alt geworden. Sie lebten nur zwölf Jahre in einer Diktatur, die jedoch ihr gesamtes späteres Leben geprägt hat. Die Darstellung beschränkt sich daher nicht auf die Zeit des Nationalsozialismus, sondern zeigt auch, wie unterschiedlich die Betroffenen mit dem Erbe des Widerstandes umgegangen sind, mit dem sie sich unweigerlich beschäftigen mussten. Es wird deutlich, dass vor allem in den 1950er Jahren für die überlebenden Frauen die Kontinuitäten zur Zeit vor 1945 überwogen.

Gemeinsam ist allen Frauen, mit Ausnahme von Sophie Scholl, vor allem eines: Sie waren lange Zeit – und sind es teils bis heute –«vergessene Frauen» des Widerstands. Es hat Jahrzehnte gedauert, bis sich das Interesse von Forschung und Öffentlichkeit ihnen zuwandte. Viele Quellen zu den Frauen wurden bisher noch gar nicht erschlossen und konnten von mir erstmals ausgewertet werden. Auf diese Weise will das Buch der einfachen, aber oft gar nicht erst gestellten Frage nachgehen, was diese Frauen im Widerstand denn eigentlich gemacht haben. Was genau war ihr Beitrag? Worin besteht ihre Leistung, die sie von ihren Zeitgenossinnen unterscheidet?

Als im Jahr 2011 anlässlich des hundertsten Geburtstags von Freya von Moltke gleich zwei Biographien über die am 1. Januar 2010 im Alter von achtundneunzig Jahren verstorbene Witwe des Widerstandskämpfers Helmuth James von Moltke erschienen,[2] stellte einer der Rezensenten, Klaus-Jürgen Bremm, fest: Hundert Jahre Leben machen noch keine Jahrhundertgestalt, und eine «wirkliche Lebensleistung» sei bei Freya von Moltke nicht zu erkennen. Schließlich habe sie ja nicht einmal in ihrem erlernten Beruf gearbeitet – sie war promovierte Juristin –, sondern «behalf» sich mit «Gelegenheitspositionen im sozialen Bereich» mit der Begründung, sie sei ja «für die Menschen gemacht», was für den Autor «eher wie eine pathetische Selbstlegitimierung ihres Hausfrauendaseins» klingt.[3]

Hausfrau, sonst nichts? Abgesehen von der Häme, die aus diesen Worten spricht und die generell ein «Hausfrauendasein» nicht als Lebensleistung anerkennt, ist diese Klassifizierung im vorliegenden Fall unangemessen. Freya von Moltke selbst hätte sich dagegen verwahrt. 1992 schrieb sie an Irene Etzersdorfer, die das Buch von Dorothee von Meding *Mit dem Mut des Herzens. Die Frauen des 20. Juli* rezensiert hatte: «Es stimmt, wir haben nicht alle gleich viel von den Einzelheiten des Widerstandes unserer Männer gewusst – einige mehr, andere weniger. Und eine ganze Reihe von uns Frauen war auch selber ganz schön aktiv. Alle haben aber gewusst, worum es ging, mit allen Konsequenzen, die das für uns und unsere Kinder haben konnte und dann auch hatte. Und alle haben den Widerstand gebilligt. Ich meine, wir hätten verdient, dass das ganz klar und eindeutig gesagt wird. Weil Sie das nicht tun, darum schreibe ich Ihnen heute. Und wenn Sie so etwas von oben herunter über uns schreiben, dass wir nur als glückliche und liebende Ehefrauen dabei waren, dann unterschätzen Sie unseren persönlichen Einsatz.»[4]

Dieser Einsatz war zwar in vielen Fällen durch das Hausfrauendasein getarnt, aber er ging weit darüber hinaus. Kaffee kochen ist kein Widerstandskampf, aber als Mitwisserin und Zeugin Kaffee für eine Gruppe von Verschwörern zu kochen – wie es zum Beispiel Marion Yorck bei den Treffen des Kreisauer Kreises in der Berliner Hortensienstraße oft tat oder auch Antje Havemann für sozialistische Gruppen –, das war in den Augen der Nazis Hochverrat und konnte mit dem Tod bestraft werden. Man tut sich schwer, die unterschiedlichen Erscheinungsformen widerständigen Handelns als «Kampf» zu bezeichnen. Eine Hausfrau konnte, selbst wenn sie es gewollt hätte, Adolf Hitler nicht töten, geschweige denn einen Umsturz organisieren, weil sie niemals eine Gelegenheit dazu hätte finden können. Jedem Einzelnen war im nationalsozialistischen Staat sein Platz zugewiesen; wer ihn verließ, wurde auffällig und machte sich verdächtig.

Was also war Widerstand? Es gibt zahlreiche unterschiedliche Definitionen. Man kann den Begriff sehr eng fassen, so wie es das Bundesverfassungsgericht 1961 getan hat, indem es als Widerstand nur eine Handlung gelten ließ, die Aussicht auf Erfolg hatte. Damit wären genau genommen nur die Militärs als Widerstandskämpfer anzuerkennen, die tatsächlich die Möglichkeit hatten, Hitler zu beseitigen, um damit die unabdingbare Voraussetzung für einen Neuanfang zu schaffen. Man könnte Georg Elser eine gewisse Chance geben dazuzugehören, aber schon die Weiße Rose, die heute unzweifelhaft zum Widerstand zählt, fiele nicht unter diese Definition. Das Urteil von 1961 wurde allerdings später kassiert. Im Gegensatz dazu kann man den Begriff weit auslegen, dann aber läuft man Gefahr, den Widerstand zu entwerten. Niemand leistete schon Widerstand, der nicht gern die Hand zum Hitlergruß hochriss, weil er dies für unzivilisiert hielt und ein kultiviertes «Guten Tag» vorzog.

Es ist daher sinnvoll, den monolithischen Widerstandsbegriff aufzubrechen, um den sehr unterschiedlichen Handlungen oder eben Unterlassungen gerecht zu werden. Der Historiker Detlev Peukert hat eine Skala von Nonkonformität, Verweigerung und Protest bis hin zum Widerstand erstellt.[5] Damit lässt sich gerade auch widerständiges Handeln von Frauen besser verstehen und vom Widerstand der Männer abgrenzen, die im NS-Staat andere Spielräume hatten. Die Berliner Historikerin Christl Wickert weist auf die Notwendigkeit der Unterscheidung hin: «Weil Widerstandshandlungen von Frauen nur als untergeordneter Teil des männlichen Widerstands betrachtet werden, bleibt auch die Frage nach geschlechtsspezifischen Merkmalen ausgeblendet.»[6] Dieser Umstand führt zu der verbreiteten Meinung, dass Frauen Widerstand – sozusagen «nur» – aus sozialen Motiven leisteten, aus Mitleid, aus dem ihnen zugewiesenen Bedürfnis heraus zu helfen.[7] In der Tat bestand die widerständige Arbeit der Frauen oft genug darin, Verfolgte zu verstecken, ihnen Lebensmittel oder Kleidung zu beschaffen. Dieses Handeln wird in der Regel nicht als politisch begriffen, aber in einem Staat, der von seinen Bürgern die vollständige Unterwerfung und die ausnahmslose Identifikation mit seinen Zielen verlangt, ist es das. Sich dem Absolutheitsanspruch des Staates zu entziehen und damit seine Ziele zu unterlaufen, ist sehr wohl eine Form von Widerstand. «Dem Rad in die Speichen fallen» hat Dietrich Bonhoeffer es genannt. Voraussetzung dafür ist jedoch der Wille, dem Staat zu schaden und nach Möglichkeit das Unrechtsregime zu beseitigen. Handlungen, denen jede Absicht zum Widerstand fehlt, sind daher auch nicht als solcher zu werten.[8]

Wenn man Unrecht und Unfreiheit, Diskriminierung und Ausgrenzung, später Mord und Krieg nicht hinnehmen will, führt das, so stellen wir uns vor, zum Widerstand. Tatsächlich stand wohl nur selten ein ausdrücklicher Entschluss dahinter, Widerstands*kämpfer* zu werden. Barbara von Haeften beschrieb den Weg in den Widerstand als Prozess: «Man hat sich nicht entschließen müssen, sondern man ist hineingewachsen.»[9] Aber ab wann und warum wurde Haltung in Handeln umgesetzt? Der amerikanische Psychiater David M. Levy hat 1946 als einer der Ersten den Widerstand gegen Hitler untersucht. Er befragte deutsche Zivilisten, die zweifelsfrei als Gegner des Nationalsozialismus eingestuft worden waren, und stellte fest, dass viele von ihnen «durch unkonventionelle und sozial offene Familienstrukturen geprägt waren».[10] Kritisches Denken allein führte jedoch nach dieser Untersuchung keineswegs zwangsläufig in den Widerstand. Weitere Fähigkeiten mussten die oppositionelle Grundeinstellung ergänzen, so der Sozialpsychologe Harald Welzer: zum einen die Fähigkeit, in scheinbar aussichtslosen Szenarien Handlungsmöglichkeiten zu erkennen;[11] zum anderen das Gespür dafür, Gleichgesinnte zu finden, um Freundeskreise zu bilden, die «so im Austausch jedes einzelne Mitglied bereichern und verändern konnten und es nicht zuletzt resistenter gegenüber den Zumutungen der Zeit machten».[12]

Genau so wurden die Weiße Rose, die Rote Kapelle und der Kreisauer Kreis von den Handelnden empfunden: als eine Gruppe von Vertrauten, nicht, wie es im Rückblick manchmal erscheint, als streng geführte Widerstandsorganisation. Freya von Moltke schrieb über den Kreisauer Kreis: «Der Ursprung war sozusagen eine Nottat von Menschen, die im Dritten Reich leben mußten, die nicht absehen konnten, wie das enden würde, und wünschten, daß es enden solle, aber nichts dazu tun konnten, unmittelbar, daß es ende, und doch weiterleben mußten, bis es dann soweit war. Diese Menschen haben sich zusammengefunden und darüber gesprochen, wie es aussehen könnte und müßte und sollte, wenn es einmal vorüber war. Das ist der Ursprung.»[13]

Erstes Kapitel

Kindheiten

Antje Hasenclever, eine Kaufmannstochter «ohne Traditionsbelastung»

Antje Hasenclever wurde am 12. November 1909 als drittes von fünf Kindern in Bielefeld geboren. Die Geschwister brachten es auf dreizehn Onkel und Tanten, die alle am Leben in der Bielefelder Obernstraße regen Anteil nahmen, wo der Vater ein «Sonderhaus für Damenbekleidung und Kleiderstoffe» betrieb.

Aus den Erinnerungen der älteren Schwester Christa erfahren wir eine Menge über die freie und lebendige Kindheit der Hasenclevers. Es ist viel von Spielen und Toben die Rede, selbst der Sonntagsspaziergang auf die Sparrenburg war für die Kinder ein Vergnügen und keine Pflichtübung. Denn sowohl der Vater Ernst als auch die Mutter Therese, genannt Resi, geborene Schuhmacher aus dem ostfriesischen Leer, waren «ohne Traditionsbelastung»[1] aufgewachsen, wie es ihre Tochter so treffend formulierte. Auf diese Weise erzogen sie auch ihre eigenen Kinder.

Der Vater nahm sich viel Zeit für sie, jeden Abend kam er hoch in die Kinderetage und erzählte Geschichten. Aber auch tagsüber verließ er öfter sein Geschäft im Erdgeschoss des Hauses, um mit seinen Kindern zu spielen oder ihnen etwas vorzulesen. Dann jedoch wurden die Bücher wieder weggeschlossen; man bekam sie erst in die Hand, wenn man damit umgehen konnte, schreibt Christa Hasenclever.

Trotz großer Freiheiten gab es strenge Regeln im Hause Hasenclever: Einfache Mahlzeiten waren Programm, Süßigkeiten gab es nur zu den Festtagen, und ein Mittagsschlaf war bis zum Ende des ersten

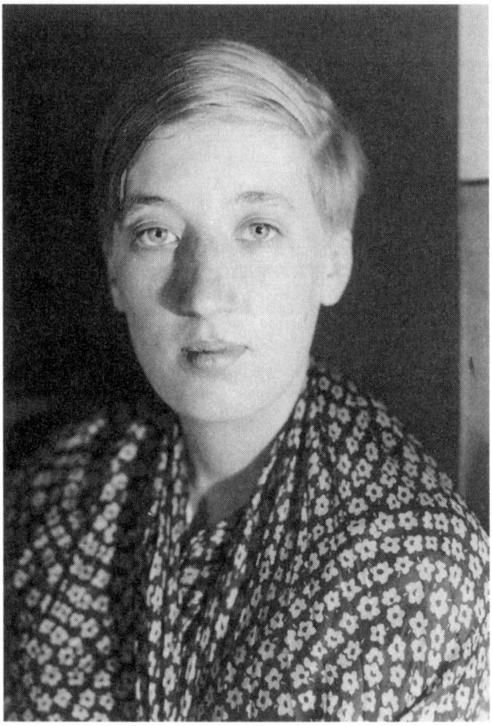

Antje Hasenclever, 1936

Schuljahres obligatorisch. Als die kleine Antje eine Phase von Wehleidigkeit durchlebte, durfte sie sich nur über drei Krankheiten am Tag beklagen.

Kreativität war ein zentrales Element der Erziehung. Die Kinder konnten die Wände des Kinderzimmers selbst bemalen und entschieden sich für ein leuchtendes Grün, das von einem orangenen Rand eingerahmt wurde. So, wie die fünf ihre Geschenke immer selbst basteln mussten, so hatten die Eltern für das Kriegsweihnachtsfest 1916 ein großes Puppenhaus für ihre Töchter gebaut, mit sechs Räumen, Balkon, Garten, voll von bunt bemalten Möbeln. Denn vor allem Antje war eine leidenschaftliche Puppenmutter; sie sollte später eine große Spielzeugsammlung zusammentragen, die sich bis heute erhalten hat. Ihre Mutter nähte nicht nur Kleider für die Puppen, sondern auch für ihre eigenen Töchter, was Christa und Antje nicht allzu gerne sahen, fielen sie doch durch ihre besondere Kleidung in der Schule auf.

Der Vater war ein Kunstliebhaber, der die Kinder sonntags, wenn das Wetter den Spaziergang unerfreulich erscheinen ließ, stattdessen gerne ins naturkundliche Museum oder in den Kunstsalon eines Bielefelder Künstlers mitnahm. Im Kinderzimmer hing eine Wandtafel, an der geübt werden konnte, was die Zeichenlehrerin in der Schule anregte, die mit den Schülern auch Batik-, Buchbinde- und Bastelarbeiten ausführte. Antje trug von Zeit zu Zeit selbstbemalte Kleider. Von dritter Seite erfolgte weitere künstlerische Förderung, denn eine entfernte Kusine des Vaters, Helene Vogt, war mit dem expressionistischen Maler Christian Rohlfs verheiratet. Die Wände des Hasenclever'schen Wohnzimmers, ebenfalls in einem kräftigen Grün gehalten, zierten Bilder von Conrad Felixmüller, Ernst Heckel, Emil Nolde oder Karl Schmidt-Rottluff: «Für viele ein erschreckender Anblick damals», kommentiert Christa Hasenclever lapidar. Es gab regen Austausch zwischen den Familien, auch die Kinder waren öfter zu Gast bei den Rohlfs, die 1902 in dem von Henry van de Velde gestalteten (in den zwanziger Jahren nach Essen verlegten) Museum Folkwang in Hagen eine Wohnung und ein Atelier bezogen hatten.

Antje Hasenclever war keine begeisterte Schülerin und verließ die Schule mit fünfzehn Jahren, zunächst ohne Abschluss. Sie ging auf die Kunstgewerbeschule, Hauptfach Textilgewerbe. Es stand fest, dass sie eine Berufsausbildung haben sollte und wollte – ein Umstand, der sich in ihrem späteren Leben von allergrößtem Nutzen erweisen sollte. Ein Teil der Ausbildung war es, die Schaufenster des elterlichen Konfektionsgeschäfts zu dekorieren, was dann von der Schule benotet wurde; ein anderer bestand darin, große Feste zu gestalten. 1927 fand deshalb, nach wochenlanger Vorbereitung, ein Märchenfest bei den Hasenclevers statt, bei dem das ganze Haus geschmückt wurde und die Gäste in buchstäblich märchenhaften Kostümen erschienen.

Im November 1928 legte Antje die Gesellenprüfung im Stickerhandwerk ab; zwei Jahre später folgte die Meisterprüfung, mit der ihr auch die Mittlere Reife zuerkannt wurde. Das Meisterstück wurde mit «gut», aber vor allem als «geschmacklich sehr gut» bewertet. Nach einem kurzen Intermezzo in der Plüschfabrik Meyer in Bielefeld, wo sie Stoffmuster zeichnete und die Entwürfe als Patroneurin technisch umsetzte, wechselte sie an das Kunstgewerbliche Atelier von Gertrud Meyer in Unna. Es handelte sich um eine kleine Berufsschule, an der Antje nicht nur mit Frau Meyer die Wohnung teilen musste, sondern auch überwiegend in Naturalien bezahlt wurde.

Dies war wohl mit ein Grund dafür, dass die fertige Meisterin nach Berlin umzog, die eigentliche Ursache aber war Robert Havemann. Den ein Jahr jüngeren Chemiestudenten, der 1932 in die Kommunistische Partei eingetreten war, kannte Antje aus Bielefeld, da Havemanns Bruder die Grafik-Klasse der Kunstgewerbeschule besuchte. Zu einem kleinen Fest bei Antje Ende 1931 brachte dieser Robert mit. Ein halbes Jahr später hatte Antje ein kleines Zimmer am Fehrbelliner Platz und hielt sich dort zunächst mit Näharbeiten über Wasser, bevor sie mit Robert eine gemeinsame Wohnung bezog. Eine Heirat erschien den jungen Leuten unnötig und spießig.

Cato Bontjes van Beek, ein Künstlerkind aus Fischerhude

Am 14. November 1920 wurde Cato Bontjes van Beek als Älteste von drei Geschwistern – es folgten 1922 Mietje und 1923 Tim – in Fischerhude östlich von Bremen geboren. Cato[2] ist eine niederländische Namensform für Katharina und wird auf der zweiten Silbe betont. In Fischerhude, dem Ort seiner Kindheit, hatte sich ihr Großvater mütterlicherseits, Heinrich Breling (1849–1914), niedergelassen, nachdem er auf eine beeindruckende Karriere als Maler zurückblicken konnte. Der Sohn eines Zollaufsehers machte nämlich durch seine außerordentliche zeichnerische Begabung auf sich aufmerksam und bekam daher ein Stipendium der Königlichen Kanzlei in Hannover. Von dort ging er 1871 nach München, wo er 1882 außerordentlicher Professor der Münchner Akademie der Bildenden Künste und ein Jahr später Hofmaler Ludwigs II. wurde. Nach dem Tod des «Märchenkönigs» 1886 ging Breling zunächst zurück nach

Olga und Jan Bontjes van Beek mit ihren Kindern Mietje, Tim und Cato (rechts) in Fischerhude, um 1927

Hannover. Schließlich war er der erste Künstler, der sich in Fischerhude niederließ und damit auch Maler aus der benachbarten Künstlerkolonie Worpswede anzog.

Einer von ihnen, Otto Modersohn, seit 1908 in Fischerhude, heiratete eine von Brelings sechs Töchtern, die Konzert- und Opernsängerin Louise (1882–1950). Auch drei der anderen Töchter waren künstlerisch aktiv: Brelings älteste Tochter Amelie (1876–1966) wurde Bildhauerin und Malerin, Josephine (1889–1979) Komponistin und Catos Mutter Olga (1896–1995) Tänzerin. Als junges Mädchen wurde Olga von dem Bildhauer Bernd Hoetger gefördert und verbrachte zwei Jahre bei ihm und seiner Frau in Worpswede, wo er sie modellierte. Die Liegende auf dem Grab Paula Modersohn-Beckers in Worpswede trägt Olgas Züge. Ein auf vier Jahre angelegtes Stipendium an der Isadora-Duncan-Schule in Darmstadt, das die begabte Tänzerin erhielt, wurde nach nur einem Jahr durch den Beginn des Weltkriegs beendet. Dennoch entwickelte Olga sich zu einer

Ausdruckstänzerin mit starkem eigenem Profil und war Anfang der 1920er Jahre eine bekannte und höchst aktive Künstlerin.

Erst einige Zeit nach der Geburt ihres dritten Kindes entschloss sich Olga Bontjes van Beek 1925, ihre erfolgreiche Tanzkarriere aufzugeben. Sie hatte 1920 Jan Bontjes van Beek (1899–1969) geheiratet und lebte mit ihm und zwei ihrer Schwestern in ihrem Elternhaus in Fischerhude. Der ehemalige Matrose niederländischer Abstammung war in Dänemark geboren worden, wo sein Vater als Schiffsbauingenieur arbeitete. Aufgewachsen war er jedoch in Uerdingen bei Krefeld, von wo aus er 1915 zur Marine ging. Nach dem Krieg kam er nach Worpswede und wurde Teil der Großfamilie Breling. Seine Schwägerin Amelie war es, die ihn für die Keramik begeisterte. Nachdem Jan Bontjes van Beek eine Lehre in Rheinhessen absolviert und sich in Berlin weitergebildet hatte, eröffneten beide 1922 eine Keramikwerkstatt im Dorf. Nach drei Jahren kam schließlich der Durchbruch, der Jan Bontjes van Beek zu einem gefragten Keramiker machte.

In diesen Künstlerkosmos wurde Cato hineingeboren. Die Kunst gehörte zum Alltag, der den Kindern einen weiten intellektuellen Horizont eröffnete. Das liberale Elternhaus, in dem die große Verwandtschaft an der Erziehung mitwirkte, war ein Ort, der Gäste anzog. Zu ihnen gehörten auch der Philosoph und Publizist Theodor Lessing, der 1933 in Marienbad von nationalsozialistischen Schergen ermordet wurde, sowie der spätere Bundeskanzler Helmut Schmidt. Die große Freiheit, in der die drei Bontjes-Kinder aufwachsen konnten, schien mit der weiten Landschaft um Fischerhude zu korrespondieren, die für Cato immer ein wichtiger Rückzugsort bleiben sollte. Noch in einem ihrer letzten Briefe schrieb sie an ihre Mutter: «Und wären wir im Himmel und ritten auf Wolken – den Duft der überschwemmten Wiesen und der Erde würden wir sehr vermissen.»[3]

Das Leben auf dem Land bot traumhafte Spielmöglichkeiten. Ein Spiel nahm vorweg, was für Cato erst 1937 Wirklichkeit werden sollte. Ihr Bruder Tim erinnerte sich, dass sie den Umriss eines Flugzeugs auf dem Boden markierten, Cockpit und Steuerknüppel einzeichneten und damit sozusagen losflogen: «Das war das Spiel, das Cato besonders liebte.»[4] Fliegen war ihre Leidenschaft, einmal um des Fliegens willen, aber auch weil Neugier und Abenteuerlust sie trieben. «Tahiti oder Mexiko sind meine Ziele. Griechenland oder Tibet könnten es aber auch sein. ... Es wird doch noch so kommen. Du wirst ja sehen!!!», schrieb sie fünfzehnjährig an ihren Vater.[5]

Es verwundert nicht, dass sie sich in der Volksschule von Fischerhude langweilte. Deshalb durfte sie 1929 zu Tante Nelly und Onkel Jan nach Amsterdam kommen, wo sie die deutsche Schule besuchte. Zwar lernte sie schnell Niederländisch und Französisch, aber das Zusammenleben mit dem kinderlosen Ehepaar war nicht leicht. Cato fühlte sich nicht wohl. Dies wirkte sich auch auf ihre schulischen Leistungen aus. Sie wurde nicht versetzt und musste im Juli 1933 zurück nach Fischerhude.

Die Schule spielte für Cato ohnehin keine besondere Rolle, sie konnte ihr höchstens eine Bühne sein. Sie besaß eine überbordende Phantasie und ein großes schauspielerisches Talent, mit dem sie nicht nur ihre Mitschüler unterhielt. «Sie hatte diese Gabe, Menschen mitzureißen», meinte ihre Schwester Mietje. Sie müsse «die Leute zum Lachen zwingen», so beschrieb Cato sich selbst.[6] Nach der Schule trug sie sich für kurze Zeit mit dem Gedanken, Schauspielerin zu werden, doch es sollte anders kommen.

Sophie und Inge Scholl, geborgen in einer schwäbischen Familie

Mitten im Großen Krieg, im Jahr 1916, heirateten die Diakonisse Lina Müller (1881–1958) und der zehn Jahre jüngere Sanitäter Robert Scholl (1891–1973), die sich in einem Lazarett in Ludwigsburg kennengelernt hatten.

Als eines von elf Kindern eines Kleinbauern war es Scholl nicht möglich gewesen, das Gymnasium zu besuchen. Aufgrund seiner Begabung erhielt er aber Privatunterricht beim örtlichen Pfarrer und konnte 1909 die Mittlere Reife ablegen. Er schlug die mittlere Beamtenlaufbahn ein, und im Juni 1917 gelang es ihm, zum Bürgermeister von Ingersheim an der Jagst, östlich von Heilbronn, gewählt zu werden. Dort hatte er als Praktikant einen so guten Eindruck hinterlas-

Die Geschwister Scholl, um 1932, hintere Reihe von links: Inge, Hans und Elisabeth, vorne: Sophie und Werner

sen, dass man sich seiner erinnerte und ihn zur Kandidatur aufforderte. Gut zwei Monate nach seiner Wahl kam in Ingersheim am 11. August 1917 das erste Kind zur Welt, Inge. Schon im September des darauffolgenden Jahres wurde Hans geboren, wenige Monate vor Kriegsende. Die Versorgungslage war schlecht und der politische Gestaltungsspielraum eines Bürgermeisters daher gering. Doch Robert Scholl muss seine Sache so gut gemacht haben, dass er ein Angebot aus Forchtenberg am Kocher erhielt und dort Bürgermeister wurde. In diesem Ort, sechzig Kilometer von Ingersheim entfernt, verkehrte bei seiner Ankunft im Januar 1919 noch die Postkutsche. Robert Scholl war ehrgeizig, umtriebig und fähig; er ließ bereits 1921 das verkehrstechnische Fossil aus dem 19. Jahrhundert durch ein Postauto ersetzen. Ab 1922 gab es auf sein Betreiben hin eine Kanalisation, und 1923 begann man mit dem Bau einer Eisenbahnlinie.

Unterdessen waren die Kinder Elisabeth (1920), Sophie (9. Mai 1921) und Werner (1922) geboren worden.[7] Die große Familie war für die Kinder Scholl ein wichtiger Rückhalt: «Von klein auf waren wir eine Freundesgruppe, wir waren nicht auf andere angewiesen»,[8] erinnerte sich Elisabeth nach dem Krieg. Sophie schilderte in einem Schulaufsatz einen Kinder-Badetag, auf den sie sich die ganze Woche freute. Inge, die Älteste, durfte schon am Freitag in die Zinkwanne steigen. Die Kleinen waren einen Tag später dran, und man traute ihnen durchaus zu, sich selbst zu waschen. Nach dem Baden gab es ein Honigbrot, und Lina Scholl erzählte ihren Kindern ein Märchen.

Inge Aicher-Scholl erinnerte sich in Gesprächen mit dem Autor Hermann Vinke an ein intensives Familienleben mit regelmäßigen gemeinsamen Mahlzeiten, auch mit kleinen Pflichten für die Kinder, an gemeinsames Malen und Zeichnen, Singen und Musizieren, Lesen und Vorlesen oder Theaterspielen. Das Zentrum der Familie war Lina Scholl. Elisabeth, die mittlere Schwester, berichtete: «Unsere Mutter war eine fröhliche Frau, das hat unsere Kindheit so schön gemacht.»[9] Während Sophie im Rückblick an bunte Ostern dachte, denen ein gründlicher Frühjahrsputz vorausging, schwärmte Inge von wunderbaren Weihnachtsfesten.

Vor der Bescherung las die Mutter das Weihnachtsevangelium, denn sie war sehr religiös. Eine Haltung, die ihr Mann nicht teilte. Das war eines der nur wenigen trennenden Elemente zwischen den beiden Eheleuten, die sich ansonsten, auch bei der Kindererziehung, sehr einig waren. Sie wollten ihren Kindern größtmögliche Freiheiten lassen. Das idyllische Örtchen Forchtenberg bot dafür beste Voraussetzungen. Der Weg in die Natur war nicht weit, und die

Scholl-Kinder spielten viel in den Weinbergen und Wäldern der Umgebung oder waren mit der Mutter in deren Garten vor der Stadt, in dem auch sie ihre Experimente machen durften. Er lag am Kocher, in dem Inge der sechsjährigen Sophie das Schwimmen beibrachte. Wasser, Wiesen, Wald und Bäume übten auf Sophie zeit ihres Lebens eine besondere Anziehungskraft aus. Sophie liebte die Natur, ohne ein robustes «Naturbürschlein» zu sein, wie es manche Kinderbilder suggerieren, auf denen sie einen kräftigen, knabenhaften Eindruck macht. Als Kind war das jüngste Mädchen der Scholls kränklich, von der Mutter umsorgt. Sophie war, so Inge in ihrem Tagebuch, «Mutters Sonnenschein».[10]

Inge füllte die Rolle der Ältesten hingegen von Anfang an aus und behielt sie für den Rest ihres Lebens bei. «Unter uns Geschwistern war Inge, meine älteste Schwester, die führende Person»,[11] erinnerte sich Elisabeth Scholl, die andere Überlebende der Scholl-Geschwister. Inge war Mutters Stütze, sie war Vorbild, war vernünftig, half und kümmerte sich um ihre Geschwister. Inge war diejenige, die schon im August mit den Weihnachtsvorbereitungen begann.[12] Selbst eine begabte Zeichnerin – und von ihrer Schwester Elisabeth für die Begabteste im Geschwisterkreis gehalten[13] –, erkannte sie Sophies Talent und gab ihre eigenen Bemühungen auf, um sich auf die Förderung der Schwester zu verlegen. 1928, als Sophie eingeschult wurde, bestand Inge die Aufnahmeprüfung für die Oberrealschule im benachbarten Künzelsau. Sie wohnte die Woche über bei der Großmutter Müller und kam nur am Wochenende nach Hause.

Zur Geschwisterschar gehörte auch Ernst, der uneheliche Sohn von Robert Scholl aus Forchtenberg, der als «Pflegesohn» bei der Familie lebte.[14] Lina Scholl, von der Historikerin Barbara Beuys als eine selbstbewusste Frau beschrieben,[15] konnte offensichtlich mit der Situation umgehen. Inge Scholl hat ihren Halbbruder Ernst später jedoch in all ihren Erinnerungen nie erwähnt.[16] Ernst war schließlich der Stein des Anstoßes, der mit dazu beitrug, dass Robert Scholl als Bürgermeister nicht wiedergewählt wurde. Er hatte wohl seinen Forchtenbergern zu viele Veränderungen in zu kurzer Zeit zugemutet, da kam so eine «sittliche Verfehlung»[17] gerade recht, um den nicht mehr beliebten Erneuerer loszuwerden. Scholl übernahm die Leitung der Handwerkskammer in Stuttgart und zog mit seiner Familie in das benachbarte Ludwigsburg um. Dort gelang es ihm im April 1932, in ein Ulmer Steuer- und Wirtschaftsbüro einzutreten.

Die Situation der Familie stabilisierte sich, und die Selbständigkeit tat Robert Scholl gut. Die aktive Lina Scholl nahm auch in Ulm ihre rege karitative Tätigkeit wieder auf, die die ehemalige Diakonisse schon in den Jahren zuvor neben der Familienarbeit ausgeübt hatte. Die Eltern schickten ihre Töchter auf die einzige Schule der Stadt, an der Mädchen Abitur machen konnten. Aber nur Sophie legte dort ihr Abitur ab, Inge verließ die Schule im März 1934 mit der Mittleren Reife. Barbara Beuys vermutet wohl nicht zu Unrecht, dass es ihr großes Engagement für den BDM, den nationalsozialistischen Bund Deutscher Mädel, war, das sie dazu veranlasste. Inge besuchte zunächst eine private kaufmännische Schule, bevor sie als Lehrling in das Büro des Vaters eintrat.[18] Die Eltern duldeten den Einsatz ihrer Kinder in den NS-Jugendorganisationen, missbilligten ihn aber. Es kam daher zu häufigen, oft heftigen Streitereien, vor allem mit dem Vater. Später litt Inge darunter, dass sie nur Steuerfachgehilfin geworden war und keine «richtige», ihr gemäße Berufsausbildung erhalten hatte.[19]

Sophie indessen, eine gute Schülerin, pflegte ihre musischen Talente, zeichnete viel und gern, begann zu schreiben und Texte zu illustrieren, die zum Teil von Inge verfasst worden waren. Von Zeitgenossen wird sie als still und zurückhaltend geschildert, obwohl sie nicht im eigentlichen Sinne schüchtern war. Ihre Schwester Elisabeth sagte: «Sie war von Kindheit an sehr selbstbewusst.»[20] Mit einem Sinn für Ironie begabt, war sie im Familien- und Freundeskreis gern zu Schabernack und Unsinn bereit. Aus der Schule sind außerdem Anekdoten überliefert, die von ihrem ausgeprägten Gerechtigkeitssinn zeugen. Wenn ihr eine Ungerechtigkeit auffiel, scheute Sophie sich nicht, sie zu benennen.[21]

Annedore Rosenthal, eine höhere Tochter aus Lübeck

«Am 18. 3. 04 wurde ich in Berlin als Tochter des Oberstudien-Direktors Dr. Georg Rosenthal geboren.»[22] So beginnt ein von Annedore Leber verfasster Lebenslauf aus der frühen Nachkriegszeit, der heute im Bundesarchiv in Koblenz aufbewahrt wird.[23] Er ist eines der wenigen persönlichen Dokumente in ihrem Nachlass, so dass über ihre Kindheit und Jugend nur wenig bekannt ist. 1914 zog die Familie – mit Mutter Auguste und Bruder Helmuth – nach Fürstenwalde, wo der Vater die Leitung des Gymnasiums übernahm. Vier Jahre später ging es weiter nach Lübeck, als er Direktor des dortigen humanistischen Gymnasiums Katharineum wurde. Seine Tochter unterrichtete er selbst. Annedore besuchte nie eine öffentliche Schule, sie wuchs umsorgt und behütet in der bildungsgesättigten Atmosphäre eines gutsituierten Akademikerhaushalts auf. «Alles wurde mir aus dem Weg geräumt», erinnerte sie sich in ihrem Lebenslauf.

1922 legte die Achtzehnjährige ihr Abitur ab und begann in München Jura zu studieren, ohne dabei ein festes Ziel vor Augen zu haben. Doch im fünften Semester entschloss sich Annedore, das Studium abzubrechen. Ohne Umschweife erklärte die selbstbewusste junge Frau ihren Eltern: «Ich werde auf die Schneiderakademie gehen.»[24] Sie fragte nicht um Erlaubnis, sondern teilte lediglich ihre Entscheidung mit. Da sie aber wusste, dass dieser Entschluss ein gewisses Entsetzen im bildungsbürgerlichen Elternhaus auslösen musste, versicherte sie, sie werde sich durchsetzen und nicht nur als «kleine Schneiderin» ihr Leben fristen. Zwar wolle sie ihr letztes Semester noch zu Ende bringen und es dabei «in vollen Zügen auskosten. Dann aber muß ich streng und fest arbeiten.» Das sei ihr gemäß, im Studium lebe man mit dem «Druck, nur Halbes getan zu haben», sie aber wolle «den Tag erfüllende Arbeit». Sie konnte nicht ahnen, dass sie schon wenige Jahre später mehr Arbeit haben sollte, als ihr lieb war – und dies für den Rest ihres Lebens. Doch die Entscheidung, ins Modefach zu wechseln, muss richtig gewesen sein; Annedore Leber war, wie alle betonten, die sie kannten, immer eine äußerst elegante Erscheinung.

Annedore Rosenthal, 1926

Annedore Leber führte noch einen weiteren Grund für den Richtungswechsel an: Sie war nämlich der festen Überzeugung, dass es für sie sehr schwer sein werde, sich zu verheiraten. «Warum ich das glaube, ist nicht kurz in einem Brief zu sagen.» Deshalb brauche sie einen «durchführbaren Beruf», wie sie es nannte. Hier irrte sie sich, denn schon zwei Jahre später war sie eine verheiratete Frau. 1929 kam ihre Tochter Katharina zur Welt, 1931 der Sohn Matthias. Die Wahl ihres Ehemanns muss die Eltern noch schwerer getroffen haben als der Plan, Schneiderin zu werden. Der uneheliche Sohn einer elsässischen Bäuerin, inzwischen sozialdemokratischer Volkstribun in Lübeck, war nicht das, was ein norddeutscher Studiendirektor sich für seine Tochter wünschte. Doch Dr. Julius Leber, der Geschichte und Volkswirtschaft studiert hatte und seit 1921 Chefredakteur des *Lübecker Volksboten* war, gelang es, den Respekt seiner Schwiegereltern zu gewinnen. Später war man sich einig in der Ablehnung des Nationalsozialismus. Der für die SPD seit 1924 im Reichstag sitzende Leber wurde bereits im Februar 1933 das erste Mal verhaftet und dann vom März 1933 bis 1937 in verschiedenen Gefängnissen und Konzentrationslagern festgehalten. Nicht nur seine Familie beeindruckte er in dieser Zeit durch seine ungebrochene Haltung. Für Annedore Leber begann ein ebenso sorgenvolles wie arbeitsreiches Leben.

Rosemarie Pallat, eine Berliner Professorentochter

Als die erste Tochter der Eheleute Pallat am 24. Juli 1904 in Berlin zur Welt kam, erhielt sie den Namen Rosemarie nach *Rose*, der früh verstorbenen ersten Liebe ihres Vaters, und nach Anne*marie*, ihrer Mutter.

Der Vater Ludwig Pallat begann seine berufliche Laufbahn als Archäologe mit Ausgrabungen in Griechenland und Italien. Mit einunddreißig Jahren fand er 1898 eine Position als wissenschaftlicher Hilfsarbeiter im Preußischen Kultusministerium in Berlin, wo er sich zunächst mit der Erneuerung des Zeichenunterrichts befasste. Bereits nach einem Jahr wurde ihm der Professorentitel verliehen. Im Rang eines Vortragenden Rats wurde er 1915 Leiter des einflussreichen Zentralinstituts für Erziehung und Unterricht. Dieses Institut hatte die Aufgabe, eine Bestandsaufnahme der pädagogischen Strömungen der Zeit vorzunehmen. Es sollte Neues aufgreifen und Ansprech- und Diskussionspartner der Schulen sein, für die Ausstellungen und Fortbildungen veranstaltet wurden. Ludwig Pallat wollte nichts weniger, als das Lehrstoffprinzip der alten Schule zurückzu-

Rosemarie Pallat, um 1922

drängen. Er sah die Schule der Zukunft nicht in der «Schule des Wissens», sondern in der «Schule des Könnens», die letztlich die «Durchdringung des ganzen Schullebens mit künstlerischem Gehalt» anstrebte.[25] Hierin wurde er von seiner Frau unterstützt, denn die Eheleute waren «Lebenskameraden»[26] und führten für die damalige Zeit eine in bürgerlichen Kreisen eher ungewöhnliche Ehe. Annemarie Pallat, die ursprünglich Malerin werden wollte, wurde von ihrem Ehemann ausdrücklich dazu aufgefordert, selbst Geld zu verdienen. Sie besuchte Papp- und Buchbinderkurse und lernte Schneidern und Knüpfen. Für das «Albrecht-Dürer-Haus» in Berlin entwickelte sie den Dürerkasten, einen Kinderbastelkasten, und den Morrisrahmen, einen Webrahmen für Kinder. Großen Erfolg, der jahrelang gute Einkünfte bescherte, erzielte Annemarie Pallat mit ihren «Reformkleidern». Dies waren weite Kittel für Kinder und Frauen, die das reale und das ideologische Korsett der Kaiserzeit sprengen sollten.

Das Ehepaar Pallat verkehrte auch in solchen Reformkreisen. Es machte 1902 Bekanntschaft mit der Tänzerin Isadora Duncan, fuhr mit dem Architekten Peter Behrens in den Urlaub und unterhielt regen Kontakt zu dem Architekten und Mitbegründer des Deutschen Werkbundes Hermann Muthesius, der das Konzept Gartenstadt entwickelte. Dessen Frau Anna war ebenfalls eine aktive Verfechterin des Reformkleids.

1907 zog die Familie Pallat mit ihren vier Kindern – neben der zweitältesten Rosemarie gab es die Geschwister Peter (geb. 1901), Rolf (geb. 1910) und Marianne (geb. 1912) – in ihr eigenes Haus in Berlin-Wannsee. Der Neubau mit großem Garten und Zentralheizung lag in einer Straße, die noch keinen Namen hatte. Die Pallats durften sie Otto-Erich-Straße nennen, nach dem Bruder Annemarie Pallats, dem Dichter Otto Erich Hartleben. Dort waren regelmäßig Freunde zu Gast. Bei den Treffen wurde vorgelesen oder musiziert, und die Kinder der Gäste und der Gastgeber führten Krippenspiele auf oder spielten Theater. Rosemarie verlebte hier eine glückliche Kindheit. Als sie Anfang der 1920er Jahre ihre Ausbildung begann, schrieb sie an ihre Mutter: «Es war doch so eine wunder-, wunderschöne Zeit, ich weiß nur Schönes davon u. die Sehnsucht, von der Du sagst, wird immer bleiben. Weißt Du, daher kann ich auch so frisch weitergehen, das gibt frohe Zuversicht.»[27]

Den Ersten Weltkrieg begrüßte Romai, wie Rosemarie genannt wurde, noch mit «Hurra Viktoria!!!»,[28] denn die anfänglichen Siege bescherten ihr freie Schultage. Aber der Kriegsalltag hinterließ seine Spuren, die Versorgungslage in Berlin wurde zusehends schlechter. Daher schickte man Rosemarie für fast ein Dreivierteljahr nach Schweden, wo die Schwester der Mutter, Gertrud, mit ihrem schwedischen Mann wohnte. Nach einem kurzen Besuch im Sommer 1909 war dies die erste längere Begegnung mit Schweden, das in Rosemaries Leben immer wieder eine Rolle spielen sollte.

Obwohl sie sich in Lund wohlfühlte und auch Freundinnen fand, sehnte sich Rosemarie nach ihrer Familie, vor allem aber nach ihrer Mutter, die ihr großes Vorbild war – und bleiben sollte. Was bezweckte sie mit einer merkwürdig widersprüchlichen Äußerung wie dieser, wenn sie aus Lund schrieb: «Pass doch bitte auf, daß Rolf und auch alle ein bisschen langsam essen und gut, sehr gut kauen, mindestens 32 mal oder noch mehr. Ich muß hier immer Kneckebröd zu allem Essen essen, damit ich gut kaue. Verzeih, daß ich mich so viel um euch kümmere, weil ich weiß, daß Du das nicht gern hast; aber ich meine es nur gut.»[29] Wollte Rosemarie der Mutter eine unentbehrliche Tochter sein, weil sie sich kümmerte? Auch der Tante gegenüber zeigte sie ein übersteigertes Verantwortungsgefühl. Gertrud berichtete irritiert ihrer Schwester: «Auch hatte ich wieder viel Kopfweh, was ich aber so viel wie möglich vor R. versteckt habe, weil sie jedesmal totunglücklich wird, wenn sie es merkt. Es passierte ein paar mal, während Per in Skodsborg war u. da fing sie an zu weinen, sie fühlte sich so ‹verantwortlich›, glaubte, dass ich sterben würde, es war ganz sonderbar.»[30]

Die Ferien 1917 verbrachte Rosemarie zusammen mit der Mutter in Lautlingen auf der Schwäbischen Alb, während die anderen Kinder bei einer Tante in Zuosz in der Schweiz «durchgefüttert» wurden; ein Muster der Organisation, das Rosemarie in schwierigen Zeiten für ihre Familie übernahm. Rosemarie half bei der Heuernte, lernte Ziegen melken, erhielt Unterricht in Heimatkunde beim dortigen Pfarrer, der sie als sehr wissbegierig charakterisierte. Hier kündigte sich die «tüchtige» Rosemarie bereits an. Oder sie spielte mit den Stauffenberg-Kindern, da Lautlingen der Wohnort der Familie von Claus Schenk Graf von Stauffenberg war, der zu diesem Zeitpunkt zehn Jahre alt war.

Nachdem sie 1920 ihre Mittlere Reife gemacht hatte, ging Rosemarie für ein halbes Jahr in den Harz. Das Forsthaus Auerberg bei Stolberg hatte einen Gästebetrieb mitten im Wald und nahm den Sommer über zwei Mädchen als Hilfe auf. Gemeinsam mit einer Freundin musste Rosemarie hier viel arbeiten, während sie in Briefen mit ihrer Mutter diskutierte, was aus ihr werden könnte. Schließlich begann sie in Potsdam eine Tanzausbildung bei Elizabeth Duncan, der Schwester der berühmten Tänzerin Isadora Duncan. Sie traute sich jedoch nicht zu, Solotänzerin zu werden, sondern verschrieb sich der Gymnastik und ging deshalb 1922 erneut nach Schweden.

In Lund machte Rosemarie Pallat eine Ausbildung in schwedischer Gymnastik, einer besonderen Form von Bewegungslehre, die

Kraft und Vitalität fördert. Auch dieses Mal wohnte sie bei Onkel und Tante, allerdings war das Zusammenleben mit dem kinderlosen Ehepaar nicht immer einfach. Onkel Per rechnete seiner Schwägerin in Berlin vor, wie viel ihn der Besuch der Nichte kostete; umgerechnet in die strauchelnde deutsche Währung waren das viele Inflationsmillionen. Aber es war eine lohnende Investition: Rosemarie legte 1924 die Prüfung zur Erteilung von Schulgymnastikunterricht ab und fand sofort eine Stelle im neu gegründeten Internat Salem am Bodensee. Nach einem einjährigen Zwischenspiel in München bestand sie 1926 die Aufnahmeprüfung an der Hochschule für Leibesübungen in Berlin-Spandau. Frisch examiniert, wurde sie 1928 Leiterin eines Seminars für Turn- und Sportlehrerinnen an der Frauenoberschule in Wiesbaden.

1932 traf sich ein Teil der Familie in Halle wieder, wo der Vater Ludwig Pallat Kurator der Universität war und der jüngste Bruder Rolf Geologie studierte. Rosemarie war mit ihrer Chefin aus Wiesbaden dorthin gekommen, um Studentinnen der Pädagogischen Akademie Halle Turn- und Sportunterricht zu erteilen. An dieser Akademie lernte sie Adolf Reichwein kennen. Der junge Professor unterrichtete Geschichte und Staatsbürgerkunde. Nach nicht einmal einem Jahr verlobten sich die beiden, ausgerechnet am 30. Januar 1933, dem Tag der Machtübertragung an Adolf Hitler. Anfang April fand die Hochzeit im Haus der Pallats in Wannsee statt. Noch auf der Hochzeitsreise nach Italien erhielten die Lehrerin und der Professor die Nachricht von ihrer Entlassung. Die «rote» Akademie in Halle wurde von den Nationalsozialisten geschlossen.

Marie Louise Edle von Medinger, ein adeliges Fräulein aus Böhmen

Maria Louisa Emilia Sofia Edle von Medinger wurde am 21. Mai 1904 auf Schloss Kleinskal in Böhmen geboren. Das heutige Malá Skála liegt südlich des Isergebirges an der Neiße zwischen den damaligen Städten Gablonz (Jablonec nad Nisou) und Turnau (Turnov). Heute gehört es zu Tschechien, 1904 war es Teil der Habsburgermonarchie; Mali, wie sie in der Familie genannt wurde, konnte sich noch an die Beerdigung des Kaisers Franz Joseph erinnern.

Ihr Vater Wilhelm von Medinger, diplomierter Landwirt und promovierter Philosoph, hatte das Gut 1902 erworben. Er baute Kleinskal zu einem Musterbetrieb aus, nahm viele technische Neuerungen vor, ließ das Dorf mit elektrischem Strom versorgen und genoss den Anschluss an den Schnellzug nach Prag, denn die Familie besaß auch eine repräsentative Wohnung in Wien. Medinger war zehn Jahre lang Mitglied des Böhmischen Landtags, bevor er 1918/19 der letzte Wiener Gesandte in Den Haag wurde.

Die Mutter, Alice Pfersmann von Eichthal, war ein verwöhntes Einzelkind. Kleine Kinder machten sie nervös, erinnerte sich Marie Louise in ihren Memoiren, dementsprechend wenig kümmerte sie sich um ihre eigenen drei Kinder: 1907 war Wilhelm zur Welt gekommen, 1912 Sita. Die Mutter malte und musizierte lieber, betrieb ausgedehnte Familienforschung oder beschäftigte sich mit Hilfe englischer Gartenzeitschriften mit der Verschönerung des Gartens.

Marie Louise erhielt Privatunterricht, nur kurzzeitig unterbrochen durch den Besuch der Wiener Klosterschule Nôtre Dame de Sion, lernte aber auch nicht mehr, als für ein Mädchen damals für nötig befunden wurde. Sie war ohnehin viel zu beschäftigt damit, die wunderbare Welt von Kleinskal zu entdecken: Eine Eule, ein Eichelhäher, ein Kitz, ein Salamander, ungezählte Frösche, Hasen und Meerschweinchen oder ein zahmes Eichhörnchen waren ihre Freunde, dazu der Esel Nelli, der Dackel Tobi und das Shetlandpony Pingo. «Eine Kreuzspinne fütterte ich regelmäßig und war stolz darauf, sie zum pünktlichen Herbeieilen zu ihrem Mahlzeitenempfang erzogen zu haben. Schnecken baute ich eine Art von Erholungsheimen mit Gartenanlagen. … Ein besonderes Erlebnis war einmal ein zweitägiger Ritt mit Papa ins Riesengebirge. Unter Vermeidung aller Stellen, wo es Wegweiser hätte geben können, ritten wir querfeldein nach der Karte. Die alten Militärpacktaschen nahmen unseren Proviant auf»,[31] begeisterte sie sich noch nach Jahrzehnten. Später reiste sie mit dem Vater in die Schweiz, nach England und Frankreich, sogar nach Amerika. Mali lernte Stenographie und Schreibmaschine und begleitete ihren Vater auf seinen Reisen als Sekretärin.

1927 heiratete Marie Louise von Medinger den schlesischen Adligen und Diplomaten im Auswärtigen Amt Rudolf von Scheliha.

1920 besuchte Marie Louise ihren ersten Ball und verlobte sich bald darauf mit einem heute nicht mehr näher zu identifizierenden jungen Mann namens Theo. Die Mutter war entzückt, der Vater entsetzt, und die Tochter wurde für eine gewisse Zeit nach Oxford geschickt, damit die Sache geräuschlos zu einem Ende gebracht werden konnte. Es folgten eine Lehrzeit an einem Säuglingsheim im heimischen Böhmen, Studien an der Kunstgewerbeschule im benachbarten Gablonz und schließlich der Besuch der Wiener Kunstgewerbeschule, da Mali künstlerisches Talent besaß. «Dann erwog ich, mich modern zu gebärden und etwas Berufliches anzustreben. Aber das Wie und Wo zur Selbständigkeit und dann zu einer ziemlich unnötig erscheinenden Geldverdienerei mich zu bemühen, blieben erfolglos. Gründliche Kenntnisse von irgendetwas besaß ich nicht! Meine Schulbildung war durch die Kriegsereignisse in's Minus geraten. Die Bekannten aus meiner ‹Kategorie› hörten kunstgeschichtliche Vorträge, lernten Sprachen, tanzten im Fasching und … heirateten!»[32] Und das tat Marie Louise dann auch. 1927, mit dreiundzwanzig Jahren, heiratete sie im Wiener Stephansdom den schlesischen Adligen Rudolf von Scheliha, den sie auf einem Ball in Prag kennengelernt hatte. Rudolf, genannt Dolf, von Scheliha war Diplomat im Auswärtigen Amt in Berlin. Der Dreißigjährige war soeben zum Legationsrat ernannt worden und wurde in der Botschaft von Konstantinopel eingesetzt.

Die junge Frau wechselte damit aus der Obhut des Vaters in die des Ehemanns. Letzterer war der Ansicht, seine Braut sei «etwas ganz besonders Reizendes» und habe «einen goldigen Charakter». Er erwähnte zwar auch, sie sei «sehr gescheit»,[33] aber selbständig zu handeln war nicht die erste Erwartung, die an die junge Frau gestellt wurde, wohl auch nicht von ihr selbst. Noch im hohen Alter war sie der Ansicht, „Papa Dank sagen [zu müssen], dass wir dem eisernen Griff von allzuschweren Belastungen des Gemütes damals möglichst entzogen wurden».[34] Angesichts der harten Prüfungen, die das Leben für sie noch bereithalten sollte, war das eine schwere Bürde.

Zweites Kapitel

Wege in den Widerstand 1933–1939

Ermächtigung und Gleichschaltung

Am 30. Januar 1933 wurde Adolf Hitler von Reichspräsident Hindenburg zum Kanzler ernannt. Die Nationalsozialisten machten sich sofort daran, die deutsche Gesellschaft nach ihren Vorstellungen umzubauen. Die neuen Machthaber entfalteten eine ungeheure Dynamik, einerseits durch die Anwendung von Zwang, Druck und Gewalt; andererseits verfolgten sie die Strategie, mit Hilfe der bestehenden Gesetze den demokratischen Geist der Weimarer Verfassung auszuhöhlen und den Staat in eine Diktatur zu verwandeln, ohne dabei auf nennenswerte Gegenwehr zu stoßen. Dabei kam ihnen der Zufall zu Hilfe, als am 27. Februar 1933 der Reichstag brannte. Es spricht einiges dafür, dass der niederländische Anarchist Marinus van der Lubbe, der noch am Tatort verhaftet wurde, der Brandstifter war. Er wurde im Januar 1934 hingerichtet. Allerdings ist die These der Alleintäterschaft bis heute umstritten.[1] Die Nazis behaupteten, es sei das Werk der Kommunisten gewesen, während von linker Seite angenommen wurde, die Nationalsozialisten selbst hätten das Parlament angezündet, um einen Vorwand zu haben für das, was folgte.

Wer auch immer verantwortlich war, die NS-Regierung wusste die Tat geschickt zu nutzen; sie bot einen ausgezeichneten Anlass, um mit der sogenannten «Verordnung zum Schutz von Volk und Staat», die am folgenden Tag vom Reichspräsidenten unterzeichnet wurde, Grundrechte der Weimarer Verfassung außer Kraft zu setzen: Die Freiheit der Person war ebenso aufgehoben wie die Unverletz-

Am 30. Januar 1933 zogen SA-Verbände durch das Brandenburger Tor. Im Sommer 1933 wurde der Fackelzug für einen Propagandafilm nachgestellt.

barkeit der Wohnung, das Post- und Telefongeheimnis, die Meinungs- und Versammlungsfreiheit, das Vereinigungsrecht sowie die Gewährleistung des Eigentums. Bestimmte Delikte, darunter Hochverrat, wurden nun laut Gesetz nicht länger mit Zuchthaus, sondern mit dem Tode bestraft. Unter dem Deckmantel dieser Scheinlegitimität bekamen die braunen Machthaber die Gelegenheit, Tausende ihrer Gegner zu verhaften, und sie machten sofort ausgiebig Gebrauch davon. Die knapp einen Monat nach Machtantritt der Nazis verabschiedete «Reichstagsbrandverordnung» war für die nächsten zwölf Jahre die gesetzliche Grundlage für Verhaftung und Verfolgung. Polizei und SA verhafteten am 28. Februar Sozialdemokraten, Kommunisten und andere Angehörige der politischen Opposition, folterten und mordeten in «wilden» Lagern. Schon im März 1933 wurde von dem neuen Polizeipräsidenten von München, Heinrich Himmler, das Konzentrationslager Dachau offiziell eröffnet. Zunächst ausgelegt für fünftausend Häftlinge, war es das erste in einer zahllosen Reihe größerer und kleinerer Lager im gesamten Deutschen Reich.

Am 21. März 1933 fand der von Propagandaminister Joseph Goebbels detailliert durchgeplante, höchst wirkungsvoll inszenierte «Tag von Potsdam» statt. Hier sollte das am Ende des Ersten Weltkriegs untergegangene Wilheminische Reich in Gestalt des ehemaligen kaiserlichen Generalfeldmarschalls Paul von Hindenburg sich mit den neuen Kräften, vertreten durch Adolf Hitler, symbolisch verbinden, um auf diese Weise deutlich zu machen, dass der Weimarer Staat, der formal weiterbestand, de facto aufgehört hatte zu existieren.

Während sich Reichskanzler Adolf Hitler in Zivil in Potsdam vor dem Reichspräsidenten verneigte, verfügten die Nazis noch am selben Tag eine Verordnung zur «Abwehr heimtückischer Angriffe gegen die Regierung der nationalen Erhebung», die im Dezember 1934 als «Heimtückegesetz» bekräftigt wurde. Jede mündliche oder schriftliche Kritik an der Regierung war ab sofort strafbar und wurde durch Sondergerichte überwacht. Dazu gehörte der Volksgerichtshof (1936 in ein ordentliches Gericht umgewandelt), vor dem später die Verfahren gegen die Widerstandskämpfer stattfinden sollten. Gesetzliche Grundlage seiner Entscheidungen in diesen Verfahren war jenes Heimtückegesetz, das sehr weit ausgelegt werden konnte. Helmuth James von Moltke, ein Mitbegründer des Kreisauer Kreises, der für eine demokratische Zeit nach Hitler plante, berichtete Anfang 1945 seiner Frau vom Prozess gegen ihn: «Als Rechtsgrundsätze wurden verkündet: ‹Der Volksgerichtshof steht auf dem Standpunkt, dass eine Verrattat schon der begeht, der es unterlässt, solche defaitistischen Äußerungen wie die von Moltke, wenn sie von einem Mann seines Ansehens und seiner Stellung geäußert werden, anzuzeigen.› – ‹Vorbereitung zum Hochverrat begeht schon der, der hochpolitische Fragen mit Leuten erörtert, die in keiner Weise dafür kompetent sind, insbesondere nicht mindestens irgendwie tätig der Partei angehören.› – ‹Vorbereitung zum Hochverrat begeht jeder, der sich irgendein Urteil über eine Angelegenheit anmaßt, die der Führer zu entscheiden hat.› – ‹Vorbereitung zum Hochverrat begeht der, der zwar selbst jede Gewalthandlung ablehnt, aber Vorbereitungen für den Fall trifft, dass ein anderer, nämlich der Feind, die Regierung mit Gewalt beseitigt; dann rechnet er eben mit der Gewalt des Feindes.›»[2] Auf dieser Rechtsgrundlage wurde Helmuth James von Moltke am 11. Januar 1945 verurteilt und am 23. Januar erhängt.

Ein weiteres Gesetz besiegelte die Monopolisierung der Macht in den Händen der Nationalsozialisten: Das «Gesetz zur Behebung der Not von Volk und Reich» hob die Gewaltenteilung auf. Es «ermächtigte» die Regierung dazu, Gesetze zu erlassen, die weder vom Reichstag oder Reichsrat noch vom Reichspräsidenten kontrolliert oder gegengezeichnet werden mussten. Nur die Fraktion der SPD stimmte am 23. März 1933 gegen das «Ermächtigungsgesetz», mit dem der Reichstag sich seiner eigenen Rechte beraubte.

Die Nazis hatten jedoch nicht vor, sich auf Dauer an die Gesetze zu halten, selbst wenn es ihre eigenen waren. Zwar waren durch die Sondergerichte bereits wichtige Bereiche des Strafrechts der Zuständigkeit des Reichsgerichts entzogen, aber um Urteile im nationalsozialistischen Sinne umbiegen zu können, erließ man ein weiteres Gesetz, nach dem bestraft werden sollte, «wer eine Tat begeht, die das Gesetz für strafbar erklärt oder die nach dem Grundgedanken eines Strafgesetzes und nach dem gesunden Volksempfinden Bestrafung verdient».[3] Doch über der bisher in der Rechtsprechung unbekannten Kategorie des «gesunden Volksempfindens» stand eine weitere, höhere, alles entscheidende Macht, der Führerwille: «Gegenüber Führerentscheidungen, die in die Form eines Gesetzes oder einer Verordnung gekleidet sind, steht dem Richter kein Prüfungsrecht zu. Auch an sonstige Entscheidungen des Führers ist der Richter gebunden, sofern in ihnen der Wille, Recht zu setzen, unzweideutig zum Ausdruck kommt.»[4] Damit war der Willkür Tür und Tor geöffnet. Die «Majestät des Rechts» war gebrochen worden, der Einzelne rechtlos.[5]

Die Zerstörung des Rechtswesens wurde vom Umbau staatlicher Strukturen flankiert. Man feierte in einer großen Inszenierung den 1. Mai, der als «Tag der Arbeit» zum Feiertag erklärt und damit den linken Kräften als Symbol abgenommen wurde. Diese waren ohnehin bald handlungsunfähig, weil schon am 2. Mai 1933 alle Gewerk-

Am 1. April 1933 riefen die Nationalsozialisten zu einem umfassenden Boykott jüdischer Geschäfte auf.

schaften zerschlagen, ihr Vermögen eingezogen, ihre Häuser beschlagnahmt und ihre Bibliotheken vernichtet wurden. Als nationalsozialistische Ersatzorganisation mit Zwangsmitgliedschaft wurde die Deutsche Arbeitsfront gegründet. Die Parteien wurden verboten oder lösten sich selbst auf. Alle Länder des Deutschen Reiches wurden gleichgeschaltet, das heißt parallel zur Entwicklung im Reich umgestaltet, und es wurde nationalsozialistisches Personal installiert. Es entstand ein Einheitsstaat, der alle gesellschaftlichen Gruppen und Institutionen, die er verbot, durch unzählige NS-Organisationen ersetzte, die die größtmögliche Kontrolle der Bevölkerung gewährleisteten.

Je fester das Regime etabliert war, desto offener und ungenierter ging es gegen seine vermeintlichen Feinde vor. Begleitet von einer schamlosen Hetzkampagne, hatte am 1. April 1933 der Boykott gegen jüdische Geschäfte stattgefunden. Jedem, der hören und sehen konnte und wollte, musste klar werden, wie der neue Staat künftig mit Juden umzugehen gedachte. Am 10. Mai 1933 wurden in einundzwanzig Universitätsstädten Bücher von jüdischen Autoren und sogenannte «undeutsche» Literatur auf großen Scheiterhaufen öffentlich verbrannt. Die Idee stammte von der Deutschen Studentenschaft und wurde von Goebbels begeistert aufgenommen, der auf dem Berliner Opernplatz eigenhändig Bücher dem Feuer «übergab». Der vorläufige Höhepunkt staatlicher Gewalt waren die gut ein Jahr später vor aller Augen ausgeführten Röhm-Morde, bei denen Hitler nicht nur die ihm unbequem gewordenen Führer der SA, sondern auch andere unliebsame Gegner liquidieren ließ. Als am 2. August 1934 der sechsundachtzigjährige Reichspräsident Hindenburg starb, erklärte sich Adolf Hitler zum «Führer» des deutschen Volkes und ließ die Reichswehr auf seine Person vereidigen.

Diplomatenleben: Marie Louise von Scheliha

Marie Louise von Scheliha konnte 1933 noch ein relativ komfortables Dasein als Diplomatengattin genießen. Die Hochzeitsreise hatte das Paar 1927 nach Florenz und Rom geführt, und von dort aus ging es direkt weiter an Rudolf von Schelihas neuen Dienstort Konstantinopel. Noch vor Ablauf eines Jahres mussten sie allerdings die lebendige Stadt am Bosporus verlassen und in die neue türkische Hauptstadt, nach Ankara, übersiedeln. Die Standards der Stadt lagen weit unter denen Istanbuls. Viele der ausländischen Diplomaten residierten deshalb lieber weiterhin im damaligen Konstantinopel. Zwar gab es Bälle oder Dinners, auf denen man dem neuen Staatschef Mustafa Kemal, genannt «Atatürk», begegnen konnte, aber im Grunde gab es in Ankara kein gesellschaftliches Parkett, auf dem Marie Louise ihre Talente hätte einsetzen können. Es muss langweilig für sie gewesen sein. Aber schlimmer wog der Umstand, dass sie hier ihr erstes Kind verlor.

Nach sechzehn Monaten kam die Erlösung, die jedoch mit der Versetzung in die Industrieregion Kattowitz auch nicht ganz das war, was das junge Paar sich vorgestellt hatte. Marie Louise von Scheliha verbrachte viel Zeit auf Zessel, dem Gut ihres Mannes nahe der Stadt Oels, nordöstlich von Breslau. Am 14. November 1930 wurde ihre erste Tochter Sylvia geboren, und zwar im benachbarten Beuthen, das, anders als das von Marie Louise ungeliebte polnische Kattowitz, zum Deutschen Reich gehörte. Die Tochter erkrankte als Kleinkind an einer Knochenmarksvereiterung und bereitete den Eltern lange Zeit große Sorgen.

Rudolf von Scheliha erwarb sich als Vizekonsul im Generalkonsulat gute Kenntnisse der schwierigen politischen Situation in Oberschlesien, die von der nicht gelösten Nationalitätenfrage nach dem Ersten Weltkrieg bestimmt war. Als Fachmann wurde er daher von dem neuen deutschen Botschafter in Polen, Hans-Adolf von Moltke, einem nahen Verwandten des späteren Widerstandskämpfers Helmuth James von Moltke, nach Warschau geholt. Im Oktober 1932 begann sein dortiger Dienst.

Am 9. März 1934 wurde das zweite Kind geboren. Elisabeth kam während einer Bridgepartie zur Welt, mit Unterstützung der Gattin des Botschafters, Davida von Moltke, einer Schwester des späteren Widerstandskämpfers Peter Yorck von Wartenburg, die selbst bereits Mutter von vier Kindern war. Als im Dezember 1934 Marie Louises Vater starb, erbte sie Aktien und ein Mietshaus in Wien, was dem Haushalt erfreuliche, keineswegs unbeträchtliche Einkünfte bescherte.

Was in Ankara weitgehend gefehlt hatte, konnte in Warschau reichlich nachgeholt werden. Die Schelihas erfüllten ihre gesellschaftlichen Verpflichtungen als Diplomatenehepaar, waren oft eingeladen und ebenso oft selbst Gastgeber. «Auffallend für die meisten von uns höheren Beamten und Offizieren, die wir aus rein dienstlichen Gründen im Hause Scheliha verkehrten, war der aufwendige, wenn auch keineswegs protzige Lebensstil, den Scheliha pflegte; aber es hatte eben alles Stil, wie von ihm und seiner Frau auch gar nicht anders zu erwarten war.»[6] Scheliha, der sich inzwischen mit seinem Gastland vertraut gemacht hatte und als ausgewiesener Polenkenner galt, pflegte auch sehr gute Kontakte zum polnischen Adel, der ihn sogar in seinen berühmten Jagdclub «Klub Myśliwski» aufnahm.

Die Jagd und das Bridgespiel erwiesen sich auch an anderer Stelle als nützlich. Nachdem Anfang des Jahres 1934 der deutsch-polnische Nichtangriffspakt geschlossen worden war, gaben sich die deutschen Staatsgäste in der Warschauer Botschaft die Klinke in die Hand. Der

Von 1927 bis 1929 war Marie Louise von Scheliha mit ihrem Mann, dem Diplomaten Rudolf von Scheliha, in der Türkei.

jagdbegeisterte Hermann Göring kam öfter. Der spätere NS-Außenminister Joachim von Ribbentrop, von seinen diplomatischen Kollegen als Aufsteiger verachtet, versuchte sich ebenfalls gern in dieser standesgemäßen Beschäftigung. Rudolf von Scheliha und seine Frau waren in diesen Jahren für die Betreuung der Gäste zuständig. Er galt als charmanter und gewandter Hausherr, während ein Augenzeuge Marie Louise «ebensogroße Sicherheit wie betonte Zurückhaltung» attestierte.[7]

1936 mussten die Schelihas das Ehepaar Frank auf einer Reise nach Krakau begleiten. Hans Frank, seit 1923 Mitglied der NSDAP, Rechtsanwalt Adolf Hitlers, oberster Jurist der NSDAP und seit 1936 Reichsminister ohne Geschäftsbereich, sollte während des Krieges in der alten polnischen Königsburg von Krakau residieren. Als Generalgouverneur war er nach 1939 verantwortlich für die Vertreibung der Polen aus ihren Häusern, so wie sie Cato Bontjes van Beek während ihres Arbeitsdienstes erlebt haben könnte.

Während der Olympischen Spiele im Sommer 1936 begleiteten die Schelihas polnische Ehrengäste nach Berlin, bevor sie zu einem kurzen Urlaub nach Ostpreußen aufbrachen. Scheliha verfolgte mit dieser Reise auch noch ein anderes Ziel. «Er wollte dem Adel auf den großen Gütern ins Gewissen reden»,[8] erinnerte sich Momme Mommsen, ein Freund von Schelihas Schwester Renata. Der charmante und humorvolle Scheliha, «der in seiner nonchalanten seigneurialen Art gut in das 18. Jahrhundert gepaßt hätte», fand leicht Zugang zu den Schlössern, deren Bewohner er vor Hitler warnen wollte.[9] Mit der Argumentation, sie begingen «partiellen Selbstmord», wenn sie sich dem Regime anschlössen, appellierte er an ihre ureigensten Interessen, um sie zu überzeugen. «Es erübrigt sich, über die Richtigkeit dieser Prophezeiung zu sprechen. Wohl aber ist daran zu erinnern, wieviel Entschlossenheit und Mut dazu gehörte, mit solcher Parole im Lande herumzureisen»,[10] so Mommsen. Rudolf von Scheliha jedoch hielt sich mit seinen Überzeugungen auch in Warschau nicht zurück, er wollte sich nicht bis zur Unkenntlichkeit verbiegen. Er war mutig, man könnte es aber auch unvorsichtig nennen. Seine Sekretärin in der Botschaft berichtete, dass er über Warnungen, mit seinen Äußerungen vorsichtiger zu sein, nur gelacht haben soll.[11]

Haftbesuche und ein eigenes Modeatelier: Annedore Leber

Einen Tag nach der «Machtergreifung» am 30. Januar 1933 gab es auch in Lübeck einen großen Fackelzug, mit dem die Nationalsozialisten nach Berliner Vorbild ihren Sieg feierten. Der Reichstagsabgeordnete Dr. Julius Leber, zugleich Chefredakteur des *Lübecker Volksboten* und SPD-Abgeordneter in der Lübecker Bürgerschaft, war in der Stadt, um zu verhindern, dass «seine» Sozialdemokraten sich von den Nazis provozieren ließen. Danach ging er in die Zeitungsredaktion in der Johannisstraße, wo er telefonisch gewarnt wurde, dass in der Nähe seines Hauses uniformierte Schläger auf ihn warteten. Erst um drei Uhr morgens begab er sich auf den Heimweg, nun auch endlich bereit, schützende Begleitung anzunehmen. Es kam aber

Die Verhaftung von Julius Leber nach gewaltsamen Auseinandersetzungen zwischen Sozialdemokraten und einer SA-Gruppe am 31. Januar 1933 heizte die politische Konfrontation in Lübeck weiter an. Nach Protestkundgebungen und Streiks von Lübecker Arbeitern kam Leber wieder frei und sprach am 19. Februar vor 15 000 Menschen. Von Nationalsozialisten misshandelt, konnte er allerdings der Menge nur das Wort «Freiheit!» zurufen. Kurz darauf kündigte im Vorfeld der Reichstagswahlen vom 5. März ein Nazi-Führer an: «Zwei Stunden nach unserem Sieg hängt Dr. Leber auf dem Marktplatz!» – «Am 13. März sollen sie etwas erleben, diese Burschen!», konterte am 9. März der «Lübecker Volksbote». Am 23. März wurde Julius Leber, in den Reichstag wiedergewählt, beim Betreten des Parlaments verhaftet und vier Jahre in Gefängnissen und Konzentrationslagern festgehalten.

dann doch noch zu einer Begegnung mit den Nationalsozialisten, von denen einer eine Stahlrute mit Bleikopf zum Einsatz brachte. Leber wurde schwer verletzt, floh auf die nächste Polizeiwache, wo man ihn festnahm. Zwar wurde er am folgenden Morgen entlassen, aber am Abend erneut verhaftet, diesmal wegen Beihilfe zum Totschlag, da einer der Angreifer in der Nacht zuvor zu Tode gekommen war.

Lebers enge Verbindung mit der Lübecker Arbeiterschaft führte dazu, dass diese am Tag nach Bekanntwerden des Arrests in einen einstündigen Streik trat. Aber auch aus dem Reich kamen Solidaritätsbekundungen und die Forderung, Leber sofort zu entlassen. In einem offenen Brief wandte sich der Inhaftierte seinerseits an die empörte Arbeiterschaft, um weitere Unruhen zu vermeiden, die zu neuem Blutvergießen hätten führen können. Seine Frau hatte inzwischen alle Hebel in Bewegung gesetzt, um ihm zu helfen, und es gelang ihr tatsächlich, ihn gegen Kaution freizubekommen. Durch eine große, jubelnde Menschenmenge bahnte sich Leber am 16. Februar 1933 seinen Weg aus dem Gefängnis.

Nachdem er seine Verwundungen in einem Krankenhaus hatte behandeln lassen, trat er am 19. Februar vor 15 000 Arbeitern auf. Er stand am Pult mit einer Augenklappe und rief ihnen nur das Wort «Freiheit!» zu, denn aufgrund seiner Verletzung konnte er kaum sprechen. Dann begab er sich zu einem kurzen Genesungsurlaub an den bayerischen Kochelsee.

Annedore Leber lebte unterdessen allein in ihrem Haus unter dem Schutz einiger Genossen. Die beiden Kinder Katharina und Matthias hatte sie längst bei ihren Eltern untergebracht. Zur Reichstagswahl vom 5. März 1933 kehrte ihr Mann nach Lübeck zurück, wo die SPD noch einmal ein gutes Ergebnis erzielte. Das Ehepaar reiste bald nach Berlin ab, damit Julius Leber in seiner Funktion als Abgeordneter gegen das Ermächtigungsgesetz stimmen konnte. Außerdem hatten sich vor ihrem Haus die Nazis immer wieder mit lautstarken Drohparolen bemerkbar gemacht. Die Situation war angespannt. Kaum hatten die beiden die Stadt verlassen, da rollten Laster mit Schlägern heran, die nun, da sie die Familie nicht mehr antrafen, in ihrer unbefriedigten Kampfeswut alle Haustiere töteten und deren Kadaver im Hof verstreuten.

Am 23. März 1933 sollte in Berlin über das Ermächtigungsgesetz beraten werden. Die einundachtzig Sitze der Kommunisten waren aufgrund der Reichstagsbrandverordnung bereits annulliert worden. Sie konnten sich also nicht mehr beteiligen. Von dem wortgewaltigen Kämpfer Julius Leber erwarteten die Nationalsozialisten besonderen Widerstand, daher wurde er bereits beim Betreten des Sitzungsgebäudes festgenommen und in Handschellen abgeführt. Annedore Leber musste nun zum zweiten Mal innerhalb weniger Wochen in Erfahrung bringen, was mit ihrem Mann geschehen war. Am 24. März fand sie heraus, dass er von der Polizei verhaftet worden war, sich also nicht in nationalsozialistischem Gewahrsam befand. Wieder ließ sie nichts unversucht und konnte sogar bis zum Berliner Polizeipräsidenten vordringen – allerdings ohne irgendetwas zu erreichen. Das Einzige, worüber man sie informierte, war die Tatsache, dass Leber mit dem Zug nach Lübeck gebracht werden sollte. Sie reagierte prompt, eilte zum Bahnhof und erreichte noch den richtigen Zug. Langsam ging sie durch die Waggons und fand Julius Leber mit zwei fremden Männern in einem Abteil sitzend. Als sie sich, wie eine Fremde, dazusetzen wollte, wurde sie von ihnen zurückgewiesen. Nach einer Weile des Wartens auf dem Gang unternahm sie einen erneuten Versuch, und es schien, als ob einer der Polizisten verstanden hätte. Sie durfte sich setzen. Es war das letzte längere, wenn auch stumme Beisammensein mit ihrem Mann für die nächsten vier Jahre. Leber dankte ihr in einem Brief mit den Worten: «Du hast in der letzten Woche soviel Mut bewiesen.»[12]

Annedore Leber ließ ihrem inhaftierten Mann über einen Aufseher, der ein alter Sozialdemokrat war, Lebensmittel und Tabak zukommen. Sie konnte kurze Briefe schreiben und seine «Bestellungen» ausführen. Er bat um Schreibzeug, Bücher und eine Berliner Zeitung. Drei Wochen nach seiner Inhaftierung, am 11. April 1933, kam es immerhin zu einem kurzen Wiedersehen im Gefängnis Marstall in Lübeck. Dabei musste sie ihm mitteilen, dass er als «Schutzhäftling» diese Privilegien, die im Grunde sowieso nur Untersuchungshäftlingen zustünden, nicht länger in Anspruch nehmen könne. Man werde ihn behandeln wie einen normalen Strafgefangenen. Das bedeutete auch, dass er Anstaltskleidung tragen musste. Es gelang Annedore erst nach Monaten, für Julius den Status des Untersuchungshäftlings wieder zu erreichen. Wie schon zuvor bemühte sie sich energisch bei allen zuständigen Stellen, ihn aus der Haft herauszuholen. Der Lübecker Kriminalkommissar Bock teilte ihr allerdings ziemlich unverblümt mit, wäre es nach ihm gegangen, würde Leber längst nicht mehr leben. Der Reichskommissar für

Lübeck, ein Nationalsozialist, erklärte ihr, man wolle gerade diesen Gefangenen, der eine Gefahr für den Nationalsozialismus darstelle, solange wie möglich festhalten.

Für wie gefährlich man Julius Leber hielt, zeigte sich am 8. Mai 1933, als ihn die SA aus dem Gefängnis holte, vor die Stadt fuhr und ihn dort draußen wiederholt aufforderte, aus dem Auto zu steigen. Er weigerte sich jedoch beharrlich, denn er wusste genau, was ihm bevorstünde: Er sollte «auf der Flucht» erschossen werden, wie schon andere Genossen vor ihm. Die sonst nicht um gewaltsame Lösungen verlegene SA gab klein bei und lieferte ihn schließlich in Schwerin ab, wo man ihn überhaupt nicht erwartet hatte. Nach etwa zehn Tagen im Zuchthaus Dreibergen kam er zurück nach Lübeck, wo seine Frau, die zunächst ohne Nachricht geblieben war, ihn am 20. Mai besuchen konnte.

In Lübeck wurde Julius Leber am 27. Mai 1933 wegen «Beteiligung an einem Raufhandel» zu zwanzig Monaten Gefängnis verurteilt. Das traf ihn schwer, da die Schlägerei Ende Januar Notwehr gewesen war, das Urteil diesen Umstand jedoch nicht berücksichtigte. Es war erkennbar politisch motiviert.[13] Ein «Gefühl der Rechtlosigkeit»[14] überkam ihn, und dies umso mehr, als er seit einem Monat in seiner Zelle nicht mehr lesen und schreiben durfte. Er fühlte sich nicht nur rechtlos, sondern auch nutzlos und beneidete seine Frau um ihre Arbeit: «Nicht nur wegen der Existenz, sondern weil du eine Aufgabe hast, die dein Leben trägt.»[15]

Annedore Leber hatte inzwischen die Schneiderei wiederaufgenommen und ein kleines Modeatelier eröffnet, um ihren Lebensunterhalt zu sichern. Im Verlauf des Prozesses war das Vermögen der Lebers gesperrt worden, und die Familie hatte keine Einkünfte mehr. Es mussten außerdem die Prozesskosten bezahlt und regelmäßige Unterhaltszahlungen für Lebers uneheliche Tochter aus den 1920er Jahren geleistet werden. Hilfe von den Eltern wollten sie beide nicht annehmen.

Julius Leber wusste, welche Leistung seine Ehefrau, die er immer mit «Paulus» ansprach, «draußen» erbrachte: «Daß du Mut hast, Paulus, und vielen guten Willen, mir über diese bösen Zeiten wegzuhelfen, das weiß ich. Aber daß alles für dich nicht so einfach ist, das weiß ich ebenfalls.»[16] Er hatte für seine Frau den Namen Paulus gewählt, weil sie in seinen Augen eine Bekehrte war, die den richtigen Weg gefunden und beschritten hatte. 1927 war sie in die SPD eingetreten. Nun machte er sich Vorwürfe, dass er in ihrer Ehe nicht immer das geleistet habe, was sie von ihm erwartete, weil seine Arbeit vorging.[17] Er war oft in Berlin und kam zu Annedores großen Kummer nicht jedes Wochenende nach Lübeck, das wurde ihm jetzt reuevoll bewusst: «Ich bin hier innerlich weniger einsam als in meiner früheren Freiheit, denn niemals stand Paulus meinen Gedanken näher oder auch nur so nah wie jetzt.»[18] Seine Frau war für Julius Leber in der Haft von allergrößter Bedeutung. Sie half ihm nicht nur materiell und kämpfte nicht nur für seine Freiheit, sie war für ihn mit ihrem «Optimismus eine Kraftquelle ohnegleichen».[19] Er war stolz auf sie: «Im letzten Brief vergaß ich das zu schreiben. Paulus, ich empfinde deinen Mut, deine Tapferkeit und deinen Stolz als etwas für mich ungeheuer Großes, und ich bin stolz auf dich und bewundere dich manchmal in meiner Zelle.»[20]

Zugleich aber machte er sich Gedanken darüber, ob es nicht für jemanden wie ihn, der entschlossen war, den «Kampf» aufzunehmen, falsch war, eine Familie zu gründen.[21] Dass sein Leben ein Kampf sein würde, daran hatte er nie einen Zweifel gelassen. Seiner Frau musste dies von Anfang an klar gewesen sein. Wenn er in einem Brief mit ein paar kurzen Sätzen folgendes Horrorszenario skizzierte, dann konnte er Annedore damit nicht überraschen: «Der Absturz und der Riß in meinem Leben war notwendig. Denn die große Gefahr zog schon drohend herauf, daß mein Leben einfach eine Versorgung für mich und meine Familie würde, ohne große weitere Kämpfe, Wagnisse und Gefahren. Um schließlich in einem bescheidenen Pensionsdasein im Kreis der Enkelkinder endgültig zu verrotten. Und ich wäre zeitlebens die Scham vor mir selber nicht losgeworden: das also ist das Resultat dieses Lebens, das mit solchem Sturm, solchem Willen und solchem Anlauf begann? Und der einzige Trost: Bier und Zigarren.»[22]

Julius Leber hatte seinen Weg bewusst gewählt. Daher schloss er auch eine Emigration aus, obwohl viele Freunde, die vorhersahen, was kommen würde, ihm zur Auswanderung rieten. Er lehnte ab, weil er meinte, damit «seine» treuen Lübecker Arbeiter zu verraten. Die Erinnerung an die Kundgebung am 19. Februar war für ihn in der Haft eine große Ermutigung durchzuhalten. Außerdem fürchtete er, im Falle eines Neuanfangs für Deutschland, an dem er zweifellos mitwirken wollte, als Emigrant außen vor zu stehen.[23]

Annedore Leber trug die Entscheidung ihres Mannes mit. Sie machte ihm keine Vorwürfe, sie verlangte keine Veränderung; sie glaubte an ihn und seine Ideen, die auch die ihren waren, und tat alles, um ihn zu stützen. Beide Eheleute waren sehr diszipliniert, wollten stark sein und dem jeweils anderen so wenig Sorgen wie nur möglich bereiten. Er schrieb ihr: «Was mich anbetrifft, will ich alles gern und stark tragen.»[24] Sie versicherte ihm, wie viel schwieriger es für sie hinzunehmen sei, «dass ein anderer Mensch, den man liebt, Unrecht erleiden soll, als wenn man selbst das Opfer eines Unrechts ist». Sie beruhigte sich und ihn mit der Aussicht, auch diese Zeit werde vergehen, «und wir werden so viel aus ihr gelernt haben, daß wir sie vielleicht gar nicht mehr aus unserer Erinnerung streichen wollen». Sie werde für beide eine «Bereicherung» darstellen, schrieb sie im Juni 1933.[25]

Im August, seit vier Monaten in Haft, schrieb Leber, der erst in dieser Situation lernte, seine Gefühle in Worte zu fassen, an seine Frau: «Meine Verbundenheit mit dir, mein Glaube und jenes höhere, was man so oft mit der abgegriffenen Münze des Wortes Liebe bezeichnet, was aber mehr ist, weil es Schicksal ist über die Liebe hinaus – sie werden der Inhalt und der Grund meines Lebens sein in den nächsten zwei Jahren. Und Paulus, ich bin fest überzeugt, diese beiden Jahre werden später uns als glücklich erscheinen, weil wir uns in der Trennung näher standen, inniger verbunden waren als jemals vorher und auch als es jemals nachher wieder sein wird.»[26]

Doch ihr Leidensweg war noch lange nicht zu Ende. Anfang 1934 wurde Julius Leber in die Strafanstalt Wolfenbüttel verlegt, um hier die restliche Haft zu verbüßen.[27] Das bedeutete für Annedore einen Hin- und Rückweg von fast 500 Kilometern, den sie in Kauf nahm, um Julius alle drei Wochen für eine Viertelstunde zu sehen. Jeder Besuch musste neu beantragt werden; fuhr sie nicht, schickte sie wenigstens Päckchen und versuchte weiterhin unermüdlich, eine

Entlassung herbeizuführen, wenn das inzwischen florierende Modeatelier ihr dazu die Zeit ließ. Immerhin erreichte sie, dass eine niederländische Ölfirma in Rotterdam ihrem Mann eine Arbeit in Aussicht stellte, so dass sie hoffen konnte, damit seine Befreiung zu beschleunigen. Leber griff dankbar nach dem Strohhalm, lernte Niederländisch und Maschineschreiben – jedoch vergeblich.

Nach Beendigung seiner Haftzeit Ende April 1935 wurde Julius Leber umstandslos in das Konzentrationslager Esterwegen bei Papenburg im Emsland verbracht. Annedore hatte dieses Mal, anders als bei der beinahe tödlichen Fahrt nach Schwerin, schon von der Gestapo erfahren, was bevorstand. Julius Leber war froh, dass er nicht derjenige war, der es ihr sagen musste. Er schrieb ihr, er trage diese neue Last «leicht und gefaßt. Nur die Gedanken an dich und deinen Kummer belasten mich jetzt noch mehr als früher.»[28]

Damit meinte er Annedores Trauer um ihren 1934 verstorbenen Vater, der sich vermutlich das Leben genommen hat. Der Protestant Dr. Georg Rosenthal war gleich im April 1933 vermutlich aufgrund des sogenannten «Gesetzes zur Wiederherstellung des Berufsbeamtentums» seines Amtes als Rektor des ehrwürdigen Gymnasiums Katharineum enthoben worden. Das Gesetz, besser bekannt als «Arierparagraph», hatte den Zweck, Juden aus dem Berufsleben zu entfernen. Während der Vater Rosenthal, wohl weil er ein öffentliches und auch prestigeträchtiges Amt bekleidete, wegen des relativ weit zurückliegenden jüdischen Ursprungs seiner Familie in Bedrängnis kam, ist Annedore Leber deswegen nie belangt worden. Dieser Umstand bedarf weiterer Forschung. Auguste Rosenthal lebte von nun an im Haushalt ihrer Tochter. Das war für die berufstätige Annedore eine große Hilfe.

Diese Hilfe hatte sie dringend nötig, da Julius Leber im Konzentrationslager mehr als je zuvor der Willkür der nationalsozialistischen Schergen ausgeliefert war. Das Konzentrationslager Esterwegen war zu dieser Zeit dem Reichsführer SS Heinrich Himmler direkt unterstellt, und die Bewachung erfolgte durch die SS. Leber musste nicht nur schwerste körperliche Arbeit verrichten, sondern wurde auch gedemütigt, sogar gefoltert. Die Aussichten auf eine Entlassung waren schlecht: Die Staatspolizei Lübeck teilte Lebers

Anwalt auf Anfrage mit, Leber sei aus politischen, nicht aus rechtlichen Gründen inhaftiert. Der Staat sei «Sieger und handle danach».[30] Aber Leber ließ sich nicht unterkriegen, bemühte sich in einem Brief in geradezu grotesker Weise um Haltung, indem er die «frische Luft» pries, die er in Esterwegen nach zwei Jahre Zellenhaft genießen könne. Doch die Dringlichkeit, mit der er um Briefe und Besuche bat, machen deutlich, wie wichtig der Kontakt zur Familie für ihn war: «Denn ihr drei seid ja für mich in meinem jetzigen Leben die ganze Welt.»[31]

Annedore Leber verstärkte jetzt erst recht ihre Bemühungen, seine Freilassung zu erwirken. Sobald sie von dem bevorstehenden KZ-Aufenthalt erfahren hatte, wandte sie sich sofort an den Lübecker Pastor Albert Bültel. Der vermittelte den Kontakt zu Bischof Wilhelm Berning, in dessen Diözese das Konzentrationslager Esterwegen lag. In ihm fand Annedore Leber einen höchst tatkräftigen Mitstreiter.[32] Während der Jahre 1935 bis 1937 hat er sich immer wieder für Leber eingesetzt, etwa beim Innenministerium in Berlin Annedores Bitt- und Entlassungsgesuche lanciert und gestützt. In relativ regelmäßigen Kontakten besprachen beide, wie man vorgehen könne, an wen man sich wenden solle. Nichts blieb unversucht, Schreiben gingen an die Lübecker Gestapo, an den Reichsstatthalter von Mecklenburg-Lübeck, an den Staatssekretär Grauert im Innenministerium, später sogar an Himmler und schließlich auch an Hitler. Aus der Reichskanzlei kam lediglich eine Eingangsbestätigung, sonst nichts.

Julius Leber blieb deshalb bis Mai 1937 in Haft. Kurz vor Weihnachten 1936 hatte er in einem der wenigen, zensierten Briefe, die ihm zu schreiben erlaubt waren, geäußert: «Der Stolz auf dich und die Kinder, mein unbegrenztes Vertrauen zu deiner Kraft und deiner Opferbereitschaft, die waren so oft das Fundament, auf dem ich aufrecht stand!»[33]

Im Zuge einer Reorganisation des KZ-Systems wurde Esterwegen in ein Strafgefangenenlager der Justiz umgewandelt und Julius Leber Mitte September 1936 in das neu errichtete Konzentrationslager Sachsenhausen bei Berlin verlegt. Die Umstände brachten es mit sich, dass er seiner Frau keine Nachricht zukommen lassen konnte, so dass sie vier Wochen ohne jede Information über seinen Aufenthalt blieb.

Annedore Leber hatte sich unterdessen zu einem Umzug nach Berlin entschlossen. Es stellte sich nämlich heraus, dass sich vor allem die Gestapo in Lübeck einer Entlassung Lebers vehement widersetzte. Annedore hoffte, durch den Umzug deutlich zu machen, dass auch ihr Mann jede Verbindung nach Lübeck aufgeben würde, seine zentrale Rolle als dortiger Arbeiterführer nicht wieder anstrebte und damit für die Stadt, in den Augen der Nazis, keine Gefahr mehr darstellen würde.

Der Neuanfang in Berlin gelang. Nachdem Annedore Leber noch in Lübeck ihre Schneidermeisterprüfung abgelegt hatte, eröffnete sie in Berlin-Zehlendorf ein neues Modeatelier. Da Annedores Bruder Helmuth Anfang 1936 überraschend gestorben war, zog sie zu ihrer Schwägerin Anni und deren Tochter Brigitte. In dem nicht allzu großen Haus am Eisvogelweg beschäftigte sie nach einiger Zeit zehn Näherinnen.[34] Anni Rosenthal hat sich, solange Annedore lebte, um den Haushalt gekümmert und wurde «geduldigster Sorgenanhörer für alle».[35]

Neben der Arbeit und der Sorge um ihren Mann musste sich Annedore Leber auch noch um die Kinder kümmern. Ihnen erzählte sie nicht die Wahrheit, sondern gab vor, der Vater könne nicht bei ihnen sein, weil er ein Buch schreibe und deshalb Ruhe brauche. Die Tochter Katharina meinte sich deshalb an eine glückliche Kindheit erinnern zu können.[36] Die Kinder wiederum waren für Annedore Leber eine große Stütze, denn, so schrieb sie ihrem Mann 1933, sie habe, anders als er, immer die Möglichkeit, ihre Gedanken und Gefühle auf den Sohn und die Tochter zu lenken. «So gebraucht zu werden, so nötig zu sein, gibt einem viel Mut, immer wieder von Neuem zuzufassen.»[37] Was sie hier im Hinblick auf ihre konkrete familiäre Situation formulierte, lässt sich aber zugleich als das zentrale Motto für ihr weiteres Leben sehen. Sie war die Verantwortliche und Versorgerin für ihren großen Haushalt mit Kindern, Mutter, Schwägerin und Angestellten. Darüber hinaus wurde sie eine wichtige Unterstützerin zunächst für den Widerstand und nach 1945 eine engagierte Nachlassverwalterin des Widerstands.

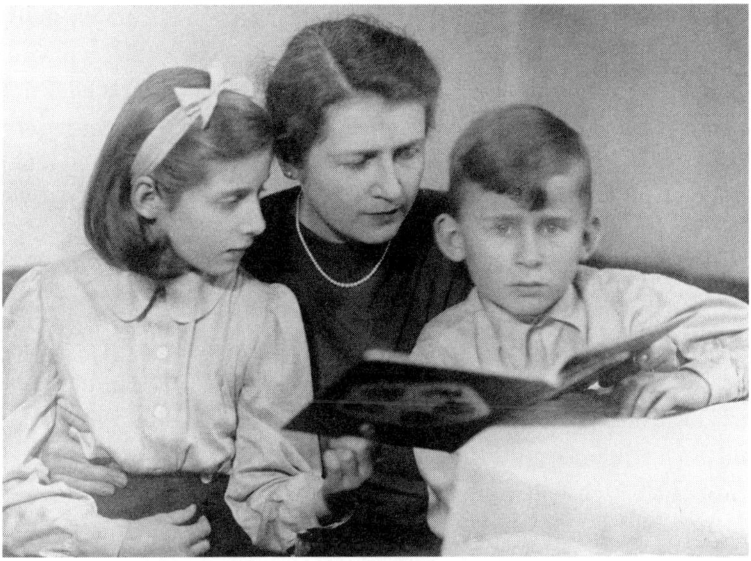

Annedore Leber mit ihren Kindern Katharina und Matthias, um 1937

Es war ihr oberstes Ziel, dessen Erbe nicht in Vergessenheit geraten zu lassen.

Und dabei ging es ihr nicht nur darum, das Andenken an ihren ermordeten Mann zu bewahren. Es war Überzeugung im Spiel. Was sie 1947 über Rosa Luxemburg schrieb, in einem Vorwort zu einer Briefedition, konnte genauso für sie selbst gelten: «Als Tochter eines wohlhabenden jüdischen Fabrikanten bricht sie schon jung mit ihrer ursprünglichen Welt und reißt sich vermutlich aus diesem Milieu, weil, wie es einer der folgenden Briefe sagt, sie der Typ des sehr gescheiten, verfeinerten, aber blasierten Menschen stört, der alles in der Welt mit lächelnder Skepsis betrachtet.»[38]

Annedore Leber war eine Kämpferin, darum passten die Eheleute Leber so gut zueinander. Beide waren von einer Idee beseelt, die ihnen Kraft und Durchhaltevermögen gab. Im Juni 1933 hatte Annedore an ihren Mann geschrieben: «Man sollte es nicht für möglich halten: Ich werde allmählich ein Asyl für Trostbedürftige, denen es rein äußerlich gesehen meist besser geht als mir. Warum kommt man gerade zu mir? Es kann doch wohl nur so sein, dass man spürt, dass mein Leben von einer Idee erfüllt ist und von ihr getragen wird, also, will man doch wohl von mir das, was man Mut und Kraft nennt.»[39] Diese Idee war für Annedore Leber jedoch zugleich sehr eng mit ihrem Mann verknüpft. Ihr Lebenslauf im Bundesarchiv illustriert dies sehr anschaulich. Er handelt fast nur von Julius Leber, sie selbst kommt darin so gut wie gar nicht vor. Derjenige, der diese Ideen und politischen Überzeugungen mehr als jeder andere hätte durchsetzen können, wäre in ihren Augen Julius Leber gewesen: «Ich glaube, daß seine Person die ist, die der deutschen Geschichte bisher gefehlt hat.»[40]

Doch noch hoffte sie auf eine gemeinsame Zukunft, die wieder möglich schien, als Julius Leber am 5. Mai 1937 aus dem Konzentrationslager Sachsenhausen entlassen wurde.

Reformpädagogik auf dem Dorfe: Rosemarie Reichwein

Anstatt im Frühjahr 1933 in Halle ein gemeinsames Leben zu beginnen, standen Rosemarie und Adolf Reichwein bei der Rückkehr von ihrer Hochzeitsreise vor dem Nichts. Beide waren an der Pädagogischen Akademie entlassen, und es war ungewiss, ob Reichwein vielleicht sogar seine Pensionsansprüche verlieren würde. Sie vermieteten ihre gerade erst eingerichtete Wohnung mitsamt den Möbeln und kamen bei den Eltern Pallat in der Otto-Erich-Straße in Berlin-Wannsee unter. Edolf, wie Reichwein bei Freunden und Verwandten hieß, hatte, ähnlich wie der Sozialdemokrat und spätere Berliner Oberbürgermeister Ernst Reuter, das Angebot erhalten, an einer türkischen Universität zu lehren. Aus Istanbul lag die Einladung vor, einen Lehrstuhl für Wirtschaftsgeographie zu übernehmen. Der Plan wurde erwogen, bot er doch gewisse Sicherheiten, die es den Reichweins erleichtert hätten, eine Familie zu gründen, so wie sie es vorhatten. Den Sommer über verhandelte Reichwein mit der Türkei, versuchte aber gleichzeitig, eine Lösung in Deutschland zu erreichen, und beantragte beim Kultusministerium seine Versetzung

Rosemarie und Adolf Reichwein heirateten im April 1933 in Berlin-Wannsee.

an eine einfache Volksschule, eine für einen Hochschulprofessor durchaus ungewöhnliche Idee.

In der letzten Septemberwoche 1933 fiel die Entscheidung gegen das Exil. Reichwein sagte in Istanbul ab, wenige Tage bevor am 28. September 1933 der Bescheid kam, dass er vom 1. Oktober an Lehrer der einklassigen Landschule im brandenburgischen Tiefensee werde. «Edolf wollte auch dabei sein mit seinen Erfahrungen, wenn es eine neue Regierung geben würde»,[41] schrieb Rosemarie Reichwein Jahrzehnte später. In der Situation selbst konnte es dem Ehepaar nicht klar sein, dass eine neue Regierung zwölf Jahre auf sich warten lassen würde; man hoffte wohl, der braune Spuk sei bald vorbei. «Wir sind beide vollständig umgestellt und genießen schon im voraus die Vorzüge der deutschen Lösung. (Die Nachteile kennen wir, aber wenn sie uns nicht grad ins Gesicht springen, denken wir nicht dran.)»,[42] schrieb Adolf Reichwein im Oktober an seinen Schwiegervater. Der Dienst in Tiefensee musste nicht unbedingt drei Tage nach der Bewilligung beginnen, die Behörden ließen Reichwein Zeit, sich vorzubereiten. Seine Eltern konnte er beruhigen: Er sei «rehabilitiert; *nicht* aus politischen Gründen beurlaubt»,[43] sondern als Staatsdiener nur auf eine andere Position versetzt.

Dadurch blieben Adolf Reichwein zwar seine Pensionsansprüche erhalten, doch er war so offenkundig degradiert worden, dass die Honoratioren des Dorfes kurz vor dem ersten Schultag in Tiefensee am 20. Oktober 1933 herauszufinden suchten, aus welchem Grund. Rosemarie Reichwein schrieb noch sechsundsechzig Jahre später, die unfaire Art, mit der der Bürgermeister und der NS-Ortsgruppenleiter dies erreichen wollten, habe sie schockiert.[44] Sie machten ihren Mann, der fast nie Alkohol trank, betrunken und begannen, ihn auszuhorchen – was ihnen jedoch nicht gelang.

Der Anfang in Tiefensee war nicht leicht, auch wenn Adolf Reichwein einem Freund das Dreihundert-Seelen-Dörfchen, 36 Kilometer nordöstlich von Berlin, als landschaftlich schön schilderte. Es sei kein Bauerndorf, sondern ein Ausflugsort, in dem es sogar mehrere Gasthäuser gebe, und liege an der Strausberger Seenkette, nicht weit von der Märkischen Schweiz entfernt. Der Blick seiner Frau auf die neue Situation war jedoch ein anderer: Die Schule hatte nur einen Klassenraum, die angrenzende Wohnung drei Zimmer und eine Küche mit Kohlenherd, aber kein fließendes Wasser. Es gab nicht einmal einen Ausguss; das Klohäuschen befand sich im Hof neben dem Stall. Der große, nur mit der Hand zu beheizende Waschkessel stand im Keller, welcher nur von außen zugänglich war. Sie tröstete sich damit, dass sie aus ihrer Lehrzeit im Harz einfache Verhältnisse gewöhnt sei, aber so schlicht war es wohl selbst dort nicht gewesen.

Drei von Rosemarie Reichweins vier Kindern wurden in Tiefensee geboren: 1934 kam Renate zur Welt, 1936 Roland und 1938 Kathrin. Sabine wurde 1941 in Berlin geboren. Adolf Reichwein war begeisterter Vater der kleinen Renate, und seine Schulkinder «mussten», so erinnerte sich Rosemarie, «fast jeden Entwicklungsschritt miterleben».[45] Neben Kindern und Haushalt engagierte sie sich in der Schule und im Dorf.[46] Die Arbeit der Reichweins überzeugte viele, wenn auch nicht alle Tiefenseer. Es gab anonyme Briefe, mit «Heil Hitler!» unterzeichnet, die einen streng nationalsozialistischen Lehrer forderten.

Dennoch gelang es Adolf Reichwein, in den Jahren von 1933 bis 1939 in Tiefensee seine reformpädagogischen Ideen in die Praxis umzusetzen.[47] Seine Arbeit war weit entfernt vom Drill und der Paramilitarisierung der nationalsozialistischen Schule, die, wie alle anderen NS-Organisationen auch, den Einzelnen nicht als Individuum gelten ließ, sondern ihn zu einem Teil der Volksgemeinschaft erziehen wollte, die alle ausschloss, die den rassischen und politischen Vorstellungen der Nazis nicht entsprachen. Reichweins oberstes Ziel hingegen war die Erziehung zu Selbstbestimmung und sozialem Verantwortungsbewusstsein. Diese Maxime hatte er bereits Ende der 1920er Jahre in den sogenannten Löwenberger Arbeitslagern erprobt, wo er an der Seite von Helmuth James von Moltke und anderen späteren Widerstandskämpfern Arbeiter und Studenten zusammenbrachte («Arbeitslager» war damals noch ein unbelasteter Begriff). Nach gemeinsamer körperlicher Arbeit wurde diskutiert, um die unterschiedlichen sozialen Gruppen einander anzunähern, deren Mitglieder dann als Multiplikatoren für den gesellschaftlichen Frieden arbeiten sollten.

Ganz ähnlich verlief der Unterricht in Tiefensee als Projektarbeit. Die vierzig Schüler und Schülerinnen seiner Landschulklasse waren nicht nach Jahrgängen getrennt, sondern bildeten Arbeitsgruppen mit älteren und jüngeren, stärkeren und schwächeren Kindern, die gegenseitig voneinander lernen sollten, eine «selbsttätige Erziehungsgemeinschaft» nach Reichwein.[48] Es gab keinen Stundenplan.

Die Jahreszeiten bestimmten, was gemacht wurde. Da die Ausstattung der Schule ebenso mangelhaft war wie die des Lehrerhauses, wurden im Sommer 1934 Tische und Schulbänke gebaut, unter Anleitung der örtlichen Handwerker. Es folgte ein selbstgeplantes Gewächshaus. Beide Projekte warfen die Frage nach den knappen Rohstoffen auf; sie mussten genau berechnet werden. Das Gewächshaus war Anlass, mehr über die Glasproduktion zu erfahren, über «Grundwasser und Baustoffprobleme» nachzudenken, sich mit «Wärmeisolierung und -ökonomie» auseinanderzusetzen.[49] Fragen der Statik führten zu Exkursen in die Kunst- und Architekturgeschichte. Nach der Fertigstellung des Gewächshauses wurden dort Pflanzen gezogen, die biologische, chemische, natur- und heimatkundliche Themen auf den Lehrplan brachten. Im Winter fand der Unterricht überwiegend im Schulgebäude statt, wo zum Beispiel am «laufenden Band der Geschichte» gelehrt wurde.

Adolf Reichwein gelang es Rosemarie zufolge, «über die Kinder auch die Eltern zu gewinnen».[50] Besondere Projekte waren Feste im Jahreslauf, der 1. Mai, das Erntedankfest oder Weihnachten, die unter Einbeziehung der Eltern große und wichtige Lerneinheiten bildeten. Am 1. Mai 1934 sollte *Wilhelm Tell* gespielt werden. Ein Stück, das offensichtlich mit Bedacht ausgewählt wurde, wenn wir im dritten Aufzug, dritte Szene lesen: «Dort darf der Nachbar nicht dem Nachbarn trauen.» In die musische und gymnastische Erziehung war Rosemarie stark eingebunden. Sie hatte eine Volkstanzgruppe mit den Frauen des Dorfes gegründet, die in selbstgefertigten Kostümen auftraten.

Die Schulkinder lernten im See schwimmen, sie machten Wanderungen, besuchten Museen und besichtigten sogar Gewerbe- und Industriebetriebe. Höhepunkte für sie waren sicherlich die Wanderfahrten, die der jugendbewegte Reichwein mit seiner Klasse unternahm, was zu einem Zeitpunkt, als Urlaub und Reisen für viele undenkbar und unerschwinglich waren, eine Besonderheit darstellte.

Der Unterricht in Tiefensee war so attraktiv, dass viele Kinder an vier Nachmittagen der Woche auch freiwillig in die Schule gingen. Dieser Erfolg wurde sogar amtlicherseits gewürdigt. Der Kreisschulrat war von Reichweins Arbeit angetan und machte Tiefensee 1934 zur Versuchsschule der Reichsstelle für den Unterrichtsfilm. Zwar war dieser Umstand für Reichwein eine gewisse Absicherung, doch war er auf diesem Wege enger mit der NS-Bürokratie verzahnt, als ihm lieb war. Um sich einen gewissen Spielraum zu erhalten, nahm er aber Zugeständnisse in Kauf. So schrieb er in einem Brief, heute habe er zum ersten Mal gelogen, er habe den Schulrat mit «Heil Hitler!» begrüßt.[51]

Rosemarie Reichwein wiederum trat in die NSV, die Nationalsozialistische Volkswohlfahrt, ein, die häufige und regelmäßige Sammlungen für das Winterhilfswerk durchführte. Als Frau des Lehrers war es schwierig, sich dieser «guten Tat» zu entziehen. Dabei waren sowohl das vermeintlich karitative Sammeln als auch das Klingeln an jeder Haustür ein probates Mittel, um sehr genau überprüfen zu können, wer ein freudiges Mitglied der Volksgemeinschaft war oder zumindest vorgab, es zu sein.[52] Durch diese Kompromisse entstand ein gewisser Freiraum, der das Tiefenseer Experiment erst möglich machte. Nicht auf den ersten Blick als Nazigegner identifiziert zu werden erlaubte es den Reichweins, ihre eigenen Vorstellungen umzusetzen. Damit war das Dorf einerseits ein Refugium, andererseits ein sehr überschaubarer Mikrokosmos, in dem die Familie Reichwein unter genauer Beobachtung stand. Rosemarie Reichwein hatte den Eindruck, dass der Briefträger angehalten war, die Post zu kontrollieren. Vor Antritt des Sommerurlaubs etwa wollten sie ihren Hausschlüssel beim Nachbarn abgeben, der jedoch ablehnte und offen bekannte, dass ihm das nicht recht sei; er habe den Auftrag, die Lehrerfamilie zu beobachten.[53] Reichwein schrieb 1936 an eine Freundin: «Wir waren beide immer sehr angespannt»,[54] und bezog sich damit wohl nicht nur auf die viele Arbeit, die sie in Tiefensee leisteten.

Die Korrespondenz wurde daher auf das Nötigste beschränkt, vorwiegend auf familiäre Nachrichten. «Zu dieser Zeit», so charakterisierte Rosemarie Reichwein ihr oppositionelles Leben in Tiefensee, «versuchten wir nur, alte Kontakte zu wahren und uns mit den Freunden auf eine gemeinsame politische Linie gegenüber den Nationalsozialisten zu verständigen.»[55] Adolf Reichwein fuhr fast wöchentlich nach Berlin, um Freunde und Gleichgesinnte zu treffen.

Seine Frau blieb bei den Kindern und wartete, oft voller Sorge, denn Reichweins sozialdemokratische Kontakte waren inzwischen gefährlich geworden. Es war wichtig, sich durch ein gut funktionierendes und zuverlässiges Netzwerk Informationen zu verschaffen, um nicht der staatlichen Propaganda ausgeliefert zu sein, sondern sich selbst ein Bild machen zu können von dem, was in Deutschland tatsächlich geschah. Bei der Tauffeier des Sohnes Roland 1936 wurden Neuigkeiten dieser Art ausgetauscht. Ehemalige Jenaer Schüler Reichweins gaben ein kleines Konzert. In ihren Instrumentenkästen versteckten sie konspirative Nachrichten.[56]

Das Lehrerhäuschen in Tiefensee war ein geselliger Ort, gewissermaßen ein frühes Kreisau, an dem viele Freunde und politische Weggefährten häufig zu Besuch waren. In der erholsamen Idylle konnte man lange Spaziergänge machen, um sich ungestört zu besprechen. Noch ging es um Selbstvergewisserung, nicht um aktiven Widerstand: «Abfinden und *seinen* Weg gehen, ist der einzige *Ausweg*», formulierte Reichwein 1937.[57] Rosemarie Reichwein war immer dabei und entwickelte in dieser Atmosphäre ein politisches Bewusstsein, das die Opposition und dann den aktiven Widerstand trug. Politisch aktiv wurde sie jedoch nicht. Adolf Reichwein ließ seine Frau an seinen Aktivitäten auch nur in geringem Umfang teilhaben. Er fürchtete, dass ihre Wahrheitsliebe und ihr starker Gerechtigkeitssinn, aus dem bisweilen undiplomatische Äußerungen resultierten, den Widerstand ebenso gefährden könnten wie seine Frau selbst.[58]

Um seine politischen Kontakte zu intensivieren, fuhr Adolf Reichwein häufiger nach Berlin, bisweilen begleitete seine Frau ihn, um Einkäufe zu erledigen. Beide hatten mit dem Umzug nach Tiefensee ihren Führerschein gemacht. Rosemarie Reichwein saß oft lange allein im Auto und wartete auf ihren Mann, der mit Freunden durch die Straßen spazierte, um unbeobachtet reden zu können. Nicht immer erzählte er ihr, wen er getroffen hatte.[59]

Die Idylle Tiefensee verkehrte sich allmählich in ihr Gegenteil. Spätestens 1939, als sich die Kriegsgefahr verdichtete, wurde Adolf Reichwein klar, dass die Zeit des Exils auf dem Land vorbei war. Reichwein hatte hier im Kleinen positiv wirken wollen, was ihm ge-

Antje und Robert Havemann während ihrer Hochzeitsreise 1934, von Robert Havemann mit dem Selbstauslöser aufgenommen.

glückt war; doch nun erschien ihm sein Wirkungskreis zu eng. Der Moment für entschiedeneres Handeln war gekommen.[60] Deshalb bemühte er sich um Arbeit in Berlin. Rosemarie war dankbar für eine Neubauwohnung mit Balkon in Berlin-Südende, denn der immer unhaltbarere Zustand, mit drei kleinen Kindern beengt und primitiv zu wohnen, war ein mindestens ebenso wichtiger Grund für die Rückkehr in das Zentrum.

Antje Havemann und die Widerstandsgruppe Neu Beginnen

Obwohl die Stickmeisterin aus Bielefeld sich 1932 in Berlin bei unzähligen Firmen vorgestellt hatte, fand Antje Hasenclever keine Arbeit. Aber die Zuneigung zu Robert Havemann, den sie schließlich im Juli 1934 heiratete, hielt sie in der Hauptstadt. Das Paar bewohnte eine geräumige Atelierwohnung in Charlottenburg, die es sich leis-

In den dreißiger Jahren unternahmen Antje und Robert Havemann viele Reisen mit dem Motorrad. Bei Kriegsausbruch im September 1939 wurde die Maschine eingezogen.

ten konnte, weil der Chemiker Havemann gut verdiente. Zwar war er noch Promovend, der ein Stipendium bekam, doch hatte er bereits eine lukrative Erfindung gemacht, die ihm ein Mehrfaches seiner regulären monatlichen Einkünfte einbrachte.

Von diesem Geld kaufte er sich ein Motorrad der Marke BMW, mit dem Antje und er in den Jahren vor dem Krieg viele Reisen unternahmen, bis die Maschine bei Kriegsausbruch im September 1939 eingezogen wurde. Sie bereisten Deutschland, Jugoslawien, die Schweiz und Italien, besuchten in Ascona Antjes Verwandte, den Maler Rohlfs und seine Frau oder in München Havemanns Freund, den Verleger Klaus Piper.

Doch das Geld wurde nicht nur zum Vergnügen ausgegeben, gleich nach 1933 setzte Havemann es auch als Hilfsgeld für Verfolgte ein. Er war 1932 in die Kommunistische Partei eingetreten und hatte im selben Jahr Kontakt zur Widerstandsgruppe «Neu Beginnen» aufgenommen.[61] Hier fanden sich KPD- und SPD-Mitglieder zusammen, um die Spaltung der Arbeiterschaft zu überwinden und so dem Nationalsozialismus wirkungsvoller entgegentreten zu können. Man hielt ihn keineswegs für eine vorübergehende Erscheinung, die sich, einmal an der Macht, so schnell abnutzen würde wie die zahlreichen Vorgängerregierungen. Die Widerstandsgruppe Neu Beginnen fand sich bereits 1932 zusammen, weil ihre Mitglieder für eine mögliche Machtübernahme durch die Nazis gewappnet sein wollten.

Ziel der Arbeit war nicht die Organisation von Massenwiderstand, so wie ihn sich die Exil-Sozialdemokratie vorstellte, die das Ende des Nationalsozialismus durch einen spontanen Aufstand der Volksmassen erwartete. Die Mitglieder von Neu Beginnen waren vielmehr der Ansicht, dass der Umsturz organisiert werden müsse. Daher planten sie den Aufbau einer Funktionärsorganisation, die im Falle des Machtwechsels bereitstehen sollte. Es war daher wichtig, im Inland, aber vor allem auch im Ausland, durch Informationen die herrschenden Illusionen über das Gewaltregime zu zerstören. Eine anfängliche Zusammenarbeit mit der SPD im Exil (Sopade), die auch finanzielle Unterstützung gewährte, kam Ende 1934 zum Erliegen.

Die Gründer von Neu Beginnen, der Kommunist Walter Loewenheim und sein Bruder Ernst, legten größten Wert auf konspirative Sorgfalt. Sie wählten ihre Mitglieder sehr genau aus und vermieden nach 1933 jeden Kontakt zur KPD und zur SPD im Reich, um nicht in den Sog der Verhaftungen mit hineingerissen zu werden. 1932/33 hatte die Gruppe etwa hundert Mitglieder im Kern und noch einmal zweihundert an der Peripherie. Es handelte sich um Arbeiter, Angestellte und Intellektuelle, die sechzehn bis achtzehn Schulungsabende durchlaufen mussten, an denen sie über die Geschichte der Arbeiterbewegung, der Kommunistischen Internationale, der sozialistischen Splittergruppen, der Sowjetunion und des Italo-Faschismus, aber auch die Geschichte der eigenen Organisation informiert wurden. Denn die rasche Zerschlagung der Arbeiterbewegung durch die Nazis barg die Gefahr, so Loewenheim, dass alles, was man sich bereits gemeinsam erarbeitet hatte, verloren ging und damit «jene innere Geschlossenheit und jener Schwung, der die Arbeit in der demokratischen Epoche beseelte, vergessen werden und verblassen, und daß auf diese Weise die Org entscheidende Bestandteile ihrer revolutionären Qualitäten einbüßt».[62]

Der Kern der Arbeit bestand darin, Informationen zu sammeln und auf Mikrofilmen, zum Beispiel in Bücherrücken eingebunden, ins Ausland zu bringen. Durch die Zusammenarbeit mit anderen kleinen sozialistischen Gruppen in Thüringen und Sachsen, später auch in Süddeutschland, gelangte man im Laufe der Zeit zu einer relativ genauen Darstellung der Kriegsvorbereitungen des Regimes.

1933 erschien die von Walter Loewenheim verfasste Programmschrift *Neu Beginnen! Faschismus oder Sozialismus* im Graphia-Verlag, dem Exilverlag der SPD in Karlsbad. Dort wurde sie gedruckt und getarnt als Reclam-Heft mit Schopenhauers Schrift *Über die Religion* in 5000 Exemplaren im Reich verteilt. Man übersetzte sie sogar ins Englische und Französische, so dass sie im Exil aufgenommen und breit diskutiert werden konnte. Miles, wie der Autor Loewenheim sich nannte, lieferte damit eine klare Analyse des Nationalsozialismus, kritisierte sowohl die SPD als auch die KPD und forderte einen völligen Bruch mit der Vergangenheit. Nach Zerwürfnissen innerhalb der Gruppe ging Loewenheim im September 1935 ins Exil. Er hatte alle Aktiven aufgefordert, angesichts der Aussichtslosigkeit des Kampfes gegen die Nationalsozialisten vom Ausland aus zu agieren und nur etwa dreißig Beobachter im Land zu belassen.

Neu Beginnen war aber inzwischen auf rund fünfhundert Mitglieder angewachsen, die diesem Plan nicht folgten. Die konspirativen Regeln streng einzuhalten war bei dieser Größe wichtiger denn je. Die einzelnen Gruppen hatten drei bis fünf Mitarbeiter, die sich nur mit ihrem Decknamen kannten und durch eine Person mit der nächsthöheren Ebene verbunden waren. Am Anfang eines jeden Zusammentreffens verabredeten alle zunächst einen Grund für ihr Treffen, den sie nennen konnten, falls sie entdeckt werden sollten: Skatspielen, Briefmarkensammeln, Photographieren, Ausflüge vorbereiten. Jeweils einer der Teilnehmer war gehalten, etwas später zu kommen, um das Haus oder die Straßenecke des Treffens im Blick zu haben und festzustellen, ob sie beobachtet würden.

Trotz dieser Vorsichtsmaßnahmen kam es im September und Oktober 1935 zu zwanzig Verhaftungen. Im April 1938 folgte eine zweite Welle mit noch einmal fast ebenso vielen Festnahmen.[63] Robert und Antje Havemann waren im Herbst 1938 glücklicherweise nicht in Berlin, als die letzten großen Verhaftungsaktionen durchgeführt wurden, und entgingen auf diese Weise dem Zugriff der Gestapo. Die führenden Köpfe von Neu Beginnen bauten in London eine Exilzentrale auf. Dazu gehörten Karl Frank, der seit 1933/34 das Auslandsbüro von Neu Beginnen in Prag geleitet hatte; er war dabei seit 1935 von Richard Löwenthal und seit 1936 auch von Waldemar von Knoeringen unterstützt worden. Im Herbst 1939 war die Gruppe Neu Beginnen im Reich endgültig zerschlagen, die verbliebenen Mitglieder verhaftet.

Exilanten bauten von London aus neue Gruppen im Ausland auf und versuchten, den Kontakt zum Widerstand in Deutschland aufrechtzuerhalten. In England arbeiteten Löwenthal und Knoeringen mit britischen Labour-Politikern beim «Sender der europäischen Revolution» zusammen, der dem Geheimdienst unterstand. Hier propagierte man, fern der politischen Realität, die Zusammenfassung des europäischen Widerstandes gegen Hitler (unter britischer Führung), was in ein sozialistisches Europa nach dem Krieg münden sollte.

Solche Ideen griff Robert Havemann 1943 in seiner Gruppe «Europäische Union» wieder auf, obwohl sie durch die alliierte Forderung nach der bedingungslosen Kapitulation nicht zu realisieren waren. Zu keinem Zeitpunkt war das «andere Deutschland» ein Verhandlungspartner für die Alliierten, weil für sie unterschiedslos alle Deutschen ihre Gegner waren.

Inwieweit Antje Hasenclever in die konspirativen Strukturen von Neu Beginnen eingebunden war, kann heute nicht mehr geklärt werden. Sicher ist, dass sie von Roberts Arbeit wusste und sie unterstützte. Havemann hatte noch in der Nacht der Machtübernahme verdächtige Materialien, Dokumente, Zeitschriften, Schriften, sogar Bücher im Kanonenofen der Wohnung in der Bismarckstraße 100 verbrannt. Pässe für Verfolgte wurden im Badezimmer eingemauert. Antje Hasenclever erhielt am 1. Februar 1933 einen Spezialauftrag: Sie sollte ein Schließfach am Bayerischen Platz ausräumen. Es stellte sich heraus, dass es das Schließfach der Kommunistischen Partei gewesen war, dessen Inhalt ebenfalls sofort vollständig vernichtet wurde.

Nach dem Reichstagsbrand am 27. Februar 1933 wurde Robert Havemann sofort abgeholt. Man warf ihm vor, in seiner Wohnung im Auftrag der Komintern den bulgarischen Kommunisten Wassil Tanew versteckt zu haben. Dieser war tatsächlich in der Bismarckstraße untergetaucht, hatte eines Tages die Wohnung verlassen und war prompt verhaftet worden. Er sollte neben Georgi Dimitroff einer der Hauptangeklagten im Reichstagsbrandprozess sein. Robert Havemann behauptete, nichts mit der Sache zu tun zu haben, seine zukünftige Frau sei für alles verantwortlich, was man ihm tatsächlich glaubte. Havemann durfte gehen, und Antje Hasenclever wurde verhaftet. Man legte ihr Bilder von angeblichen Verbrechern vor, und weil Leugnen zwecklos war, gab sie zu, Tanew zu kennen. Sie versprach, es gleich zu melden, sobald sie andere Verdächtige wiedersähe. Das ebnete ihr den Weg in die Freiheit, in der sie sofort alle ihr bekannten Kommunisten warnte, die dann noch ins Ausland fliehen konnten.

Tanew blieb nicht der Einzige, den die Havemanns im Laufe der dreißiger Jahre aufnahmen. Es kamen weitere verfolgte Kommunisten und bald auch Juden. Meistens blieben sie bis zu einer Woche. Man konnte sie in einer Kammer neben dem Atelier unterbringen, wo Antjes Nähmaschine stand. War sie dort und arbeitete, konnten auch die Untergetauchten sich etwas bewegen, hatten allerdings in dem kleinen Raum nur wenig Platz. Waren sie allein, mussten sie sich ganz still und ruhig verhalten, denn die Wohnung lag im Obergeschoss unter dem Dach, unten hörte man jeden Schritt auf den Holzdielen. Der Portier trieb sich im Hausflur herum, war neugierig und stellte eine Gefahr dar. Denunziation hätte seit der Reichstagsbrandverordnung sofortige Haft bedeutet. «Schutzhaft» unterlag keiner richterlichen Prüfung mehr und konnte schließlich ins Konzentrationslager führen.

Die Scholl-Kinder in der Hitlerjugend

Die Kinder der Familie Scholl waren zunächst ebenso begeisterte Anhänger des Nationalsozialismus, wie sie später seine entschiedenen Gegner wurden. In den Tagebüchern Inge Scholls lässt sich ein schleichender Prozess der Vereinnahmung durch den Nationalsozialismus beobachten.[64] Die neuen Machthaber waren vor allem in den Städten omnipräsent und ließen keine Gelegenheit aus, sich zu zeigen und in Szene zu setzen. Unzählige Anlässe im Jahr boten die Möglichkeit für Fackelzüge, Aufmärsche, pompöse Parteiveranstaltungen und feierliche Reden, wie etwa der «Tag der deutschen Jugend», an dem auch die Scholl-Kinder begeistert teilnahmen, «Führers Geburtstag» am 20. April oder der 1. Mai, der «Tag der Arbeit». In Ulm fanden diese Massenveranstaltungen vor dem Münster statt. Es diente dem jeweiligen Spektakel als großartige Kulisse und verstärkte den Eindruck, etwas sehr Besonderem, aber auch durchaus Einschüchterndem beizuwohnen.

Mit großem Interesse erlebte die fünfzehnjährige Inge einen Fackelzug am Abend der Reichstagswahl vom 5. März 1933. Ende des Monats äußerte sie sich begeistert über die Große Parade und den Feldgottesdienst auf dem Münsterplatz anlässlich des «Tags von Potsdam», den der evangelische Stadtpfarrer, der bedenkenlos, ja begeistert mit einer Predigt an der politischen Propaganda-Inszenierung in Ulm teilnahm, ein «wunderbares Ereignis» nannte.[65]

Inge und ihr vierzehnjähriger Bruder Hans ließen sich in die Bewegung hineinziehen, die auch von den Eliten der Stadt so offensichtlich gebilligt wurde – allerdings nicht von ihren Eltern. Deshalb wird der Einsatz der Scholl-Kinder für den Bund Deutscher Mädel (BDM) und die Hitler-Jugend (HJ) auch als Ausdruck eines Generationenkonfliktes gedeutet, in dem sich pubertierende Jugendliche von den Eltern absetzten, obwohl diese ihnen viele Freiheiten ließen: der Aufbruch in den Nationalsozialismus als Ausbruch von Zuhause und Schritt in die Selbständigkeit.

Robert Scholl war ein politischer Mensch und stets gut informiert, erst durch Zeitungslektüre und nach dem Verbot der freien Presse durch das Hören von «Feindsendern». Er wies seine Kinder von Anfang an darauf hin, dass Hitler Unterdrückung und Krieg bedeute. Das aber wollten sie nicht hören. Sie glaubten vielmehr der nationalsozialistischen Propaganda, die vom Aufbau der Volksgemeinschaft sprach, waren dabei jedoch nicht politisch. In einem Tagebucheintrag zur Bücherverbrennung am 10. Mai 1933 berichtete Inge nur davon, dass «Schundschriften» verbrannt worden seien, dass «jemand» eine Rede hielt, und schloss mit der heute irritierenden Bemerkung: «Wie lustig das Feuer prasselte.»[66] Dies zeugt von einer politischen Naivität, die nahelegt, dass es mindestens ebenso um die Inszenierung wie um die Inhalte ging. Die Scholl-Kinder ließen sich blenden von den Versprechungen auf den großen Massenveranstaltungen, die Gleichheit suggerierten. Die versprochene neue Einigkeit im deutschen Volk wirkte nach den ideologischen Kämpfen der Weimarer Jahre wie ein Heilsversprechen. Aber Inge und Hans können nicht übersehen haben, dass diese glückverheißende Gemeinschaft dadurch erkauft wurde, dass weite Teile des Volkes gar nicht dazugehören sollten, diffamiert, gedemütigt, ausgegrenzt, ins Exil getrieben, gefangen genommen und sogar ermordet wurden.

Inge erwähnte den Boykott jüdischer Geschäfte in ihrem Tagebuch mit keinem Wort. Sie schrieb dagegen von den positiven Erlebnissen, die die neue Zeit ihr bescherten. Am 20. Juni 1933 erhielt sie von ihrer Mutter die Erlaubnis, in den BDM einzutreten. Auch wenn

Inge Scholl (2. von rechts) mit ihrer BDM-Gruppe, 1936

diese Organisation nicht eigenständig, sondern nur eine Untergruppe der Hitler-Jugend war, eröffnete sie den Mädchen bisher ungekannte Freiräume. Jungen hatten schon im 19. Jahrhundert die Möglichkeit gehabt, sich im Wandervogel und den nachfolgenden bündischen Gruppen auszutoben. Sie machten Wanderungen, Ausflüge, gingen ohne Erwachsene auf mehrtägige Fahrten. Für Mädchen gab es diese Freiheiten nur in Ausnahmefällen. Sophie, die im Januar 1934 im Alter von zwölf Jahren den ihrer Altersstufe entsprechenden Jungmädeln beitrat, verwendete in ihrem Tagebuch genau diesen Begriff: «sich austoben».

Austoben konnte sich Sophie zum Beispiel auf einer «Großfahrt» nach Langeoog im Sommer 1936. Die Fahrt wurde von Inge geleitet, die seit kurzem als «Ringführerin» beim BDM für sechshundert Kinder verantwortlich war. Sophie, die Wasserratte, genoss das Baden im Meer. Sophie hatte in diesem Sommer aber auch schon eine eigene Fahrt zu betreuen. Sie organisierte eine Radtour durch das Allgäu an den Bodensee, auf der in Zelten übernachtet wurde und das obligatorische Lagerfeuer nicht fehlen durfte. Die Fahrten waren

Sophie Scholl, um 1937

etwas Besonderes. Ansonsten war der BDM im Alltag der Mädchen präsent mit «Führerinnenbesprechungen» und weltanschaulichen Schulungen, bei denen zum Beispiel «Rassenhygiene» oder die sogenannte, angeblich so drängende «Raumfrage» behandelt wurden. Man sprach über Märchen und germanische Sagen, aber auch über außenpolitische Entwicklungen, etwa den von Mussolini 1935 ausgelösten Angriffskrieg auf Äthiopien, der von der NS-Propaganda als zivilisatorischer Kreuzzug gefeiert wurde. Das so erworbene Wissen gaben die «Führerinnen» vor allem auf den einmal in der Woche pflichtgemäß zu besuchenden Heimabenden an ihre Mädchen weiter.

Die Scholl-Kinder waren in Ulm für die Festigkeit ihrer nationalsozialistischen Überzeugung gefürchtet. So nahm Hans bei Temperaturen um die null Grad in kurzen Hosen an einer Festveranstaltung der HJ auf dem Münsterplatz teil; und Sophie ließ eine Metzgerstochter, die ihren Eltern im Laden aushelfen musste, mit Polizeigewalt zum Heimabend bringen, weil ihr als «Führerin» diese Machtbefugnis zustand. Trotzdem konnte sie sich laut und vernehmlich darüber wundern, dass ihre jüdische Klassenkameradin, strahlend blond und blauäugig, nicht zum BDM zugelassen war, oder peinliches Schweigen in ihrer Gruppe heraufbeschwören, indem sie vorschlug, den jüdischen Autor Heinrich Heine zu lesen.

Alle fünf Scholl-Kinder waren in den NS-Jugendorganisationen aktiv. Inge, Hans und Sophie erklommen im Laufe der 1930er Jahre sogar die gesamte Karriereleiter bis ganz nach oben, und dennoch hatten schließlich alle Auseinandersetzungen mit ihren Vorgesetzten. Ganz langsam, schleichend und für uns heute im Detail nicht mehr erkennbar, geriet der Glaube an die braune Idee ins Wanken. Auf der einen Seite hatte ihre Erziehung dazu beigetragen, dass die Scholls zu unerbittlichen «Führern» und «Führerinnen» wurden, da sie, strengen bürgerlichen Maßstäben entsprechend, zu Leistung, Pflichtbewusstsein und selbständigem, verantwortlichem Handeln erzogen worden waren. Vater Scholl favorisierte mit Schiller die Idee, dass jeder Einzelne sein Leben nach eigenem, freiem Willen gestalten könne. Auf der anderen Seite stellten sie im Laufe der Jahre fest, dass genau dieser Grundsatz im Rahmen des Nationalsozialismus nicht durchzusetzen war. Inge Scholl gab an, ihr Ziel sei es gewesen, «die mir anvertrauten Kinder zu aufrechten und geraden Menschen zu erziehen».[67] Nach und nach musste sie jedoch erkennen, dass dieses Vorhaben den Vorstellungen der NS-Ideologie diametral entgegenstand.

In den Jahren 1936 und 1937 kam es zu ersten Irritationen, aber noch nicht zum Bruch. Zu Ostern 1936 wurde Hans als Fähnleinführer abgesetzt, nicht wegen ideologischer Unzuverlässigkeit, sondern auf Grund persönlicher Schwierigkeiten mit seinem HJ-Führer. Trotzdem durfte er im September 1936 auf dem Reichsparteitag in Nürnberg die Fahne seines «Stammes» tragen, was eine Auszeichnung bedeutete. Ganz verändert sei Hans von diesem Großereignis zurückgekehrt, so schilderte Inge Scholl es später im Gespräch mit dem Autor Hermann Vinke: «Müde, deprimiert und verschlossen. Er sagte nichts, aber jeder spürte, daß etwas passiert sein mußte zwischen ihm und der Hitler-Jugend. Nach und nach erfuhren wir es. Der unsinnige Drill, die vormilitärischen Aufmärsche, das dumme Geschwätz, die ordinären Witze – das alles hatte ihn fertiggemacht. Von morgens bis abends Antreten, immer wieder Reden, und dann diese künstliche Begeisterung. Zeit für ein vernünftiges Gespräch blieb nicht.»[68] Inge erinnerte sich, dass sich diese Stimmung auf die Geschwister übertrug, «das war noch nicht der Bruch, wohl aber der erste Riß».[69] Wie tief dieser Riss ging, bleibt wie vieles andere unklar: Sophie ließ sich im März 1937 in ihrer BDM-Uniform konfirmieren, aber im August desselben Jahres lesen wir in ihrem Tagebuch: «Von der HJ habe ich mich ohne mein Wollen ganz gelöst. Ich habe nichts mehr zu geben, nichts mehr zu nehmen.»[70] Jede weitere Erläuterung fehlt. Zwar trat auch Sophie im März 1938 von ihrem BDM-Amt zurück, aber sie bezeichnete den Vorgang später als «eine rein innerdienstliche Angelegenheit, ohne jeden politischen Hintergrund».[71] Trotzdem blieb sie weiterhin Mitglied, denn ohne die Zugehörigkeit zur NS-Jugend konnte man kein Abitur ablegen. Inge hatte bereits im September 1936 von sich aus ihr einflussreiches und verantwortungsvolles Amt als «Ringführerin» aufgegeben, wenn auch nicht ganz freiwillig. Ihr Vater hatte beschlossen, dass sie Lehrling in seinem Büro werden sollte. Dennoch fand sie bis in das Jahr 1938 Zeit für ein Engagement im BDM.

«Der Mythos vom frühen Zweifel hält den Fakten nicht stand»,[72] konstatiert die Historikerin Barbara Beuys. Der Reichsparteitag in Nürnberg bewirkte bei Hans Scholl und seinen Geschwistern zunächst nur ein erstes Aufmerken, aber er hatte die «gute Sache» noch nicht diskreditiert. Ein Ereignis aus dem Winter 1937 wird schwerer gewogen haben. Hans, der im Reichsarbeitsdienst bei Göppingen am Bau der Autobahn mitgearbeitet hatte und jetzt seinen Wehrdienst in Bad Cannstatt ableistete, wurde zusammen mit Inge, Sophie und Werner von der Gestapo verhaftet. Sophie ließ man gleich wieder frei, sie war aus Versehen mitgenommen worden. Inge und Werner mussten acht Tage einsitzen, nur Hans blieb länger in Haft. Ihm wurden «bündische Umtriebe» und «Unzucht mit einem Untergebenen» nach Paragraph 175a zur Last gelegt, ein typischer Vorwurf gegen männerbündische Kreise. Trotz des Zerwürfnisses mit der HJ leitete Hans eine kleine Jungengruppe, in der er seine bündischen Traditionen fortsetzte, bereits verbotene Lieder sang und eigene Vorstellungen verwirklichte, zum Beispiel aus den Büchern des jüdischen Autors Stefan Zweig vorlas. Die Nationalsozialisten hatten zwar ursprünglich Ideen und Formen der Jugendbewegung aufgegriffen und sich zunutze gemacht. Jetzt aber wollten sie die Erinnerung daran tilgen, indem das Gesetz vom 1. Dezember 1936 alle noch bestehenden Organisationen endgültig verbot und die HJ und ihre Untergruppen zur alleinigen Staatsjugend erklärte, der man beitreten musste. Eigenmächtigkeiten wie die von Hans Scholl wurden nicht länger geduldet und konnten geahndet werden. Nur durch die Amnestie, die im April 1938 nach dem «Anschluss» Österreichs an das Deutsche Reich ausgesprochen wurde, kam er wieder frei.

Der Schock saß tief. Sophie nannte bei ihrem Verhör 1943 diese Verhaftung der Geschwister als einen Grund für ihre Entfremdung vom Nationalsozialismus, obwohl sie in ihren Tagebüchern von 1937/38 noch keine so große Rolle gespielt hatte. Doch sie muss den Prozess vorangebracht haben, in dem sich für die Scholls allmählich immer deutlicher abzeichnete, dass es «Dinge und Züge in der Partei und Politik Hitlers [gab], die uns abstießen und entsetzten», wie Inge Scholl es 1946 formulierte.[73] Dennoch war die Verhaftung nicht *der* Wendepunkt. Die Loslösung von der einst so begeistert aufgenommenen Idee war ein langsamer Prozess, der sich aus verschiedenen Quellen speiste. Sophie besuchte noch bis zum Frühjahr 1941 die Heimabende des BDM, die sie längst schon langweilten.

Die Verhaftung brachte die Familie wieder näher zusammen, der frühere enge Zusammenhalt stellte sich unter dem Druck der Ver-

Cato Bontjes van Beek, um 1938

hältnisse erneut ein. Es war wieder so wie vor 1933, als Inge in ihrem Tagebuch notieren konnte: «Gestern haben wir Geburtstag gefeiert. ... Keinen Menschen haben wir eingeladen. Wir ganz allein.»[74] Vier Jahre später, nach einer Zeit der Entfremdung von den Eltern, empfand Inge ihre Familie wieder als «eine Insel der Geborgenheit». Und als sie 1943 nach der Ermordung ihrer Geschwister Sippenhaft verbüßte, erinnerte sie sich an eine Äußerung ihres Vaters aus der Zeit der ersten Verhaftung. Er hatte sich erschüttert gezeigt und gesagt, wenn seinen Kindern etwas passieren sollte, dann ginge er nach Berlin, um *ihn* – Hitler – niederzuknallen. «Einen solchen Satz vergißt man nicht, weil er das Gefühl gibt: Du stehst auf Granit. Du hast jemanden hinter dir. Das ist wichtig in solchen Zeiten.»[75]

Konfirmation statt BDM: Cato Bontjes van Beek

Während sich Inge und Sophie Scholl für den Bund Deutscher Mädel begeisterten, ging für die erst dreizehnjährige Cato Bontjes van Beek das Leben in Fischerhude nach 1933 zunächst ziemlich unverändert weiter. Auch dort gab es Nazis, die jetzt auftrumpften, indem sie Fackelzüge und Aufmärsche veranstalteten und auf diese Weise ihre Präsenz demonstrierten. Der Familie Bontjes van Beek gelang es dennoch, sich abseits zu halten, obwohl auch in Fischerhude sofort eine HJ- und eine BDM-Gruppe eingerichtet worden waren. Zwar verbot der Staat schon 1933 alle anderen Jugendverbände, wie die zahlreichen Nachfolgeorganisationen des Wandervogels, aber noch war die Mitgliedschaft in der Hitler-Jugend freiwillig, gesetzlich verpflichtend wurde sie erst 1936. Dennoch gehörte Mut dazu, sich dem Gruppenzwang zu entziehen, denn im Dorf waren es nur die Bontjes-Kinder und zwei andere Kinder, die anstatt zum HJ- und BDM-Nachmittag lieber in die Schule gingen, sehr zum Verdruss des Lehrers, der sich um seine Freizeit gebracht sah.

Ein weiteres deutliches Zeichen ihrer Ablehnung setzte Cato im Sommer 1934, indem sie sich taufen ließ. Jan und Olga Bontjes van Beek hatten ihre drei Kinder nicht taufen lassen. Aber was nur ein Jahr zuvor noch als Marotte eines Teenagers abgetan worden wäre, war nach 1933 eine politische Manifestation. Die wissensdurstige und lesehungrige Cato hatte im Dorfpfarrer einen kundigen Gesprächspartner gefunden, mit dem sie begeistert die Erkenntnisse ihrer ausgiebigen Lektüre diskutieren konnte. Einer ihrer Biographen, Hermann Vinke, vermutet deshalb hinter der Taufe höchst praktische Erwägungen, bot sie Cato doch die Gelegenheit zu ausführlichen Diskussionen mit dem Pfarrer. Im April 1935 wurde sie konfirmiert; im selben Monat machte sie auch ihren Schulabschluss, der für sie einen neuen Lebensabschnitt einleitete, von dem sie noch nicht genau wusste, wie er aussehen sollte.

Drittes Kapitel

Leben im Krieg 1939–1943

Der Freundeskreis der Roten Kapelle

Der Begriff «Rote Kapelle»[1] ist eine irreführende Sammelbezeichnung, die die Gestapo spöttisch verschiedenen, voneinander unabhängigen Gruppen gab. Ursprünglich bezog er sich auf die Gruppe um den jüdischen Kommunisten Leopold Trepper, die, von Moskau initiiert, in Brüssel – und nicht in Berlin – aktiv war, um von dort aus mit der belgischen und der französischen Résistance zusammenzuarbeiten. Trepper, noch im k. u. k. Galizien geboren, hatte ab 1930 in der Sowjetunion studiert und funkte seit 1938 Informationen nach Moskau, wie etwa die Nachricht von der bevorstehenden deutschen Invasion. Zwar wurde er 1942 von den Deutschen verhaftet, konnte aber fliehen und überlebte. Seiner Gruppe gaben die Nazis den Namen Rote Kapelle, denn ein morsender Funker wurde im Geheimdienstjargon als «Pianist», eine Gruppe von «Pianisten» als «Kapelle» bezeichnet, und weil als Empfänger der Funksprüche die Sowjetunion ausgemacht worden war, wurde es eben eine Rote Kapelle.[2]

Zugleich belegte man jedoch mit diesem Begriff eine von Trepper unabhängige Gruppe um Arvid Harnack und Harro Schulze-Boysen, die von den Nazis Treppers Roter Kapelle zugeschlagen worden war, um auch ihr Spionage und damit bezahlten Landesverrat vorwerfen zu können. Es handelte sich dabei um zwei Freundeskreise, die bei Kriegsbeginn zusammenfanden. Das war zum einen der Kreis um den Juristen Arvid Harnack, der einer berühmten Berliner Gelehrtenfamilie entstammte. Er war ein Neffe des protestantischen Theo-

Arvid und Mildred Harnack im Jahr 1930

logen Adolf von Harnack und ein Cousin Dietrich Bonhoeffers. 1926 hatte er die amerikanische Literaturwissenschaftlerin Mildred Fish geheiratet. Diese war es auch, die kurz vor ihrer Hinrichtung im Februar 1943 an Marie Louise von Scheliha appellierte, sie nicht zu vergessen.

Arvid Harnack baute gleich nach der «Machtergreifung» 1933 einen Schulungszirkel auf, um Interessierte, unter ihnen der frühere preußische und spätere niedersächsische Kultusminister Adolf Grimme, über wirtschaftliche und politische Zusammenhänge des NS-Regimes aufzuklären. Man diskutierte «Strukturfragen der Wirtschaftsordnung, der sozialpolitischen Verantwortung des Staates und der außenpolitischen Orientierung».[3] Die angestrebte analytische Auseinandersetzung mit dem Unrechtsregime sollte die Teilnehmer in die Lage versetzen, das NS-System zu durchschauen. Diese Erkenntnisse befähigten sie in den Augen Harnacks, Führungskräfte in der Zeit nach Hitlers Sturz zu sein, der seiner Meinung nach durch einen Massenaufstand herbeigeführt werden konnte.

Zur gleichen Zeit sammelten sich Gleichgesinnte um Harro Schulze-Boysen, einen Großneffen des kaiserlichen Admirals von Tirpitz, der als Herausgeber der Zeitschrift *Gegner* bereits 1933 von der SA verhaftet und gefoltert worden war. Sein jüdischer Redaktionskollege Henry Erlanger wurde dabei zu Tode gepeitscht. Da Schulze-Boysen sich nicht mehr journalistisch betätigen konnte, absolvierte er einen Fliegerlehrgang und arbeitete ab 1934 im Reichsluftfahrtministerium. Zusammen mit seiner Frau Libertas, einer Enkelin des Fürsten Philipp zu Eulenburg, bildete er das Zentrum eines Kreises von Künstlern und Intellektuellen, die sich in ihrer Gegnerschaft zum Nationalsozialismus einig waren. Ein operatives Zentrum war dabei auch das Wartezimmer der Ärztin Elfriede Paul.[4] Ihre Patienten waren zum Teil ihre Gesinnungsgenossen, darunter ihr Lebensgefährte, der Schriftsteller Walter Küchenmeister. Sein Kollege Günther Weisenborn und dessen Frau Joy, eine Tänzerin, gehörten ebenso dazu wie Oda Schottmüller[5] oder die Schauspielerin Marta Wolter, die 1932 in dem Film *Kuhle Wampe* mitgewirkt hatte. Sie führte ihren späteren Mann, den Journalisten Walter Husemann, der zwei Jahre im Konzentrationslager gesessen hatte, bei Schulze-Boysen ein. Der Bildhauer Kurt Schumacher und seine Frau Elisabeth, eine Grafikerin, konnten wertvolle handwerkliche Fähigkeiten in die Gruppe einbringen, etwa bei der Herstellung falscher Papiere. Denn aus den Diskussionen entwickelten sich allmählich Aktivitäten gegen das Regime.

Nachdem Arvid Harnack und Harro Schulze-Boysen sich über gemeinsame Freunde und auf Vermittlung ihrer Frauen näher kennengelernt hatten,[6] begann spätestens im Herbst 1939 ein regelmäßiger Meinungsaustausch.[7] Die Vorbereitungen in Berlin für den Überfall auf die Sowjetunion waren das auslösende Moment für die Intensivierung ihres Widerstandes. Nachdem der von Arvid Harnack erwartete Aufstand der Massen gegen Hitler ausgeblieben war, erschien ihm die Beseitigung des Hitler-Regimes nur noch mit ausländischer Hilfe möglich. Ein Krieg gegen die Großmacht im Osten, das war beiden Männern klar, war für Deutschland nicht zu gewinnen und würde zugleich Deutschlands politische Position in einer Nachkriegsordnung nachhaltig schwächen. Darum sahen sie in der

Zusammenarbeit mit der Sowjetunion eine Möglichkeit, um Deutschlands nationale Eigenständigkeit zu sichern und es zu einem sozialistischen Land zu machen.[8]

Harnack und Schulze-Boysen versuchten, die Ausweitung des Krieges nach Osten unbedingt zu verhindern, indem sie Informationen an die Russen weitergaben. Beide waren durch ihre Arbeit im Luftfahrt- beziehungsweise Wirtschaftsministerium gut informiert. Harnack, der Anfang der 1930er Jahre in einer «Arbeitsgemeinschaft zum Studium der sowjetischen Planwirtschaft» (Arplan) mitgearbeitet hatte, konnte jetzt Kontakte zur Botschaft reaktivieren. Über seine Frau Mildred war zwar auch eine Freundschaft mit dem amerikanischen Botschafter in Berlin entstanden, aber man wandte sich zunächst an die Sowjets und traf sich mit einem sowjetischen Diplomaten.[9] Geheimdienstlich relevante Nachrichten wurden nach Moskau weitergeleitet, wo man ihnen jedoch keinen Glauben schenkte.

Arvid Harnack und Harro Schulze-Boysen waren keine Agenten der Sowjetunion, sondern handelten in eigener Verantwortung. Sie betrachteten die Sowjets als Verbündete in ihrem Kampf gegen den Nationalsozialismus.[10] Diese Position wurde auf russischer Seite ebenso wenig verstanden wie die zahlreichen Versuche anderer Widerstandskreise, mit den Westmächten ins Gespräch zu kommen. Auch Regierungskreise in England und den USA lehnten jedes Gesprächsangebot etwa von Helmuth James von Moltke, Adam von Trott zu Solz oder Dietrich Bonhoeffer ab. Nachdem der deutsche Angriff auf die Sowjetunion jedoch tatsächlich stattgefunden hatte, wollte man russischerseits die Berliner Informanten nutzen. Harnack lehnte ab, aber Schulze-Boysen erhielt Funkgeräte, Funker war Hans Coppi. Auf diesem Weg wollte man im Kriegsfall mit Moskau im Gespräch bleiben, allerdings vergeblich: Während in den Jahren 1940 bis 1943 aus Brüssel von Treppers Leuten 1500 Funksprüche nach Moskau gesendet wurden, kam aus Berlin lediglich ein einziger Probespruch am 24. Juni 1941 an: «Tausend Grüße allen Freunden». Alle weiteren Versuche scheiterten an technischen Pannen.[11]

Die Widerstandsarbeit der Gruppe um Arvid Harnack und Harro Schulze-Boysen beschränkte sich nicht auf die Kontaktaufnahme nach Moskau. Ihre Aktivitäten waren sehr vielfältig, was auch damit

Harro und Libertas Schulze-Boysen waren bereits früh Gegner des Nationalsozialismus. Beide wurden am 19. Dezember 1942 zum Tode verurteilt und drei Tage später in Berlin-Plötzensee hingerichtet.

zusammenhing, dass es sich, ganz anders als im Fall der Gruppe Neu Beginnen, nicht um eine straff geführte konspirative Organisation handelte, sondern eher um einen Freundeskreis.[12] Die etwa einhundertfünfzig Männer und Frauen, die man heute der Roten Kapelle zurechnet, waren eine nach Herkunft und Weltanschauung sehr disparate Gruppe. Intellektuelle, Künstler, Arbeiter, Angestellte, Soldaten, Offiziere, Kommunisten, Sozialisten, Sozialdemokraten, Christen überwanden trennende Elemente, um gemeinsam die Abschaffung der Diktatur zu betreiben oder zumindest zu befördern, soweit es in ihrer Macht stand. Das Spektrum der sozialen Herkunft reichte vom Großbürger über den Beamten und Handwerker bis zur Proletarierin. Der Historiker Jürgen Danyel sieht in dieser Offenheit eine Parallele zum Kreisauer Kreis. Tatsächlich gab es persönliche Kontakte zwischen den beiden Gruppen.

Im Unterschied zum Kreisauer Kreis fällt bei der Roten Kapelle die hohe Zahl von Frauen auf, die als aktive Widerstandskämpferinnen in Erscheinung treten. Etwa vierzig Frauen gehörten zur Roten Kapelle, von denen bis auf vier alle berufstätig waren. Die Frauen haben sich an den Diskussionen beteiligt,[13] während für die Kreisauer Frauen überliefert ist, dass einige von ihnen zwar die politischen Ideen der Gruppe mit ihren Männern im Zwiegespräch behandelten, sie aber – mit Ausnahme von Margarethe von Trotha – zu den großen Kreisauer Tagungen inhaltlich keine Beiträge leisteten.[14]

Greta Kuckhoff, Ökonomin und spätere Präsidentin der Deutschen Notenbank der DDR, erinnerte sich, wie angeregt sie sich schon beim ersten Treffen mit Harro und Libertas Schulze-Boysen unterhalten habe: «Im Gespräch mit Harro ergänzte sie seine Ausführungen mit klugen und eigenen Argumenten.»[15] Libs, wie sie von ihren Freunden genannt wurde, war es, die sich zuerst mit Harnacks Frau Mildred traf, um auszuloten, ob beide Männer für eine gemeinsame Widerstandsarbeit zusammenzubringen waren. Erst dann lernten sich die Männer kennen.

Wie einige Kreisauerinnen, so versuchten auch Frauen der Roten Kapelle, «dem Rad in die Speichen zu fallen», wie Dietrich Bonhoeffer diese Haltung genannt hat. Nach wie vor war die Hilfe für Verfolgte ein wichtiger Teil der Arbeit, wie sie auch schon vor 1939 von Einzelnen organisiert worden war. Man half Familien von inhaftierten Nazigegnern mit Geld, Kleidung und Lebensmitteln. Die «Halbjüdin» Elisabeth Schumacher versuchte ihrer verfolgten jüdischen Verwandtschaft zu helfen. Sie beschränkte jedoch ihren Rettungswiderstand nicht auf die eigenen Angehörigen, sondern kümmerte sich zusammen mit ihrem Mann, dem Bildhauer Kurt Schumacher, auch um andere Verfolgte. Sie beteiligte sich an den Diskussionen im Widerstandskreis um Harro Schulze-Boysen und übernahm als vertrauenswürdige Mitstreiterin wichtige organisatorische Aufgaben. So traf sie sich mit einem Angehörigen der russischen Botschaft, um Geld und einen Funkcode entgegenzunehmen. Sie starb am 22. Dezember 1942 in Berlin-Plötzensee unter dem Fallbeil.

Die ehemalige Jurastudentin Maria Terwiel, ebenfalls «Halbjüdin», die ihr Geld als Sekretärin verdienen musste, organisierte zusammen mit ihrem Verlobten Helmut Himpel Lebensmittelkarten und Personalpapiere für Juden. Im Sommer 1941 tippten Maria Terwiel und Joy Weisenborn die Predigten des Grafen Galen, um sie weiterzuverbreiten. Der westfälische Kardinal hatte sich öffentlich gegen die Tötung von Behinderten ausgesprochen. Maria Terwiel vervielfältigte aber auch die Flugblätter der Gruppe, die dann unter anderem von Cato Bontjes van Beek übersetzt (möglicherweise ins Niederländische) wurden, um sie an Zwangsarbeiter weitergeben zu können, die darin zum Aufstand aufgefordert wurden. Maria Terwiel wurde, wie Cato und Eva-Maria Buch, am 5. August 1943 in Berlin-Plötzensee hingerichtet. Letztere, eine katholische Dolmetscherin aus Berlin, hatte die Flugblätter ins Französische übersetzt.

Die Berlinerin Hilde Coppi, welche die höhere Handelsschule besucht hatte, kam über ihren Mann, den Kommunisten Hans Coppi, zur Harnack/Schulze-Boysen-Gruppe. Sie hörte «Feindsender», was ein strafwürdiges Verbrechen war, für das auch der Vater der Geschwister Scholl mehrere Monate im Gefängnis saß. Im Moskauer Rundfunk verfolgte sie die Sendungen über deutsche Kriegsgefangene, um den Angehörigen mitteilen zu können, ob ihre Väter und Söhne noch lebten. Auch die Coppis fielen der großen Verhaftungswelle im Rahmen der Verfolgung der Roten Kapelle Ende 1942 zum Opfer. Hilde brachte im November 1942 noch im Gefängnis ihr Kind zur Welt, bevor auch sie am 5. August 1943 umgebracht wurde – so wie die neunzehnjährige Schülerin Liane Berkowitz, die gleichfalls im Frauengefängnis in der Barnimstraße in Berlin von einer Tochter entbunden wurde. Die junge Frau hatte nichts anderes «verbrochen», als an politischen Schulungen im Schulze-Boysen-Kreis teilzunehmen.

Die Niederlage der Wehrmacht vor Moskau im Dezember 1941 und den Kriegseintritt der USA nahm die Gruppe zum Anlass, per Post Flugblätter an Akademiker zu versenden, von denen man hoffte, dass sie diese Entwicklung als kriegsentscheidend erkannten und sich zu passivem oder gar aktivem Widerstand animieren ließen. Die Herkunft der Flugblätter blieb unentdeckt, die Gestapo kam den Autoren nicht auf die Spur. Die Flugschriften, die meist von den Frauen getippt, dann entweder auf Wachsmatrizen vervielfältigt oder von der Grafikerin Elisabeth Schumacher fotokopiert und verkleinert wurden, informierten ausführlich über Verbrechen, die in den von Deutschen besetzten Gebieten begangen wurden. Libertas Schulze-Boysen stellte Beweismaterial zur Verfügung, weil sie an ihrem Arbeitsplatz in der Kulturfilmzentrale die Möglichkeit hatte, diese Vorgänge, insbesondere in der Sowjetunion, zu dokumentieren. Sie verbrannte das gesamte Material nach der Verhaftung ihres Mannes im August 1942.

Eine umfangreiche Aktensammlung zu nationalsozialistischen Verbrechen hatte auch der Jurist Hans von Dohnanyi angelegt, der dem Widerstandskreis der militärischen Opposition um den Generalstabschef des Heeres Ludwig Beck angehörte. Dohnanyi arbeitete im Amt Ausland/Abwehr im Oberkommando der Wehrmacht. Er wollte dokumentieren, was geschah, um die Verbrechen in einer demokratischen Nachkriegsgesellschaft belegen und damit ahnden zu können. Dieses Beweismaterial wurde nach seiner Verhaftung von den Nazis entdeckt und vernichtet.

Im Mai 1942 fand im Berliner Lustgarten eine antisowjetische Propaganda-Ausstellung statt, die den ironisch gemeinten Titel «Das Sowjet-Paradies» trug. Einige der Männer und Frauen um Schulze-Boysen, unter ihnen Maria Terwiel, Hilde Coppi und Liane Berkowitz, reagierten darauf mit einer Zettelklebeaktion, die im Kreis nicht unumstritten war und von vielen für zu gefährlich gehalten wurde.

Nur wenige Monate später, im August 1942, gelang es der Abwehr, dem Nachrichtendienst der Wehrmacht, einen Funkspruch aus Moskau nach Brüssel, den sie bereits 1941 abgefangen hatte, durch Informationen von einem gefolterten Häftling zu entschlüsseln. Da Neuigkeiten aus Berlin ausgeblieben waren, hatte der sowjetische Nachrichtendienst eine Meldung an ihren Brüsseler Agenten geschickt, der den Decknamen «Kent» trug. Er sollte sich mit Schulze-Boysen und Harnack in Verbindung setzen, um herauszufinden, was die Ursache für die «Funkstille» war. Der entscheidende abgefangene Funkspruch enthielt, wenn auch codiert, Adresse und Telefonnummer unter anderem von Schulze-Boysen. Er wurde am 31. August 1942 verhaftet, bis Ende Oktober folgten über einhundertzwanzig weitere Festnahmen.[16] Die lose Verbindung, die über «Kent»

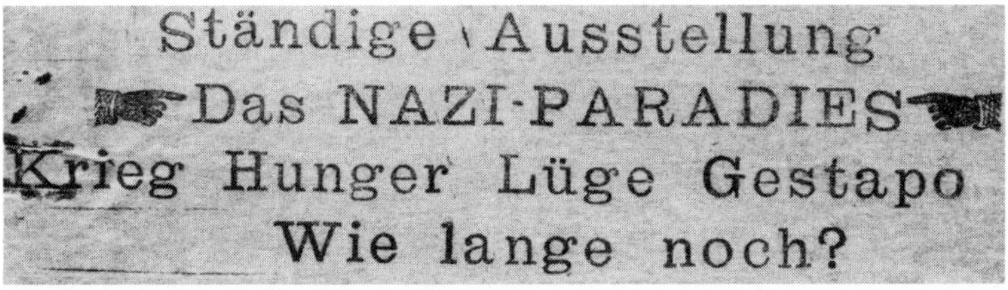

Im Mai 1942 klebten Mitglieder der Gruppe um Arvid Harnack und Harro Schulze-Boysen auf dem Berliner Kurfürstendamm subversive Zettel an Litfaßsäulen, mit denen sie in Anlehnung an die antisowjetische Propaganda-Ausstellung «Das Sowjet-Paradies» für «Das Nazi-Paradies» warben.

nach Moskau hergestellt werden konnte, genügte, um den Berliner Freundes- und Widerstandskreis an die Trepper-Gruppe anzuhängen. Wie wenig beide tatsächlich miteinander zu tun hatten, zeigt sich auch daran, dass die Gestapo sich genötigt sah, zwei Sonderkommissionen einzurichten, eine für Brüssel und eine für Berlin.[17] Viele echte oder vermeintliche Mitglieder der Roten Kapelle Berlin wurden noch vor Weihnachten hingerichtet. Zu ihnen gehörte auch Rudolf von Scheliha.

«Landesverräter»: Marie Louise und Rudolf von Scheliha

Rudolf und Marie Louise hätten es sich nicht träumen lassen, dass der Name Scheliha nach dem 22. Dezember 1942 für Jahrzehnte eng mit dem Begriff «Rote Kapelle» verbunden werden würde. Aber die Tatsache, dass Rudolf von Scheliha kein Anhänger der Nazis war, konnte diesen nicht verborgen geblieben sein, zumal er sich gefährlich unbekümmert verhielt. Die Hartnäckigkeit, mit der er sich für Verfolgte einsetzte, war den Herrschenden ein Dorn im Auge. So verwendete er sich etwa für seinen ehemaligen Warschauer Nachbarn und Freund Victor Jordan, der als österreichischer Generalkonsul nach München gegangen war und dem es von dort aus gelang, im März 1938 das Außenministerium in Wien vor dem Einmarsch der

In der Nacht vom 9. auf den 10. November 1938 wurden viele Synagogen niedergebrannt, auch die Neue Synagoge in Hannover.

deutschen Truppen zu warnen. Das brachte Jordan ins Konzentrationslager Dachau, da das entscheidende Telefongespräch abgehört worden war. Im Ausland wurden diese und einige andere Verhaftungen sehr wohl registriert, was das Auswärtige Amt in Berlin dazu brachte, sich nach dem Verbleib des inhaftierten Österreichers zu erkundigen, um Schaden vom Ansehen Deutschlands abzuwenden. Es gelang jedoch nicht, Jordan freizubekommen. Daraufhin erlahmte das Bemühen der Behörde; nur noch Rudolf von Scheliha sprach den zuständigen Chef des Reichssicherheitshauptamtes, Reinhard Heydrich, wiederholt auf den Fall an. Victor Jordan wurde schließlich am Tag vor Weihnachten 1940 entlassen. Er überlebte im Berliner Untergrund, aber mit Kriegsende verliert sich seine Spur. Er gilt als verschollen.

Rudolf von Scheliha hat sich nie von den Nazis blenden lassen, aber es ist nicht genau zu sagen, wann er sich bewusst für den Widerstand entschied. Sicher trugen die Ereignisse der Jahre 1938/39, wie die Besetzung des Sudetenlandes, die zunehmende Radikalisierung der Bewegung, die offene Gewalt während der Pogromnacht im November 1938 und die unübersehbaren Kriegsvorbereitungen dazu bei. Ein besonderer Grund, der Schelihas Entscheidung forciert haben mag, könnten die Ereignisse der sogenannten «Polenaktion» gewesen sein, die auch die jüdischen Nachbarn von Cato Bontjes van Beek in Berlin betraf, wie wir noch sehen werden.[18]

Im Herbst 1938 wurden bis zu 17 000 Juden polnischer Staatsangehörigkeit, von denen viele schon lange in Deutschland lebten, Hals über Kopf aus ihren Wohnungen abgeholt und nach Polen abgeschoben; nicht wenige wurden anschließend auch noch ihres Vermögens beraubt.[19] Der in Paris lebende Herschel Grynszpan, dessen Familie von Hannover aus deportiert worden war, schoss in seiner Empörung darüber am 7. November den deutschen Legationsrat Ernst vom Rath nieder. Als dieser zwei Tage später seinen Verletzungen erlag, nahmen die Nazis dies als Vorwand für die angeblich spontanen Reaktionen der deutschen Bevölkerung in der Reichspogromnacht vom 9. November. Das Ministerium in Berlin verlangte von Warschau Mitarbeit bei der Prozessvorbereitung gegen Grynszpan. Scheliha nutzte diese Gelegenheit, sich intensiv über die Abschiebung der Juden zu informieren, welche Zeugnis ablegte von der unerbittlichen Härte der Regierung gegenüber unschuldigen, unbescholtenen Bürgern. In einem Abschlussbericht, den er für das Auswärtige Amt anfertigte, betonte er den Schaden, den dieser Willkürakt dem deutschen Ansehen im Ausland zugefügt habe. Damit bediente er sich einer Taktik, die er im Laufe der Jahre immer wieder anwandte, nämlich deutliche Worte auszusprechen, die nicht auf den ersten Blick als seine eigenen erkennbar waren, weil sie scheinbar ausländische Positionen wiedergaben. Doch selbst in Berlin begriff man irgendwann, dass Scheliha auf diese Weise massive Kritik an den Nationalsozialisten übte. Eine Weitergabe des Berichtes an «deutsche Auslandsbehörden in unkommentierter Form» wurde vom Auswärtigen Amt abgelehnt, «weil solche Berichte geeignet sind, eine pessimistische Auffassung über die Wirkung der deutschen Judenpolitik auf die auswärtigen Beziehungen des Reiches zu begründen».[20]

Rudolf von Scheliha unterstützte Kritiker der deutschen Politik in

Polen, indem er die offen antinazistische Zeitung *Der Deutsche in Polen*, die in Kattowitz erschien, mit Informationen versorgte. Deren Artikel wurden dann von der polnischen Oppositionspresse übernommen.

Im Juni 1939 wurde Scheliha «zur kommissarischen Beschäftigung» in das Auswärtige Amt nach Berlin versetzt,[21] möglicherweise aufgrund einer Denunziation. Ein Angehöriger der Dienststelle Ribbentrop hatte in einem ausführlichen Bericht über seinen Warschau-Besuch im Mai geschildert, dass sich Scheliha ausdrücklich für die Polen einsetzte und gegen einen Krieg aussprach. Der wurde immer wahrscheinlicher, nachdem die Nationalsozialisten dem polnischen Staat am 21. März 1939 ein Ultimatum gestellt hatten. Man forderte die Rückgabe Danzigs an das Reich. Polen leitete sofort eine Teilmobilmachung in die Wege, Großbritannien und Frankreich gaben Polen Bestandsgarantien. Die Situation spitzte sich infolgedessen so zu, dass Rudolf von Scheliha seine Frau bat, mit den Kindern in das bayerische Unterwössen zu fahren, in die Wohnung einer Freundin von Marie Louise.

Nach dem Überfall der deutschen Truppen auf Polen lösten die Westmächte ihre Garantien für den bedrohten Staat tatsächlich ein, anders als ein Jahr zuvor im Fall der Tschechoslowakei. Es kam zum Krieg. Scheliha reiste Ende September 1939 nach Warschau, denn er wollte sich selbst ein Bild machen von dem, was im besetzten Polen vor sich ging, und er forschte nach polnischen Freunden. Zusammen mit seinem ehemaligen Kollegen Johann von Wühlisch, der jetzt «Beauftragter des Auswärtigen Amtes für die besetzten polnischen Gebiete» war, gelang es ihm tatsächlich, noch vielen zu helfen. Im Dezember fuhr er erneut nach Polen, diesmal, um seinen vom Krieg bereits beschädigten Haushalt in Warschau aufzulösen. Die Sachen wurden nach Berlin geschickt, wo Scheliha allerdings noch keine Wohnung für die Familie hatte. Er wohnte bei Freunden, Marie Louise und die Kinder blieben in Bayern beziehungsweise bei den Schwiegereltern in Zessel.

Anfang November 1939 wurde Rudolf von Scheliha in die Protokoll-Abteilung des Auswärtigen Amtes versetzt, wo er jedoch ohne erkennbare Gründe nie arbeitete. Er war außerdem der Informati-

Rudolf von Scheliha nutzte seine Tätigkeit im Auswärtigen Amt für die Widerstandsarbeit. Im Zusammenhang mit den Verfahren gegen Mitglieder der Roten Kapelle wurde er angeklagt und am 22. Dezember 1942 hingerichtet.

onsabteilung zugeordnet, wo seine offizielle Aufgabe die «Beobachtung und Bekämpfung der polnischen Hetzpropaganda» war. Diese Position gab ihm die Gelegenheit, die bewährte Methode fortzuführen, um seine Kritik an den brutalen Maßnahmen des Regimes zu formulieren und damit bisweilen sogar etwas zu erreichen. Von Amts wegen erhielt er die ansonsten nicht frei zugängliche ausländische Presse, der er die «Greuelpropaganda» entnehmen musste. Im nächsten Schritt wandte er sich an die verantwortlichen deutschen Dienststellen mit der Bitte um eine Stellungnahme und dem Wunsch, ihm die entsprechenden Unterlagen für eine Gegendarstellung zukommen zu lassen. Material, das es nicht immer gab, weil die Gräuel, über die im Ausland – nicht in Deutschland – berichtet wurde, tatsächlich geschehen waren. So war im *Daily Telegraph* über die Lage der katholischen Kirche im besetzten Polen gemeldet worden, dass man dem Hilfsbischof von Lodz die Hände blutig geschlagen habe und er anschließend die Straßen der Stadt fegen sollte, während andere Priester verprügelt oder erschossen worden seien. «Zum Zweck eines Dementis wird um baldmöglichste Anstellung von Ermittlungen über den wahren Sachverhalt gebeten. Für beschleunigte Beantwortung wäre ich besonders dankbar»,[22] schrieb Scheliha an die Gestapo, die zähneknirschend einen Teil der «Greuelpropaganda» bestätigen musste. Der forsche Ton seiner Anfragen, die Beharrlichkeit, mit der Scheliha sich um Informationen bemühte, und sein erkennbares Interesse, die NS-Politik in den besetzten Gebieten zu torpedieren, machten ihn auf der Gegenseite immer verdächtiger. «Bald wurde ihm bedeutet, er solle seine Nase nicht in Dinge stecken, die ihn nichts angehen.»[23] Nach dem Blitzsieg über Frankreich sollten er und einige andere im Amt durch zuverlässige Nationalsozialisten ersetzt werden. Ribbentrop wollte eine Reihe von Diplomaten, die er für unsichere Kantonisten hielt, in den Ruhestand versetzen, kam aber mit diesem Plan bei Hitler nicht durch.

Im Juni 1940 fand sich endlich eine großzügige Sieben-Zimmer-Wohnung in Berlin-Charlottenburg, und Schelihas Familie konnte nachkommen. Marie Louise von Scheliha beschrieb sehr viel später in ihren Erinnerungen den Kriegsalltag in Berlin. Nicht ohne Humor schildert sie, wie die Familie vom benachbarten italienischen Konsul eingeladen wurde, sein Badezimmer zu benutzen, weil bei ihnen zeitweilig das Wasser abgestellt wurde. Hatte man Gäste, so brachten die nicht länger Blumen, sondern zum Beispiel Eier mit, denn Lebensmittel gab es nur noch auf Marken. Ein Essen zu geben wurde zu einem logistischen Kunststück. Das gesellschaftliche Leben musste weitergehen, aber man entfernte sich nicht mehr allzu weit von zu Hause, um im Fall eines Bombenalarms schnell bei den Kindern zu sein. Marie Louise von Scheliha gelang es, selbst in schwierigsten Situationen die Form zu wahren: «Ich nahm mir immer die Zeit, mich komplett anzuziehen, denn die Vorstellung, nur mangelhaft bekleidet durch die Trümmer zu irren, war mir grässlich.»[24] Die Tochter Elisabeth, Lilli genannt, erinnert sich: «Mami lebte damals irgendwie auf einem anderen Stern. Sie war immer sehr elegant gekleidet, hatte kecke Hüte auf, ihre Hausfrauenrolle schien sie nicht ernsthaft zu interessieren. Wenn es etwas zu organisieren gab, Dienstboten zu instruieren oder wegen Fehlern zurechtzuweisen, das alles tat Papi.»[25] War das der Versuch, sich mitten im Krieg die Lebensfreude nicht nehmen zu lassen? Gab es Mali zugleich einen gewissen Halt im schwierigen Alltag, dass sie sich vornahm, die gewohnten Standards nicht zu unterlaufen? Wie anstrengend und mühevoll das Leben in Berlin für sie gewesen sein muss, geht aus ihren Erinnerungen hervor. Im Sommer 1941, nach einem Urlaub in Ungarn, bei dem sie alte Freunde besucht hatten, fuhren die Schelihas weiter in die Schweiz, wo sie auch mit Carl Jacob Burckhardt, dem Hohen Kommissar des Völkerbundes für die Freie Stadt Danzig, zusammentrafen. Auf seine Frage: «Wie geht es *Ihnen* in Berlin?», konnte sie nicht gleich reagieren. «Meine Augen füllten sich mit Tränen. Nach einem tiefen Atemholen antwortete ich mühsam irgendwie irgendwas.»[26]

Rudolf von Scheliha hatte bereits mehrfach die Schweiz bereist. Die Besuche dienten seiner Widerstandsarbeit, die im Verlauf des Jahres 1942 an Intensität zunahm. Zunächst wollte er die Informationen, die er erhielt, an das Ausland weitergeben. Auf der Reise mit Marie Louise hatte auch er die Predigten des Münsteraner Kardinals Clemens August Graf von Galen in der Tasche, um sie weiterzuverbreiten. Bei seiner letzten Reise in die Schweiz muss Scheliha, so sein Biograph Ulrich Sahm, Carl Jacob Burckhardt über die bevorstehende «Endlösung der Judenfrage», die Ausrottung der europäischen Juden, informiert haben.[27] Sahm nimmt an, dass Scheliha an den Besprechungen teilnahm, die im Auswärtigen Amt zur Vorbereitung auf die Wannsee-Konferenz stattfanden, und aufgrund seiner Tätigkeit auch später immer wieder Gelegenheit erhielt, sich nach dem Fortgang der Aktion zu erkundigen.

Rudolf von Scheliha erkannte bald, dass es längst nicht mehr ausreichte, Informationen weiterzugeben in der Hoffnung, das Ausland möge darauf in irgendeiner Weise reagieren. Er war überzeugt, dass das Morden im staatlichen Auftrag nur durch den Sturz der Regierung zu stoppen war. Deshalb nahm er Kontakt zum Verschwörerkreis aus der Heeresgruppe Mitte um Henning von Tresckow auf. Wahrscheinlich war die Verbindung über zwei Bekannte, den Offizier Rudolf-Christoph von Gersdorff und Oberleutnant Heinrich von Lehndorff, zustande gekommen. Durch seine Verbindungen in die Schweiz besorgte Scheliha für die Verschwörer Geld, das sie in den Stand versetzen sollte, gleich nach dem Attentat handlungsfähig zu sein. Rudolf von Scheliha war also aktiv an den Vorbereitungen zum Staatsstreich beteiligt. Anfang Oktober 1942 berichtete er seiner Frau von einem bevorstehenden Attentat auf Hitler, das dann jedoch nicht ausgeführt wurde.

Tatsächlich gab es zwischen 1938 und 1944 erstaunlich viele Pläne, Hitler zu töten, sogar konkrete Versuche sind unternommen worden, die aber alle scheiterten. So wollte sich Gersdorff bei einer Vorführung von Beutewaffen zusammen mit Hitler in die Luft sprengen; weil aber der Diktator den Ausstellungsraum sehr schnell und ungeplant früh wieder verließ, kam es nicht dazu. Gersdorff konnte in letzter Minute die Bomben in seiner Manteltasche entschärfen.[28]

Am 24. Oktober 1942 feierten Rudolf und Marie Louise von Scheliha ihren fünfzehnten Hochzeitstag, am 29. Oktober wurde er verhaftet, acht Wochen später war er tot. Rudolf von Scheliha wurde im Verfahrenskomplex Rote Kapelle vor das Reichskriegsgericht gestellt und am selben Tag wie Arvid Harnack und Harro Schulze-Boysen hingerichtet. Er hatte nichts, rein gar nichts mit der Roten Kapelle zu tun. Die Gestapo konnte auch keine Verbindung nachweisen, sie konstruierte sie einfach.[29] Das Verfahren gegen die vermeintlichen Kommunisten war ein willkommener Anlass, den allzu beharrlich agierenden Scheliha loszuwerden.

Der Gestapo und der SS war klar, «dass er von ihnen viel wußte»,[30] und die eher vage Konstruktion einer Zusammenarbeit mit den Kommunisten, angeblich unter dem Dach der Roten Kapelle, bot nun die Chance, ihn moralisch zu erledigen, sogar physisch zu vernichten. Eine Sonderkommission der Gestapo ermittelte, um zu «belegen», dass der angesehene Diplomat Scheliha ein bezahlter Landesverräter gewesen sei. Dieser Tatbestand wurde vor Gericht verhandelt, seine Gegnerschaft zum Nationalsozialismus wurde jedoch mit keinem Wort erwähnt. Sie war nicht Gegenstand der Anklage, weil Gestapo und SS kein Interesse daran haben konnten, dass in diesem Zusammenhang Schelihas Tätigkeit in der Informationsabteilung des Auswärtigen Amtes und damit ihre eigenen trüben Machenschaften zweifellos zur Sprache gekommen wären.

Die Anklage gegen Scheliha wurde vor dem Reichskriegsgericht verhandelt, das bei Verdacht auf Hoch- und Landesverrat sowie Spionage und Kriegsverrat zuständig war.[31] Mit dem Stichwort Landesverrat gelang es der SS, Scheliha in den Kontext der Roten Kapelle zu stellen, und zwar umso leichter, als dieser Plan von oben gedeckt wurde. Da Spannungen zwischen dem Außenminister Ribbentrop und dem SS-Führer Himmler bestanden, nutzte Letzterer die Möglichkeit, damit dem Auswärtigen Amt zu schaden. Der Reichsminister der Luftfahrt Hermann Göring wiederum griff den Fall des Diplomaten gerne auf, denn je mehr Institutionen an den Prozessen beteiligt waren, desto besser konnte er die Schmach vertuschen, dass drei der Hauptangeklagten aus seinem Ministerium stammten. Dies war auch der Grund, warum der Oberstkriegsgerichtsrat der Luftwaffe Manfred Roeder zum Untersuchungsführer ernannt worden war, obwohl er nicht der Reichskriegsanwaltschaft angehörte.

Das Selbstverständnis des Gerichts formulierte der Chef der Anklagebehörde Walter Rehdans 1941 in der *Zeitschrift der Akademie für Deutsches Recht* so: «In den Förmlichkeiten des Verfahrens ist in höherem Sinne nicht immer die Entscheidung gerecht, die peinlichst die Rechte des Beschuldigten beobachtet. Vor dieser relativen Gerechtigkeit gegenüber dem Individuum steht die absolute gegenüber der Gesamtheit, gegen Volk und Staat, was sich bei uns mit dem Ausdruck ‹militärisches Bedürfnis› deckt. Gerechtigkeit hat zuerst die Gesamtheit für diesen ihren Anspruch zu verlangen, in den auch der auf Beschleunigung des Verfahrens eingeschlossen ist. Nationalsozialistisch ausgedrückt heißt das: Recht ist, was dem Volke frommt. Beispiele: Haftbefehl, Umfang der Ermittlungen, Anklageverfügung, Verteidigung, Akteneinsicht u. a. m.»[32]

Die Prozesse gegen die Rote Kapelle fanden unter Ausschluss der Öffentlichkeit statt. Das Gericht vernahm im Fall Scheliha, der an einem einzigen Tag, dem 14. Dezember 1942, verhandelt wurde, keine Zeugen. Roeder ermittelte nicht selbst, sondern stützte sich für sein Urteil nur auf die Ermittlungsergebnisse der Gestapo und die erpressten Geständnisse.

Rudolf von Scheliha wurde am 22. Dezember 1942 in Berlin-Plötzensee erhängt. Sein Urteil war eines von 1189 Todesurteilen, die das Reichskriegsgericht zwischen 1939 und 1945 verkündete, von denen 1049 auch tatsächlich vollstreckt wurden. Während des Ersten Weltkrieges hatte das kaiserliche Kriegsgericht 150 Todesurteile gefällt, von denen 48 vollstreckt worden waren.[33]

Marie Louise von Scheliha war am selben Tag wie ihr Mann von der Gestapo verhaftet worden. Man holte sie zu Hause ab, durchsuchte die Wohnung nach einem Funkgerät, das man nicht fand, weil es dort keines gab. Der Gestapomann rief der kleinen Tochter beim Hinausgehen zu: «Wenn Du was sagst, dann bringen wir Dich um die Ecke.»[34] Man brachte Marie Louise von Scheliha in das Gerichtsgefängnis in der Kantstraße, in das wenige Monate später auch Cato Bontjes van Beek eingeliefert werden sollte. Dort wurde sie mehrfach von drei oder vier Männern verhört und bedroht. Sie wurde nach Namen gefragt, gab sich aber als unwissende, ja dumme, kleine Ehefrau, als die ihre Peiniger sie wahrscheinlich ohnehin betrachteten, und so wurde sie am 6. November 1942 wieder entlassen. Ihr Bruder, der sich um sie und seinen Schwager bemühte, holte sie ab. Sobald sie zu Hause war, so berichtete ihre Tochter Elisabeth, zog sie alle Kleider aus, die sie im Gefängnis getragen hatte, und verbrannte sie. Für den Rest ihres Lebens sollte sie zu zittern beginnen, sobald sie eine Behörde betreten musste. Da die Freilassung mit der Auflage verbunden war, nicht in Berlin zu bleiben, brachte Wilhelm von Medinger Marie Louise und Elisabeth von Scheliha zu ihrer Schwester Sita, die in der Nähe von Wien lebte. Dort erfuhr Marie Louise vom Schicksal ihres Mannes.

Fast fünfzig Jahre lang hat Marie Louise von Scheliha kaum über diese Vorgänge gesprochen. Ihrer jüngeren Tochter gegenüber schwieg sie, in ihren Erinnerungen erwähnt sie die Hinrichtung mit keinem Wort. Erst der Biograph ihres Mannes Ulrich Sahm konnte sie Ende der 1980er Jahre dazu bewegen, sich ausführlich zu den Vorgängen zu äußern.

«Ich wußte sofort, das ist der Henkerstuhl»: Cato Bontjes van Beek

Am 15. Januar 1937 ging es los, von Bremen über Bremerhaven nach England. Cato Bontjes van Beek wurde Au-pair in dem kleinen Ort Winchcombe nordöstlich von Cheltenham. Angesichts der nun schon so fest etablierten Hitler-Diktatur war dies eher ungewöhnlich und wurde auch vom englischen Home Office nicht allzu gern gesehen. Catos Tante, die Bildhauerin Amelie Breling, stellte den Kontakt zu der englischen Familie Beesley her, die sie kennengelernt hatte, als sie in der internationalen Friedensbewegung aktiv gewesen war. Cato fühlte sich wohl. Sie musste im Haushalt helfen und typische Aufgaben eines Au-pair-Mädchens übernehmen, hatte aber auch viele Freiheiten und war bald an allen Aktivitäten der Familie beteiligt. Man spielte Badminton, Hockey, Tischtennis, oder Cato machte Gymnastik mit ihrer Hausmutter Muriel Beesley, die Lehrerin war und mit der sie sich sehr gut verstand. Als Cato in einer Diskussion mit ihr die Gleichheit aller Menschen verteidigte, nannte diese sie eine Kommunistin, was Cato als Lob auffasste und stolz nach Hause berichtete. Nach einiger Zeit gab sie Deutschunterricht, um ihr Taschengeld aufzubessern. Mit dem verdienten Geld ging sie tanzen, ins Theater oder ins Kino; begeistert war sie von dem Film *Der letzte Mohikaner*. Im Mai 1937 unternahm die Familie einen Ausflug nach London, um sich die Krönung Georgs VI. anzusehen, der nach der Abdankung seines Bruders wegen dessen Beziehung zu der geschiedenen Amerikanerin Wallis Simpson König geworden war. Auch mit dem Hausherrn kam das junge Mädchen gut aus. Er schlug eines Tages vor, sie solle sich doch von nun an Cato Bontjes van Beesley nennen. «Wir haben oft viel Spaß», schrieb Cato in einem ihrer Briefe.[35]

Nachdem sie fast ein halbes Jahr in England verbracht hatte, ging im Mai 1937 endlich Catos großer Traum in Erfüllung: sie konnte zum ersten Mal fliegen. Ein junger Mann, den sie beim Tanz kennengelernt hatte, ermöglichte ihr den Flug. Er ließ sich sogar überreden, einen Looping zu fliegen, was seiner Begleiterin allergrößten Spaß machte.

Im Sommer desselben Jahres verliebte sie sich in den englischen Studenten John Hall. Er war ein Freund ihrer Gastschwestern Pat und Enid und interessierte sich wie Cato für den Buddhismus. Diese neue Freundschaft machte ihr den Abschied von England noch schwerer, als er ohnehin schon war. Nur ungern fuhr sie im August 1937 zurück nach Deutschland, wo die Freiheit des Einzelnen inzwischen massiv beschnitten war. Die Freundschaft mit John konnte Cato noch bis zum Kriegsausbruch und etwas darüber hinaus in einer intensiven Korrespondenz aufrechterhalten, zunächst von Fischerhude, dann von Berlin aus. Im Reichsarbeitsdienst, den sie auf der anderen Seite Europas, in Ostpreußen, ableisten musste, sah sie jeden Abend um neun in den Himmel, wo sie sich auf einem bestimmten Stern mit John verabredet hatte.[36]

Den September 1937 konnte Cato zunächst noch in Fischerhude genießen, wo der lärmende nationalsozialistische Alltag nicht so lautstark zu vernehmen war. Wie in England trieb sie auch hier viel Sport, genoss aber auch das Zusammensein mit Freunden oder mit ihrer Familie. Beim Kuchenbacken oder Spazierengehen wurde sicherlich Catos Zukunft erörtert, da sie nicht recht wusste, was sie jetzt tun sollte. Fliegen wollte sie, aber die Fliegerei konnte kein Berufsziel sein. Als Malerin glaubte sie nicht, erfolgreich sein zu können, als Tänzerin war sie ihrer Meinung nach ebenfalls nicht begabt genug. Die Ausbildung zur Keramikerin, die sie bei ihrem Vater hätte machen können, erschien ihr zu lang. Und eine frühe Heirat kam für sie nicht in Frage, schrieb sie ihrer Schwester, nachdem sie gerade ein Buch über Mädchenschicksale im 19. Jahrhundert gelesen hatte.

Aus der Familie kam schließlich der Vorschlag, sie könne doch zunächst eine Ausbildung in der Lette-Schule machen, denn es war klar, dass sie beruflich auf eigenen Beinen stehen sollte, so wie ihre Mutter und deren fünf Schwestern zuvor. Cato musste und wollte ihren eigenen Lebensunterhalt verdienen, und darum willigte sie ein. Der «Verein zur Förderung der Erwerbsfähigkeit des weiblichen Geschlechts» war 1866 von dem Juristen und Politiker Wilhelm Adolf Lette gegründet worden. Nach seinem Tod 1868 als Lette-Verein von seiner ältesten Tochter fortgeführt, wurde die Schule eine treibende Kraft zur Förderung der Erwerbstätigkeit von Frauen. Neben einem künstlerischen Zweig, der in der heute noch bestehenden Schule «Design» heißt und aus dem zahlreiche erfolgreiche Fotografinnen der Moderne hervorgegangen sind (unter ihnen Lieselotte Strelow), konnte man technische Berufe erlernen, und es gab eine Abteilung für Handelsberufe. Cato schrieb sich allerdings nicht für den künstlerischen Zweig ein. Fotografie war vielleicht keine Alternative für die Tochter einer Malerin. So lernte sie ab Oktober 1937, eher ungern, Schriftverkehr, Stenographie, Schreibmaschine, Englisch und Buchführung. Letzteres meinte sie, habe «Gott bestimmt im Zorn erschaffen».[37]

Um doch noch tun zu können, was ihr am meisten Spaß machte, wurde Cato Mitglied in der Berliner NS-Frauensegelfluggruppe. In einer Gruppe von siebzig Frauen, zwischen 18 und 30 Jahre alt, erlernte sie das Fliegen und konnte im April 1938 ihren A-Schein machen. Dafür musste sie allerdings in das nationalsozialistische Fliegerkorps eintreten, doch das war ihr die Sache wert, denn sie fühlte sich unter den Fliegerinnen wohl, die in erster Linie ihr Enthusiasmus für die Lüfte verband. Manche von ihnen bauten sogar ihre Flugzeuge selbst. Mit einigen Frauen, die ihre weltanschaulichen Positionen teilten, freundete Cato sich an, denn nach der Lektüre eines Artikels im Blatt der Deutschen Arbeitsfront entschloss sie sich nach Beratung mit ihnen, einen Leserbrief zu schreiben. Ein Autor hatte sich darüber empört, dass eine Frau als Kapitänin arbeiten wollte. Cato, ihrerseits entrüstet, trug vor, dann müsse man doch im Gegenzug den Verkäufern von Dessous und Korsetts ihren Beruf verbieten, wenn man Frauen in männlich dominierten Berufen nicht wolle.

In Berlin arbeitete Cato viel und ausdauernd, um den ungeliebten Stoff in der Schule zu bewältigen und die arbeits- und lernintensive Fliegerei erfolgreich durchzustehen. Sie wohnte bei ihrem Vater und dessen zweiter Frau am Kaiserdamm 22 in Berlin-Charlottenburg – die Eltern hatten sich 1933 scheiden lassen – und war auch dort eingespannt, weil sie sich um ihre Halbgeschwister kümmerte und ihrer Stiefmutter Rahel-Maria, genannt Rali, zu der sie ein gutes Verhältnis hatte, im Haushalt half.

Als im Frühjahr 1938 der theoretische Unterricht in Berlin beendet war, kehrte Cato nach Fischerhude zurück, was aber keineswegs

Die leidenschaftliche Segelfliegerin Cato Bontjes van Beek (Mitte) im Herbst 1937 mit Kameradinnen der Berliner NS-Frauensegelfluggruppe

eine Rückkehr in ein beschauliches Leben bedeutete. Sie musste jeden Morgen sehr früh mit dem Rad zum nächsten Bahnhof fahren, um von dort nach Bremen zu kommen, wo sie den praktischen Teil der Ausbildung als Sekretärin in einem Ingenieurbüro absolvierte. Nur an den Wochenenden hatte sie freie Zeit, die sie gern lesend verbrachte, von Harriet Beecher Stowes *Onkel Toms Hütte* – «Gerechtigkeit überhaupt, das war ihre Sache!», erinnert sich ihre Schwester Mietje[38] – über Karl May bis zu Thomas Mann und Novalis. Auch jetzt unternahm sie wieder Spaziergänge, die sie manchmal mit Besuchen bei den Vettern Modersohn verband. Und sie schrieb weiterhin an John Hall, der sie sogar in Fischerhude besuchte. Es kam die Idee auf, ob Cato nicht wieder nach England gehen sollte, aber daraus wurde nichts. Stattdessen ging sie zum Jahresende 1938 zurück nach Berlin, um nun doch in der Werkstatt von Jan Bontjes van Beek eine Lehre als Keramikerin zu beginnen.

In der Reichshauptstadt erlebte Cato viel unmittelbarer, was Leben im Nationalsozialismus bedeutete, vor allem für die per definitionem Ausgeschlossenen, die vom Regime inzwischen nicht mehr nur diskriminiert und bedrängt, sondern bedroht wurden. Sie musste mit ansehen, wie eine jüdische Familie Ende Oktober 1938, wahrscheinlich im Zuge des «Polenaktion» genannten Willküraktes, aus dem Haus am Kaiserdamm abgeholt wurde.

Die Vorgänge verunsicherten Cato zutiefst. An ihre Tante Louise Modersohn schrieb sie: «Ich spüre es genau, irgend etwas ganz Furchtbares wird in der nächsten Zeit geschehen. Etwas, das uns alle betreffen wird. ... An manchen Tagen spüre ich es ganz besonders stark, daß alles seinem Ende entgegengeht. Alles wird sich verändern. Und nichts wird so bleiben und werden, wie wir es uns denken. Die Welt ist zu schrecklich.»[39] Im März 1939 träumte Cato sogar von ihrem eigenen Tod. In einem Brief nach Hause schilderte sie ihre Hinrichtung: Sie wurde in einer Gruppe durch eine große Halle, die – merkwürdiges Detail – «mit rotgemusterten imitierten persischen Teppichen behangen war» in ein Zimmer geführt, in dem eine Art Zahnarztstuhl stand, der ihr zugewiesen wurde. «Ich wußte sofort, das ist der Henkerstuhl.» Sie setzt sich, ist ruhig und gefasst. «Ich spürte das Messer an meinem Hals, einen Ruck und hörte den Kopf nach hinten rollen, irgendwohin, vielleicht in ein tiefes Loch, wo schon viele Köpfe lagen.»[40] Ein halbes Jahr später brach der Krieg aus. Hitlers Truppen besetzten große Teile Europas, die deutschen Truppen eilten von Sieg zu Sieg, und viele Deutsche waren begeistert.

Ende April 1940 erhielt Cato die Einberufung zum Reichsarbeitsdienst (RAD), der, wie so vieles andere auch, keine Erfindung der Nazis war, sondern in freiwilliger Form als Beschäftigungsprogramm schon in der Weimarer Zeit praktiziert wurde. Der Dienst wurde nach 1933 fortgeführt, von den Nazis aber umfunktioniert, so dass auf diesem Wege möglichst billig «gemeinnützige Arbeiten» verrichtet wurden, die vor allem im Bereich von Land- und Forstwirtschaft lagen. Der RAD war jedoch auch am Bau des Konzentrationslagers Dachau beteiligt. Die oft schwere und schlecht bezahlte Arbeit, die unter rigider Bewachung vonstatten ging, war zugleich ideologisch überhöht als ein Ehrendienst an der Volksgemeinschaft, so dass «Gemeinschaftsfremde» hier nicht erwünscht waren. Im Juni 1935 wurde eine

Alltag junger Frauen im Krieg: Eine Lagerführerin verabschiedet die mit dem Fahrrad angetretenen Arbeitsmaiden zum Arbeitseinsatz im brandenburgischen Templin, 1940.

halbjährige Arbeitsdienstpflicht für junge Männer gesetzlich festgelegt. Die ebenfalls sechsmonatige Dienstpflicht für Frauen begann erst 1939.

Cato Bontjes van Beek kam in das Lager Blaustein im Kreis Rastenburg, Ostpreußen, nicht weit entfernt von dem Ort, an dem schon bald das Führerhauptquartier Wolfschanze erbaut werden sollte. Anfangs musste sie in der Küche arbeiten und, höchst ungewohnt, für achtundvierzig Personen kochen. Aber schon bald wurde sie einem Siedler zugeteilt, auf dessen Hof sie nun mitarbeitete. Als sie nach einem langen Tag der Feldarbeit in glühender Hitze einen Sonnenstich bekam, durfte sie sich für kurze Zeit erholen. Danach wurde sie einem neuen Hof zugewiesen, wo sie sich schließlich eine Entzündung am Bein zuzog. Deshalb lag sie im August 1940 erneut auf der

Krankenstube, wo sie begeistert russische Klassiker las, Tolstoi, Dostojewski und Gorki.

Blaustein war eines von zwölf Lagern, deren Bau 1938 vom Innenministerium als Teil des «Grenzlandaktivismus» extra für den weiblichen Arbeitsdienst in Ostpreußen bewilligt worden war. Denn der «Arbeitsdienst für die weibliche Jugend wird in den Grenzlanden überwiegend aus Gründen der Volkstumsarbeit eingesetzt», formulierte der Beauftragte für den Arbeitsdienst. Die Arbeitslager für Frauen seien «Burgen im Lande, in denen bewußtes Deutschtum und praktisch angewandter Nationalsozialismus vorgelebt und von dort aus in die Familien hineingetragen werden kann».[41] Darum verbrachten die jungen Frauen einen Teil ihrer Zeit in den sogenannten «Siedlerfamilien». Die Mädchen aus dem Reich waren in der kruden rassischen Kategorisierung der Nazis «Reichsdeutsche». Ihre Aufgabe sollte es nun sein, den nur als «Volksdeutsche» bezeichneten Familien, die in ihrer Heimat jeweils als deutsche Minderheit gelebt hatten – etwa im Baltikum, in Siebenbürgen oder Wolhynien – und die nun im eroberten Polen angesiedelt und damit «heim ins Reich» geholt wurden, «bewußtes Deutschtum und praktisch angewandten Nationalsozialismus» beizubringen. Haus- und Feldarbeit wurde damit zum «Volkstumskampf», bei dem die RAD-Mädchen von Freiwilligen unterstützt wurden. BDM-Führerinnen, Studentinnen, Lehrerinnen und Kindergärtnerinnen kamen in den Osten und wurden vorübergehend auch zur Arbeit in die Ostgebiete abkommandiert. Dort sollten sie als «Ansiedlerbetreuerinnen» «deutsche» Ordnung und nationalsozialistische Ideologie verbreiten. Zu dieser Aufgabe gehörte es auch, die Höfe vertriebener Polen, die an «Volksdeutsche» gehen sollten, zur Übergabe vorzubereiten. Lehrerinnen und Kindergärtnerinnen bestückten ihre neu aufzubauenden, noch leeren Institutionen durchaus auch mit dem Mobiliar der aus ihren Häusern vertriebenen Juden.[42]

Cato Bontjes van Beek erlebte also den «angewandten Nationalsozialismus» hautnah, war wider Willen Teil des «Volkstumskampfes» und begegnete in diesem Zusammenhang zum ersten Mal den sogenannten «Fremdarbeitern», die vielmehr Zwangsarbeiter waren. Auf dem ersten Hof musste ein Pole arbeiten, denn sofort nach

Kriegsbeginn im September 1939 begann man mit der Zwangsrekrutierung der einheimischen Bevölkerung, um die deutsche Kriegswirtschaft mit Arbeitskräften zu versorgen. Schon im Sommer 1940, nach noch nicht einmal einem Jahr, waren eine Million polnischer Zwangsarbeiter in Deutschland beschäftigt.[43] Aber auch Kriegsgefangene wurden zur Zwangsarbeit eingesetzt. Auf dem zweiten Hof arbeitete Cato mit einem Franzosen zusammen. Da sie Französisch sprach, konnte sie dolmetschen, meist vermittelnd, wenn es zwischen den Neusiedlern, strammen Nazis, die ihre Leute schikanierten, und den Arbeitern zum Streit kam. Für Letztere galten gesonderte, strenge Bestimmungen, die Cato, wann immer es ging, abzumildern versuchte.

Als sie im September 1940 aufgrund ihrer Beinverletzung etwas früher als vorgesehen aus dem Arbeitsdienst entlassen wurde, kehrte sie nach Berlin zurück, wo ihre Schwester Mietje inzwischen Kartographie studierte. Die Töchter wohnten beim Vater, dessen Keramikatelier auf dem Gelände der Firma Schering lag. Auf dem Weg dorthin mit der S-Bahn bemerkten die Mädchen, dass immer der letzte Waggon des Zuges für die französischen Kriegsgefangenen vorgesehen war, die bei Schering Zwangsarbeit leisteten. Zuerst stellten sich Cato, Mietje und ihre Freundinnen an das Ende des vorletzten Wagens und blickten nur freundlich hinüber zu den Fremden. Aber bald wurden sie mutiger und dachten sich einen Trick aus, mit dem sie zu ihnen in den Waggon gelangten: In letzter Minute stürmten sie die Treppe zum Bahnsteig hinunter, so dass sie, um den Zug überhaupt noch erreichen zu können, nur in diesen letzten Wagen hineinspringen konnten. Zwei der fünf Mädchen waren beauftragt, die deutschen Bewacher nach allen Regeln der Kunst abzulenken. Unterdessen konnten die anderen den Franzosen etwas zustecken, Brot, kleine Gegenstände, Zettelchen. Das System entwickelte sich und konnte verfeinert werden. In kleinen Briefen gaben die Männer Bestellungen auf für Medikamente, Bleistifte, Nähzeug, Obst, Feuerzeug, Tabak und sogar für einen Fußball. Einmal wurde eine von ihnen erwischt, als sie gerade eine Apfelsine überreichen wollte. Ein SS-Mann sah dies und warnte sie eindringlich. Er hätte sie verhaften müssen, tat es aber nicht, und die Mädchen fuhren fort mit ihren

Hilfsaktionen. Die Dankesbriefe der Franzosen überdauerten die Zeit in einer Flasche versteckt und vergraben im Garten der Familie in Fischerhude. Sie zeugen von der großen Kraft, die diese kleinen menschlichen Gesten den Männern gaben.

Humanität zu zeigen in einer menschenverachtenden Gesellschaft ist mutig, aber es ist noch kein Widerstand. Wie bei den meisten Widerstandskämpfern und -kämpferinnen ist der Zeitpunkt, an dem sie beschließen, Widerstand zu leisten, nicht genau zu bestimmen, möglicherweise nicht einmal für sie selbst. Es handelt sich um einen Prozess, in dem sich Unbehagen am täglichen Unrecht ansammelt, wohl gepaart mit der Unzufriedenheit darüber, dass man dem nicht entschieden genug entgegentritt – natürlich auch deshalb, weil dies oft mit konkreter Gefahr verbunden war. Die Äußerungen Catos in ihren Briefen lassen diese Deutung zu. Als sie im September 1941 Libertas Schulze-Boysen,[44] eine gute Bekannte ihres Vaters, kennenlernte, war dies der entscheidende kleine Anstoß dafür, dass Cato sich der Widerstandsgruppe Rote Kapelle anschloss.

Das war im Herbst 1941. Cato Bontjes van Beek wohnte nicht länger in der Wohnung des Vaters, sondern hatte sich, auf Vermittlung von Libertas Schulze-Boysen, zwei eigene Zimmer in der Waitzstraße gemietet, die sie sich eigentlich gar nicht leisten konnte. Es soll sich um eine Wohnung gehandelt haben, die zu konspirativen Zwecken bereitgestellt wurde, um dort eines der Funkgeräte aufzubauen. Cato vermietete eines der Zimmer an den Dichter Heinz Strelow. Er lebte getrennt von seiner Frau, der Fotografin Lieselotte Strelow, und wurde für eine kurze Zeit Catos Freund. Auch er engagierte sich in dem Kreis um Arvid Harnack und Harro Schulze-Boysen.

Cato Bontjes van Beek und Heinz Strelow überarbeiteten, so viel ist sicher, ein sechsseitiges Flugblatt mit dem Titel «Die Sorge um Deutschlands Zukunft geht durch das Volk», das Schulze-Boysen im Winter 1941/42 entworfen hatte.[45] Im Februar 1942 wurde das Blatt an ausgewählte Pfarrer, Ärzte, Professoren, Ingenieure, Rechtsanwälte und sogar Wehrkreiskommandos und in Berlin tätige Auslandskorrespondenten verschickt, deren Adressen Maria Terwiel aus Telefonbüchern herausgesucht hatte. Doch dann beschlossen Cato Bontjes van Beek und Heinz Strelow, sich von der Gruppe abzuwenden. Das abenteuerliche Naturell Schulze-Boysens, der nur die nötigsten konspirativen Grundregeln beachtete, erschien ihnen als ein zu großes Risiko. Cato sah in ihm eine «ehrgeizige Abenteurernatur».[46] Der Historiker Hans Coppi hält die «für manche verblüffende Offenheit, mit der er sich über Missstände äußerte und über militärische Entwicklungen sprach» für Tarnung. Damit sei er weniger angreifbar gewesen, weil er «scheinbar nichts zu verbergen» hatte.[47]

Cato Bontjes van Beek und Heinz Strelow wollten nun selbst aktiv werden. Sie waren davon überzeugt, dass sie nach außen wirken mussten, um die Grundstimmung in der Bevölkerung zu verändern. So schilderte Cato ihre Haltung einer entsetzten Fliegerkameradin, die vergeblich versuchte, sie vor den Gefahren ihres Handelns zu warnen.

Aber dazu sollte es nicht mehr kommen, die Ereignisse überrollten das Paar. Cato musste schon nach wenigen Wochen die gemeinsame Wohnung wieder verlassen, sei es aus finanziellen Gründen, sei es, weil ihre Mutter die Beziehung zu Heinz Strelow missbilligte. Sie kam extra aus Fischerhude nach Berlin, um Cato von der Unmöglichkeit dieser Verbindung zu überzeugen. Oder verließ sie freiwillig die Wohnung, um den Bruch mit Schulze-Boysen augenfällig zu machen?

Zurück am Kaiserdamm, war Cato Bontjes van Beek wieder mitten im häuslichen Trubel, obwohl sie durch die private Krise und ihre konspirative Arbeit, die sie auch vor ihren Angehörigen verschweigen musste, selbst sehr angespannt war. Rali, die zweite Frau ihres Vaters, lag im Krankenhaus und hatte Cato die Verantwortung für die Werkstatt übertragen. Zwar konnte sie im März 1942 endlich die Reise nach Fischerhude antreten, die Weihnachten aufgrund der Verhältnisse in Berlin hatte ausfallen müssen. Aber auch dort fand sie nicht die ersehnte Ruhe. Die Umstände bedrückten sie. Erst im August gelang es ihr, Abstand zu gewinnen. Sie erholte sich auf einer dreiwöchigen Wanderung durch den Bayerischen Wald. Eine Berliner Freundin, die sie begleiten wollte, musste absagen. Cato ließ sich nicht abschrecken und machte sich trotzdem auf den Weg, lief oft stundenlang allein, oft aber auch in Begleitung von zufälligen

Cato Bontjes van Beek wurde am 20. September 1942 von der Gestapo verhaftet.

Reisegefährten. Auf dem Rückweg nach Berlin machte sie in dem schlesischen Ort Hirschberg Station, wo Rali sich nach ihrer Krankheit aufhielt. Es war Catos letzte Reise in die Freiheit.

Ende August 1942 wurde Harro Schulze-Boysen verhaftet, seine Frau Libertas wenig später. Sie hatte kurz zuvor den Entschluss gefasst auszusteigen, weil sie dem ständigen Druck nicht länger gewachsen war. Aber es war zu spät. Sie wurde bei dem Versuch zu fliehen, im Zug verhaftet. Völlig verängstigt und verzweifelt ging sie im Gefängnis einer Spionin auf den Leim, die ihr von der Gestapo in die Zelle gelegt worden war. Dieser Frau gelang es, Libertas Vertrauen zu gewinnen, so dass diese ihr Namen und Adressen von Freunden gab. Angeblich nur kurzzeitig inhaftiert, sollte die Frau diese vor einer drohenden Verhaftung warnen. Die Gestapo musste die Liste nur noch abarbeiten.

Cato und auch ihr Vater Jan Bontjes van Beek wurden am 20. September abgeholt. Catos Mutter Olga reiste umgehend nach Berlin, um sich auf die Suche nach ihrer Tochter zu machen. In der Gestapo-Zentrale an der Prinz-Albrecht-Straße erfuhr sie, dass Cato im Polizeigefängnis am Alexanderplatz festgehalten wurde. Von dort schrieb die Tochter sofort an die Mutter, die nicht wusste, warum ihr Kind wie eine Verbrecherin aus ihrer Wohnung geholt worden war. Cato bat ihre Mutter, sich nicht zu viele Sorgen zu machen, erkundigte sich nach ihren Geschwistern und fügte an: «Wie schön muß es jetzt in Fischerhude sein und im Moor, den Herbst habe ich dort so gern.»[48] Von nun an durfte Cato alle vier Wochen schreiben. Olga Bontjes van Beek blieb während Catos Haft überwiegend in Berlin. Sie durfte ihr Pakete schicken und bekam im Dezember die erste Besuchserlaubnis. Cato kam ihr lachend entgegen, Olga konnte es kaum fassen. Cato glaubte wohl noch an einen glimpflichen Ausgang des Prozesses, hoffte auf eine Strafe von zwei Jahren, denn für sie war die Zusammenarbeit mit der Harnack/Schulze-Boysen-Gruppe längst abgeschlossen. «Was hängt alles dran – ich hatte ja keine Ahnung! … Ich war ja damit vollständig fertig.»[49]

Was auch immer zu erwarten war, die Familie kämpfte um Catos Freilassung. Mindestens ein halbes Dutzend Gnadengesuche wurden eingereicht, aus der Verwandtschaft und von Freunden. Die Frauensegelfluggruppe, der Cato nach wie vor angehörte, setzte sich für sie ein und betonte ihre außerordentliche Kameradschaftlichkeit. Der Kirchenvorstand ihrer lutherischen Kirche in Fischerhude schrieb nach Berlin, sogar die dortige BDM-Führerin, eine Schulkameradin, verwendete sich für sie. Zu Catos großer Erleichterung entließ man ihren Vater, dem man nichts nachweisen konnte, zu Weihnachten 1942. Es hatte sie sehr bedrückt, dass er ihretwegen in Schwierigkeiten gekommen war.

Cato Bontjes van Beek indessen versuchte, sich im Gefängnis einzurichten, ihr Mut verließ sie nicht, und sie fand eine Aufgabe darin, den ein Stockwerk über ihr inhaftierten jungen Rainer Küchenmeister aufzumuntern. Der erst Sechzehnjährige war zusammen mit seinem Vater Walter und dessen Lebensgefährtin Elfriede Paul verhaftet worden. Sein Verhältnis zu beiden war nicht immer einfach, und Rainer fand in Cato eine geduldige Zuhörerin und Trösterin, insbesondere als Walter Küchenmeister im Mai 1943 hingerichtet wurde. Nachts unterhielten sie sich lange durchs Fenster. Rainer fasste eine große Zuneigung zu Cato und wollte sie unbedingt einmal sehen; dazu organisierte er sich einen Spiegel, den er an einer Stange befestigte, um ihn bis vor Catos Fenster hinunterzulassen. Aber der Versuch schlug fehl, die beiden haben sich nie gesehen.

Am 22. Dezember 1942 wurden zusammen mit Schulze-Boysen und seiner Frau sieben weitere Angehörige der Widerstandsgruppe hingerichtet. Cato ahnte jetzt, dass auch ihr Schicksal schlimmer sein würde als zunächst angenommen. Am 15. Januar 1943 begann ihr Prozess. Der Chefankläger war Manfred Roeder, er wurde von dem überlebenden Angeklagten Adolf Grimme als besonders kalt und erbarmungslos geschildert. Roeder störte sich nicht daran, dass die Verteidiger, die ohnehin nur Pflichtverteidiger und nicht von den Betroffenen selbst bestellte Juristen waren, die Angeklagten entweder gar nicht oder nur sehr kurz vor dem Prozess einmal sehen konnten. Die Anwälte waren Handlanger des Regimes, die fast nichts unternahmen, um ihre Mandanten vor dem Tode zu bewahren. Schon drei Tage später, am 18. Januar 1943, wurden die Urteile gesprochen. Cato wurde zum Tode verurteilt wegen «Beihilfe zur Vorbereitung des Hochverrats und zur Feindbegünstigung».[50] Roeder gestand der Angeklagten also nicht einmal eigenständiges Handeln zu. War es die perverse Freude daran, aus der ohnehin nicht als Prozess zu bezeichnenden Veranstaltung die Farce zu machen, die sie war? Er ließ es sich nicht nehmen, Catos Beziehung zu Heinz Strelow, der im selben Prozess verurteilt wurde, auszubreiten, um damit die angebliche Dekadenz der kommunistischen Kreise und zugleich Catos Abhängigkeit von Heinz damit zu belegen. Das Motiv der sexuellen Hörigkeit wurde häufiger bemüht und mochte die Überzeugung der NS-Ankläger stützen, dass Frauen ohnehin nicht in der Lage wären, selbständig zu handeln, und immer der Anleitung und männlicher Führung bedürften?[51]

Cato Bontjes van Beek brach unter der Last des Urteils nicht zusammen, sondern war stark genug, es zu akzeptieren. Sie sei frei von Groll und Hass, schrieb sie an ihre Mutter. «Eine ganz große Leichtigkeit habe ich in mir, und die nimmt mir alle Schwere.»[52]

Doch zunächst wurde das Urteil nicht vollstreckt. Cato hatte, ohne es zu wissen, noch ein halbes Jahr zu leben und gab die Hoffnung nicht auf. Im März 1943 wurde sie in ein Gefängnis in der Kantstraße überstellt, wo sie täglich eine halbe Stunde im Hof spazieren gehen durfte. Zwar musste sie hier arbeiten, dafür gab es aber eine Bibliothek, die Cato begeistert nutzte, und auch die Tatsache, dass sie nicht länger allein in einer Zelle war, störte sie nicht. Ihre Zellengenossin sei «famos».[53]

Im April ließ sich Hermann Göring über den Fall Bericht erstatten und kam zu dem Schluss, dass er «in Würdigung ihrer Persönlichkeit» die Umwandlung von Catos Strafe in eine Haftstrafe befürworte.[54] Wieso würdigte der mächtige Reichsfeldmarschall diese ihm unbekannte junge Frau? Ließ er sich von den zahlreichen guten Leumundszeugnissen beeindrucken, die in den vielen Gnadengesuchen zum Ausdruck kamen? War es eine Solidarität unter Fliegern? Der Gutachter, durch den einen Monat nach dem Prozess die ganze Angelegenheit noch einmal einer Prüfung unterzogen worden war, hatte die von den Segelfliegerinnen betonte Kameradschaftlichkeit hervorgehoben.[55] Und dass Cato nach dem Bruch mit den «Landesverrätern» keine Anzeige erstattet habe, sei wohl ihrem ausgeprägten Gefühl von Solidarität zuzuschreiben. Dieser Umstand bewog auch den Gutachter, sich gegen eine Todesstrafe auszusprechen. Aber alles war vergeblich. Hitler persönlich befahl die Vollstreckung des Urteils.

Am 8. Mai 1943 – der Krieg sollte noch genau zwei weitere, lange Jahre dauern – wurde Cato erneut verlegt, in das Frauengefängnis in der Barnimstraße, zwei Monate später dann nach Berlin-Plötzensee. Sie durfte ihre beiden Geschwister noch einmal wiedersehen und nahm am 5. August 1943 von allen in ihren letzten Briefen Abschied. Sie ermunterte ihren Bruder, sich unbedingt der Musik zu widmen, bat ihre Mutter und ihre Schwester eindringlich, weiterhin bei der Malerei zu bleiben, so wie sie schon zuvor dem jungen Rainer Küchenmeister mit auf den Weg gegeben hatte: «Lebe Du weiter, lieber Rainer, suche das Schöne in der Kunst und in jedem Menschen und lerne, mit dem Herzen denken.»[56] Ihrer Mutter versicherte sie: «Die Ruhe, die ich mir immer für diese letzten Stunden gewünscht habe, ist nun auch wirklich bei mir, und sie gibt mir viel Kraft.»[57] Am Abend des 5. August 1943 wurden im Hinrichtungsschuppen von

Plötzensee sechzehn Menschen im Drei-Minuten-Takt enthauptet. Cato Bontjes van Beek starb um 19.42 Uhr. «Cato, die mit ihrer strotzenden Gesundheit, mit ihrer Kraft und ihrem unbesiegbaren Optimismus die Zelle und meine Seele füllte, ist weg»,[58] notierte ihre Zellengenossin Marta Husemann in ihr Gefängnistagebuch.

Die Leichen der hingerichteten Frauen wurden umgehend an das Anatomisch-Biologische Institut der Universität Berlin abgegeben, in das Labor des Anatomen Professor Dr. Dr. Hermann Stieve, dessen wissenschaftliches Interesse der Reaktion der weiblichen Fortpflanzungsorgane auf Stress galt. Er konnte seit 1933 seine Forschungen erheblich – und völlig bedenkenlos – intensivieren, weil in der Weimarer Republik keine Frauen hingerichtet worden waren. Er starb 1952, geehrt als Autorität seines Fachs.[59]

Helfernetzwerke für verfolgte Juden: Antje und Robert Havemann

Obwohl die Verhältnisse bedrückend waren, versuchten Robert und Antje Havemann ein ganz normales Leben zu führen. So wie auch von Cato und ihrer Schwester Mietje überliefert ist, dass sie am Berliner Kaiserdamm ausgelassene Feste feierten, beschrieb Robert Havemann noch Jahrzehnte später eine denkwürdige Cocktailparty in der Bismarckstraße 100: «Kannst Du Dich noch an unser großes Atelierfest erinnern, es war im Winter Anfang des Krieges, als Grüger (denke Dir, ich habe seinen Vornamen vergessen) zur Aufmunterung der anfänglich recht steifen Gäste aus Schnee und Rum […] und Bananensyrup (war's glaub ich) einen unheimlich alkoholischen, aber unter Null Grad kalten Planters Punch mixte. Die Gläser bereiften, so kalt war er, und die Stimmung stieg im Handumdrehen senkrecht in die Höhe, während zugleich einige Leute glatt hingerafft wurden.»[60] Man konnte und wollte sich nicht ständig an die unterschwellige Gefahr erinnern, in der man lebte.

An einem Abend bekam das Ehepaar Besuch von zwei Chemikerkollegen, die eine neu erfundene Höhensonne vorführen wollten. Die Männer waren begeistert, fingen an, mit dem neuartigen Gerät

Antje und Robert Havemann im Kreis der Geschwister Hasenclever, von links: Christa Hasenclever, Robert Havemann, Hilmar Hasenclever mit Johann-Peter, Margarethe Hasenclever, Antje Havemann und Karl Hasenclever, Herbst 1942

zu spielen und verfolgten mit dem scharfen Lichtstrahl unten auf der Straße Autos – so lange, bis es klingelte und die Gestapo vor der Tür stand. Man war, nachdem man den bulgarischen Kommunisten Wassil Tanew versteckt gehalten hatte, zum zweiten Mal aufgefallen!

Dabei hätte doch zur Sicherheit aller Personen, die an den Hilfsmaßnahmen beteiligt waren, jede unnötige Aufmerksamkeit vermieden werden müssen. Alles schien gutzugehen, und doch hatte Antje von nun an das Gefühl, zumindest hin und wieder überwacht zu werden. Bald sollte sich diese Vermutung bestätigen. Ein befreundetes Ehepaar – der Chemiker Konrad Mommsen und seine Frau – kümmerte sich um eine Jüdin, deren Tochter in die USA emigriert war. Als die Mommsens verreisten, baten sie Antje, die alleinstehende Frau zu besuchen, deren Alltag angesichts der immer restriktiver werdenden Gesetze für Juden zusehends schwieriger wurde. Die jüdische Dame war Schneiderin. Aus Dankbarkeit für die Zuwendung, die im Verlauf der Nazizeit immer weniger selbstverständlich war, schenkte sie Antje Stoff für ein Kleid. Die Beschenkte erinnerte sich: Der Stoff «brannte mir wie Feuer in den Händen», sie hat ihn weitergegeben.[61] Konrad Mommsen wurde nach seiner Rückkehr wegen der Unterstützung versteckt lebender Juden verhaftet, zu sieben Monaten Gefängnis verurteilt und mit Arbeitsverbot belegt.

Juden (und anderen Verfolgten) zu helfen war, so Antje Havemann, «eine Selbstverständlichkeit für alle, die so dachten wie wir»[62] – für alle also, die versuchten, Anstand und Vernunft inmitten des nationalsozialistischen Wahnsinns zu bewahren. Dazu gehörte allerdings auch Mut, denn man brachte nicht nur sich selbst, sondern auch die eigene Familie in Gefahr. Eine solche Hilfe war in den Augen der Nazis eben keine Selbstverständlichkeit, sondern eine strafbare Handlung, ein Verbrechen. Zwischen 1933 und 1945 wurden mehr als 1970 Gesetze und Verordnungen von Reichs- und Landesbehörden erlassen, die die nationalsozialistische Judenpolitik in die Tat umsetzen sollten, angefangen mit Diskriminierung und Ausgrenzung bis hin zu Ausplünderung und Ermordung.[63] Die Gesetzeslawine besagte unter anderem, dass «Juden ihr Vermögen anmelden» mussten, sie wurden gezwungen, sich durch Kennkarten auszuweisen, in denen ein zusätzlicher, jüdischer Vorname – Sara für die Frauen, Israel für die Männer – eingetragen wurde. Sie durften kein Telefon benutzen, keine Haustiere halten, kein Radio hören, nur bedingt mit öffentlichen Verkehrsmitteln fahren. Diese Maßnahmen gipfelten in der Bestimmung, dass Juden den Gelben Stern tragen mussten, der sie für alle auf den ersten Blick ersichtlich als Juden kennzeichnete. Schließlich versagte man ihnen den Bezug einer Kleiderkarte, sie bekamen zwar Lebensmittelkarten, aber dafür wurden kein Fleisch, keine Eier, keine Milch und kein Fisch an Juden ausgegeben.[64]

Im September und Oktober 1939 wurde es Juden verboten, ihre Wohnungen zwischen 20 und 6 Uhr zu verlassen und vor 15 Uhr und nach 17 Uhr Lebensmittel einzukaufen. Antje Havemann ging daraufhin für ihre jüdischen Nachbarn einkaufen, weil es am Abend nichts mehr zu kaufen gab. Die Havemanns veranstalteten in ihrer Atelierwohnung Diaabende, nachdem es Juden verboten war, ein Kino zu besuchen. Robert hatte sich vor seinen Motorradreisen mit

Antje eine Leica zugelegt und konnte seit 1936 sogar Farbdias von den Urlaubsländern zeigen.

Juden wurden zu Menschen zweiter Klasse gemacht, und ihre Entrechtung war vom ersten Tage an gewollt und gesetzlich sanktioniert. Seit 1933 machten sich nationalsozialistisch gesinnte Juristen Gedanken über «Grundfragen der neuen Rechtswissenschaft», unter ihnen der Senatspräsident des Preußischen Oberverwaltungsgerichts Karl Larenz, der rassische Gründe dafür anführte, warum nicht alle Menschen als «Rechtsgenossen» die gleichen Rechte hatten: «Rechtsgenosse zu sein, das heißt, im Recht zu leben und eine bestimmte Gliedstellung auszufüllen, ist also ein Vorrecht des Volksgenossen. Es ist, wenn man so will, eine besondere Qualität nicht des Menschen schlechthin, sondern des Volksgenossen.»[65]

Im Todesurteil, das der Volksgerichtshof später gegen Robert Havemann aussprechen sollte, zeigt sich die juristische Umsetzung dieser kruden Differenzierung. Dort wurde präzise aufgelistet, welcher Verbrechen sich die Gruppe um Robert Havemann schuldig gemacht hatte. Wie «schamlos» ihre Vergehen gegen den deutschen Staat seien, zeige sich deutlich daran, dass «sie [Havemann und andere] systematisch illegal lebende Juden unterstützten, ja sogar mästeten. Aber nicht nur das, sie verschafften ihnen sogar falsche Ausweise, die sie vor der Polizei tarnen sollten, als wären sie nicht Juden, sondern Deutsche.»[66] Man musste also sehr vorsichtig sein und nach außen hin als Volksgenosse erscheinen, um im Verborgenen als Mensch handeln zu können.

Die Gefahr, die es bedeutete, Juden zu helfen, verdeutlicht noch ein anderes Beispiel. Zu den Freunden, mit denen Robert Havemann ein Helfernetzwerk aufgebaut hatte, gehörte auch das KPD-Mitglied Enno Kind, der vor 1933 als Journalist tätig war. Als in der Familie Kind die Jüdin Elisabeth von Scheven versteckt werden sollte, wunderten sich die Kinder, dass sie ohne Koffer kam. Sie war aus Frankfurt geflohen, wo sie trotz ihres nichtjüdischen Ehemanns nicht mehr sicher war, und suchte Zuflucht bei ihrem alten Freund, dem Arzt Georg Groscurth, der sie an Enno Kind vermittelte. Sofort ging jemand los, einen Koffer zu kaufen und ihn zu packen, um den Kindern zu demonstrieren, es sei alles in Ordnung, der Koffer sei nur noch auf der Bahn gewesen.[67] Havemanns wiederum kannten eine jüdische Familie am Stadtrand von Berlin, die sie regelmäßig mit Geld und Lebensmittelkarten versorgten. Bis auf Elisabeth von Scheven, die Auschwitz überlebte, sind alle ihre anderen verfolgten Schützlinge später ermordet worden oder gelten als verschollen.[68]

Die fünf Mitglieder der Gruppe um Havemann und Groscurth bekamen für ihre Hilfeleistungen im Jahr 2005 von der Gedenkstätte Yad Vashem den Ehrentitel «Gerechte unter den Völkern» verliehen: Antje Havemann gehörte nicht dazu, als einzige Frau wird Anneliese Groscurth genannt.[69] Dabei hat Antje Havemann sowohl in der karitativen als auch in der politischen Arbeit eine Rolle gespielt. Zwar hatte ihr Mann ihr nicht sehr viel von seiner Tätigkeit erzählt – je weniger man wusste, desto weniger konnte man gegebenenfalls unter Folter aussagen –, aber sie war oft bei den konspirativen Treffen dabei gewesen.[70]

Die Widerstandsgruppe Europäische Union

Zum Kern des Freundeskreises um den Chemiker Robert Havemann, dessen gemeinsame Basis die Gegnerschaft zum Nationalsozialismus war, gehörten auch der Zahnarzt Paul Rentsch, der Architekt Herbert Richter und der Arzt Georg Groscurth. Letzterer kannte Havemann am längsten aus der gemeinsamen Zeit am Kaiser-Wilhelm-Institut für Physikalische Chemie und Elektrochemie. Groscurth lernte Rentsch kennen, als dieser eine Praxis in Charlottenburg eröffnete. Im selben Haus baute sich der Architekt Richter eine Dachgeschosswohnung zu einem großzügigen Atelier um. So fand man eher zufällig zusammen und traf sich seit 1937 regelmäßig zum Meinungs- und Informationsaustausch. Zu den Patienten des Arztes Groscurth gehörte auch Alfred Heß, der Bruder des «Stellvertreters des Führers». Richter, ein Experte für Lichttechnik, wurde mit der Inszenierung der Weihnachtsfeiern für Göring beauftragt und bald persönlich zu dessen Geburtstagsfeiern eingeladen. Er war es auch, der 1941 Enno Kind kennengelernt hatte, der nicht nur als Unterstützer für Verfolgte, sondern auch als wertvoller Informant zur Gruppe stieß. Er war Teil einer Propagandakompanie des OKW, des Oberkommandos der Wehrmacht. Richter selbst wurde 1942 «Sonderbevollmächtigter in Fragen des Reichssondereinsatzes des Handwerkes» zur Behebung von Bombenschäden. Das gab ihm die Möglichkeit, die schweren Schäden, die durch die Fliegerangriffe entstanden, offiziell zu registrieren und inoffiziell weiterzugeben.

Aber an wen? Zunächst nur an die genannten Freunde, die deshalb beschlossen, die Treffen ihrer Gruppe gezielter zur Sammlung und Verwertung von Informationen einzusetzen. Herbert Richter konnte über einen Mittelsmann Kontakt zur Widerstandsgruppe um Robert Uhrig herstellen. Der Werkzeugmacher Uhrig, der in der Versuchsabteilung für Radioröhren der Firma Osram arbeitete, war schon 1934 verhaftet worden, weil er dort eine kommunistische Betriebszelle aufgebaut hatte. Davon unbeeindruckt baute er nach seiner Entlassung ein neues Widerstandsnetz auf und galt «um 1940 als Kopf des kommunistischen Widerstands in Berlin».[71] Doch die Gestapo konnte Spitzel einschleusen, und im Februar 1942 wurde Uhrig erneut verhaftet. Er wurde nach zweieinhalb Jahren im Zuchthaus Brandenburg-Görden hingerichtet.

Es musste also ein anderer Weg gefunden werden, um dem Ausland wichtige Informationen aus dem Inneren des Reiches zur Verfügung zu stellen. Georg Groscurth lernte im April 1943 den Tschechen Dr. Konstantin Zadkiewicz kennen, der sich vermutlich im Auftrag des sowjetischen Geheimdienstes in Berlin aufhielt.[72] Da nach dem Münchner Abkommen von 1938 die Arbeitslosigkeit in der Tschechoslowakei sehr hoch war, hatte die dortige Regierung auf deutschen Druck ein Abkommen geschlossen, das 40 000 Tschechen zur Arbeit ins Reich verpflichtete.[73] Dies bot den Russen die Gelegenheit, den Chemiker nach Deutschland einzuschleusen. Er arbeitete bei einer Berliner Firma und suchte von dort aus den Kontakt erst zu ukrainischen, später zu französischen Zwangsarbeitern, das heißt zunächst zu den Anführern der Lagerorganisationen. Die Historikerin Simone Hannemann vermutet, dass man die verschiedenen Gruppen zusammenführen wollte, «um im geeigneten Moment mit Abstimmung der sowjetischen Seite einen Aufstand in den Lagern herbeizuführen».[74] Die Idee überzeugte Havemann und die anderen.

Die Begegnung mit Zadkiewicz war der Auslöser für die Gründung der Widerstandsgruppe Europäische Union am 15. Juli 1943. Ihr lag das aus heutiger Sicht illusionär anmutende Ziel zugrunde, die Erhebung der Massen anzustoßen, die durch den Schulterschluss mit den Lagerorganisationen möglich zu werden schien.

Im ersten programmatischen Papier der Gruppe, «Antwort des ZK der EU an alle Antifaschisten», das noch im selben Monat formuliert wurde, fasste Havemann ihre Ziele zusammen. Es ging ihm um «sozialistische Wirtschaft, Freiheit des Individuums und soziale Gerechtigkeit».[75] Seine Vorstellung war, dass nach der Niederlage Deutschlands durch die – wohl kaum zu verwirklichende – Zusammenarbeit von Zwangsarbeitern und der Europäischen Union eine europäische Revolution ausbräche, aus der sich ein sozialistisches Europa entwickeln würde. Simone Hannemann erkennt in dieser «Internationale der europäischen Nationen», in der die Sowjetunion stets mitgedacht wurde, das geistige Erbe von Neu Beginnen. Beide Gruppen sahen den sowjetischen Staat allerdings nicht als demokratiefähig und damit nicht als erstebenswertes Modell an. Ihr Ziel war ein demokratischer Sozialismus, für den sie mit der Sowjetunion zusammenzuarbeiten bereit waren, ähnlich wie die Gruppe um Arvid Harnack und Harro Schulze-Boysen und wie andere Kreise, die den Dialog mit den Westmächten suchten, ohne deren politisches Modell vorbehaltlos zu teilen.

Ein Aufstand der ausländischen Arbeiter, wäre er denn realisierbar gewesen, hätte durchaus zu einer großen Erhebung führen können. Ende 1944 gab es mehr als 7,5 Millionen Zwangsarbeiter im sogenannten Altreich, und man weiß heute, dass ohne ihren Einsatz und ohne die Ausbeutung von Kriegsgefangenen und Häftlingen aus den Konzentrationslagern Deutschland den Krieg schon 1942 mangels Ressourcen hätte beenden müssen.[76] Die Europäische Union, die kein geringeres Ziel hatte, als sich an die Spitze der Erhebung zu stellen, um nach der Niederlage die politische Führung zu übernehmen, bestand bei ihrer Gründung jedoch nur aus vier Personen – Havemann, Richter, Rentsch und Groscurth –, die von ihren Frauen unterstützt wurden. Es bestand allerdings weiterhin Kontakt zu den verbliebenen Leuten um den Werkzeugmacher Robert Uhrig. Enno

Kind, den man für zu hitzköpfig hielt, um wirklich konspirative Arbeit leisten zu können, war über die Europäische Union nicht informiert worden.[77] Es stellte sich jedoch heraus, dass auch die anderen zu leichtfertig agierten.

Durch Zufall fiel der Gestapo der Name eines alten Bekannten in die Hände: Paul Hatschek, der 1942 schon einmal verhaftet worden war. Er war einer der Verbindungsleute Havemanns zur Gruppe um Robert Uhrig gewesen. Die Komintern hatte nach dem deutschen Überfall auf die Sowjetunion begonnen, deutsche Politemigranten in Moskau als Fallschirmspringer auszubilden, nicht selten ehemalige Spanienkämpfer, die dann in Deutschland als Agenten tätig werden sollten. Im April 1943 setzte man zwei von ihnen ab, einer trug den Decknamen «Klein». Es war ein eher aussichtsloses Unternehmen, und auch «Klein» und sein Kollege wurden verhaftet. Bei ihnen fand die Gestapo einen Zettel mit Paul Hatscheks Namen. Ein Gestapobeamter übernahm den Decknamen «Klein» und meldete sich bei Hatschek, der zunächst abwehrend reagierte. Aber schließlich kam es doch, nach Rücksprache mit Havemann, zu einer konspirativen Begegnung. Die Europäische Union versprach sich davon geheimdienstliche Kontakte. Der falsche «Klein» verlangte einen Bericht, der ihm von Havemann am 31. Juli 1943 geliefert wurde. Es ging um die Folgen des Bombenkriegs, die Zerstörung der Städte, den Zustand der Bevölkerung. Hier zeigte sich dem Gestapoagenten, wie gut die Gruppe informiert war und welche Gefahr sie für den diktatorischen Staat darstellte, der ängstlich darum bemüht war, die Wahrheit vor seinen Bürgern zu verbergen.

Im September griff die Gestapo zu. Da sie Paul Hatschek bereits kannte, wurde er am 3. September 1943 als Erster verhaftet. Er hatte kurz zuvor beschlossen, die Untergrundarbeit aufzugeben, weil er meinte, dem Druck nicht länger standhalten zu können. Hatschek wurde sofort verhört und gab zahlreiche Namen preis. Er wurde von dem als besonders brutal und rücksichtslos geltenden Walter Habecker vernommen, der etwa zur gleichen Zeit die Befragungen im Zusammenhang mit der Roten Kapelle durchführte. Man sollte Hatschek heute jedoch nicht vorwerfen, unter der Folter nicht geschwiegen zu haben. Das wäre unangemessen und ungerecht.[78]

Die vier Männer des Zentralkomitees der Europäischen Union wurden festgenommen. Auch Leute der ehemaligen Uhrig-Gruppe, der Chemiker Zadkiewicz sowie Ukrainer und Franzosen, die mit ihm zusammengearbeitet hatten, und der Personenkreis, der Juden geholfen hatte, darunter Margarete Rentsch, Anneliese Groscurth und Maria Richter, wurden verhaftet. Antje Havemann war zu diesem Zeitpunkt bei Freunden im hessischen Nidda und entging dadurch der Verhaftung. Durch einen Telefonanruf erfuhr sie von den Festnahmen: «Robert ist im Sanatorium.»[79]

«Meine Seele hat Hunger»: Inge und Sophie Scholl

Vieles deutet darauf hin, dass sich die Scholl-Kinder im Laufe des Jahres 1939 entschieden vom Nationalsozialismus abwandten. So entfuhr Sophie Scholl in einem Brief an ihre Schwester Elisabeth ein Stoßseufzer in Bezug auf die Schule. Sie sei so froh, bald damit fertig zu sein, denn es «kommt mir vor, als müsste ich dort durch ein kleines viereckiges Fenster mit braunen Scheiben sehen».[80] Nach dem Schulabschluss wollte sie eine Ausbildung zur Kindergärtnerin machen in der Hoffnung, damit dem Reichsarbeitsdienst zu entkommen. Inge war dies gelungen. Sie hatte den Sommer 1938 als Haustochter in Lesum bei Bremen verbracht. Dort wohnte ein Freund von Robert Scholl mit seiner Familie, und Inge konnte sich im Haushalt und bei der Kindererziehung nützlich machen. Ende des Jahres kehrte sie nach Ulm zurück und wohnte wieder zu Hause. Das war seit Juni 1939 die große und schöne Wohnung am Münsterplatz, in der sich die zwei Schwestern ein Zimmer teilten. Während Inge im Steuerbüro ihres Vaters arbeitete, bereitete Sophie sich auf ihr Abitur vor. Sie tat aber nur so viel, wie unbedingt nötig war. Ansonsten schien sie der Devise zu folgen, die sie auch an ihre Freundin Lisa ausgegeben hatte: «Lass Dirs ruhig immer gut gehen, dann wirst Du ein glücklicher Mensch.»[81] Lina Scholl ließ ihre Mädchen zwar kräftig im Haushalt mitarbeiten, aber es blieb immer noch genügend Zeit, um nachmittags schwimmen zu gehen, eine von Sophies Lieblingsbeschäftigungen. Auch sonst verbrachte sie viel Zeit in der Natur, ging gern allein spazieren oder wanderte mit Freunden.

Auf einer Bergtour bot Hanspeter Nägele Sophie an, seine Übersetzung des englischen Kinderbuches *Peter Pan* zu illustrieren. Dieses Angebot nahm sie gerne an. Doch konnte diese mit Bleistiftzeichnungen illustrierte Übersetzung zunächst nicht erscheinen. Erst im Jahr 1989 brachte der Verlag Matthes und Seitz das Buch heraus.[82] Zeichnen war nach wie vor eines von Sophies Lieblingshobbys, sie besuchte sogar einen Aktzeichenkurs. Sie interessierte sich für Kunst, sammelte wie Cato Bontjes van Beek Kunstpostkarten – auch von Künstlern, die im NS-Staat als nicht opportun galten – und besuchte in München die Ausstellung «Entartete Kunst».

Die Sommerferien 1939 verbrachte Sophie mit ihrem Freund Fritz Hartnagel, den sie seit fast zwei Jahren kannte, in Worpswede, das sie bereits 1938 mit Inge besucht hatte. Sie begeisterte sich für die Bilder von Paula Modersohn-Becker, der ersten Frau von Catos Onkel Otto. Aber nach Fischerhude, wo auch Otto Modersohn lebte, sind die Scholls nicht gekommen.

Sophie hatte Fritz Hartnagel beim Tanzen kennengelernt. Sie traf sich häufig mit Freunden zum Tanzen und Feiern, manchmal bis in den Morgen hinein. Es wurde geraucht, und es gab «ziemlich zu trinken».[83] Autofahren machte ihr ebenfalls viel Spaß. Sophie durfte den Wagen von Fritz' Vater lenken, ein elegantes Gefährt der Marke «Wanderer», mit dem die beiden Ausflüge machten. Da Fritz Hartnagel die Laufbahn zum Berufsoffizier eingeschlagen hatte, war er schon seit 1939 nicht mehr in Ulm. Die Eltern Scholl hatten nichts dagegen, dass sich das Paar immer wieder zu kleinen Wochenendreisen traf.

Auch Inge Scholl hatte seit Oktober 1938 einen Freund, Ernst Reden. Er war ein Bekannter ihres Bruders Hans und gerade dabei, sich als Dichter einen Namen zu machen. Inge hatte allerdings nicht so viel Zeit wie ihre jüngere Schwester, sich ihren Interessen zu widmen. Sie war beim Vater fest angestellt und musste den ganzen Tag arbeiten. Manchmal wird es ihr schwergefallen sein, nicht dieselben Freiheiten zu besitzen wie ihre Geschwister, aber sie klagte nicht. Sie hatte die Rolle, die ihr zugedacht war, angenommen. Inge war die

Sophie Scholl malend an der Iller, 1938

Älteste, Vorbild und für alle verantwortlich – ihr Leben lang. Dies scheint auch von den anderen gern und bequemerweise akzeptiert worden zu sein. Als Hans Scholl 1939 einen Skiurlaub anregte, verteilte er von Tübingen aus, wo er als Voraussetzung für die Zulassung zum Medizinstudium in einem Reservelazarett arbeitete, kleine Aufgaben an Werner und Sophie und schloss mit der Bemerkung: «Das andere wird Inge schon regeln.»[84]

Im März 1940 machte Sophie ihr Abitur. Nach einem kurzen Urlaub mit Fritz begann sie im April die Ausbildung zur Kindergärtnerin im Fröbel-Seminar, das auch ihre Schwester Elisabeth schon absolviert hatte. Dadurch wusste die Familie, dass dort zwar nach außen hin nationalsozialistische Standards galten, Fröbel'sche Grundsätze aber davon nicht verdrängt worden waren. Friedrich Fröbel war der Erfinder des «Kindergartens», wo im Gegensatz zu den bis zu Fröbel existierenden «Kinderbewahranstalten» die altersgerechte Erziehung von Vorschulkindern praktiziert wurde. Fröbel vertrat die Ansicht, dass Kinder sich die Welt buchstäblich spielend am leichtesten erschließen können; das Spiel sei der Weg, sich selbst und die Welt zu erfahren. Mit extra entwickeltem Spielzeug, zum Beispiel Bauklötzen, sollten die Neugier geweckt, die

Konzentration gefördert und die Phantasie angeregt werden. Der junge Mensch sollte zum Individuum erzogen werden – eine Maxime, die nicht mit nationalsozialistischen Ideen konform ging.

Der Reichsarbeitsdienst blieb Sophie Scholl trotz dieser Ausbildung nicht erspart. Nach einem Jahr Ausbildung schloss sich im April 1941 nahtlos der Arbeitsdienst im Schloss Krauchenwies nördlich von Sigmaringen an. Abgesehen davon, dass es dort keine Heizung gab, dafür aber sehr viele Mäuse, war Sophie zum ersten Mal für einen längeren Zeitraum fern von zu Hause und befand sich in einer Gesellschaft, in der sie sich nicht wohlfühlte. Hier herrschte ein paramilitärisches Gepräge, der Tag begann mit Frühsport, und selbst in der knapp bemessenen Freizeit mussten Uniformen getragen werden. Zwei Monate lang gab es eine Art «Grundausbildung», immer begleitet von weltanschaulicher Schulung, in der den jungen Frauen ihre Rolle in der Volksgemeinschaft vor Augen geführt wurde: die der Hausfrau und Mutter. Die Arbeit war «geisttötend»,[85] die ständige Gemeinschaft, der kaum je zu entfliehen war, für Sophie in höchstem Maße anstrengend. Sie wollte sich nicht, wie die meisten anderen, arrangieren. Viele Mädchen übersahen den ideologischen Einfluss und genossen es, zum ersten Mal allein von zu Hause wegzukommen. Sophie wollte nicht dazugehören und machte daraus kein Hehl, weshalb sie als hochmütig galt und verspottet wurde, wenn sie abends unter der Bettdecke Bücher las, die auf dem nationalsozialistischen Index standen.

Die innere Auseinandersetzung mit dem Nationalsozialismus war vorbei, sie lehnte ihn ab und wollte sich jetzt nicht länger für seine Ziele, die nicht die ihren waren, einspannen lassen. Fühlte sie sich als Verführte? Das bleibt unklar. Im Geschwisterkreis ist nie wieder über diese Zeit in der Hitlerjugend gesprochen worden, sei es, weil sie abgeschlossen war und hinter ihnen lag, sei es, weil sie ein Tabuthema war, an das die Scholls nicht rühren wollten.[86] Klar ist, dass Sophie eine gewisse Leere verspürte: «meine Seele hat Hunger», heißt es in ihrem Tagebuch.[87]

Sophie, Inge, Hans, Werner und Elisabeth Scholl standen allein in einer feindlichen Umwelt, die ihnen keine Orientierung mehr bot. Das Christentum rückte verstärkt in ihr Blickfeld, nicht jedoch die

Inge Scholl mit ihrem Vater in dessen Steuerbüro, 1940

pietistische Frömmigkeit der Mutter. Zwar war Lina Scholls Protestantismus in seiner tätigen Nächstenliebe überzeugend, aber mussten nicht «wahre» evangelische Christen an jenem Teil ihrer Kirche Anstoß nehmen, der sich als «Deutsche Christen» dem Nationalsozialismus an den Hals warf? Es war vielmehr der reformorientierte Katholizismus eines Otl Aicher, der die Geschwister faszinierte. Otl, der eigentlich Otto hieß, war ein Klassenkamerad des jüngsten Scholl-Sohns Werner. Er verkörperte eine Authentizität, die erkennbar auf seinem katholischen Glauben fußte, der im Werk des Kirchenvaters Augustinus und in der katholischen Erneuerungsbewegung wurzelte.[88] Diese ging von Frankreich aus, wo Intellektuelle wie die Schriftsteller Georges Bernanos oder Paul Claudel und der Philosoph Jacques Maritain über das geschriebene Wort in die Gesellschaft hineinwirken wollten, um den katholischen Glauben dahingehend zu reformieren, dass er sich Problemen der Gegenwart öffne. Ihre deutsche Entsprechung fanden die französischen Autoren in Literaten wie Werner Bergengruen, Reinhold Schneider, Gertrud von le Fort, Elisabeth Langgässer. Besondere Bedeutung aber erlangten für die jungen Leute der Journalist Carl Muth, seit 1903 Herausgeber der kritischen Zeitschrift *Hochland*, die von den Nazis verboten worden war, und der Schriftsteller Theodor Haecker, der 1921 zum Katholizismus konvertiert war. Beide lebten in München. Otl Aicher nahm Kontakt zu ihnen auf, korrespondierte mit ihnen und konnte im August 1941 die Scholls bei ihnen einführen. Der Einfluss der katholischen Erneuerung auf die Weiße Rose war enorm.[89] Die Lektüre und der intensive Dialog mit Muth und Haecker, der jetzt einsetzte, fielen in den «hungrigen Seelen» der Scholls auf fruchtbaren Boden.

Als die jungen Männer 1941 an die Front abkommandiert wurden, hatte Otl Aicher die Idee, eine gemeinsame Zeitschrift zu gründen, um die in alle Winde verstreuten Freunde beieinander zu halten. Sie sollten diese mit Aufsätzen, Gedichten, Zeichnungen, Rezensionen oder auch Witzen selbst gestalten. Dieses *Windlicht* sollte als Rundbrief an alle gehen, so dass sie ihren geistigen Austausch, der in Ulm begonnen hatte, auf diesem Wege fortsetzen konnten. Im Rückblick wird die Runde, zu der weitere Ulmer Freunde gehörten, als Scholl-Kreis bezeichnet, doch ihr Spiritus rector war Otl Aicher.[90]

Sophie empfahl ihrer Freundin Lisa Remppis nicht nur, es sich gutgehen zu lassen, sondern fügte auch hinzu: «Man sollte nie aufhören, an sich selbst zu arbeiten.»[91] Diese Devise verfolgte sie mit aller Strenge gegen sich selbst und verlangte auch von Fritz, sich danach zu richten.[92] Der Freund erhielt programmatische Briefe, in denen sie sich gegen den Krieg aussprach. Sie fragte ihn bereits am 5. September 1939 nach dem Sinn des Blutvergießens. «Sag nicht, es ist für's Vaterland.»[93] Der Offizier, der in einem Brief von 1938 anlässlich einer bevorstehenden Rekrutenausbildung erklärt hatte, er sei «wieder mal restlos begeistert» von seinem Soldatenberuf, geriet ins Grübeln.[94]

Ein anderes Thema trieb Sophie Scholl aber noch mehr um, sie wollte ihre Beziehung neu definieren. Klarheit, nicht nur in dieser Hinsicht, war für sie zur Handlungsmaxime geworden. So hatte sie schon im Sommer 1938 an Fritz Hartnagel geschrieben: «Ich will mir mal einen Ruck geben. … Ich schreibe Dir das, weil ich es nicht ertragen könnte, irgendwie unwahr zu Dir zu sein. … In dem Verhältnis,

Sophie Scholl 1941 beim Reichsarbeitsdienst in Krauchenwies, Landkreis Sigmaringen. Sie wurde auf einem Bauernhof, als Haushaltshilfe und in einem Kindergarten eingesetzt.

in dem ich zu Dir stehe, kann ich nicht weiter bleiben. ... Ich bin einfach noch zu jung, lach bitte nicht, es ist so, es drückt mich zusammen.»[95] Sie hatte das Gefühl, sie sei nicht unabhängig von Fritz, «was ich ja sein sollte und sein möchte, denn es wäre für uns beide doch befreiender».[96] Sie will sich nicht aufgeben für ihn,[97] möchte selbständig sein und reagiert empört, als Fritz ihr bescheinigt, sie habe als Mädchen «instinktiv richtig gehandelt. ... damit sprichst Du mir ja, vielleicht ungewollt, jede Selbständigkeit ab. Instinktiv ist ein sehr unbestimmtes Wort. Es wird sowohl bei Tieren wie bei Menschen (besonders bei Frauen) angewandt, wenn man sichs mit dem Verstand nicht mehr recht erklären kann. – Und daran zweifelst Du doch nicht, dass ich mein Hirn auch manchmal zum Denken gebrauche.»[98]

Inspiriert durch ihre Augustinus-Lektüre, forderte Sophie überdies von Fritz den Verzicht auf körperliche Liebe: «Denn die Fäden der Beziehung laufen nicht mehr zwischen Dir und mir, sondern zwischen uns und etwas höherem. Und dieser Zusammenhang ist doch der bessere.»[99] Sie zeigte sich fest entschlossen, standhaft zu bleiben, was Lisa Remppis nach einem Besuch in Ulm zu der Bemerkung veranlasste: «Du warst übrigens wahnsinnig blöd zu Fritz.»[100] Der Herausgeforderte hingegen, inzwischen geschult durch jahrelange Lektüreempfehlungen Sophies, schrieb, sie könnten versuchen, «dem Geschlechtlichen einen Sinn zu geben». Sie sollten es «in Demut als ein Geschenk Gottes empfangen, und selbst geben in Liebe zu dem andern». Er könne nicht glauben, «dass dies Schwäche sein soll, die Sehnsucht nach der Liebe eines anderen».[101] Er hatte ihr allerdings schon im Februar 1939, als Antwort auf den Brief, in dem sie ihre Unabhängigkeit einforderte, geschrieben: «Was ich von Dir haben möchte? Nichts, Sofie, gar nichts – nur, was Du mir schenken magst und kannst.»[102] Man darf annehmen, dass diese Aussage auch noch zwei Jahre später in jeder Hinsicht gültig war.

Sophie Scholl konnte ihre hohen Ansprüche an sich selbst und andere auf Dauer nicht aufrechterhalten, denn sie war im Herbst 1941 am Ende ihrer Kräfte, obwohl sich der Reichsarbeitsdienst etwas erträglicher gestaltete, nachdem sie dort im Außendienst tätig sein konnte. In Krauchenwies führte sie einer Familie Krall den Haushalt und kümmerte sich um den Säugling, solange beide Eltern arbeiteten, der Mann in einer Munitionsfabrik. In Gisela Schertling, einer jungen Frau im Arbeitsdienst, die später in München Hans Scholls Freundin werden sollte, traf sie eine Gleichgesinnte. Die zwei jungen Frauen erholten sich, indem sie in der katholischen Kirche Orgel spielten und dort auch hin und wieder die Messe besuchten.

Aber dann stellte sich heraus, dass der Oktober nicht das ersehnte Ende des verhassten Arbeitsdienstes brachte, sondern dass Sophie ein weiteres halbes Jahr Kriegshilfsdienst abzuleisten hatte. Von November 1941 bis März 1942 war sie in Blumberg untergebracht, nahe der Schweizer Grenze, von wo aus sie jeden Tag nach Donaueschingen bis nach Fürstenberg fuhr. Dort leitete sie eigenständig einen Kindergarten, den sie am Abend auch selbst putzen musste. Ihrer Schwester Inge, die sie Anfang Oktober besuchte, berichtete Sophie, in der letzten Woche seien ihr «beim geringsten Anlass die Tränen gekommen».[103] Sie war erschöpft. Im Oktober 1939 hatte sie einmal an Fritz geschrieben: «Sobald jemand Ansprüche stellt, werde ich, glaube ich, sehr empfindlich.»[104] Jetzt wurden von allen Seiten Ansprüche an sie gestellt. Drückend war die Last, für einen Staat arbeiten zu müssen, den sie ablehnte. Aber auch von Seiten der Familie und Freunde wurden Erwartungen an sie herangetragen, die sie erfüllen musste und wollte – die Briefe, das *Windlicht* –, was sie bisweilen als Einengung empfand. Sie spürte Inges Verantwortungsgefühl für sie und wusste, dass sie ihre wohlmeinende Schwester nicht enttäuschen durfte, denn Inge reagierte «mit einem Aufwand an Gefühlen auf alles» – eine «schwärmerische» Haltung,[105] die der eher verstandesorientierten Sophie in diesem Ausmaß fremd war.

Die Weiße Rose: Mut und Übermut

Im Mai 1942 konnte Sophie Scholl endlich mit ihrem Studium beginnen. Sie schrieb sich an der Münchner Universität für Biologie und Philosophie ein. Am 26. Juni 1942 tauchte in München das erste Flugblatt der Weißen Rose auf.[106] In ihrem Verhör mehr als ein halbes Jahr später bestritt Sophie heftig, damit etwas zu tun zu haben. Barbara Beuys, die Biographin von Sophie Scholl, hat jedoch Hinweise darauf gefunden, dass sie sehr wohl schon etwas mit dem ersten Flugblatt zu tun hatte. Fritz Hartnagel erinnerte sich kurz nach dem Krieg daran, was er jahrelang vergessen und verdrängt hatte, dass seine Freundin ihn im Mai 1942 darum gebeten hatte, einen Bezugsschein für einen Vervielfältigungsapparat mit einem Wehrmachtsstempel zu versehen. Sie habe ihm auch erläutert, wofür sie den Apparat brauchte. Er reagierte entsetzt, das könne sie den Kopf kosten. Das sei ihr klar, entgegnete sie und gab ihm den Bezugsschein, den er aber dann, zurück bei der Wehrmacht, nicht stempeln konnte (oder wollte). Dies teilte er ihr in einem Brief vom August 1942 mit, als in München bereits das vierte Flugblatt der Weißen Rose kursierte.

Sophie Scholl wusste, woher sie stammten und wer ihre Autoren waren. Es kann heute als gesichert gelten, dass diese ersten vier Flugblätter von Hans Scholl und Alexander Schmorell, einem Freund, den er in München kennengelernt hatte, geschrieben wurden. Die Sommerflugblätter wurden in einer Auflage von jeweils rund hundert Exemplaren an Freunde und Bekannte sowie an Fremde, deren Adressen man dem Münchner Telefonbuch entnommen hatte, verschickt.[107] Inwieweit Sophie an dieser Arbeit tatsächlich beteiligt war, kann nicht mehr geklärt werden, so dass ihre Aussage im Verhörprotokoll im Wortsinn der Wahrheit entsprochen haben mag: «Ich muss ganz entschieden bestreiten, sowohl mit der Abfassung, der Herstellung oder Verbreitung dieser Schrift auch nur das Geringste zu tun zu haben.»[108]

Auf jeden Fall war Sophie Scholl im Frühjahr 1942 zum Handeln entschlossen. Verschiedene Dinge mögen zusammengekommen sein, die in ihr den Entschluss reifen ließen, sich gegen ein Gemeinwesen zu wehren, in dem sie und andere zu leben gezwungen waren, das sie beengte, bedrängte und bedrohte. Ein Jahr ihres Lebens hatte sie ungefragt hergeben müssen, um in den Pflichtdiensten Dinge zu tun, «die es nicht wert waren, dass man den kleinen Finger ihretwegen krümmt».[109] Die ersehnte Beendigung des Krieges war für Sophie, wie für viele andere Widerstandskämpfer, ein weiterer wichtiger Grund, aktiv zu werden. Die Scholls wussten allerdings auch von der Ermordung der Juden. Vater Scholl war durch einen Freund darüber informiert worden. Der befreundete Architekt Manfred Eickemeyer hatte außerdem Hans Scholl davon erzählt. Eickemeyer arbeitete häufig im Generalgouvernement, also im besetzten Polen, und war deshalb gut über die Vorgänge dort informiert. Sophie war klar, dass das Morden nur dann ein Ende finden werde, wenn man den Versuch unternahm, «die heutige Staatsform zu beseitigen».[110]

Die jungen Soldaten im engeren Kreis der Weißen Rose – neben Alexander Schmorell gehörten die Medizinstudenten Christoph Probst und Willi Graf dazu – wurden während ihres Einsatzes an der

Sophie Scholl und Christoph Probst (rechts) verabschieden 1942 Hans Scholl, der mit seiner Münchner Studentenkompanie an die Ostfront abkommandiert wurde.

Ostfront von Ende Juli bis Anfang November 1942 Zeugen von Gräueltaten an der Zivilbevölkerung. Solche Erlebnisse bestärkten sie in ihrem Entschluss zum Widerstand.[III] Sophie, die in den Sommersemesterferien 1942 erneut Kriegshilfsdienst leisten musste, diesmal in einer Schraubenfabrik in Ulm, war unterdessen nicht untätig gewesen. Zu Hause in Ulm hatte sie die Gelegenheit, Hans Hirzel, den Bruder ihrer Freundin Susanne, rundheraus zu fragen, ob er bereit sei, einen Vervielfältigungsapparat zu kaufen, mit dem man Flugblätter abziehen könne. Er sagte zu.

Im Februar 1942 wurde Sophies Vater plötzlich zu einer Vernehmung abgeholt. Robert Scholl war von einer seiner Mitarbeiterinnen denunziert worden, der gegenüber er geäußert hatte, Hitler sei eine Geißel Gottes. Im August kam es zu einem Verfahren, und man verurteilte ihn zu vier Monaten Haft. In dieser Zeit spazierte Sophie an den Abenden oft mit ihrer Mutter zum Gefängnis, um dort für ihren Vater die *Frankfurter Zeitung* abzugeben. Nach Ablauf der Strafe durfte er seinen Beruf nicht länger ausüben. Inge hielt, so gut es ging, den Betrieb aufrecht und wurde von dem Freund der Familie,

Eugen Grimminger, unterstützt. Er war ein Arbeitskollege Robert Scholls aus dessen Zeit in Ingersheim. Da er mit einer Jüdin verheiratet war, war er aus dem öffentlichen Dienst entlassen worden und, wie Scholl, freiberuflich tätig. Er war es auch, der die Widerstandsgruppe finanziell unterstützte. Nach der Rückkehr der jungen Soldaten aus Russland begannen die Vorbereitungen für das fünfte Flugblatt, diesmal im großen Stil, weit über München hinaus, und das war teuer. Dieses Flugblatt fand die weiteste Verbreitung: zehn- bis zwölftausend Exemplare wurden hergestellt, sie konnten damals noch nicht durch den Kopierer gejagt werden, die Vervielfältigung bedeutete Handarbeit.[112] Den Nazis sollte der Eindruck vermittelt werden, es handele es sich um eine weitverzweigte, reichsweit agierende Gruppe von Widerstandskämpfern. Papier, Briefumschläge und Briefmarken mussten immer in kleinen Mengen an unterschiedlichen Orten gekauft werden, um nicht aufzufallen. Im Deutschen Museum, dem Technikmuseum in München, lagen die Telefonbücher des Reiches aus. Alexander Schmorell und die Scholls schrieben wahllos Adressen der Städte Augsburg, Frankfurt, Salzburg, Linz und Wien ab, die dann vierzehn Tage lang in der Wohnung von Hans und Sophie mit der Schreibmaschine auf die Umschläge übertragen werden mussten.

Sophie Scholl war die Erste, die am 25. Januar 1943 mit einem Koffer voller Flugblätter von München über Augsburg nach Ulm fuhr, eine lebensgefährliche Mission. In Augsburg warf sie Briefumschläge ein. In Ulm übergab sie Flugblätter an Hans Hirzel und war abends wieder in München. Hans Hirzel teilte zusammen mit dem Freund Franz Müller das hochverräterische Material in Ulm aus, seine Schwester wenig später in Stuttgart. Eine Freundin und Kommilitonin, Traute Lafrenz, hatte schon im November 1942 die weite Strecke von München nach Hamburg mit Flugblättern im Gepäck unternommen. Am 26. Januar fuhr Alexander Schmorell in einige österreichische Städte, Teile des großdeutschen Reiches, um Flugblätter zu verteilen. In der Nacht vom 28. auf den 29. Januar legten Hans Scholl, Alexander Schmorell und Willi Graf die Schriften der Weißen Rose in Hauseingängen, Hinterhöfen und an anderen Orten aus. Möglicherweise waren ihnen die Briefmarken ausgegangen. Die Flugblätter sollten möglichst schnell möglichst viele Menschen erreichen.

Zu dieser Eile trug bei, dass es am 13. Januar 1943 zu einer bemerkenswerten Unruhe unter den Münchner Studenten gekommen war. Der Gauleiter Paul Giesler hatte im Rahmen eines Universitätsjubiläums gesprochen und sich über die anwesenden Studentinnen mokiert, denen er empfahl, lieber ihre Pflicht für Führer und Vaterland zu tun, statt zu studieren: Sie sollten doch bald ihr Glück «in Gestalt eines Mannes mit Kraft und Saft finden».[113] Viele Studentinnen verließen daraufhin unter Protest den Saal, einige von ihnen wurden verhaftet, ihre Kommilitonen verlangten ihre Freilassung und lehnten sich damit gegen die Staatsmacht auf, nahmen die Beleidigung und das Unrecht nicht wort- und tatenlos hin. Ein Strohfeuer oder ein Hoffnungsschimmer? Auf jeden Fall wollten die Mitglieder der Weißen Rose die oppositionelle Stimmung unter den Studenten nutzen. Eine Woche später malten die jungen Männer der Weißen Rose die Parolen «Nieder mit Hitler» und «Freiheit» an Münchner Hauswände.

Die Anstrengung, die Gefahr und die Anspannung, die Fassade gegenüber jenen aufrechtzuerhalten, die nicht an den Aktionen beteiligt waren – darunter Inge, Otl, die Eltern –, außerdem die Sorge um Fritz, der in Stalingrad eingekesselt war – dies alles muss Sophie sehr erschöpft haben. Sie verglich sich mit einem «Versinkenden», hatte Angst, war traurig und fühlte sich außerhalb der Widerstandsaktivitäten antriebslos.[114] Und doch wehrte sie sich gegen das «Versinken». An ihre Freundin Lisa schrieb sie, es scheine ihr, als ob ihre Zeitgenossen es verstünden, den Gesang der Natur zum Lobe Gottes «zu überbrüllen mit Kanonendonner und Flüchen und Lästern. Doch dies ist mir im letzten Frühling aufgegangen, er kann es nicht, und ich will versuchen, mich auf die Seite der Sieger zu schlagen.»[115]

Das sechste Flugblatt der Weißen Rose wurde ab dem 15. Februar 1943 verschickt. Es stammte von dem Philosophieprofessor Kurt Huber, der in seiner Vorlesung kaum verhohlen seine Abneigung gegenüber dem Nationalsozialismus zum Ausdruck gebracht hatte. Es gelang der Gruppe, von diesem Flugblatt 3000 Exemplare herzustellen. Was genau geschah, ist nicht endgültig zu klären. Barbara Beuys stellt eine plausible Version vor:[116] Hans Hirzel hatte unvorsichtigerweise zwei ihm bekannten Hitlerjungen von der Flugblattaktion erzählt, die sofort Anzeige erstatteten. Hirzel wurde vorgeladen und von der Gestapo vernommen, doch es gelang ihm, sich herauszureden. Er benachrichtigte gleich nach seiner Freilassung Inge Scholl, sie möge Hans ausrichten, das Buch *Machtstaat und Utopie* des Historikers Gerhard Ritter sei vergriffen.[117] Das war das Codewort für Gefahr im Verzug. Inge erreichte Hans nicht, rief deshalb Otl an, der sich gerade bei Carl Muth aufhielt. Otl Aicher der im Gegensatz zu Inge über die Widerstandsaktivitäten informiert war, wenn auch nicht im Detail, rief Hans an, den er erst spät am Abend sprechen konnte.

Falls dies so geschehen ist und Otl Aicher tatsächlich das verabredete Codewort weitergegeben hat, dann könnte die drohende Gefahr die Geschwister Hans und Sophie Scholl dazu veranlasst haben, am nächsten Tag, dem 18. Februar 1943, die restlichen noch in ihrer Wohnung befindlichen Flugblätter in der Universität auszulegen. Es gelang ihnen, vor dem Ende der Vorlesungen um 11 Uhr, Flugblätter auf Treppen und Fluren zu verteilen. Sie hatten das Universitätsgebäude bereits wieder verlassen, als sie zurückeilten und den letzten Stoß Flugblätter auf der Balustrade ablegten – und dann? Sophie nannte es später im Verhör «Übermut und Dummheit», die sie veranlassten, dem Stapel einen Stoß zu versetzen, so dass Hunderte von Flugblättern in den Innenhof segelten, was einen Hausmeister aufmerksam machte, der die beiden festhielt und die Gestapo alarmierte.

«Dummheit» bzw. grobe Fahrlässigkeit sind den Geschwistern Scholl zu attestieren, die aber in dem Moment von einem «Übermut» erfasst worden sein mögen, als sie die letzten Flugblätter so spektakulär in den Lichthof der Universität warfen. Schon die nächtlichen Pinselaktionen waren sehr gefährlich gewesen, jedoch unentdeckt geblieben; tagsüber hochverräterisches Material zu verteilen war noch viel riskanter. Der Protest der Studenten wenige Wochen zuvor, der sie hoffen ließ, dass ihre Appelle auf offene Ohren trafen, gepaart mit der großen Sehnsucht, dass Gewalt und Unfreiheit endlich ein Ende haben mögen, dazu die feste Überzeugung, dass der Krieg bald vorbei sein werde, nach dem, was Fritz von der Front berichtete: Alles zusammen genommen mag einer gewissen Leichtfertigkeit Vorschub geleistet haben, weil ihnen ein Erfolg greifbarer schien, als er es tatsächlich war: eine Unbesonnenheit, die sie schließlich das Leben kostete.

Zunächst sah es nach der Verhaftung für Hans und Sophie Scholl gar nicht so schlecht aus. Die beiden konnten sich noch absprechen, machten die gleichen Aussagen, leugneten alles und wären fast schon wieder freigelassen worden. Doch die Gestapo durchsuchte ihre Wohnung in der Franz-Joseph-Straße und fand belastendes Material, das es den beiden unmöglich machte, bei ihrer bisherigen Version zu bleiben. Hans hatte außerdem einen Flugblattentwurf von Christoph Probst in seiner Jackentasche.[118] Sowohl Hans als auch Sophie nahmen alle Schuld auf sich, um die Freunde zu schützen. «Übermut und Dummheit» und die Sehnsucht nach einem anderen Leben hatten sie in diese Situation gebracht, aus der es nun kein Entrinnen mehr gab. Sie wollten keinen «Heldentod» sterben,[119] sie wollten sich nicht aus Idealismus opfern, wie man es ihnen in den 1960er Jahren vorwerfen sollte. Hans, Sophie und die anderen waren lebenslustige junge Menschen, die ihr Leben nicht wegwerfen wollten. Sophie Scholl war, trotz aller Angst und Anspannung, voller Ideen, wollte sich nicht unterkriegen lassen. Am 10. Februar 1943 hatte sie an Fritz Hartnagel geschrieben: «Und wenn ich bisher zu müde war zum Pläne machen, weil sie ja doch durch den Krieg alle zu Schanden wurden, so schießen sie jetzt empor wie Urwaldblumen nach einem langen warmen Regen, so bunt und ungeheuerlich.»[120] Aber jetzt, nach der Verhaftung, waren sie bereit, die Verantwortung zu übernehmen für das, was sie getan hatten. Der verhörende Beamte bot Sophie Scholl an, sie solle Reue zeigen, sich auf eine Rolle als verführtes Mädchen zurückziehen, dann könne sie ihr Leben retten. Sie lehnte ab.

Am 22. Februar 1943 fand der Prozess statt. Der Vorsitzende des Volksgerichtshofs Roland Freisler gab sich höchstpersönlich die Ehre und reiste extra aus Berlin an, um in München die Verhandlung zu führen – ein sicheres Indiz dafür, dass die Nationalsozialisten sich von der Sprengkraft der Flugblätter und einer Gruppe junger Studenten bedroht fühlten. Noch am ersten Tag der Verhandlung wurden nachmittags um 15 Uhr alle drei Angeklagten, Hans und Sophie Scholl sowie Christoph Probst, zum Tode verurteilt und hingerichtet.

Sophie Scholl starb um 17.06 Uhr unter dem Fallbeil. Die übrigen Angehörigen aus dem Kern der Weißen Rose, Alexander Schmorell, Willi Graf und Kurt Huber, wurden im Lauf des Jahres 1943 ermordet.

Den Eltern Robert und Lina Scholl war es gelungen, ihre inhaftierten Kinder noch einmal zu sehen und mit ihnen zu sprechen. Am 24. Februar durfte die Familie Sophie und Hans begraben, was den Angehörigen der Mitglieder später entdeckter Widerstandsgruppen nicht mehr erlaubt war; sie bekamen allenfalls noch die Rechnung für die Hinrichtung. Vier Tage später wurde die gesamte Familie in Sippenhaft genommen. Inge erkrankte an Diphtherie und verließ das Gefängnis schließlich derart geschwächt, dass sie für einige Monate im Rollstuhl gefahren werden musste.[121] Über das sechste Flugblatt wurde unterdessen in der *New York Times* berichtet,[122] es wurde in der BBC verlesen und von der Royal Air Force über ganz Deutschland abgeworfen.[123]

Entfremdung in Berlin: Rosemarie und Adolf Reichwein

Adolf Reichwein wurde am 16. Mai 1939 Leiter der neu eingerichteten Abteilung «Schule und Museum» im Museum für deutsche Volkskunde im Kronprinzessinnenpalais Unter den Linden. Er blieb auf diesem Posten auch während des Krieges, weil er wegen einer Verletzung aus dem Ersten Weltkrieg für wehruntauglich erklärt worden war.[124] Die Familie fand eine Wohnung in einem Neubau in Berlin-Südende mit einem großen Balkon, der weidlich genutzt wurde. Rosemarie erfreute sich an der Natur, war gern und viel draußen und notierte in ihrem Tagebuch, wann der Flieder anfing zu blühen, oder sie genoss und schrieb auf, wenn es ein besonders schöner milder oder sonniger Tag gewesen war.

In ihrem kleinen Tagebuch hielt sie, meist auf je einer Seite für einen Tag, fest, wie sie die Zeit verbracht hatte.[125] Dies gibt uns heute die Möglichkeit, den typischen Alltag einer Hausfrau während des Zweiten Weltkriegs nachzuvollziehen. Vier Tage vor dem deutschen Überfall auf Polen wurden Lebensmittelkarten eingeführt, die Haushaltsführung gestaltete sich zusehends schwieriger. Den 2. April 1942 bezeichnete Rosemarie als «Einkaufskampftag», den 4. April dann als einen «noch dollere[n] Einkaufskampftag – überall angestanden. Von 9–½ 3 unterwegs und meistens die Kathrin mit», die zu diesem Zeitpunkt dreieinhalb Jahre alt war. Das Haus war fast immer voller Besuch, Freunde, Verwandte und Spielkameraden der Kinder. Rosemarie stöhnte: «Diese Gästebedienung noch nebenher wird mir jetzt zu viel; jeden Tag seit Montag!», denn das Hausmädchen war krank. «Immer im Trab», heißt es am 12. September: «Dauernd im Dreh» am 2. Oktober; «Gerappelt zu tun» am 8. Oktober: «Morgs. eingekauft, gekocht. Nachms. wieder raus, dann Gardinen geplättet, nach d. Abendbrot Holundersaft und Tomatenmark i. Flaschen abgefüllt u. E.'s Hosen geplättet.» Und so geht es fort, oft bis in die Nacht hinein.

Adolf Reichwein half durchaus zu Hause, auch in der Küche, wenn er einmal da war.[126] Aber er war höchst selten da. «Meine Arbeit?» Er schildert sie in einem Brief an seine Eltern: «Ich fahre morgens um ½9 in die Stadt, bin um 9 Uhr im Prinzessinnenpalais und beginne meine wechselnde Arbeit; baue Ausstellungen für pädagogische Zwecke auf …, führe Lehrkörper und Schulklassen durch die Ausstellungen, in denen immer auch Handwerker (Töpfer und Schnitzer) zeigen, wie gearbeitet wird, mache fast täglich nachmittags von 5–7 Lehrgänge und Praktika für Lehrer, in denen Volkskunde getrieben oder praktisch gebastelt wird … Dazwischen laufen redaktionelle Arbeiten für Jugendschriften, die volkskundliche Gegenstände in die Schule tragen sollen, Arbeiten an Lichtbildreihen zur Volkskunst für die ‹Reichsanstalt für Film und Bild›, Versuche mit farbigen Bildern für die Schulen. Dazwischen immer Besuche von Referenten aus der Stadtverwaltung und dem Reichserziehungsministerium mit Aussprachen über die weiteren Arbeitsmöglichkeiten zwischen Museen und Schulen. Manchmal fahre ich zwischen 2 und 3 mal zum Essen nach Hause, um 8 Uhr abends bin ich dann wieder zurück. Es sind ausgefüllte Tage.»[127]

Das Ehepaar sah sich also höchst selten, lebte im Grunde in getrennten Sphären. Das führte zu Spannungen. «E. blieb sogar mal zu Haus», vermerkte Rosemarie bitter, als zu Weihnachten 1942 ihre

Eltern zu Besuch waren. Schon im Jahr zuvor war es immer wieder zu heftigen Auseinandersetzungen gekommen, so dass Mutter Pallat sich genötigt fühlte, mit einem Brief besänftigend einzugreifen. Adolf Reichwein hatte ihr geantwortet und zu erklären versucht, dass er aus seiner langen Junggesellenzeit herrührend sicher manchmal einen «Mangel an Einstellung, Rücksichtnahme, Feinfühligkeit und Nachgiebigkeit» habe erkennen lassen. Er habe sich jedoch bemüht, dies zu ändern, bisweilen sei aber Rosemarie nicht mehr aufnahmefähig für seine Bemühungen. «Wenn ich dann kühl, unzugänglich und schweigsam wurde – was ich gewiß nicht für das geringere Übel halte – wurde Romai scharf, aggressiv bis zu einem schwer erträglichen Grade.»[128] Annemarie Pallat hatte vermutlich Verständnis für die Beschreibungen ihres Schwiegersohnes, hatte sie doch selbst über ihre sechzehnjährige Tochter das strenge Urteil gefällt: «Sie war ja ein besonders hübsches und reizvolles Kind, und jeder hatte sie gern; aber liebenswürdig war sie nie.»[129]

Rosemarie Reichwein hatte etwas Unbedingtes, vielleicht sogar Unversöhnliches, das unter Stress, wie es der Kriegsalltag mit vier Kindern nun einmal war, in Aggressivität umschlagen konnte. Aber sie war auch streng gegen sich selbst. In einem Briefwechsel mit ihrer Mutter aus dem Jahr 1921, in dem sie ihre Ausbildung begann, skizzierte sie ihren eigenen Charakter. «Weißt Du, schlecht mache ich mich ja nicht direkt, ich hab doch soviel Selbstvertrauen, daß ich weiß, ich kann schon etwas leisten, wenn ich nur will, ich bin nur hart gegen mich. Ich weiß doch ganz genau, daß ich nicht hervorragendes leisten werde. Ich kann schon was u. habe Talent, ich werde auch allerhand fabrizieren, aber es wird nichts bedeutendes sein.»[130]

Adolf Reichwein wusste vom «ernsten, tiefen Streben» seiner Ehefrau «nach einem sich aufbauenden Leben», deshalb liebe er sie, so schloss er den Brief an seine Schwiegermutter, sie wisse, dass er Rosemarie «wegen ihres reinen und starken Charakters – so wie Goethe ihn begriff, als Persönlichkeit nämlich – aufs höchste achte».[131] Rosemarie Reichwein ihrerseits mag sich dennoch nicht als Persönlichkeit geachtet gefühlt haben. Sie, die tüchtige und verantwortungsbewusste Romai, die das Dorfleben in Tiefensee klaglos überstanden hatte, die ihrem Mann mit großem Einsatz den Rücken frei hielt für seine verschiedenen, alle sehr engagiert ausgeführten Projekte, erntete vielleicht nicht die Anerkennung, die sie suchte und zweifellos verdient hatte? Kränkte dies ihr mäßiges Selbstbewusstsein, das nach außen größer schien, als es tatsächlich war? Sicher ist, dass sie sich mit der Kindererziehung alleingelassen fühlte, das belegen Äußerungen in den Tagebüchern. Mit einem stets abwesenden Ehemann war ohnehin das Ideal einer partnerschaftlichen Ehe, wie sie ihre Eltern so vorbildlich führten, nicht zu verwirklichen. Doch eine noch größere Enttäuschung muss es für sie gewesen sein, dass ihr Mann sie an einem ganz wichtigen Teil seines Lebens nicht teilhaben ließ, an seiner Widerstandsarbeit.

Rosemarie und Adolf Reichwein gaben ihre Ehe jedoch nicht verloren, sondern wollten an Verbesserungen arbeiten, die auch darin bestehen konnten, dass man sich gegenseitig gewisse Freiräume gönnte. Adolf Reichwein fuhr allein zum Skifahren ins Riesengebirge, Rosemarie und die Kinder verbrachten im Sommer lange Wochen auf Hiddensee in dem kleinen Häuschen, das ihre Mutter sich dort 1929 gekauft hatte. Sowohl beim Skifahren als auch in der Sommerfrische gab es aber auch gemeinsame Phasen. Familie Reichwein besuchte Jan und Rahel-Maria Bontjes van Beek, die in Schreiberhau ein Haus hatten, denn Jan Bontjes van Beeks zweite Frau war eine geborene Weisbach, die Tochter einer engen Freundin von Annemarie Pallat.

Im Sommer 1943 war Rosemarie Reichwein mit den Kindern wieder auf Hiddensee. Adolf Reichwein war auf einer Vortragsreise gewesen, als ihn in Berlin gerade noch rechtzeitig die Nachricht vom Tod seiner Mutter erreichte. Er reiste sofort in sein hessisches Heimatdorf Rosbach zur Beerdigung. Als er nach Berlin zurückkam, fand er das Wohnhaus in Trümmern. Bei einem großen Luftangriff in der Nacht vom 23. auf den 24. August war die Reichwein'sche Wohnung völlig zerstört worden, mit ihr die etwa dreitausendbändige Bibliothek. Übrig geblieben waren nur ein Waschzuber und zwei Rodelschlitten. Helmuth James von Moltke schrieb an seine Frau Freya in Kreisau: «Habe ich Dir eigentlich berichtet, daß Reichweins Haus ‹atomisiert› sein soll. Es soll einfach nichts davon übrig sein.»[132]

«Federnd und nicht zu zerbrechen, diese Frau»: Annedore Leber

Während die Reichweins in Berlin sich langsam innerlich voneinander entfernten, hatten Annedore Leber und ihre Familie Ende der dreißiger Jahre eine relativ ruhige gemeinsame Zeit vor sich, so schien es zumindest. Vier Jahre hatte Julius Leber in nationalsozialistischen Gefängnissen und Konzentrationslagern verbracht. Seit Mai 1937 wieder frei, musste er seinen Alltag ganz neu strukturieren, denn es war ihm verboten, weiter als Journalist zu arbeiten. Dass er sich nicht länger politisch betätigen durfte, verstand sich von selbst. Wo hätte er aktiv werden sollen in einem Staat ohne Parlament und ohne Parteien? Im Untergrund. Schon nach wenigen Monaten nahm er Kontakt zu seinen ehemaligen sozialdemokratischen Genossen auf: zu Ernst von Harnack, Vetter von Arvid Harnack und bis 1933 Regierungspräsident von Merseburg, zu Gustav Dahrendorf, Kaufmann und einer der jüngsten SPD-Abgeordneten im Weimarer Reichstag, zu Wilhelm Leuschner, Gewerkschafter und von 1928 bis 1933 Innenminister des Landes Hessen, und zu dessen persönlichem Referenten, dem Juristen Ludwig Schwamb. Sie alle waren in der gleichen Lage. Alle waren verhaftet gewesen, ihrem Wirkungskreis entrissen worden und mussten in fremden Brotberufen ihr Auskommen suchen – und sie waren sich einig, dass sie alles in ihrer Macht Stehende tun wollten, dem Nationalsozialismus entgegenzutreten, zunächst noch ohne konkrete Pläne und Ziele. Über Dahrendorf fand man schließlich für Leber eine Beschäftigung. Am 1. Juni 1939 wurde er Teilhaber in der Kohlenhandlung «Bruno Meyer Nachf.» in der Torgauer Straße in Berlin-Schöneberg.

Geld verdienen konnte Leber damit zunächst nicht, jedenfalls nicht genug, um seine Familie zu ernähren, das war nach wie vor Annedores Aufgabe. Das Modeatelier florierte, die zehn Näherinnen arbeiteten in einem Zimmer des Hauses am Eisvogelweg, im Wohnzimmer war Anprobe, und nach 1937 hatte Julius sein Arbeitszimmer unter dem Dach. Auf Dauer muss dies eine zu anstrengende, allzu lebhafte Wohn- und Arbeitssituation gewesen sein. Ab September 1938 finden wir Annedore Leber als Abteilungsleiterin der

Annedore und Julius Leber 1929 in Travemünde

Schnittmusterherstellung im Berliner Deutschen Verlag. Diese Stelle füllte sie bis Ende 1939 aus, dann wurde sie «infolge der Kriegsumstände» entlassen,[133] kehrte aber ab März 1941 als Leiterin des Schnittmusterateliers zurück. Als Leiterin der gesamten Mode- und Schnittmusterproduktion sollte sie den Verlag erst Ende 1944 endgültig verlassen. Ob sie im Jahr 1940 ihren eigenen Modesalon wieder aufgenommen hat oder ob die Kohlenhandlung nun genug zum Leben abwarf, bleibt unklar.

In den Jahren 1937 bis 1944 führten die Lebers ein scheinbar bürgerliches Familienleben, das nach außen keinen Argwohn erregte. Tochter Katharina erinnerte sich gern an diese Zeit, denn ihr Vater war da und kümmerte sich um seine Kinder. Man fuhr gemeinsam in den Urlaub nach Tirol, an die Kurische Nehrung oder nach Hiddensee. Nach dem letzten Ostseesommer brachten die Eltern Katharina und Matthias 1943 zu Verwandten in Hordorf bei Magdeburg, zusammen mit Tante Anni als Aufsichtsperson, deren Tochter Brigitte und Großmutter Rosenthal. Da die Bombenangriffe auf Berlin zugenommen hatten, sollten die Kinder aus der unmittelbaren Gefahrenzone gebracht werden.

Ein Grund dafür waren aber auch Lebers Widerstandsaktivitäten. Diese hatten sich inzwischen so ausgeweitet, dass sie ebenfalls ein großes Gefahrenpotenzial für seine Familie darstellten. Trotz Haft und Folter war Julius Leber entschlossen, weiter für den Sturz des Regimes zu kämpfen. Leber äußerte Freunden gegenüber, dass er nur einen Kopf habe und ihn «für keine bessere Sache einsetzen» könne als die des Widerstandes gegen den Nationalsozialismus.[134] Die Kohlenhandlung war ein idealer Ort für die Verschwörung, denn sie war zunächst unverdächtig, Kohlen kaufen musste schließlich jeder. Das Geschäft hatte außerdem zwei Eingänge, ein konspirativ höchst wertvoller Umstand. Und Lebers Mitarbeiter waren zwei Leute, auf die er sich uneingeschränkt verlassen konnte: ein Leidensgenosse aus dem Konzentrationslager und die Tochter eines ermordeten KZ-Insassen. Ein häufiger «Kunde» in der Kohlenhandlung war Fritz-Dietlof von der Schulenburg. Er war einer der wenigen, die wussten und anerkannten, wie sehr Annedore Leber für die Freilassung ihres Mannes gekämpft hatte. Voller Hochachtung berichtete er davon einer Freundin, der Journalistin Ursula von Kardorff. Wohl ahnend, dass Annedore Leber dieser Kampf erneut bevorstehen könnte, charakterisierte er sie folgendermaßen: «Sie ist wie eine stählerne Klinge, diese Frau, federnd und nicht zu zerbrechen.»[135]

Viertes Kapitel

Die Schatten des 20. Juli 1944

Konspirative Netzwerke unter Männern

Am 30. Januar 1933 hatten Helmuth James und Freya von Moltke den ehemaligen Landrat aus dem schlesischen Kreis Waldenburg in Berlin zu Besuch. Der vertrat die Meinung, man müsse die Nationalsozialisten an die Macht lassen, sie würden sich dann sehr schnell verbrauchen wie ungezählte andere Regierungen vor ihnen am Ende der Weimarer Republik auch. Helmuth James von Moltke reagierte heftig, wies diese Ansicht zurück und sagte, dies sei der Anfang einer großen Katastrophe. Als etwas später die Köchin in Kreisau aufgefordert wurde, der NS-Frauenschaft beizutreten, weigerte sie sich mit den Worten: «Herr von Moltke sagt, Hitler, das bedeutet Krieg.»[1]

So wie Helmut James von Moltke hatten auch andere die Gefahr, die Hitler darstellte, erkannt und waren von Anfang an Gegner des Regimes, zum Beispiel Adam von Trott zu Solz, Eugen Gerstenmaier, Hans Bernd von Haeften, Adolf Reichwein oder Theodor Haubach, um nur einige wenige der Männer zu nennen, mit denen sich Moltke in Berlin traf. Er wusste, «Antinazi» zu sein «genügt nicht».[2] Deshalb begann er Ende der dreißiger Jahre zusammen mit Peter Graf Yorck von Wartenburg, Gleichgesinnte zu suchen, die bereit waren zu handeln, und das hieß, «Hochverrat» zu begehen, indem sie Pläne für einen deutschen Staat nach Hitler entwarfen: «Wenn wir mehr erreichen wollen, als nur den Zusammenbruch oder den Sturz der Nazis, dann müssen wir ein positives Ziel aufstellen.»[3] Die Opposition musste auf den Neuanfang vorbereitet sein, um so einen Bürgerkrieg möglichst zu vermeiden. Doch vor dem

Helmuth James und Freya von Moltke, 1931

Neuanfang stand der Umsturz, der ohne das Militär nicht zu bewerkstelligen war. Unter dieser Prämisse entstand ein dichtes Netz von Beziehungen zwischen einzelnen Verschwörern, in dem längst nicht jeder jeden kannte. Widerstand war harte Arbeit und bestand in weiten Teilen aus unzähligen Einzelgesprächen, wie aus einem Brief Moltkes an seine Frau ersichtlich wird, in dem er zwei typische Tage schildert: «Gestern nachmittag waren Adam, Eugen & Haeften bei mir. Nach 2 Stunden war ein kleines Päuschen zum Abendbrot und um 8 kamen Reichwein und Haubach, mit denen es bis 11.30 ging, dann etwas Schlaf, um 1 Voralarm ... Heute habe ich früh Eddy & Einsiedel gehabt, dann die Sitzung im A. A. [Auswärtigen Amt], jetzt Leverkuehn, um 3 kommt Adam, anschließend wieder Einsiedel.»[4] Trotz der widrigen Umstände waren die Männer dauernd im Gespräch und konnten sich austauschen.

Ganz anders die Frauen. Auch wenn der Kenntnisstand der Einzelnen unterschiedlich war und die meisten keine Details kannten, so wussten sie doch fast alle vom Widerstand ihrer Männer, sprachen mit ihnen darüber, waren für sie politisches Gegenüber oder manchmal auch nur Resonanzboden von Reflektionen. Zwar gab es unter den Verschwörern auch befreundete Ehepaare, aber die Frauen trafen sich untereinander normalerweise nicht. Clarita von Trott zu

Solz beschrieb diesen Sachverhalt folgendermaßen: «Zu unserer Rolle gehörte es also vor allem, vorsichtig zu sein und alles zu vermeiden, was auffällig hätte sein können. Dazu gehörte aber auch der weitgehende Verzicht auf das, was man unter Privatleben versteht.»[5] Sie waren meist allein mit ihrem Wissen. Widerstand bedeutete für sie permanente Verstellung, drohende Gefahr, bedrückende Isolation und jeden Tag aufs Neue Angst um ihre Männer.

Die Engländerin Christabel Bielenberg schildert sehr anschaulich, welche Auswirkungen das im Alltag hatte. Sie hatte 1933 den Hamburger Peter Bielenberg geheiratet, die deutsche Staatsbürgerschaft angenommen und wohnte mit ihm in Berlin. Bielenberg war ein Freund des Widerstandskämpfers Adam von Trott. Er überlebte, und das Paar wanderte in der Nachkriegszeit nach Irland aus. In ihren 1968 erschienenen Memoiren beschrieb sie mit einem guten Blick für Menschen und Situationen und durchaus mit britischem Humor ihre Jahre in Nazideutschland, etwa die Ereignisse, als im Frühjahr 1941 eine «kleine Dame» ins Nachbarhaus einzog:

«Sie schien sehr freundlich zu sein, und fortan grüßten wir einander, wenn wir uns über die Hecke hinweg oder auf dem Weg zum Markt sahen; mehr nicht, denn im Dritten Reich mußte man Nachbarn, so freundlich sie auch waren, als mögliche Belastung, sogar als eine eventuelle Gefahr betrachten. Erst als Peter feststellte, daß der Anwalt, den er in einem bestimmten Fall konsultiert hatte, niemand anders war als der Sohn der kleinen Dame …, nahm unsere flüchtige Bekanntschaft einen herzlicheren Ton an. Wiederum vergingen einige Monate, bis wir mit ihnen so gut bekannt waren, daß wir zum Abendessen eingeladen wurden. Mit ‹gut genug bekannt› meine ich, daß wir die üblichen Erkundigungen eingezogen hatten, wie übrigens zweifelsohne auch sie. … Die Unterhaltung ging zunächst behutsam und neutral vor sich. Wir wußten, daß wir alle keine Nazis waren, aber waren wir auch alle, nüchtern oder betrunken, diskret? Hatten wir andere gemeinsame Bekannte? Waren das wirkliche Freunde oder nur Namen, die man fallenließ, um damit Eindruck zu machen? Es wäre schwer, die mißtrauische Annäherung zu beschreiben, die halb vollendeten Sätze, die vorsichtigen Bemerkungen, die nach und nach zu gegenseitigem Vertrauen führten und zu der Gewißheit, daß die

Luft wirklich rein war und alle Anwesenden sich beruhigt entspannen und zu schlichtem Hochverrat übergehen konnten.»[6]

Emmi Bonhoeffer, die Schwägerin von Dietrich Bonhoeffer, berichtete in ihren Erinnerungen von einer Begebenheit aus dem Jahr 1942, die sie zunächst für «ein gutes Werk» hielt, denn sie wollte sich nicht länger verstellen, sondern offen und damit mutig sein. In der langen Schlange im Gemüseladen sagte sie zu ihrer Nachbarin: «Jetzt fangen die schon an, in den Konzentrationslagern die Juden massenweise zu vergasen und zu verbrennen.» Die Kaufmannsfrau rügte sie, sie solle aufhören, Gräuelmärchen zu verbreiten, sonst komme sie ins Konzentrationslager. Als Emmi Bonhoeffer das ihrem Mann Klaus Bonhoeffer, der selbst im Widerstand aktiv war, erzählte, reagierte er zu ihrer Überraschung verärgert und bat seine Frau eindringlich, solche Äußerungen in Zukunft zu unterlassen. Wenn man unbemerkt und effizient agieren wollte, war ein gewisses Maß an Anpassung nötig, um nicht den Unmut der Machthaber zu erregen mit Aktionen, die wenig erfolgversprechend waren und damit alles und alle, die daran beteiligt waren, zu gefährden: «Begreife bitte, eine Diktatur ist eine Schlange. Wenn Du sie auf den Schwanz trittst, so wie Du das machst, beißt sie Dich ins Bein. Du mußt den Kopf treffen. Und das kannst Du nicht, und das kann ich nicht. Das kann nur das Militär. Darum ist das einzige, was zu tun Sinn hat, die Militärs zu überzeugen, daß sie handeln müssen.»[7]

Die Verstellung blieb aber nicht auf den öffentlichen Raum beschränkt, sondern erstreckte sich bis in die privatesten Beziehungen. Mit ihrem Schweigen wollten die Männer ihre Frauen vor Informationen schützen, die ihnen gefährlich werden konnten. Doch dies konnte von den Frauen auch als Vertrauensverlust gedeutet werden. Eine Ehe im Widerstand musste stabil und belastbar genug sein, um solche Dissonanzen auszuhalten. Der Aktionsradius von Männern und Frauen konnte sehr unterschiedlich sein, daher mussten die Eheleute die Gemeinsamkeiten bewusst suchen und pflegen. Als Clarita von Trott wegen der Luftangriffe mit ihren Kindern Berlin verlassen musste, befürchtete sie, dass «die vielen nicht mitteilbaren Erfahrungen sich wie ein trennendes Gebirge zwischen uns auftürmen könnten».[8]

Adam und Clarita von Trott zu Solz während ihrer Verlobungszeit in Imshausen im Mai 1940

Sie ist es aber auch, die zugleich die Komplementärerfahrung hervorhebt: Wenn man einmal Menschen gefunden hatte, denen man vertrauen konnte, dann seien Freundschaften entstanden von einer nie gekannten Tiefe und Beständigkeit. Nachdem sie Adam von Trott geheiratet hatte, machte sie Bekanntschaft mit seinem Freundeskreis, der sich auch auf dem Gut der Borsigs in Groß Behnitz traf, und «dann war das ein unbeschreibliches Gefühl von ‹mehr kann das

Leben dir nicht bieten›. So hatte ich das Gefühl. In einem Kreis von Menschen zu sein, die alle sich auszeichneten durch ein besonders sympathisches Wesen, irgendwie schon gestandene Menschen waren, die eben ihre persönlichen Ambitionen, ihre persönliche Geltung, das, was man heute Profilierung nennt, zurückstellten hinter dem alle erfüllenden Ziel, dem alle sich verschrieben hatten und dem alle, wenn es unbedingt sein mußte, ihr Leben zu opfern bereit waren. Das war eine Atmosphäre und das war eine Gemeinsamkeit und eine Gemeinschaft, in die durch Adam aufgenommen zu sein für mich einfach das Ziel aller meiner Wünsche bedeutete. Man darf natürlich nicht vergessen, daß der Preis für diese Gemeinschaft uns auch ständig bewußt war.»[9]

Kreisauer Kreis: «Wenn das schiefgeht, kostet es das Leben»

Auch Rosemarie Reichwein konnte sich in der Not auf die Freunde ihres Mannes verlassen. Die Familie von Moltke bot den Reichweins, die 1943 durch den Bombenangriff obdachlos geworden waren, sofort an, in Kreisau zu wohnen, was Rosemarie mit den Kindern dankbar annahm. Es handelte sich um drei Zimmer im Schloss unter dem Dach, mit Ofenheizung. Kohlen und Wasser mussten mühsam hinaufgetragen werden. Die Unterkunft war nicht komfortabel, aber hochwillkommen und nicht ganz so primitiv wie in Tiefensee. Die kommenden beiden Jahre bis zur Flucht aus Schlesien legten die Grundlage für eine lebenslange Freundschaft zwischen Rosemarie Reichwein und Freya von Moltke. Die beiden Frauen kannten sich vorher nicht oder nur flüchtig. Helmuth James von Moltke war bis Kriegsbeginn Rechtsanwalt in Berlin gewesen. Im Krieg arbeitete er als Sachverständiger für Kriegs- und Völkerrecht im Oberkommando der Wehrmacht, während seine Frau mit den beiden Söhnen auf dem Gut Kreisau in Niederschlesien lebte, sechzig Kilometer südlich von Breslau. Sie besuchte ihren Mann häufig in Berlin und nahm dann an den Besprechungen der Verschwörer teil: «Für das Programm Deines Besuches habe ich vorzuschlagen: 1 Essen mit

Trott + Frau & Stauffenberg, 1 Essen mit Haeften & Frau & Reichwein»,[10] schrieb Helmuth James an Freya. Die Anwesenheit der Ehefrauen war eine willkommene Tarnung der Widerstandsarbeit. Es war wesentlich unverfänglicher, wenn sich befreundete Ehepaare trafen, als wenn einzelne Männer zusammenkamen. Zum engeren Freundeskreis gehörten Adam und Clarita von Trott zu Solz, Hans Bernd und Barbara von Haeften, Eugen und Brigitte Gerstenmaier sowie Peter und Marion Yorck von Wartenburg, in deren Haus in der Berliner Hortensienstraße man sich häufig traf. Während Freya, wenn sie in Berlin war, immer zu solchen Treffen dazukam, war das bei Rosemarie Reichwein anders. Auch sie reiste von Kreisau aus öfter zu ihrem Mann nach Berlin. Aber sie nahm an den konspirativen Gesprächen nicht teil: «Wir sollten abends bei Yorck sein. Dann hieß es aber, daß ich lieber nicht dabei sein sollte, denn es ginge nur um politische Fragen.»[11] Clarita von Trott lernte sie deshalb erst im Juli 1947 bei Harald und Dorothee Poelchau kennen und Bärbel von Haeften sogar noch später, im Sommer 1954. In Moltkes Briefen, in denen er Freya täglich berichtete, was er in Berlin gemacht und wen er getroffen hatte, kommt Rosemarie Reichwein nur indirekt vor. Als er sie später in seinen Abschiedsbriefen erwähnt, geschieht dies im Kreisauer Kontext.[12] In einem Interview von 1984 erinnerte sie sich: «Über bestimmte Dinge hat mein Mann nie geredet, auch nie Namen genannt.»[13]

Am 14. März 1942 findet sich bei Rosemarie Reichwein der erste Tagebucheintrag zum Besuch «zweier Herren», dem viele weitere konspirative Treffen in der Wohnung der Reichweins folgten, und wir können davon ausgehen, dass sie die Herren nicht kannte. Im August 1943 notierte Rosemarie noch auf Hiddensee in ihr Tagebuch: «Edolf erlebt auch aufregende Tage. Ich weiß nur nichts näheres.»

Im Kreisauer Kreis gab es jedoch eine wichtige Ausnahme: Margarethe von Trotha. Sie ist nachweislich die einzige Frau, die nicht nur wie Freya von Moltke über alles informiert war, sondern auch an den Denkschriften inhaltlich mitwirkte. Als Sozialwissenschaftlerin erarbeitete sie zusammen mit ihrem Mann Carl Dietrich von Trotha und dem gemeinsamen Freund Horst von Einsiedel die wirtschaftspolitischen Vorstellungen für die Zeit «danach». In der Literatur ist

Margarethe Bartelt mit ihrem späteren Ehemann Carl Dietrich von Trotha und Horst von Einsiedel (rechts), um 1933. Die Sozialwissenschaftlerin Margarethe von Trotha arbeitete als einzige Frau inhaltlich an den Denkschriften des Kreisauer Kreises mit.

dieser Umstand bisher nie gewürdigt worden. Margarethe von Trotha erscheint immer nur als die Frau ihres Mannes, die an den drei Kreisauer Treffen teilgenommen hat. Aber sie hat eben nicht wie die anderen anwesenden Frauen nur zugehört, sondern mitdiskutiert und mitformuliert.

Auch Annedore Leber stand in ihrem Umfeld im «Mittelpunkt

des Geschehens»,[14] wie sie es selbst 1947 formuliert hat. Die Kohlenhandlung ihres Mannes in der Torgauer Straße bot sich als idealer Treffpunkt für unzählige politische Besprechungen an. «Aber auch das Telefon meines Büros [im Deutschen Verlag] diente als Mittler mancher Verabredung.»[15] Überliefert ist, dass Fritz-Dietlof von der Schulenburg, einer der Mitverschwörer Stauffenbergs, Annedore Leber in der Schnittmusterabteilung des Deutschen Verlags besuchte, so dass auch andere Informantenbesuche oder -gespräche dort vorstellbar sind.[16] Sie selbst sei «in alle Besprechungen eingeweiht und aufs höchste gefährdet» gewesen.[17] Das Ehepaar Leber schloss sich in den Zeiten der Krise immer enger zusammen und kämpfte gemeinsam, wenn auch jeder an seinem Platz, für das eine Ziel.

Die nicht nur räumliche Trennung der Reichweins blieb hingegen bestehen. Adolf Reichwein konnte nur an den Wochenenden nach Kreisau kommen, um die Familie zu sehen. Er hatte im Museum sehr viel zu tun, war während des Krieges immer wieder auf Vortragsreisen an der Front[18] und kümmerte sich um all die bürokratischen Erfordernisse, die die Zerstörung des Hauses nach sich zog, so zum Beispiel um Bezugsscheine für neue, dringend erforderliche Anschaffungen[19] oder die Wiederbeschaffung wichtiger Papiere, die verbrannt waren. Zudem intensivierte er die Widerstandsarbeit mit den Freunden.

Reichwein litt unter den schwierigen Verhältnissen in Berlin. Die immer häufiger werdenden Luftangriffe erschwerten den Alltag; er habe neulich von seinem Büro bis nach Wannsee, wo er ein Zimmer bei seiner Schwägerin hatte, dreieinhalb Stunden gebraucht, schrieb er seiner Frau im November 1943. Dazu kam die ständige Bedrohung. Theodor Haubach – einer der sozialdemokratischen Kreisauer Gesprächspartner, Journalist und ein früher Gegner des NS-Regimes[20] – habe gerade fast alles verloren, heißt es im selben Brief. Der von allen sehr geschätzte Carlo Mierendorff – wie Haubach Journalist, Sozialdemokrat und Kreisauer[21] – kam am 4. Dezember 1943 bei einem Luftangriff ums Leben. Etwa zur selben Zeit notierte Rosemarie Reichwein in Kreisau in ihr Tagebuch: «Ich habe das Gefühl, ich lebe jetzt mit den 4 gesunden Kindern, um mich ein für mein Leben verhältnismäßig gesegnetes Dasein u. ich will es wahrnehmen!»[22]

Der Gegensatz könnte kaum größer sein. Blättern wir durch die erste Hälfte des 1944er Tagebuchs, so sehen wir die tüchtige Rosemarie waschen, kochen, backen, nähen, Bonbons kochen, den Ofen entrußen; sie geht einkaufen im nahe gelegenen Dorf Gräditz, in der nächstgrößeren Stadt Schweidnitz oder im entfernten Breslau. Sie muss Möbel und Geschirr zusammensuchen, weil der Haushalt nach dem Totalverlust im vergangenen Sommer noch immer rudimentär bestückt ist. Reichwein kam, so oft er konnte, oft genug unerwartet. Im März 1944 gelang noch ein Familienurlaub, gemeinsames Skifahren im Riesengebirge. Es sollte der letzte sein.

Als Adolf Reichwein zu Pfingsten 1944 in Kreisau war, berichtete er Rosemarie und Freya davon, dass er zusammen mit Leber Kontakt zu den Kommunisten aufgenommen habe. Allen dreien war in dem Moment klar, «wenn das schiefgeht, kostet es das Leben».[23] Aber Rosemarie sicherte ihm ihre volle Unterstützung zu, obwohl sie wusste, was auf dem Spiel stand. Die Entscheidung war auch im Widerstandskreis umstritten, nicht zuletzt deshalb, weil die Kommunisten nach wie vor stark von Nazi-Spitzeln unterwandert waren. Und tatsächlich kamen zu einem weiteren Treffen drei Männer statt der vereinbarten zwei. Der dritte Mann verriet Reichwein und Leber – am 4. bzw. am 5. Juli 1944 wurden sie verhaftet.

Rosemarie Reichwein hielt sich zu der Zeit in Berlin auf. Sie ahnte, dass an diesem Dienstag wieder ein Treffen stattfinden sollte. Doch abends kam ihr Mann nicht nach Hause. Am nächsten Morgen ging sie sofort zu Peter Yorck von Wartenburg, der an den Umsturzvorbereitungen beteiligt war, über den Verbleib ihres Mannes aber nichts wusste. Am Donnerstag, dem 6. Juli, kochte sie in ihrer Verzweiflung den ganzen Tag Marmelade, grübelte, ob sie eine Vermisstenanzeige aufgeben sollte, hatte aber Sorge, dass dies die schlafenden Gestapo-Hunde erst wecken würde. Quälende Ungewissheit. Erst am Sonnabend entschloss sie sich, mit den Behörden Kontakt aufzunehmen, weil sie immer noch nichts in Erfahrung gebracht hatte, doch Kriminalpolizei und Gestapo gaben vor, nichts zu wissen. Rosemarie Reichwein fuhr daraufhin zurück nach Kreisau zu den Kindern und zu Freya von Moltke, mit der sie sich besprechen konnte. Deren Mann, Helmuth James von Moltke, saß bereits seit Januar 1944 in Haft.

Zwei Tage später wurde Rosemarie Reichwein durch ein Telegramm ihrer Geschwister nach Berlin zurückgerufen. Erst am 15. Juli 1944, fast zwei Wochen nach dem Verschwinden ihres Mannes, erhielt sie Gewissheit, dass er verhaftet worden war. Am 19. Juli, einen Tag vor dem Attentat auf Adolf Hitler, wurde ihr mitgeteilt, sie solle am nächsten Tag nach Potsdam kommen, wo ihr Mann inhaftiert sei. Als sie am 20. Juli 1944, dem Tag des Attentats auf Hitler, zu dem Gefängnis kam, durfte sie ihren Mann nicht sehen. Stattdessen händigte man ihr einen Brief von ihm aus, den sie beantworten durfte. Von Potsdam aus fuhr sie zu Peter Yorck nach Berlin-Lichterfelde. Sie traf ihn aber nicht an. Rosemarie Reichwein wusste noch nichts von dem Attentat. Erst am Abend erfuhr sie, dass Hitler ein Attentat überlebt hatte. Über Cottbus, wo sie eine Freundin besuchte, fuhr sie zurück nach Kreisau, wo am 24. Juli ihr Geburtstag gefeiert werden musste, als ob nichts geschehen wäre, um die Kinder nicht zu beunruhigen.

Peter Yorck, der sich Anfang 1944 dem Widerstandskreis um Claus von Stauffenberg angeschlossen hatte, wurde noch am Abend des 20. Juli verhaftet. Bereits am 8. August 1944 wurde er verurteilt und am selben Tag gehängt. Als Rosemarie Reichwein am 10. August eine Sprecherlaubnis erhielt, um ihren Mann zu besuchen – er war in das Gestapo-Gefängnis in der Lehrter Straße in Berlin verlegt worden –, teilte sie ihm diese Todesnachricht verschlüsselt mit. Er war erschüttert, und ihm war sofort klar, dass er das Schicksal des Freundes teilen würde.

Rosemarie Reichwein durfte nun wöchentlich Pakete mit frischer Wäsche für ihn abgeben, ohne ihn ein weiteres Mal sprechen zu können. Die Kleidung, die sie zurückerhielt, war blutig, Reichwein wurde gefoltert. Man hatte ihm unter anderem die Kehle so lange zugedrückt, bis er fast leblos war. Dabei wurden die Stimmbänder so stark beschädigt, dass er bei seiner Verhandlung am 20. Oktober dem brüllenden Freisler nur noch flüsternd antworten konnte. Adolf Reichwein wurde am Nachmittag desselben Tages in Plötzensee ermordet. «Weiß nichts!» steht am 21. Oktober in Rosemaries Tagebuch. Sie erfuhr erst zwei Tage später, dass ihr Mann längst tot war.

Im Dezember 1944 schrieb Freya von Moltke ihrem Mann Helmuth James, der inzwischen im Berlin-Tegeler Gefängnis auf seinen Prozess – und seine Hinrichtung – wartete: «Ich muss Dir noch erzählen, dass mich gestern nach Tisch Rosemarie eine Weile besuchte. Ihre Haltung ist schön und würdig und nicht so ungelöst, wie es den Anschein hat. Sie ist eine tapfere und tüchtige Frau. Wenn sie sich nur der Welt gegenüber, nein ihrem Inneren und den dortigen Möglichkeiten gegenüber nicht zu sehr verhärtet! Das ist die Gefahr. Sie muss es ihrer Fassung wegen, denn sie trägt sehr schwer an ihrem Schmerz.»[24]

Ein paar Wochen vor Adolf Reichwein war in Plötzensee eine andere Widerstandskämpferin hingerichtet worden, enthauptet, nicht erhängt wie er. Elisabeth von Thadden, Tochter eines Gutsbesitzers aus dem pommerschen Trieglaff,[25] hatte 1927 in der Nähe von Heidelberg ein christliches Mädcheninternat gegründet, das zugleich reformpädagogischen Ideen verpflichtet war. 1934 schloss sie sich der Bekennenden Kirche an, fiel schon allein dadurch den Herrschenden unangenehm auf. Als ihr 1941 aus politischen Gründen die Leitung der Schule untersagt wurde, ging sie nach Berlin, stieß zum Kreis um Hanna Solf, wie Marie Louise von Scheliha Diplomatenfrau. Gleichgesinnte trafen sich, als Teegesellschaft getarnt, abwechselnd bei Hanna Solf oder Elisabeth von Thadden, um politisch und rassisch Verfolgten bei der Flucht ins Ausland zu helfen. Elisabeth von Thadden wollte Kontakt zu amerikanischen Quäkern aufnehmen, die möglichst bald nach dem ersehnten Ende des Krieges Hilfsmaßnahmen durchführen sollten, so wie sie das in Deutschland nach dem Ersten Weltkrieg schon einmal getan hatten. 1943 denunzierte ein Spitzel die Teilnehmer des Solf-Kreises. Elisabeth von Thadden wurde am 8. September 1944 in Berlin-Plötzensee hingerichtet.

Annedore Leber erging es ähnlich wie Rosemarie Reichwein. Eine Woche lang versuchte sie, etwas über den Aufenthaltsort ihres Mannes nach seiner Verhaftung zu erfahren. Vergeblich. Man ließ sie im Ungewissen. Am achten Tag wurde sie selbst nach einer Hausdurchsuchung von der Gestapo mitgenommen, aber schon bald wieder freigelassen. Sie reagierte geschickt auf die Situation, ließ sich krankschreiben und legte sich für die kommenden Wochen in ein Krankenhaus, um so der Verhaftung zu entgehen. Die Kinder hatte sie mit Tante und Großmutter bei Verwandten in der Nähe von Magdeburg untergebracht. Als Claus von Stauffenberg von der erneuten Festnahme Julius Lebers erfuhr, war er in höchster Sorge. Die zwei Männer, die sich unter anderen Umständen wohl nie begegnet wären, waren Freunde geworden. Der Sozialdemokrat hatte den ganzen Ersten Weltkrieg an der Front erlebt. Er war hochdekorierter Offizier und als Abgeordneter Experte für Wehrfragen, so dass beiden unter anderem ein Interesse am Militärischen gemeinsam war.[26] Entscheidend war, dass beide zum Umsturz fest entschlossen waren.

Stauffenberg wurde in seiner Absicht, bald zu handeln, durch Julius Lebers Schicksal bestärkt, denn er war sich nicht sicher, ob Leber in einer weiteren Haftzeit der Folter standhalten konnte – eine Vermutung, die nicht unbegründet war, sich aber nicht bewahrheitete. Zur Eile trieb ihn zudem der Wille, den Freund zu retten.[27] Stauffenberg ließ Annedore Leber über Schulenburg ausrichten: «Wir sind uns unserer Pflicht bewusst.»[28] Schulenburg schickte erneut Ursula von Kardorff zu Annedore Leber ins Krankenhaus. Als Sozialfürsorgerin des Deutschen Verlages, in dem beide Frauen arbeiteten, hatte sie schon einmal Zugang zu Frau Leber erhalten. Bei ihrem Besuch lag Annedore im Bett, als sei sie krank, und arbeitete für die Schnittmusterabteilung. Ursula von Kardorff bewunderte ihre Beherrschung: «Nicht krank sein, aber im Bett liegen, ausgeliefert den fürchterlichsten Ahnungen, welche Torturen muss sie durchmachen. Ihr Gesicht war keinen Augenblick unbeherrscht.» Sie charakterisierte sie als «ungewöhnliche Frau, weiblich, mit Charme und zugleich mit kühlem Verstand».[29]

Das Attentat vom 20. Juli 1944 misslang. Diejenigen, die unmittelbar vom Bendlerblock aus den Umsturz durchsetzen wollten, wurden dort noch in der Nacht erschossen.[30] Eine Sonderkommission von vierhundert Mann unter der Leitung des SS-Mannes Ernst Kaltenbrunner, Leiter des Reichssicherheitshauptamtes, machte sich mit unerbittlichem Hass an die Verfolgung aller, die es gewagt hatten, sich dem «Führer» entgegenzustellen. Unter Anwendung von

Folter wurden sie schnell fündig: Zwischen sechshundert und siebenhundert Personen wurden bald nach dem 20. Juli verhaftet, in über fünfzig Prozessen wurden mehr als einhundertzehn Todesurteile gesprochen.[31] Andere entzogen sich durch Selbstmord der Verhaftung, manche wurden ohne Urteil einfach erschossen.

Während die Männer des Widerstandes im Laufe des Sommers 1944 vor Gericht gestellt und in den meisten Fällen bald darauf getötet wurden, kamen die meisten Frauen in sogenannte Sippenhaft, jedoch nicht alle. Freya von Moltke und Rosemarie Reichwein blieben in Kreisau völlig unbehelligt, wohl auch deshalb, weil ihre Männer schon vor dem 20. Juli verhaftet worden waren. Annedore Leber wurde am 7. August 1944 festgenommen.

Das Schlimmste war für die meisten Frauen nicht die Haft, sondern die Sorge um ihre Kinder, die ohne Wissen der Mütter in ein eigens ausgewähltes Kinderheim in Bad Sachsa im Harz gebracht wurden.[32] Dort mussten sie ihre eigenen Namen ablegen und bekamen fremde zugeteilt. Nichts sollte an ihre «schändliche» Herkunft erinnern. Die «Verräterkinder» sollten später in «guten» deutschen Familien erzogen werden. Den Kindern war jeder Kontakt zur Außenwelt verboten.[33] Sie litten unter der Isolation. Von den ursprünglich sechsundvierzig Kindern wurden allerdings die meisten im Oktober 1944 wieder entlassen und zurück zu ihren Müttern geschickt. Zwölf Kinder blieben in Bad Sachsa, bis sie am 12. April 1945 von den Amerikanern befreit wurden. Manche Frauen, wie zum Beispiel Clarita von Trott zu Solz, erfuhren erst 1946, zwei Jahre später, was ihren Kindern widerfahren war.[34]

Kinder ab fünfzehn Jahren kamen in der Regel zu ihren Müttern in die Zelle. Katharina Leber hatte gerade dieses Alter erreicht, ihr Bruder war dreizehn, aber sie mussten weder nach Bad Sachsa noch ins Gefängnis. Auch hier war es wieder ein willkürliches Verfahren. Die Geschwister waren für das Gestapo-Gefängnis in Dessau vorgesehen, von dort aus sollte Katharina in das Frauen-KZ Ravensbrück überstellt werden. Aber auch dazu kam es nicht, denn sie wurden von einem SS-Mann namens Knoche aufgenommen mit der bemerkenswerten Begründung: «Wir brauchen jemanden zum Putzen, denn unser Lieschen muss wieder ins KZ.»[35] Katharina und Matthias wurden gut behandelt und kamen nach sechs Wochen zurück nach Hordorf.[36] Der Mann wollte ihnen helfen, vielleicht in der Hoffnung, dass ihm dies nach dem nicht mehr zu erwartenden «Endsieg» zum Vorteil gereichen würde.

«Und was dann folgte, ist nur als Wettlauf mit dem Tode zu bezeichnen.»[37] So beschrieb es Annedore Leber in ihrem Lebenslauf. Julius Leber musste fast vier Monate auf seine Verhandlung warten, die am 20. Oktober 1944 stattfand. Er wurde erwartungsgemäß zum Tode verurteilt, aber nicht sofort exekutiert. Seine Frau, «routiniert im Umgang mit der Gestapo»,[38] wie sie selbst bitter schreibt, versuchte erneut alles, um ihren Mann zu retten. Unter anderem nahm sie noch einmal Kontakt zu Bischof Berning auf und bat ihn, im Reichsjustizministerium für Leber zu intervenieren. Der lehnte ab, weil er es für aussichtslos hielt. Aber ein anderer Rettungsanker war in Sicht, und zwar in Gestalt des Kriminalrats Lange. Ähnlich wie der SS-Mann, der die Leber-Kinder beherbergt hatte, hoffte er möglicherweise, die Lebers könnten ihm nach dem erwarteten Kriegsende helfen. Er hielt Lebers Prozessakte zurück, bis er eines Tages den Mut verlor oder – so Annedores Vermutung – durch einen kurzfristigen militärischen Erfolg der Deutschen im Westen geblendet war.[39] Er gab die Akte schließlich weiter und machte so den Weg zu Lebers Hinrichtung frei, die er als untergeordneter Beamter ohnehin nicht hätte verhindern können. Julius Leber starb am 5. Januar 1945 in Berlin-Plötzensee.

Liebesbriefe und Trauerarbeit

Mehr noch als in den Jahren von 1933 bis 1937 hat Julius Leber in seinen Briefen eine Zärtlichkeit und Offenheit seiner Frau gegenüber entwickelt, die ihr große Kraft gab: «Ich sehne mich nach einem Lebenszeichen von dir wie noch nie!»,[40] schrieb er ihr im Juli 1944. In den ersten Wochen der erneuten Trennung, die – das war klar – eine Trennung für immer bedeuten konnte, schrieb er: «In diesen drei Wochen warst du für mich die ganze Welt.»[41] Er ist stolz auf sie und ihre Kraft und bittet sie, auch an sich selbst zu denken.[42] Er ist dankbar für die zahlreichen Pakete mit reichlich Lebensmitteln, die sie für ihn zu organisieren versteht, und ist gerührt von dem üppigen, liebevollen Weihnachtspaket voller Überraschungen. «Wenn mich etwas belastete in den letzten Monaten, so war es der Gedanke an dich und dein schweres Leben.»[43] Zum ersten und einzigen Mal beginnt er einen Brief mit der Anrede «Meine liebe Annedore!», in dem er von seiner Liebe zu ihr und den Kindern schreibt.[44] Und schließlich heißt es in seinem vorletzten Brief: «Meine Seele hat ihre Heimat gefunden! ... Und ich glaube und weiß jetzt, daß man einem anderen Menschen nichts Höheres und Besseres sagen kann, als daß er für einen die Heimat seiner Seele sei. ... – für mich bist du es!»[45]

Annedore ihrerseits versicherte ihrem Mann: «Glaube und vertraue mir: Durch den großen Reichtum unserer Ehe habe ich die Kraft und die Stärke, die das Schicksal von mir fordert. Und Deine tiefe Kraft, die mir aus Deinen wunderbaren Worten entgegenflutet, trägt und stützt mich heute und in den Jahren, die vor mir liegen. Mein lieber, guter alter Julien, ich habe Dir nur zu danken, immer und immer. Und Deine große Liebe zu mir, die ich so genau kenne, wird immer und in alle Ewigkeit um mich bleiben.»[46]

Ganz ähnlich hat es Freya von Moltke in den Briefen an ihren Mann formuliert.[47] Beide Frauen verbindet die besondere Situation, dass sie – als einzige der vielen Ehefrauen im Widerstand – die Möglichkeit hatten, von ihrem Mann intensiv Abschied zu nehmen. Annedore Leber gelang es immerhin, Julius während seiner Haftzeit noch sechsmal zu sehen. Freya von Moltke war in der außergewöhnlichen Situation, mit Helmuth James vom 29. September 1944 bis zu seinem Tod am 23. Januar 1945 jeden Tag einen langen Brief austauschen zu können.

Moltke war gut zwei Monate nach dem Attentat vom 20. Juli vom Gestapo-Gefängnis in Ravensbrück in das Gefängnis Berlin-Tegel verlegt worden. Der zuständige Pfarrer dort war Harald Poelchau, ein Freund, der ebenfalls im Kreisauer Kreis mitarbeitete. Unter Gefährdung seines eigenen Lebens schmuggelte er Tag für Tag lange Briefe hin und her. Die Eheleute konnten auf diese Weise die Zensur umgehen und frei schreiben. Sie kamen sich dabei näher als je zuvor. «Ja, ich bin Dir sehr nah, und daher finde ich ja auch diese Zeit in vielem schön, so schön wie nie eine zuvor», schrieb Freya an Helmuth im Oktober 1944, ganz so wie Annedore an Julius im Dezember.[48]

Darüber hinaus bot dieser ausgedehnte Abschied beiden Ehepaaren die Gelegenheit zur Selbstvergewisserung. Während Julius Leber seiner Frau und sich selbst versicherte: «Ich weiß, dass mein Schicksal nicht sinnlos ist»,[49] schrieb Freya den außerordentlichen Satz: «Außer dem Leben können sie Dir ja nichts nehmen! Ob Du das mit 38 oder 46 verlierst, ist so wesentlich nicht, wie, dass Du als reicher Mann stirbst; Du weißt wofür; Du stirbst im Glauben, Du stirbst nach einem kurzen, schönen Leben. Mich verlässt Du gestärkt, hast selbst mir dazu verhelfen dürfen, weißt, dass mir das Leben an sich leicht fällt; und wir beide wissen, dass wir uns nie verlieren werden, weil unsere Liebe uns auf immer vereint.»[50] Beide Paare hatten die Chance, sich gegenseitig zu bestätigen, das Richtige getan zu haben, und ihr Schicksal anzunehmen. Annedores Antwort ist nicht erhalten, aber diese Sinnhaftigkeit sollte für beide Witwen das Fundament ihres späteren Lebens werden.

Das schloss jedoch nicht aus, dass beide Frauen sehr um ihre Männer trauerten. In Freyas Briefen ist immer wieder von Tränen die Rede. Als sie wenige Tage nach Helmuths Hinrichtung morgens in Kreisau neben ihrem sechsjährigen Sohn sitzt und zu weinen beginnt, sagt Helmuth Caspar zu ihr: «Wegen dem Pa? Immer noch?!»[51] Die Reaktion erleichterte sie, weil sie sah, dass der Kleine noch nicht begriffen hatte, was passiert war. Er selbst erinnerte sich später an diese letzten Monate in Kreisau als eine glückliche Zeit.[52] Moltke hatte seiner Frau geschrieben: «Die Zeit jetzt wird für Dich nicht so schlimm sein, die Zeit unmittelbar nach meinem Tode wird auch gehen, aber nach einiger Zeit kommt der Alltag, und das wird der schlimmste Augenblick sein. Du musst aber diesen Tiefpunkt durchwandern und den Schmerz ertragen. Versuche nicht, durch übermäßige Geschäftigkeit darüber hinweg zu huschen; Du erntest sonst nicht die Frucht Deiner Tränen, und Du engst das Plätzchen in Dir ein, in dem ich weiter wohnen bleiben will.»[53]

Freya von Moltke gelang es nach dem Kriegsende am 8. Mai 1945, zusammen mit Rosemarie Reichwein noch den ganzen Sommer über bis in einen goldenen Oktober hinein in Kreisau zu bleiben.

Zwar kamen immer mehr Polen und Russen auf das Gut, der Alltag verlief jedoch halbwegs normal, es kam zu keinen Gewaltexzessen, die Landwirtschaft versorgte die Familien; Freya hatte auf diese Weise Gelegenheit, nicht nur von Helmuth, sondern auch von ihrer vertrauten Umgebung, von dem Kreisau, das er so sehr geliebt hatte und das ihm so am Herzen lag, Abschied zu nehmen. Die Erinnerung an ihren Mann und an Kreisau gab ihr Halt. Mit diesem mentalen Gepäck verließ sie Schlesien im November 1945 und zehrte lange davon. Ab 1947 lebte sie mit ihren beiden Söhnen zehn Jahre lang in Südafrika, wo der Alltag sie, wie vorausgesagt, einholte. In diesen Jahren sei sie eigentlich immer traurig gewesen, erinnerte sie sich später.[54] Die Zeit des Widerstands betrachtete sie «als eine große, bei weitem die größte Zeit meines Lebens – diese ganzen Jahre bis zum Ende».[55]

Annedore Lebers Trauer war groß. Bald nach dem Tod ihres Mannes kam sie nach Hordorf zu ihren Kindern, ganz in Schwarz – sie sollte für den Rest ihres Lebens nur noch Schwarz tragen –, und war von ihrem Schmerz überwältigt. Sie aß kaum etwas, ihre Tochter hörte sie nächtelang weinen. Die bisher so Rastlose wurde tatenlos und kehrte bis zum Kriegsende nicht nach Berlin zurück, wo es für sie nichts mehr zu tun gab. Dies war allerdings die einzige Zeit, in der sie ihrer Trauer nachgab. Wieder war es Ursula von Kardorff, die ihr die Nachricht vom Todesurteil Julius Lebers überbringen musste. Selbst verzweifelt angesichts der Dramatik der Situation, versuchte Kardorff sie zu trösten, sie in den Arm zu nehmen. Annedore Leber wich zurück: «Bitte jetzt kein Mitleid!»[56] Auch ihrem Mann gegenüber bewahrte und verlangte sie Haltung,[57] wohl auch, um die mühsam errungene Fassung des anderen nicht durch Mangel an Disziplin zu erschüttern.[58] Auch später hat sie sich nie wieder «gehen lassen», sondern hat stets Haltung bewahrt. Der Historiker Karl Dietrich Bracher, der in den fünfziger Jahren mit ihr zusammen ein Buch herausgab, erinnert sich an sie als eine tatkräftige und resolute Frau, «die ihr Schicksal nicht zur Schau getragen hat».[59]

Nachdem sie den Verlust beklagt und die Trauer durchlitten hatte, besann sie sich auf die Aufgabe, die vor ihr lag, die sie sich selbst gestellt hatte und die sie bis zu ihrem frühen Tod 1968 mit unermüdlicher Energie verfolgte: Annedore Leber wurde die Nachlassverwalterin des deutschen Widerstands. Sie war für diese Aufgabe prädestiniert, denn sie hatte ja im Mittelpunkt des Geschehens gestanden, sie hatte die Zeit in engster Vertrautheit mit ihrem Mann verbracht, hatte ihn nicht eigentlich verloren, sondern ihn gewissermaßen in eine andere Sphäre verabschiedet. Wenn sie 1946 in ihrem Lebenslauf schrieb: «Einem unbegreiflichen Verhalten der Staatspolizei zufolge, die mich in der sogenannten Sippenhaft und nicht als Einzelperson verhaftete, wurde ich mit sämtlichen Offiziersfrauen wieder entlassen»,[60] dann wird klar, dass sie sich hier falsch kategorisiert sah. Annedore Leber fühlte sich den Offiziersfrauen nicht zugehörig. Sie hätte aus eigenem Recht verhaftet werden müssen, denn in ihrem Selbstverständnis war sie Widerstandskämpferin. Eine Haltung, die sie zu diesem Zeitpunkt von den anderen Frauen des Kreisauer Kreises unterschied.

Keine der anderen Frauen hat eine vergleichbar privilegierte Situation erlebt wie Freya von Moltke und Annedore Leber. Viele Frauen, deren Männer ihr Leben im Widerstand gegen Hitler gelassen haben, hatten überhaupt keine Gelegenheit, sich endgültig zu verabschieden. Rosemarie Reichwein durfte ihren Mann nur noch einmal sehen und begegnete einem blassen, abgemagerten Mann, jetzt mit ungepflegtem Vollbart in Sträflingskleidern, der kaum noch sprechen konnte. Da er nicht, wie sein Kreisauer Freund Helmuth James von Moltke, im Gefängnis Tegel untergebracht war, sondern im Gestapo-Gefängnis in der Lehrter Straße, erhielt sie nur wenige Briefe von ihm. Rosemarie Reichwein erinnerte sich an diese Vergangenheit als «so traurig … und so schwer».[61]

Marion Yorck von Wartenburg sah ihren Mann das letzte Mal in der Nacht vom 19. auf den 20. Juli 1944. Das Paar war in Weimar zu einer Hochzeit eingeladen, nach dem Fest fuhr Peter Yorck mit dem Nachtzug nach Berlin, um dort am nächsten Tag am Umsturz teilzunehmen. Marion stand an der Treppe und winkte ihm nach. Sie hat ihn nie wiedergesehen.[62]

Charlotte von der Schulenburg hatte am 20. Juli Geburtstag. Am 19. Juli 1944 kam ihr Mann zu ihr und den Kindern aufs Land, um schon einmal zu feiern. Am kommenden Morgen brachte sie ihn ganz früh zum Zug, er winkte aus dem Fenster, solange es ging. «Und dann habe ich eben nie wieder was von ihm gehört, überhaupt nichts mehr.» Sie sprach später von «dieser ganzen riesigen Leere nach dem 20. Juli, die ich nie vergesse».[63] Seinen Abschiedsbrief erhielt sie erst auf Umwegen und mit einjähriger Verspätung. Rosemarie Reichwein erhielt die letzten Briefe ihres Mannes im Februar 1945 – per Einschreiben.[64] Eine Reihe von Frauen bekamen diese letzten Briefe niemals.

Christine von Dohnanyi war, wie Annedore Leber, von ihrem Mann Hans, der seit September 1938 an der Vorbereitung eines Staatsstreichversuches beteiligt war, in alles eingeweiht. Sie hat seine lange Leidensgeschichte eng begleitet und es geduldet, dass er sich selbst mit Diphtherie infizierte und damit groteskerweise seine Überlebenschancen auf der Krankenstation zu verlängern versuchte. Der deutsche Zusammenbruch war nur noch eine Frage der Zeit, und fast wäre der Plan geglückt. Im letzten halben Jahr vor seinem Tod durfte Christine von Dohnanyi ihren Mann nicht mehr besuchen. Am 5. April 1945 kam es schließlich zu einer heimlichen, durch einen Arzt ermöglichten letzten Begegnung. Am Tag darauf wurde Hans von Dohnanyi in das Konzentrationslager Sachsenhausen gebracht, wo er am 9. April, einen Monat vor Kriegsende, ermordet wurde. Sein Tod wurde der Familie nie mitgeteilt. Christine von Dohnanyi schrieb an ihre Schwester: «Wenn ich nur irgendeine Nachricht noch von ihm haben könnte. Das ist unendlich schwer, und, wie alles, überhaupt nur so [zu] ertragen, dass man lernt, sein Einzelschicksal als kleinen Teil einer großen Sühne anzusehen.»[65]

Clarita von Trott hat sich nach dem Krieg mehrfach zu der schwierigen Zeit der Ungewissheit, als ihr Mann inhaftiert war, geäußert. Nachdem sie von dem Attentat erfahren hatte, wusste sie sofort, dass er in höchster Gefahr war. Sie konnte jedoch mit niemandem darüber sprechen, da weder die Familie noch sonst irgendjemand etwas von seiner Beteiligung am Umsturz erfahren durfte. In Berlin konnte sie keine Freunde um Hilfe bitten, um diese nicht durch den Besuch der Frau eines verhafteten Mannes ebenfalls zu gefährden. Isoliert, in größter Sorge um ihren Mann und machtlos den NS-Schergen gegenüber, hat sie die Tage nach dem 20. Juli 1944 als die schrecklichste

Zeit ihres Lebens beschrieben.[66] Als sie am 15. August 1944 auf dem Weg zum Volksgerichtshof war, um Adam möglicherweise dort ein letztes Mal zu sehen, erfuhr sie von einem Freund, dass auch ihre Kinder in Sippenhaft genommen worden waren. Sie spricht von einem «Abgrund des Entsetzens, der sich auftat» und der sich «nie wieder ganz geschlossen» hat.[67]

Sippenhaft für die Frauen der «Verräter»

Viele der Frauen, deren Männer inhaftiert waren, wurden nach dem 20. Juli selbst festgenommen. Diese Sippenhaft war für sie aber, verglichen mit der Sorge um ihre Männer und Kinder, das kleinere Übel. Manche empfanden sogar eine gewisse Erleichterung, dass sie nicht länger gegen einen übermächtigen Gegner ankämpfen mussten, gegen den sie doch nichts ausrichten konnten. Clarita von Trott zu Solz empfand das «lähmende Gefühl in den folgenden Wochen» im Nachhinein als unbeschreiblich schlimm: «Noch lief ich anscheinend frei herum, aber ich konnte diese Freiheit nicht zu Adams Rettung einsetzen. … Als die Zellentür hinter mir ins Schloss fiel, fühlte ich mich nach den Wochen ohnmächtiger Angst und Hilflosigkeit fast erleichtert.»[68] Ganz ähnlich äußerte sich Margarethe von Hardenberg, die als Sekretärin Henning von Tresckows Mitwisserin war: «Ich war glücklich, als ich im Gefängnis saß und die Tür hinter mir zu war. Da war die Spannung vorbei.»[69] Marion Yorck verglich die Zeit im Gefängnis mit einer mönchischen «Klausur», und Barbara von Haeften sprach von einer «Zeit tiefer Erfahrung, intensiviert noch durch die Einsamkeit».[70]

Auch Elfriede Paul, die Lebensgefährtin des Schriftstellers Walter Küchenmeister, der im Mai 1943 wegen seiner Beteiligung an der Roten Kapelle hingerichtet worden war, erlebte diese Zeit als «klösterliche Weltabgeschiedenheit».[71]

Aus den Tagebüchern von Marta Husemann und Elfriede Paul sowie aus anderen Dokumenten erfahren wir, wie für die Frauen des Widerstands der Gefängnisalltag aussah.[72] Perfide war die Anordnung, dass die Gefangenen während eines Luftangriffs nicht in den

Luftschutzkeller durften, sondern in ihren Zellen eingeschlossen blieben. Manchmal gingen durch Bomben Scheiben zu Bruch, dann konnte es dort im Winter noch kälter sein, als es ohnehin schon war, so dass man sich mit Decken oder durch Kniebeugen zu wärmen versuchte. Und es war laut: «Transporte kommen und gehen. Namen werden aufgerufen, Geschrei und Befehle erklingen, es spielt sich ja alles in größter Finsternis mitten in der Nacht ab.» An Schlaf war in solchen Nächten kaum zu denken. «Dazu der Gestank des Gefängnisses, der Lärm der Stiefel auf den Fluren und der zuschlagenden Türen, das Geschrei der Wachtmeister, die erbarmungslose Schelle frühmorgens, das ununterbrochene Weinen eines Gefangenen an einem nicht enden wollenden Feiertag», erinnerte sich auch Inge Scholl an die Zeit der Sippenhaft.[73] Tagsüber mussten die Frauen meistens arbeiten. Cato Bontjes van Beek hatte während einiger Monate ihrer Haft Gasanzünder herzustellen, etwa tausend Stück pro Tag. Marta Husemann sollte Blusen nähen. Barbara von Haeften hatte eine Nähmaschine in ihrer Zelle, um Hemden der Luftwaffe zu flicken.

Doch trotz der Unfreiheit und der Entbehrungen gab es Momente, die den Gefängnisalltag bisweilen erträglich machten – in einer Art Gegenwelt, die auf verschlungenen Wegen Kommunikation im Gefängnis ermöglichte. So feierte Cato Bontjes van Beek 1942 ihren zweiundzwanzigsten Geburtstag im Gefängnis. Aus dem Päckchen, das ihre Mutter geschickt hatte, verteilte sie an die anderen Frauen Brote, Kuchen, Pralinen oder Zigaretten.[74] Am Abend gab es ein Konzert auf Kämmen und einer hereingeschmuggelten Mundharmonika. Die Scholls konnten in der Sippenhaft Kassiber austauschen. Robert Scholl wurde während seiner Haft gezwungen, sein Steuerbüro zu schließen, und weil Inge als seine Mitarbeiterin ihrem Vater half, lagen immer kleine Briefchen in den Akten, die von Zelle zu Zelle gingen.[75] Barbara von Haeften war dankbar, dass sie sich über Klopfzeichen mit Marion Yorck in der Nachbarzelle verständigen konnte. Das Klopfen stellte her, was im Gefängnis das Allerwichtigste war, menschliche Nähe.

Weil sie die Einzelhaft nicht ertragen konnte, wurde eine weitere Witwe aus dem Kreis der Attentäter, Elisabeth Freytag von Loringhoven, zu Marion Yorck in die Zelle gelegt. Und auch Marta Husemann erfuhr, wie wichtig es in dieser Situation war, die «warme Nähe eines Menschen zu spüren», nachdem sie ebenfalls aus der Einzelhaft in eine Zweierzelle verlegt worden war. «Niemals werde ich vergessen, wie ich innerlich auflebte, wie das ganze Verkrampfte sich löste, ich wurde wieder ein Mensch, nahm teil an den Dingen und lebte mit. Ich fing wieder an zu essen, bekam wieder etwas Appetit.»[76] Sie hat später noch die Zelle mit Cato Bontjes van Beek geteilt, deren Lebensfreude auch im Gefängnis nicht erloschen war und sich den anderen Frauen mitteilte. Marta Husemann erinnerte sich an «5 schöne, vergnügte Wochen».[77]

Nicht alle Frauen wurden verhört. Ursula von Kardorff beschreibt in ihren *Berliner Aufzeichnungen* eine Episode, die sonst nirgends überliefert ist. Ein Beamter, der im Frauengefängnis Moabit eingesetzt war, habe ihr zugeflüstert: «Mir haben sie alle Frauen vom 20. Juli übergeben, ich wünschte, ich könnte sie freilassen, denn ich will mit dieser Sache nichts zu tun haben. In meiner früheren Abteilung hatte ich nur Zollgeschichten zu bearbeiten.»[78] Sippenhaft war Ideologie, sie wurde verhängt, weil der hasserfüllte Reichsführer SS Heinrich Himmler die Familien der «Verräter» vollständig «ausmerzen» wollte. Aber sie war offensichtlich im Kompetenzgerangel der NS-Organisationen nicht geregelt und verlief schließlich im Sande, als die in Sippenhaft genommenen Frauen Ende September 1944 wieder freigelassen wurden. Zu diesem Zeitpunkt waren ohnehin bereits viele der Ehemänner hingerichtet worden, und die meisten der inhaftierten Frauen hatten damit ihre Funktion als Druckmittel gegenüber den Angeklagten, denen man weitere Aussagen abpressen wollte, verloren.

Sippenhaft passte überdies nicht zu der nationalsozialistischen Vorstellung von der Frau, die, dem Mann untergeordnet, gar nicht in der Lage sei, selbständig zu denken und zu handeln. Vielen Frauen der Roten Kapelle, die eigenständige Aktivitäten im Widerstand entfaltet hatten, unterstellte man Abhängigkeit und sexuelle Hörigkeit von einem männlichen Partner. Cato Bontjes van Beek wurde, wie bereits geschildert, nicht wegen Hochverrats verurteilt – obwohl sie das Gleiche getan hatte wie ihr Freund Heinz Strelow –, sondern nur «wegen Beihilfe zur Vorbereitung des Hochverrats und zur Feindbegünstigung». Denn sie habe ja «die Tat nicht als eigene gewollt und aus kommunistischer Einstellung heraus an der Verwirklichung der umstürzlerischen Ziele Schulze-Boysens mitgearbeitet», sondern sei seinem «verbrecherischen Einfluß» erlegen.[79]

Sophie Scholl lockte man mit der Aussicht, ihre Rettungschancen seien groß, wenn sie sich vor Gericht als kleines, verführtes Mädchen präsentiere. Bei den Frauen, die «nur» Haus- und Ehefrau waren, konnte man sich erst recht nicht vorstellen, dass sie in irgendeiner Weise am Widerstand der Männer beteiligt gewesen waren. Der Gauleiter von Mecklenburg bedauerte mit freundlichen Worten Charlotte von der Schulenburg nach der Verhaftung ihres Mannes Fritz-Dietlof. Es täte ihm sehr leid, dass sie nichts gewusst habe. «Er schätzte mich tatsächlich als so unbedarft ein, wie ich vorgab zu sein.»[80] Renate von Hardenberg, Ehefrau eines Mitverschwörers vom 20. Juli, bemerkte nach dem Krieg: «Die Gestapo hat meinen Schreibtisch nicht ernst genommen.»[81]

Ausgebombt und ein Kind: Antje Havemann

«Helmuth ist verreist.» «Adam ist krank.» «Robert ist im Sanatorium.» Drei kurze Sätze, die Freya von Moltke, Clarita von Trott zu Solz und Antje Havemann höchste Gefahr signalisierten. Alle drei wussten sofort, dass ihre Männer verhaftet worden waren. Antje verließ Berlin im August 1943, da ihre Ehe mit Robert schwieriger geworden war. Bei Freunden in Hessen wollte sie ihre Situation in Ruhe überdenken. Zum großen Bedauern beider Eheleute konnte das Paar keine Kinder bekommen, die sich gerade Antje sehnlichst wünschte. Darüber hinaus litt sie unter der angespannten Lage in Berlin. Der schwierige Kriegsalltag, die Bombennächte und die konspirative Arbeit belasteten sie, insbesondere weil Havemann die nötige Vorsicht bisweilen vermissen ließ. Da auch die Ehefrauen der Mitverschwörer verhaftet worden waren, fuhr Antje zunächst nicht nach Berlin, sondern nach Bielefeld zu ihrem Vater.

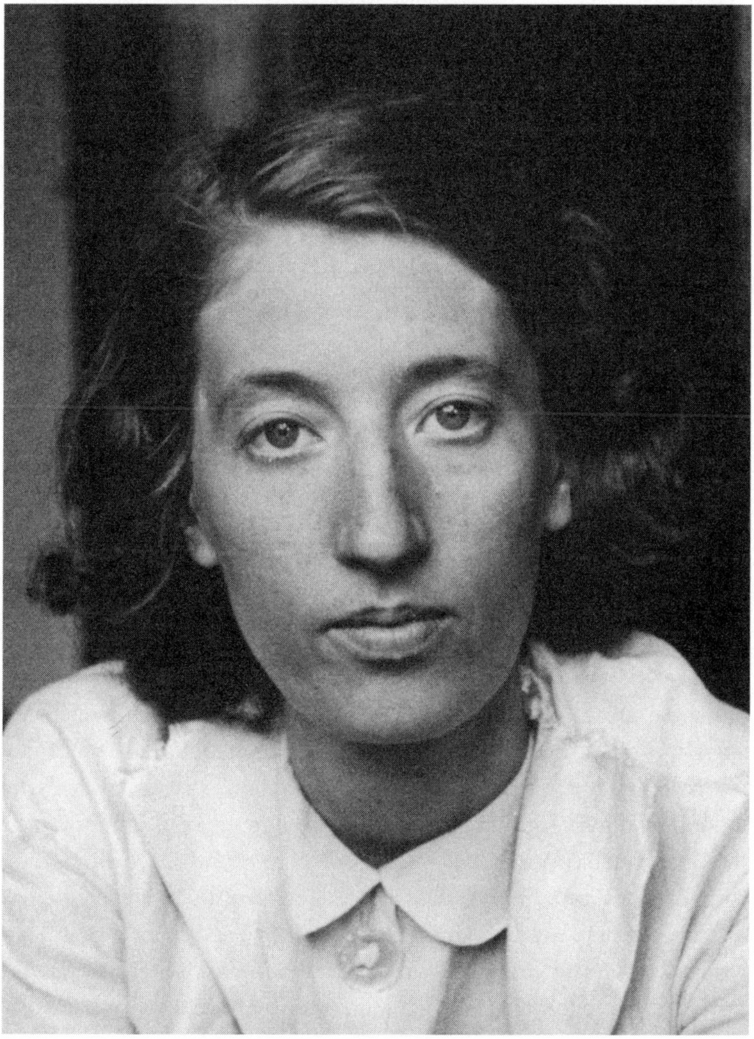

Antje Havemann, 1940

Aber das war zu gefährlich, denn sollte man sie ebenfalls suchen, dann vor allem dort. Nach einer Woche entschied sie sich doch für Berlin. Die zerstörte Großstadt bot am ehesten eine Möglichkeit unterzutauchen.

In Berlin traf Antje Havemann mit Enno Kind zusammen, mit dem sie, so vermutete es zumindest Antjes Schwester Christa, schon im August unterwegs gewesen sein könnte. Seine Frau Lisa war mit den drei Kindern bei ihrer Schwiegermutter in Hannover gewesen und wurde dort am 8. September festgenommen. Enno Kind wurde nun ebenfalls gesucht, sie konnten daher nicht in die jeweils eigene Wohnung zurückkehren. So verbrachten Antje und Enno vier Wochen lang jede Nacht bei anderen Freunden. Anfang Oktober kam Christa, von ihr inzwischen informiert, nach Berlin. Mit ihr zusammen traute sich Antje in die Atelierwohnung, weil sie den Eindruck hatte, diese werde nicht mehr überwacht. Und tatsächlich fanden sie alles unberührt vor. Das ermutigte Antje Havemann, mit Enno Kind in der Bismarckstraße zu bleiben, was dem Vagabundieren ein Ende setzte, aber längst nicht alle Probleme löste. Denn aus der Illegalität heraus konnte man seine regulären Lebensmittelmarken nicht auf dem Amt abholen. So blieben sie weiterhin auf die Unterstützung durch Freunde angewiesen.

Knapp zwei Monate später wurde die Wohnung durch einen Luftangriff zerstört. Glück im Unglück bescherte den Ausgebombten einen kaputten Bus, der auf der Straße stand. Den ganzen nächsten Tag konnten die zwei noch unzerstörtes Hab und Gut aus den Trümmern bergen und darin unterbringen, was sehr anstrengend war, weil die Wohnung im fünften Stock lag. Anstrengend vor allem für Antje, denn sie war schwanger. Das Ehepaar Havemann hatte sich schon früh darüber verständigt, dass die ungewollte Kinderlosigkeit dadurch behoben werden könnte, dass Antje sich einen geeigneten Kindsvater suchte, und der Name Enno Kind war anscheinend in diesem Zusammenhang schon gefallen. In dieser Notsituation schlossen sich Enno und Antje tatsächlich zusammen. Schon einen Tag nach den Rettungsarbeiten gelang es ihnen, sich ein Transportmittel zu organisieren, mit dem sie den geretteten Hausrat aus der Wohnung nach Zehlendorf bringen konnten.

Ein Cousin von Antje Havemann, Fritz Vogt, lebte dort in der Winfriedstraße 35 in einem Mehrfamilienhaus. Seine Familie hatte Berlin verlassen und war in Bregenz untergekommen. Vogt konnte die beiden in einer der Wohnungen im Haus unterbringen, was für ihn nicht ungefährlich war, denn es lebten noch zwei alleinstehende Frauen im Haus, für die man sich eine Ausrede einfallen musste, warum der junge Mann nicht an der Front war und das Haus so gut wie nie verlassen durfte. Die Ausrede ist nicht überliefert, aber sie bot Enno die Gelegenheit, bei Luftangriffen mit in den Luftschutzkeller zu gehen. Antje fühlte sich in dem fremden Stadtteil, in dem man sie kaum kennen konnte, wieder sicherer und meldete sich offiziell bei den Behörden. Auf diesem Weg konnte sie ihre Lebensmittelkarten nutzen, jetzt mit einer reichhaltigen Schwangerschaftszulage. Sie strickte und bereitete eine Babyausstattung vor, während Enno, zur Untätigkeit verdammt, zunehmend nervöser wurde. Immer wieder verlor er die Geduld und wollte sich stellen, bis Antje auf die Idee kam, ihn ein Streichholzdorf basteln zu lassen, womit er sich ausgiebig und liebevoll beschäftigte. Dieses Dorf, das seinen Heimatort Großburgwedel darstellt, ist noch heute in der Spielzeugsammlung von Antje Hasenclever zu besichtigen.

Während Enno Kind sein Streichholzdorf baute, saß Robert Havemann seit September 1943 in Haft. Immerhin konnte Antje, nachdem sie sich aus dem Schatten der Illegalität herausgewagt hatte, eine Sprecherlaubnis beantragen, um Robert zu sehen, die sie Anfang 1944 auch erhielt. Am 15. Dezember, drei Monate nach der Verhaftung, begann seine Verhandlung, und bereits am 16. Dezember wurde er vom Volksgerichtshof unter Roland Freisler wegen Hochverrats zum Tode verurteilt. Die Hinrichtung wurde jedoch vorläufig ausgesetzt. Fritz von Bergmann, mit dem Havemann seit 1938 am Heereswaffenamt zusammengearbeitet hatte, war es gelungen, dort ein neues kriegswichtiges Forschungsprojekt anzusiedeln, und er machte jetzt geltend, dass sein ehemaliger Kollege unverzichtbar sei.[82]

Wenige Tage nach dem Todesurteil kam zu Weihnachten Christa Hasenclever aus Kiel nach Zehlendorf, wo «Weltuntergangsstimmung» herrschte, wie es in den Erinnerungen der Schwester heißt. Silvester wurde etwas heiterer gefeiert, denn man hörte mit Fritz Vogts großem Radio, das besser war als der herkömmliche Volksempfänger, das deutsche Programm der BBC und sang fröhlich mit: «Es geht alles vorüber, es geht alles vorbei. Erst geht der Führer und dann Robert Ley.» Letzterer war der Reichsleiter der NSDAP, Leiter der Deutschen Arbeitsfront und «Reichswohnungskommissar». Christa fügt an: «Wie gut, daß wir alle nicht wußten, daß dieses Ziel erst in 16 Monaten erreicht werden würde.»[83]

Im neuen Jahr kehrte die Hauswirtin zurück, was zunächst keine grundlegenden Veränderungen mit sich brachte. Man kam ins Gespräch, und die Frau erzählte der neuen Mieterin unter Tränen vom Tod ihrer kleinen Tochter. Antje Havemann nutzte die vertrauliche Situation, um zu berichten, dass Enno Kind sich illegal im Haus aufhielt. Einmal eingeweiht, würde sie vielleicht verständnisvoller den Neuen gegenüber sein. Als die Hauswirtin wenig später allerdings Blockwartin wurde und damit zuständig war für die Überprüfung nationalsozialistischer Gesinnung, ließ sie Antje wissen, sie könne diesen Zustand nicht länger dulden. «Da habe ich gesagt: Sie irren sich, Frau Röckel. Sie haben es mitgemacht und wenn wir gefangen werden, werden Sie genauso mitgefangen. Das hat sie dann eingesehen.»[84] Die Denunziation hätte sich tatsächlich für die Hauswirtin nicht gelohnt, sondern sie in Gefahr gebracht, denn gemäß Heimtückegesetz hatte sie sich durch ihre Mitwisserschaft selbst schuldig gemacht. Denunzianten mussten vorsichtig sein, weil das Gesetz von 1934 große Spielräume eröffnete, die plötzlich auch den Verräter treffen konnte.

Denunziatorische Anzeigen waren im «Dritten Reich» dennoch ein wirkungsvolles Mittel, um eigene Interessen durchzusetzen. Man konnte auf diese Weise Scheidungsverfahren beschleunigen und lästige Vermieter, zwangseinquartierte Bombenflüchtlinge oder berufliche Konkurrenten aus dem Weg schaffen.[85] Politische Überzeugung stand in den wenigsten Fällen hinter Denunziationen.

Enno Kinds Nervosität war nicht nur seiner eigenen schwierigen Lage geschuldet. In Berlin festsitzend, hatte er keine Gelegenheit festzustellen, wie es seinen Kindern im Hause seiner Schwiegermutter in Hannover ging. Antje Havemann hatte die Idee, ihren Bruder Hilmar als Kurier einzusetzen. Ihm war nach einer Kriegsverletzung ein Bein amputiert worden. Da er wehruntauglich war, konnte er seinem Vater in Bielefeld helfen. Dienstreisen von Bielefeld nach Berlin führten ihn über Hannover, wo er Nachrichten an Enno Kinds

Schwiegermutter und seine Kinder überbringen und von ihnen empfangen konnte.

Robert Havemann arbeitete unterdessen vom Zuchthaus Brandenburg aus an dem kriegswichtigen Forschungsprojekt seines Freundes mit. Alle zwei Monate musste eine Verlängerung – und damit ein erneuter Aufschub der Hinrichtung – erbeten werden. Im Juli 1944 richtete man für ihn sogar ein Forschungslabor in seiner Zelle ein, in dem er aber keineswegs nur «kriegswichtige» Forschung betrieb. Von Bergmann mit Rohstoffen versorgt, braute der Chemiker Havemann Schnaps, den er beim Gefängnispersonal gegen Lebensmittel eintauschte, die Bergmann dann wieder an Antje und Enno weitergab. Immer von Bergmann unterstützt, gelang es ihm auch, einen Kurzwellenempfänger zu bauen, mit dem er Feindsender hörte. Mit der Schreibmaschine, die ursprünglich dazu dienen sollte, seine Forschungsergebnisse festzuhalten, tippte er täglich die neuesten Nachrichten, die dann über die illegalen Widerstandszellen im Gefängnis die Runde machten. Und Robert Havemann überlebte das «Dritte Reich»!

Zwei weitere Mitglieder der Europäischen Union, Georg Groscurth und Herbert Richter, konnten zunächst ebenfalls mit «kriegswichtiger» Forschung ihr Leben retten, bevor diese nicht mehr als relevant genug angesehen wurde. Am 8. Mai 1944 wurden sie, wie auch Paul Rentsch, hingerichtet.

Eine Woche später, am 15. Mai 1944, kam Antjes Tochter Ulrike zur Welt.

Überleben bis zum Kriegsende: Inge Scholl und Marie Louise von Scheliha

Im Frühjahr 1943 wurde Elisabeth Scholl, die jüngste Schwester von Sophie, schon zwei Monate nach ihrer Festnahme wieder aus der Sippenhaft entlassen, weil sie sich in der kalten Zelle eine Blasen- und Nierenentzündung zugezogen hatte. Wenn Heizmaterial gespart wurde, bekam der zuständige Beamte eine Prämie. Ihre Mutter Lina und Inge mussten jedoch fünf Monate bis Ende Juli 1943 im

Gefängnis in Ulm ausharren. Robert Scholl blieb für neun Monate in Gewahrsam, bevor er drei Tage vor Weihnachten 1943 in das gefürchtete Zuchthaus Kislau bei Bruchsal abtransportiert wurde. Während seiner Haft war ein Verfahren wegen «Rundfunkverbrechen» gegen ihn eröffnet worden, in dem er zu neunzehn Monaten verurteilt wurde. Da ihm die Zeit der Sippenhaft jedoch angerechnet wurde, war er bereits im November 1944 wieder frei.[86] Erstaunlicherweise blieb der Soldat Fritz Hartnagel, Sophies Verlobter, der sich bei der Wehrmacht für seine Kontakte zur Familie Scholl rechtfertigen musste und ebenfalls «Rundfunkverbrechen» beging, völlig unbehelligt. Er hatte, für jeden gut sichtbar, in seinem Dienstzimmer in Zagreb, wo er inzwischen stationiert war, eine Karte an der Wand, auf der er den Frontverlauf nach Informationen der BBC verzeichnete.[87] Im April 1945 geriet Fritz in amerikanische Gefangenschaft.

Da Robert Scholl im Juni 1944 noch im Gefängnis saß und ohnehin mit Berufsverbot belegt war, die Bombenangriffe auf Ulm zunahmen und die Gestapo immer ein wachsames Auge auf die Familie hatte, entschlossen sich Inge und Lina Scholl, die Wohnung am Münsterplatz ganz aufzugeben und auf einen Einödhof bei Ewattingen im Schwarzwald zu ziehen, um dort das Ende des Krieges abzuwarten. Elisabeth half einer der Schwestern von Fritz Hartnagel im Haushalt und konnte so dem Kriegshilfsdienst entgehen. Auch sie war später außerhalb von Ulm untergebracht. Nach seiner Freilassung kam Robert Scholl in den Schwarzwald, wo sich zu guter Letzt auch Otl Aicher einquartierte. Er war Anfang 1945 desertiert und blieb bis zum Schluss unentdeckt. Nur einer kam nicht: Werner Scholl. Er war nach der Hinrichtung seiner Geschwister an die Front zurückgeschickt worden und gilt seit Mai 1944 als verschollen.

Auch Familie von Scheliha wartete gemeinsam auf das Kriegsende. Rudolf von Scheliha war 1942, zwei Tage vor Heiligabend, hingerichtet worden. Marie Louise verbrachte ein trauriges Weihnachtsfest bei ihrer Schwester in Österreich, bevor die nächste Hiobsbotschaft sie erreichte: Ihre Schwiegermutter war im Dezember gestorben; Marie Louise erhielt hierauf die Erlaubnis, zur Beerdigung nach Zessel zu fahren. Anfang 1943 erteilte ihr die Gestapo die Genehmigung, ihren Berliner Haushalt aufzulösen. Danach reiste sie zur Familie ihres Bruders ins heimatliche Kleinskal und erlebte dort das Kriegsende.

Als die Rote Armee anrückte und klar wurde, dass sie Böhmen verlassen mussten, bereiteten die Geschwister ihre Flucht nach Westen vor. Marie Louise von Scheliha packte einunddreißig Koffer, aber ihr Bruder Wilhelm von Medinger und seine Frau Gretl zögerten die Abfahrt so lange hinaus, bis es schließlich zu spät war. Wilhelm von Medinger wurde von der tschechischen Nationalgarde verhaftet. Die Frauen kamen mit einem Hausarrest davon, weil sich Marie Louise von Scheliha als die Witwe eines Nazigegners ausweisen konnte und ihre Schwägerin ein Baby zu versorgen hatte. Bald konnte auch ihr Bruder nach Kleinskal zurückkehren, wurde aber von den eintreffenden Russen erneut verhaftet. Seine Frau entschloss sich, auf ihn zu warten.

Schweren Herzens machte sich Marie Louise von Scheliha im Mai 1945 mit ihren Kindern – und ohne die vielen Koffer – allein auf den Weg. Zum ersten Mal in ihrem Leben war sie ganz auf sich gestellt. Mit dem Zug gelangten sie zunächst nach Prag, wo sie drei Tage lang auf dem Gelände der österreichischen Gesandtschaft in einem Massenquartier ausharren mussten. Die Hoffnung, mit einem Rot-Kreuz-Wagen nach Pilsen in die amerikanische Zone zu gelangen, zerschlug sich. Die Grenze war gesperrt, es gab keinerlei Transporte mehr. Als Deutsche drohte ihnen in Prag die Internierung. Marie Louise von Scheliha fand schließlich eine neue Unterkunft in einem Fremdenasyl für Ausländer. Der Besitzer des Hauses, ein junger Tscheche, brüstete sich damit, gerade zweiundzwanzig SS-Männer getötet zu haben, kaufte ihr aber Fahrkarten für die Bahn, weil sie selbst inhaftiert gewesen war. In dem Asyl wohnte auch ein Schweizer Bergführer, mit dem sie die Flucht über die grüne Grenze nach Bayern vereinbarte. Seine Bedingung war, dass sie kein Gepäck, aber viele Lebensmittel mitnahmen. Während am Pfingstsonntag morgens um vier die Mutter und ihre beiden Töchter darauf warteten, dass die Tür des Asyls sich öffnete, stürzte sich direkt neben ihnen eine Frau aus dem Fenster in den Tod.

Mit dem Zug verließen sie Prag, mussten aber wegen zerstörter Schienen bald zu Fuß weitergehen und dabei russische und amerikanische Schlagbäume passieren. Von Pilsen aus ging es zunächst nicht weiter. Wieder musste die kleine Familie in ein Ausländercamp. «Im Lager war viel Typhus, wie ich hörte. Das Stroh auf dem wir lagen, war entsetzlich schmutzig und die 00 Angelegenheiten beispiellos.»

Am dritten Tag gelang es den drei Schelihas, schwarz auf einem der Flüchtlingslastwagen nach Bayern mitgenommen zu werden. Sie fuhren durch das zerstörte Nürnberg weiter nach Würzburg; die «Stadt selbst: ‹Non existent.›»[88] In Würzburg konnte sie durch unzählige Bittgänge die Weiterfahrt nach Westen organisieren, ohne dass sie ein festes Ziel vor Augen hatte. Mit einem kleinen Gemüseauto gelangten sie in das unterfränkische Ochsenfurth, wo eine Schustersfrau sich liebevoll um sie kümmerte. Um aber deren Gastfreundschaft nicht über Gebühr zu strapazieren, reisten sie weiter. Sonderhofen war die nächste Station auf der ziellosen Flucht. Im dortigen Pfarrhaus stellte Marie Louise von Scheliha fest, dass das mittelalterliche – im April 1945 von amerikanischen Bombern zur Hälfte zerstörte – Städtchen Niederstetten, südöstlich von Bad Mergentheim, nicht allzu weit entfernt war. Sie wusste, dass polnische Freunde der Familie sich dort in Schloss der Fürsten von Hohenlohe niedergelassen hatten. Mit Fahrzeugen aller Art erreichten sie das Ziel. Mit ihren beiden Kindern blieb Marie Louise von Scheliha für die nächsten drei Jahre dort.

Fünftes Kapitel

Not überwinden – Neuanfang wagen? 1945/46

Am 8. Mai 1945 war der Krieg in Europa endgültig vorbei. Am 5. Juni übernahmen die Alliierten offiziell die oberste Regierungsgewalt in Deutschland. Sie teilten das Land in vier Zonen auf und verfolgten anfangs ehrgeizige Ziele: vollständige Abrüstung, Entmilitarisierung, Demokratisierung, Verhaftung und Bestrafung der Nazi-Verbrecher ebenso wie die Entnazifizierung der Bevölkerung. Kein leichtes Unterfangen, wenn man weiß, dass 8,5 Millionen Deutsche Mitglied der NSDAP gewesen waren, von den vielen anderen nationalsozialistischen Organisationen ganz zu schweigen.[1] Im August beschlossen die drei Siegermächte Großbritannien, USA und Sowjetunion auf der Konferenz von Potsdam die Verlegung der polnischen Westgrenze an die Oder-Neiße-Linie, um das wiedererrichtete Polen für Gebiete zu entschädigen, die es gezwungen war, im Osten an Stalin abzutreten. Die deutsche Bevölkerung war geflohen oder vertrieben worden, so dass im Herbst 1946 bei einer ersten Volkszählung 9,6 Millionen Flüchtlinge registriert wurden. Heute geht man von etwa zwölf Millionen Flüchtlingen und Vertriebenen aus den ehemaligen deutschen Ostgebieten aus, die in den Besatzungszonen integriert oder überhaupt erst einmal untergebracht und verpflegt werden mussten.[2]

Am 20. November 1945 begannen in Nürnberg die Prozesse gegen vierundzwanzig Hauptkriegsverbrecher vor dem Internationalen Militärgerichtshof. Nach 218 Prozesstagen wurden im Oktober 1946 einundzwanzig Männer aus der Führungsriege des NS-Staates verurteilt, davon zwölf zum Tod durch den Strang, drei der Angeklagten wurden freigesprochen, ein Verfahren wurde aus gesund-

Eines der zahlreichen Trümmerbilder, die der Fotograf Friedrich Seidenstücker vom zerstörten Berlin machte. Hier sind die Reste des Kronprinzenpalais Unter den Linden im Jahr 1946 zu sehen. Im Hintergrund links das Zeughaus und der Dom. Im benachbarten Kronprinzessinnenpalais hatte Adolf Reichwein seinen Dienstsitz im Museum für deutsche Volkskunde.

heitlichen Gründen eingestellt. Von den zu Haftstrafen Verurteilten mussten die wenigsten ihre Strafe ganz verbüßen (bis auf Rudolf Heß, der sich 1987 im Gefängnis Berlin-Spandau das Leben nahm). Andere Hauptkriegsverbrecher kamen gar nicht erst vor Gericht, weil sie sich durch Selbstmord der Verantwortung entzogen hatten – wie Hitler, Goebbels und Himmler – oder geflohen und untergetaucht waren.

Auf den Hauptkriegsverbrecherprozess folgten in Nürnberg bis 1949 noch zwölf Nachfolgeprozesse; bald darauf ließen jedoch der beginnende Kalte Krieg und der Wiederaufbau das Interesse an einer juristischen Aufarbeitung des NS-Regimes und an der Entnazifizierung in den Hintergrund treten.

«Besinnungsloser Wiederaufbau»

In den ersten Jahren nach Kriegsende wandelte sich die Stimmung in Deutschland. 1945 hatte es einen kurzen Moment des großen Erschreckens unter den Deutschen gegeben, in dem ihnen klar wurde, welches ungeheure Ausmaß die Verbrechen Deutschlands tatsächlich hatten. Nun musste darüber gesprochen werden, wenn zum Beispiel die Alliierten 1946 in deutschen Kinos den Dokumentarfilm *Die Todesmühlen* zeigten. Man sah etwa, wie die Alliierten die Konzentrationslager vorfanden oder wie die Amerikaner die Bevölkerung von Weimar zwangen, durch das Konzentrationslager Buchenwald zu gehen, vorbei an all den Leichen.

Der Philosoph Karl Jaspers hielt im Wintersemester 1945/46 eine Vorlesung über «Die geistige Situation in Deutschland», in der er sich der Schuldfrage stellte. Er forderte, die Auseinandersetzung mit dieser schwierigen und schmerzhaften Frage nicht zu scheuen, sondern dem eigenen Gewissen Rechenschaft abzulegen. Als der Text im folgenden Sommer veröffentlicht wurde, diskutierten ihn Autoren in den zahlreichen intellektuellen Zeitschriften, die seit Kriegsende begründet worden waren und deren eigentliches Thema, so die Historikerin Ingrid Laurien, die persönliche Auseinandersetzung mit Schuld gewesen sei. Viele von ihnen kamen zu einem ähnlichen Schluss wie Jaspers – bei aller Ablehnung einer Kollektivschuld wurden Ehrlichkeit und ein offener Dialog gefordert.[3]

Der Schriftsteller Günther Weisenborn, der selbst im Rahmen der Roten Kapelle Widerstand geleistet hatte und jahrelang inhaftiert gewesen war, sah jetzt den Moment gekommen, in dem der Widerstand gewürdigt werden sollte. In einer Rede im Berliner Hebbel-Theater am 11. Mai 1946 sprach er vor den ehemaligen politischen Häftlingen des Konzentrationslagers Sachsenhausen anlässlich der einjährigen Wiederkehr ihrer Befreiung die optimistischen Worte: «Die deutsche illegale Widerstandsbewegung wird in der Geschichte des deutschen Geistes, wird in der Geschichte der Freiheitskämpfe der Welt eine *besondere* Rolle spielen, da noch niemals in der Welt die Waffen so ungleich verteilt, noch niemals das Todesrisiko, der Sterbekoeffizient so fürchterlich waren.» Und er fuhr fort: «Es ist endlich Zeit, daß die Welt erfährt, was hier im Land geschehen ist. Wir sind es der Welt schuldig, wir sind es unserem Volk schuldig, und wir sind es besonders den Toten schuldig. Ihre Taten dürfen nicht vergessen werden. Wir Überlebenden haben die Verpflichtung, vor der Welt Zeugnis von ihren Taten abzulegen. Die Zeit des Schweigens, der Geheimnisse, des Flüsterns ist vorbei. Wir können sprechen! Wir müssen sprechen!»[4]

Aber Weisenborns Hoffnung erfüllte sich nicht, seine Aufforderung verhallte ungehört. Die Fassungslosigkeit wich allmählich der Abwehr. Ab Juni 1946 schickten amerikanische Bürger Lebensmittelpakete der Hilfsorganisation CARE (Cooperative for American Remittances to Europe), im Laufe der Jahre wurden an die zehn Millionen dieser CARE-Pakete verschickt.[5] Die verbesserte Versorgungssituation lenkte die Deutschen ab, der Blick wandte sich weg von der Vergangenheit hin zu einer hoffnungsvolleren Zukunft, nach Amerika, wo im Sommer 1948 der Marshallplan auf den Weg gebracht wurde, der amerikanische Wirtschaftshilfe für Europa in erheblichem Umfang sicherstellte. Jetzt begann endgültig das, was Clarita von Trott zu Solz treffend als «besinnungslosen Wiederaufbau» bezeichnet hat.[6] Von nun an wurde geschwiegen, und die Deutschen begannen vor allem sich selbst als Opfer zu sehen, als von den

Nationalsozialisten Verführte und Irregeleitete, die jetzt für die Taten der Nazis büßen mussten.

In dieser Atmosphäre war die Erinnerung an den Widerstand höchst unwillkommen. Dies musste auch die Dichterin Ricarda Huch erfahren, die sich zwölf Jahre lange bewusst und deutlich erkennbar vom Nationalsozialismus ferngehalten hatte. Sie veröffentlichte 1946 in mehreren Tageszeitungen einen ganzseitigen Appell, in dem sie die Angehörigen der ermordeten Widerstandskämpfer bat, ihr Material zukommen zu lassen; sie wolle ein Gedenkbuch für diese «Märtyrer» verfassen, damit «das deutsche Volk daran einen Schatz besitze, der es mitten im Elend noch reich macht».[7] Die Widerstandsfamilien dankten der angesehenen Autorin mit warmen Worten für dieses positive Zeichen, das ihnen in einer mehrheitlich feindlich gesinnten Umwelt wohltat.[8] Rosemarie Reichwein besuchte Ricarda Huch im Juni 1946 in Jena und notierte in ihr Tagebuch: «Nachher schloß sie mich in ihre Arme. *Unvergesslich!*»[9]

Die Briefe der dankbaren Witwen stehen in scharfem Gegensatz zu dem Brief eines Anonymus, der im selben Monat an Ricarda Huch schrieb: «Es mag sein, dass Witzleben, Hase usw. tatsächlich Deutschland retten wollten, in den Augen des Volkes sind und *bleiben* sie Verräter, denn nicht ihnen, sondern Hitler gehörte seine Liebe und sein Vertrauen. ... Von den Opfern, die die Deutschen in aller Herren Länder um ihres Deutschtums willen gebracht haben, haben Sie wohl nie etwas gehört? Ihre Bücher sind bei mir in den Mülleimer geflogen, weil ich mich vor Ihrem ‹Appell› für besagte ‹Märtyrer› geekelt habe. – Man hat jedesmal, wenn man eine Zeitung zur Hand nimmt, den Wunsch, sich ausgiebig die Hände zu waschen. Nichts als Schmutz, wohin man sieht, es gibt kein deutsches Reich mehr, es lohnt kaum noch zu leben.»[10] Die Frauen und Familien des Widerstands wurden durch solche Ansichten auch nach dem Krieg noch gewissermaßen aus der «Volksgemeinschaft», die eine Schuldgemeinschaft geworden war, ausgestoßen.

Zersplitterung und Missachtung des Widerstands

In Deutschland gab es nach 1945 drei Gruppen: diejenigen, die geschwiegen hatten, diejenigen, die den Nationalsozialismus und seine Verbrechen geduldet oder sich aktiv daran beteiligt hatten, und zuletzt diejenigen, die versucht hatten, im Rahmen ihrer Möglichkeiten dem Nationalsozialismus Einhalt zu gebieten. Es ist bemerkenswert, dass sich die am Widerstand Beteiligten in dieser frühen Nachkriegsphase noch als Einheit empfanden, sie waren noch einig in der gemeinsamen Ablehnung des Vergangenen und noch nicht in ideologische Grabenkämpfe über das richtige Gesellschaftsmodell für die Zukunft verstrickt. Berührungsängste mit den Kommunisten gab es noch nicht: «Es wird allgemein anerkannt, wie tapfer sich diese Männer gehalten haben, und es wäre ungerecht, sie nicht zu dieser Widerstands-Bewegung zu rechnen»,schrieb Renate von Hardenberg, deren Mann die Verfolgung nach dem 20. Juli 1944 überlebt hatte.[11] Sie war die Geschäftsführerin des Hilfswerks 20. Juli, das von Überlebenden gegründet worden war, um die oft mittellosen Angehörigen zu unterstützen. Hardenberg wandte sich auch an die Witwe des kommunistischen Widerstandskämpfers Anton Saefkow, der am 4. Juli 1944 zusammen mit Adolf Reichwein verhaftet worden war, und fragte sie, «ob ihr Mann auch auf unsere Ehrenliste soll». Aenne Saefkow lehnte jedoch ab, weil sie nicht wollte, dass ihr Mann in einen Zusammenhang mit dem Grafen Helldorf gebracht wurde, der dort ebenfalls auftauchte.[12] Wolf-Heinrich von Helldorf, frühes NSDAP- und SA-Mitglied, ab 1935 Polizeipräsident von Berlin, erklärter Antisemit, hatte erst spät zum Widerstand gefunden und ist bis heute eine umstrittene Figur.[13]

Trotz solcher Vorbehalte gab es persönliche Begegnungen zwischen den Frauen mit ganz unterschiedlichen Ansichten und Aktivitäten im Widerstand. So traf sich Rosemarie Reichwein mit Aenne Saefkow, die auch bei dem Teenachmittag zu Gast war, den Annedore Leber 1946 um den 20. Juli herum organisierte.[14]

Marion Yorck von Wartenburg, die Witwe des 1944 hingerichteten Widerstandskämpfers Peter Yorck von Wartenburg, bekam im Sommer 1945 von Wilhelm Pieck, dem späteren Mitbegründer der

SED und ersten und einzigen Präsidenten der DDR, das Angebot, im Berliner Magistrat zu arbeiten. Sie nahm an und wurde im Hauptausschuss «Opfer des Faschismus» (OdF) tätig,[15] der bereits im Juni 1945 unter anderem von Annedore Leber begründet worden war. Das Amt wurde von dem Kommunisten Ottomar Geschke geleitet, eine ihrer Kolleginnen war die ehemalige Sekretärin von Clara Zetkin. Der Ausschuss kümmerte sich um Überlebende und Hinterbliebene und stellte ihnen unter anderem Ausweise aus, die ihre Zugehörigkeit zum Widerstand dokumentierten – so auch für Marion Yorck selbst, für Annedore Leber und Rosemarie Reichwein, die über den Ausschuss auch die Wohnung einer geflohenen Nazigröße zugewiesen bekam.[16]

Der Berliner Magistrat legte 1945 fest, dass alljährlich der zweite Sonntag im September als Gedenktag für die Opfer des Faschismus begangen werden sollte. Zur ersten Feier am 9. September 1945 erschienen Zehntausende Berliner,[17] um die Opfer zu ehren. Auf einer großen Veranstaltung im September 1946 redete Marion Yorck von Wartenburg als Vertreterin des Magistrats, es sprachen außerdem Robert Havemann und Greta Kuckhoff. Ab 1947 wurden derartige Veranstaltungen von der Vereinigung der Verfolgten des Naziregimes (VVN) organisiert. Hervorgegangen aus lokalen Häftlingskomitees und einzelnen Landesverbänden, hatte sich die Vereinigung im März 1947 gesamtdeutsch als überparteiliche Vertretung der deutschen NS-Verfolgten organisiert, um deren Not wirkungsvoller lindern zu können.

Eugen Kogon, selbst Häftling des Konzentrationslagers Buchenwald, dessen Buch *Der SS-Staat* 1946 erschien, gründete nach dem Krieg zusammen mit Walter Dirks die linkskatholischen *Frankfurter Hefte*, die für die intellektuelle Entwicklung der Bundesrepublik von großer Bedeutung waren. Kogon war im Vorstand der hessischen VVN, die seiner Meinung nach «beim deutschen Volk kein sonderlich gutes Ansehen» genoss, aber «mit ihren dreihunderttausend Mitgliedern in Deutschland» das «einzige große politische Forum» sei, «wo Deutsche der verschiedensten Herkunft, Konfession und Parteizugehörigkeit aufgrund einer gemeinsam durchkämpften und durchlittenen Vergangenheit noch zusammenwirken».[18]

Im September 1946 traten am «Gedenktag für die Opfer des Faschismus» Angehörige verschiedener Widerstandbewegungen als Redner auf, u. a. Marion Yorck von Wartenburg (3. von links), Robert Havemann (2. von rechts) und Aenne Saefkow (rechts).

Eines der Anliegen der VVN war es, dem Widerstand eine Stimme zu geben und seinen Anteil am gesellschaftlichen und politischen Neuanfang in Deutschland einzufordern. Der Ruf vieler Verfolgter nach einer kompromisslosen Säuberung der neuen Gesellschaft von allen, die in den Nationalsozialismus verstrickt waren, führte jedoch zu Irritationen, so dass die breite Akzeptanz der VVN schnell schwand.

Nach dem Ende des Zweiten Weltkriegs entwickelte sich die Konfrontation zwischen den USA und der Sowjetunion zum Kalten Krieg, der auch auf ideologischer Ebene ausgefochten wurde. Zwischen den Fronten von kommunistischem und westlichem Gesellschaftsmodell wurde auch die VVN allmählich zerrieben. Die in der VVN immer einflussreicher werdende sowjetische Militäradministration wollte ausschließlich den kommunistischen Kampf gegen Hitler anerkennen und qualifizierte jeden anderen Widerstand ab: Es handele sich um «gewisse abgetakelte Staatsmänner aus der Weimarer Republik, ehemalige Politiker der Rechten, Großbourgeois, Adlige, Wirtschaftsführer, die zufällig nicht in der Nazipartei waren, insgesamt aber Leute, die wenig mit dem aktiven Kampf gegen das Hitlerregime zu tun hatten».[19] Die Nichtkommunisten beugten sich dieser Verengung und Bevormundung nicht, so dass die SPD im Mai 1948 einen Unvereinbarkeitsbeschluss fasste, der besagte, dass Angehörige der VVN nicht Mitglied der SPD sein könnten.[20] Die Erinnerung an den Widerstand ging von nun an in Ost und West ganz unterschiedliche Wege.

Die über achtzigjährige Ricarda Huch hielt die Erinnerung an die Rote Kapelle für ebenso wichtig wie die an die Weiße Rose oder den 20. Juli. Es gelang ihr jedoch nur noch, einen Text über die Weiße Rose zu verfassen. Ein Teil der von ihr verfassten Portraits war 1947 unter anderem in der *Täglichen Rundschau* zu lesen.[21] Erneut abgedruckt wurden sie 1948 in der *Neuen Schweizer Rundschau*.[22] Das geplante Gesamtwerk zum Widerstand wurde hingegen nicht fertig. Auf dem Weg von Jena, wo sie seit 1935 lebte, zu ihrer Tochter nach Frankfurt am Main, zog sie sich während eines nächtlichen Aufenthaltes in einem ungeheizten Bahnhof eine Lungenentzündung zu, von der sie sich nicht mehr erholte. Sie starb am 17. November 1947.

In dem Bewusstsein, dass ihre Kräfte nicht reichen würden, hatte Ricarda Huch kurz zuvor auf dem ersten deutschen Schriftstellerkongress 1947 in Berlin ihr Material an Günther Weisenborn übergeben. Dieser hatte mit *Die Illegalen. Drama aus der deutschen Widerstandsbewegung* im Jahr zuvor eine erste literarische Verarbeitung des Widerstandes, genauer: seiner eigenen Erfahrungen im Rahmen der Roten Kapelle, vorgelegt und sich unter anderem hierdurch für die Nachfolge Ricarda Huchs qualifiziert. Er kündigte an, es sei bald «mit den ersten authentischen Veröffentlichungen über die deutsche Widerstandsbewegung zu rechnen», von denen er allzu optimistisch annahm, dass sie «die Welt in Erstaunen setzen werden».[23]

Die Welt wollte jedoch von der deutschen Widerstandsbewegung nichts wissen. Die Alliierten lehnten es ab, sich mit diesem Thema zu beschäftigen, wollten nicht einmal eine innerdeutsche Auseinandersetzung mit dem Thema zulassen, da diese eventuell ihre eigene Rolle gegenüber dem deutschen Widerstand kritisch beleuchtet hätte.

Die – wenigen – einschlägigen Bücher, die bis Ende der 1940er Jahre vorlagen, durften in den Besatzungszonen nicht erscheinen, sondern mussten in der Schweiz publiziert werden.[24] Günther Weisenborns breit angelegte Studie über die deutsche Widerstandsbewegung, *Der lautlose Aufstand,* war davon jedoch nicht mehr betroffen. Sie erschien, umfangreicher und sachlicher als die begonnene literarische Fassung von Ricarda Huch, mit Dokumentenanhang und Originalquellen, erst im Jahr 1953.

«One is not tooo alone» – Hilfe aus der Emigration

Nicht nur in Deutschland gab es Bemühungen, den Widerstand gegen Hitler und seine Opfer in das öffentliche Bewusstsein zu rücken und sich um die Überlebenden und Angehörigen zu kümmern, sondern auch im Ausland. In den USA setzte sich das Committee to Aid the Survivors of the German Resistance für die Überlebenden des Widerstands ein.[25] Deutsche Emigranten und Amerikaner halfen hier etwa bei der Vermittlung von Ferien- und Erholungsaufenthalten für Kinder aus Widerstandsfamilien.

In Großbritannien gründeten Christabel und Peter Bielenberg einen «20. Juli Memorial Fund». Beide hatten Deutschland 1945 verlassen, um sich mit einer Farm in Irland eine neue Existenz aufzubauen. Chris Bielenberg arbeitete zunächst als Deutschland-Korrespondentin des *Observer.* Einem spontanen Einfall folgend, hatten die Bielenbergs, wie es scheint, zusammen mit dem Herausgeber des *Observer* David Astor, alle drei gute Freunde des hingerichteten Widerstandskämpfers Adam von Trott zu Solz, diesen Hilfsfonds ins Leben gerufen, um «Abgründe zu überbrücken, indem wir englische Familien mit deutschen zusammenbrachten, die ihre Männer und Väter» als Folge des missglückten Attentats verloren hatten.[26] Lady Isobel Cripps erklärte sich bereit, die Schirmherrschaft zu übernehmen. Sie war die Frau des Labour-Abgeordneten und späteren Kabinettsmitglieds Sir Stafford Cripps. Auch das Ehepaar Cripps war mit Adam von Trott befreundet gewesen. Der zweite Schirmherr der Bielenberg'schen Stiftung war George Bell, Bischof von Chichester, ein enger Freund Dietrich Bonhoeffers sowie von dessen Schwester Sabine und ihrem Mann Gerhard Leibholz, die im englischen Exil gelebt und mit Bell zusammen versucht hatten, dem Widerstand in England eine Stimme zu geben.[27] Zwei große Anzeigen in der *Times* und im *Observer* brachten dem Memorial Fund viel Geld ein. In Deutschland fand Christabel Bielenberg Unterstützung bei Marion Gräfin Dönhoff, die viele der Widerstandskämpfer gekannt und gerade bei der Wochenzeitung *Die Zeit* angefangen hatte. Sie stellte den Kontakt zu Graf Hardenberg her.

Carl-Hans Graf von Hardenberg, Verwalter des Gutes Neu-Hardenberg östlich von Berlin und einer der Männer vom 20. Juli 1944, hatte schon im Herbst 1945 zusammen mit anderen Überlebenden aus dem Widerstand die Stiftung Hilfswerk 20. Juli gegründet, die heutige Stiftung 20. Juli 1944. Zu den Gründern gehörten unter anderem Elisabeth Gärtner-Strünck, eine der wenigen Frauen, die wegen der Beteiligung am Attentat vom 20. Juli inhaftiert waren, Fabian von Schlabrendorff, ein weiterer Widerstandskämpfer aus dem Umfeld der Attentäter vom 20. Juli, sowie der Fabrikant Walter Bauer, Mitglied der Bekennenden Kirche und des Freiburger Kreises um Adolf Lampe. Auch Eugen Gerstenmaier engagierte sich in der Stiftung. Der spätere Bundestagspräsident, ein Überlebender des Kreisauer Kreises, war zugleich Vorsitzender des Hilfswerks der Evangelischen Kirche in Deutschland, das schnelle Hilfe beim Wiederaufbau nach 1945 leistete.

Zu den amerikanischen Emigranten, die die Stiftung unterstützten, gehörten auch Käthe Kuhn, geborene Lewy, und ihr Mann Helmut Kuhn, der Philosophieprofessor in Berlin gewesen war, bis ihm als Jude von den Nationalsozialisten die Lehrerlaubnis entzogen wurde. 1937 emigrierte er mit seiner Frau in die USA. Gleich nach Kriegsende nahmen die Kuhns 1945 den Kontakt zu alten Freunden in Berlin auf, darunter zu dem Historiker Friedrich Meinecke. Dessen Frau Antonie schilderte in einem langen Brief den Emigranten ihre Situation, ohne sich jedoch zu beklagen – «no word about hunger or other privations» –, sondern eher mit einem misstrauischen Unterton, der das schwierige Verhältnis zwischen den im Land Gebliebenen und den ins Exil Getriebenen kennzeichnete: «Are you too among our accusers who say: It serves you right?»[28] Beide Seiten, die innere und die äußere Emigration, nahmen für sich in Anspruch, das schwerere Los erlitten zu haben. Wer im Land geblieben war, meinte sich dafür rechtfertigen zu müssen. Wer das Land verlassen hatte, weil er oder sie samt Familie an Leib und Leben bedroht war, dem sprachen «die Anderen» das Recht ab, sich am Wiederaufbau zu beteiligen.

Zwischen den Kuhns, den Meineckes und den Hardenbergs scheint es indes keine tiefgreifenden Verständigungsschwierigkeiten gegeben zu haben. Der Brief von Antonie Meinecke veranlasste das Ehepaar Kuhn, Hilfe für ihre hungernden deutschen Freunde zu organisieren, indem sie ihr amerikanisches Umfeld um Geld- oder Sachleistungen baten, die dem Hilfswerk 20. Juli zugute kamen.[29]

Der Nachlass von Käthe Kuhn enthält unzählige Briefe von Frauen, die über das Hilfswerk Pakete aus den USA bekommen haben. Die Empfängerinnen wurden gebeten, sich bei den amerikanischen Spendern zu bedanken, was oft mit einem freundlichen, aber doch kurzen und formalen Schreiben geschah, während der eigentliche Dank an Käthe Kuhn ging. Gottliebe von Lehndorff, Witwe des hingerichteten Widerstandskämpfers Heinrich von Lehndorff, bedankte sich bei Kuhn für die Carepakete in englischer Sprache, weil sie glaubte, die Adressatin sei Amerikanerin: «One is not *tooo* alone and that makes such a difference.»[30]

Weiterleben wofür?
Marie Louise von Scheliha

Während sich Überlebende des Widerstands und Emigranten im ersten, besonders harten Nachkriegswinter politisch und menschlich für das Erbe des Widerstands einsetzten, hatten die drei Schelihas nach ihrer Odyssee von Kleinskal über Prag schließlich auf einem Milchwagen Niederstetten erreicht, das ehemalige Schloss der Fürsten von Hohenlohe-Jagstberg. In der kleinen Stadt zwischen Bad Mergentheim und Rothenburg ob der Tauber trafen sie, wie erhofft, ihre Freunde an. Sie teilten sich mit ihnen einen Kellerraum des Schlosses, der mit altem Kasernenmobiliar ausgestattet war – Etagenbetten und Spinde, sonst fast nichts. Mali, die Ästhetin, bemalte die grauen Schränke. Ansonsten musste sie sich mit ihren Töchtern mit dem Sammeln von Pilzen, Beeren und Fallobst über Wasser halten. Auch sie erhielten Care-Pakete aus Amerika. Das Festmahl zum Weihnachtsfest 1945, eine Dose Pfirsiche und eine Dose Erbsensuppe, stammte wohl auch aus einem der Pakete.

Im folgenden Sommer wurden die Flüchtlinge zur Feldarbeit eingesetzt, unter anderem zum Abklauben von Kartoffelkäfern. Nach der Abreise der Freunde, die nach Polen zurückkehrten, durften die Schelihas sogar in die oberen Gemächer umziehen. Sie lebten nun in zwei Gästezimmern mit Damasttapete. Doch damit verbesserte sich ihre Situation nur geringfügig. Man begegnete ihnen mit Misstrauen, und einmal wurden sie sogar des Diebstahls bezichtigt. «Noch heute lasten die zwei Jahre auf meinem Gemüt», schrieb Marie Louise von Scheliha 1993.[31]

Dennoch blieben die Schelihas zwei Jahre lang in Niederstetten, weil sie nicht wussten, wohin. Und sie hatten alles verloren: «Wir hatten jeder nur einen kleinen Rucksack und das, was wir auf dem Leib trugen.»[32] Marie Louise von Scheliha war nun einundvierzig Jahre alt, aber ohne Ausbildung, sehr behütet aufgewachsen, in einer Welt, in der Töchter zum Heiraten, nicht zum Arbeiten erzogen wurden. «Für sie war mit dem Tod des geliebten Ehemannes, nein, eigentlich schon mit der eigenen Verhaftung, den Tagen im Nazi-Gefängnis, ihre Welt untergegangen», berichtete ihre Tochter später.[33] Sie hatte überlebt, aber wofür lebte sie jetzt? Für die Erinnerung?

Viele andere Frauen des Widerstands gewannen die Kraft zum Weiterleben aus dem Andenken an den Widerstand, das sie als Auftrag verstanden, allen voran Annedore Leber. Ganz ähnlich erging es Marta Husemann, der Zellengenossin von Cato Bontjes van Beek, die in ihrem Gefängnistagebuch notiert hatte: «Der einzige Trost sind die Gedanken und das Bewußtsein, das man leben bleiben muß, um das zu vollenden, was die Toten begonnen haben, und nicht vollbringen konnten, die Gewißheit, daß sie nicht umsonst gelebt haben, daß vor allem der Tod nicht umsonst war, ist der einzige Trost, den wir ihnen, die sterben müssen, geben können. Und das ist auch mein Trost!»[34]

Aber Marie Louise von Scheliha wusste kaum etwas von dem Widerstand ihres Mannes. Er hatte ihr nichts erzählt, sie hatte nicht gefragt. Rudolf von Scheliha wollte sie schützen, war aber überdies, wie ihr Vater, der Meinung, Politik sei nichts für Frauen, und er hatte ihr noch in seinem Abschiedsbrief den Rat gegeben, sich von der Politik fernzuhalten. Und Marie Louise hielt sich daran, wie sie so viele Ratschläge ihres Ehemannes und ihres Vaters ihr Leben lang beherzigt hat und damit deren Schutz und Schirm bis zum Schluss in Anspruch nahm – unter Aufgabe ihrer Eigenständigkeit. Doch damit war ihr der Weg verschlossen, den Gottliebe von Lehndorff für sich wählte, die an Ricarda Huch schrieb: «[Ich] kann nur in diesem Glauben, indem ich einen tiefen Sinn in das bewußte Sterben dieser Männer lege, einen neuen Sinn in mein Leben bringen.»[35] Ähnlich schrieb auch Clarita von Trott an Ricarda Huch: «Ich wähle einstweilen den [Weg] des Weiterlebens und Strebens in den Kreisen und zu den Zielen, für die mein Mann lebte + starb.»[36] Marie Louise aber wollte das Sterben ihres Mannes nicht in ihr neues Leben hineinragen lassen, sie wollte gar kein *neues* Leben.

Die Lösung, die Clarita von Trott zunächst für sich fand, blieb der Witwe von Scheliha aus anderen Gründen verwehrt. Marie Louise von Scheliha war in den Augen der Welt die Witwe eines bezahlten Landesverräters, mit der niemand, auch nicht die Überlebenden und Hinterbliebenen des Widerstands, etwas zu tun haben wollte.[37] Ilse von Hassell, die Witwe des Diplomaten und Attentäters vom 20. Juli Ulrich von Hassell, gab ihr bei einem Besuch bereits an der Haustür zu verstehen, dass sie sie nicht zu empfangen wünsche. Marie Louise von Scheliha war isoliert, und nur ganz wenige Verwandte und Freunde hielten den Kontakt zu ihr und bemühten sich zu helfen. Aber auch denen machte sie es mit ihrer Weigerung, in der Realität anzukommen, nicht immer ganz leicht. Anfangs war es ein Vetter ihres Mannes, Erbo von Schickfus, der sich ihrer annahm. Er kümmerte sich um Formalitäten, doch sie verstand nicht recht, was sie mit den Fragebögen, die er ihr vorlegte, anfangen sollte, verlor sie bisweilen, gab, sicher unbeabsichtigt, falsche Auskünfte und verpasste wichtige Termine.[38]

1948 holten Freunde Marie Louise von Scheliha schließlich nach Würzburg. Ihre älteste Tochter Sylvia gelangte durch die Vermittlung eines Berner Kinderarztes in eine Schweizer Pflegefamilie. Die vierzehnjährige Elisabeth verbrachte die nächsten Jahre auf der Klosterschule Wald, etwas nördlich von Überlingen, wo die Nonnen nicht nach der Rolle ihres Vaters, des vermeintlichen Verräters, fragten und ihr das Schulgeld erließen.

Würzburg lag in Trümmern. Am 16. März 1945 hatte ein Luftangriff 90 Prozent der Wohnbebauung zerstört; 5000 Menschen waren ums Leben gekommen. 1948, im Jahr der Währungsreform, waren die gröbsten Schäden beseitigt, und man konnte schon an Neuanschaffungen denken, so dass ein Freund Marie Louise von Schelihas, John Beerenberg, seinen Lebensunterhalt mit einem Einrichtungshaus bestritt. Und Mali bekam ihre erste bezahlte Arbeitsstelle: «Ich lernte einen neuen Lebensrhythmus kennen: Früh aufstehen, eine halbe Stunde durch die zerbombte Stadt marschieren, freundlich wirken im Geschäft, minimal mittagessen, Stoffrollen in Bewegung setzen, zerbombte Käufer zu Neuanschaffungen ermuntern, Geduld haben mit unentschlossenen Käufern und dann am Abend wieder den Heimweg antreten, einigermaßen erschöpft», schrieb sie in ihren Erinnerungen.[39] Ihr neues Zuhause war ein unmöbliertes Zimmer, für das sie ein Bett auftreiben konnte. Möbel malte sie an die Wand und dekorierte den Rest mit Krepppapier. Im Keller des Hauses war eine Kneipe, deren Gäste sie auf dem Weg zum Gemeinschaftsbad im Flur traf. Morgens vor der Arbeit wusch sie mit anderen Frauen ihre Wäsche im Main und, immer aufnahmebereit für Schönheit, die sie umgab, empfand dies «inmitten der prächtigen Landschaft mit ihren Weinbergen» als eine schöne Tätigkeit.[40]

Da Marie Louise von Scheliha leicht mit Menschen ins Gespräch kam, erfuhr sie, dass die Amerikaner in Bad Mergentheim eine Bibliothekarin suchten, die Englisch sprach. Das wäre eine Chance gewesen, ihre Fähigkeiten gewinnbringend zu nutzen. Aber dann hätte sie täglich mit dem Zug die 45 Kilometer in die benachbarte Kleinstadt fahren müssen, so dass sie den Plan nicht weiterverfolgte.

Bei aller Begabung im Umgang mit Menschen waren ihre Fähigkeiten als Verkäuferin offensichtlich wenig ausgeprägt. So kam es, dass sie ein weiterer Freund 1951 zu sich nach München holte. Dort kümmerte sie sich um die Küche und später um dessen kränkliche und schwierige Enkeltochter.

Neue Ehe ohne neues Glück: Antje Kind-Hasenclever

Das erste Lebensjahr der kleinen Ulrike Havemann war das letzte Kriegsjahr. In Berlin mehrten sich die Bombenangriffe, so dass Enno Kind, Antje Havemann und das Baby viel Zeit im Luftschutzkeller oder draußen im Garten in einem Laufgraben verbringen mussten, der ebenfalls Schutz bieten sollte. Oft gab es stundenlang kein Wasser, keinen Strom und überhaupt wenig zu essen. Am 2. Mai 1945 war in Berlin der Krieg zu Ende, die Rote Armee zog ein. Enno, Antje und einige Nachbarn beobachteten durch die Hecke, wie russische Soldaten im Nachbargarten eine Kuh schlachteten. Den Kopf schmissen sie weg, und er landete direkt vor den Füßen der hungernden Späher. Es sei unvorstellbar, wie viele Leute von einem solchen besonderen «Geschenk» satt werden könnten, erinnerte sich Antje.[41]

Eine Woche später war der Zweite Weltkrieg offiziell vorbei. Enno Kind konnte sich endlich wieder frei bewegen. Dank seiner widerständigen Vergangenheit bekam er sofort eine Stelle in der Zehlendorfer Bezirksverwaltung, und die Familie erhielt auch eine neue Wohnung, und zwar ausgerechnet die des ehemaligen Anklägers von Robert Havemann, Oberreichsanwalt Ernst Lautz, der als besonders grausam und unerbittlich galt und Berlin Anfang des Jahres fluchtartig verlassen hatte. Er wurde in den Nürnberger Prozessen angeklagt und verurteilt, aber auch er musste seine zehnjährige Strafe nicht vollständig absitzen.[42]

Die Wohnung war geräumig, und so war auch ausreichend Platz für die kleine Sibylle: Am 10. August 1945 wurde die zweite Tochter von Antje Havemann und Enno Kind geboren. Beide Kinder trugen den Namen Havemann, da Antje nach wie vor mit Robert verheiratet war. Ennos Frau Lisa hatte sich während ihrer Haft von ihm scheiden lassen. Sie wusste, dass er untergetaucht war, und nutzte diese Situation für ihre Verteidigungsstrategie: Sie habe nur auf seine Anweisung hin konspirativ gearbeitet und sei nicht selbständig tätig gewesen. Eine Strategie, die, wie wir wissen, aufging; sie wurde nicht zum Tode, sondern zu einer Zuchthausstrafe verurteilt.

Antje Havemann hatte ihren Mann in der Haft noch einige Male besuchen können. Nach seiner Befreiung durch die Rote Armee am 27. April 1945 bot er ihr an, wieder mit ihm zusammenzuleben, aber sie bat ihn um die Scheidung und er willigte ein. Man einigte sich gütlich und ging noch eine ganze Zeitlang zu dritt aus, zum Beispiel in die «Möwe», eine von den Russen betriebene Kneipe, oder in den «Klub der Kulturschaffenden» im Osten von Berlin.

Antje Havemann wurde als anerkanntes Opfer des Faschismus, noch dazu mit zwei kleinen Kindern, nicht als Trümmerfrau eingesetzt. Sie bekam sogar eine Haushaltshilfe und begann nun wieder mit Näh- und Bastelarbeiten, die sie bei den Amerikanern gegen Lebensmittel tauschte. Sie betrieb auch einen kleinen Schrebergarten. Robert Havemann wurde noch 1945 Leiter des Kaiser-Wilhelm-Institutes für Physikalische Chemie und Elektrochemie in Berlin-Dahlem. Er geriet allerdings wegen seiner politischen Einstellung – er war seit 1946 Mitglied der in der sowjetischen Besatzungszone aus der Zwangsvereinigung von SPD und KPD hervorgegangenen Sozialistischen Einheitspartei Deutschlands (SED) – zunehmend in Konflikt mit den Amerikanern und ging 1950 nach Ostberlin.[43] Enno Kind arbeitete seit Mitte 1946 wieder als Journalist, und zwar für das *Neue Deutschland,* das von der sowjetischen Militärverwaltung im April 1946 genehmigte «Zentralorgan der SED». Nebenbei eröffnete er in der alten Wohnung, wenige Straßen entfernt, ein Fotoatelier. Seine Exfrau Lisa hätte ihn gerne wieder geheiratet, ging aber dann zurück in die Schweiz. Auch Antje wollte den Vater ihrer Kinder zum Mann. Doch der zögerte, bis er Antje Havemann am 12. November 1947, an ihrem achtunddreißigsten Geburtstag, schließlich das Jawort gab.

Das Leben begann sich zu normalisieren. Man hatte wieder viele Gäste, ging aus, besuchte das Theater, wo, so berichtete es Christa

Hasenclever, sie einmal von einem Mann namens Wilhelm freundlich begrüßt wurden. Dieser war niemand anders als Wilhelm Pieck, der spätere Präsident der DDR. Doch das neue Glück hielt nicht. Enno Kind, wie Havemann Mitglied der SED, trat im Frühjahr 1948 aus der Partei aus, er wollte deren Politik nicht länger mittragen. Das brachte ihm sofort eine Vorladung nach Karlshorst ein, vor die Sowjetische Militäradministration in Deutschland (SMAD). Es war klar, dass dies eine Verschleppung in die UdSSR bedeuten konnte. Amerikanische Freunde organisierten seinen sofortigen Flug in die Westzonen, wo er, da Kommunist, sieben Wochen bei Hannover festgehalten wurde. Er wollte in die Schweiz, denn er besaß einen Schweizer Pass, aber dort wollte man den Kommunisten zunächst nicht aufnehmen. Schließlich gelang die Weiterreise. Enno Kind kehrte wieder zu seiner ersten Familie zurück und arbeitete in Zürich als Fotograf. Antje wurde sehr schnell klar, dass er sein Versprechen, sie und die Kinder nachzuholen, nicht halten würde.

Amerikanische Freunde überzeugten auch Antje, jetzt Kind-Hasenclever, nicht mit zwei kleinen Kindern in Berlin zu bleiben, das seit Juni 1948 unter der sowjetischen Blockade litt. In einem leeren «Rosinenbomber», einem der US-Flugzeuge, die den Westteil der Stadt aus der Luft versorgten, flogen sie nach Frankfurt, wo sie von den alten Berliner Freunden Konrad und Ulla Mommsen empfangen wurden. Sie brachten Antje und ihre Töchter zu Bekannten nach Nidda. Der Freund Antjes, auf den die Bekanntschaft zurückging, war gefallen, aber sein Bruder und seine Schwester nahmen sie für die nächsten drei Monate auf. Doch dies konnte nur eine Zwischenstation sein; wie Marie Louise von Scheliha und wie ungezählte Menschen nach dem Krieg musste Antje notgedrungen verschiedene Stationen absolvieren, bis allzu oft der Zufall den Weg wies, der einen Neuanfang ermöglichte. Ihr Weg führte nach Großburgwedel bei Hannover, wohin sie ihre Schwiegermutter Kind eingeladen hatte. Ab Oktober 1948 lebte sie im Haus der alten Kind'schen Apotheke, wo Sibylle und Ulrike in den Vettern und Kusinen Spielgefährten fanden. Antje genoss das beginnende Kulturleben der Stadt Hannover und beschäftigte sich wieder, ihrer Begabung und Ausbildung gemäß, mit Näh- und Bastelarbeiten.

Für die Mädchen erzählte sie die aufregenden Monate seit dem Verlassen Berlins in einem selbstgemachten Bilderbuch nach. «Die große Reise», gemalt und geklebt, mit Fotocollagen und Versen, endet damit, dass die drei an der Grenze der Schweiz stehen, vor einem heruntergelassenen Schlagbaum. Als im Sommer 1950 ein befreundetes Architektenehepaar ihr vorschlug, dort in ihrem Haus zu wohnen, sagte sie zu.

Kreisau bleibt – und die Freundschaft mit Freya: Rosemarie Reichwein

Marie Louise von Scheliha und Rosemarie Reichwein waren gleich alt, aber so verschieden, wie die beiden Frauen waren, so verschieden war auch die Art und Weise, wie sie ihr Leben als Witwe annahmen. Die Monate nach Adolf Reichweins Tod im Oktober 1944 vergingen für seine Frau mit vielen bürokratischen Erledigungen. Immer wieder musste sie nach Berlin zum Amtsgericht wegen des Erbscheins, zur Versicherung, zur Bank, zum Kriegsschädenamt, zum Volksgerichtshof, wo sie nach dem Abschiedsbrief von Reichwein fragte, der ihr dort aber nicht ausgehändigt wurde. Die Gestapo kam nach Kreisau zur «Vermögensaufnahme», obwohl nach dem Bombenschaden von 1943 nicht mehr viel Vermögen zu finden war. Adolf Reichweins Konto war ohnehin beschlagnahmt, so hatte es Freisler verfügt.

Eine dieser Touren von Rosemarie Reichwein sah zum Beispiel so aus, dass sie morgens um 2.45 Uhr aufstand, um, Mitte November, auf dem kleinen Kreisauer Bahnhof auf den Zug zu warten, der sechs Stunden verspätet kam. Nachmittags um 15.15 Uhr in Berlin angekommen, begann sie sofort mit dem Behördenparcours, der anderntags fortgesetzt wurde. Abends ging es zurück nach Kreisau, wo sie am nächsten Tag um 7.00 Uhr morgens eintraf.

Am Tag der Hinrichtung von Helmuth James von Moltke, am 23. Januar 1945, hatte sie in dem niederschlesischen Kurort Bad Reinerz zu tun: «In Kreisau von 7 – ½ 12 auf d. Zug nach Kamenz gewartet, in K. 2 Std. auf den Zug nach Glatz, bis es nach Reinerz ging u. abds. um 8 war ich endlich da. … Unterwegs die Flüchtlinge aus

OS [Oberschlesien], Breslau, Oels, Namslau, Oppeln. Ein toller Eindruck» – «toll» im Sinne von verrückt, unfassbar, unbegreiflich.[44] Alles um sie herum schien in Auflösung begriffen zu sein. Nicht besser ging es bei ihrer Rückkehr nach Kreisau: «Als ich ins Schloss kam, waren da die Flüchtlinge, bekommen und belegen alles bei uns oben.»[45]

Etwa zur gleichen Zeit waren die Einwohner des Dorfes Kreisau zum Treck nach Westen aufgebrochen. Kurze Zeit später machte der Flüchtlingszug der Moltke'schen Verwandtschaft aus Wernersdorf, das die Russen besetzt hatten, in Kreisau Station. Kreisau wurde dagegen noch von deutschen Truppen gehalten, die, so Freya von Moltke, entschlossen waren, «den Russen so wenig wie möglich zu hinterlassen».[46] Am 6. Februar notierte Rosemarie, die Russen seien bei Brieg über die Oder marschiert, «es wird langsam brenzlig für uns». Am 16. heißt es, «Schweidnitz ist fast leer, sah keinen Flüchtling mehr.»

Rosemarie Reichwein und Freya von Moltke zögerten lange, mit ihren Kindern Kreisau zu verlassen, aber die Rote Armee und damit die Front rückten näher. «Dann», so beschrieb es Freya, «verlor ich doch die Nerven.»[47] Rosemarie Reichwein hatte, für alle Fälle, im Riesengebirge einige «Bauden», Unterkünfte für Wanderer, ausgekundschaftet, in denen sie wohnen konnten, und so entschlossen sie sich im April 1945 zum Aufbruch. Der Weg nach Westen war längst versperrt, und wo hätten sie auch hin sollen? Sie wussten es nicht. Die sechs Wochen im Riesengebirge waren ein Aufschub.

Als der Krieg zu Ende, Hitler tot und das «Dritte Reich» untergegangen war, kehrten sie nach Kreisau zurück, und es begann «ein fast normaler Sommer».[48] Zwar wurde das Gut jetzt allmählich von Russen und Polen übernommen, aber mit List und Tücke und etwas Glück kam es zu keinen schwerwiegenden Zwischenfällen. Der schlimmste Vorfall hatte sich im Gebirge ereignet, als die elfjährige Renate Reichwein die Familie Beraneck, die Eigentümer der Bauden, ausgeraubt und ermordet in ihrem Haus fand.

Der Kreisauer Treck war wieder zurückgekehrt, die Felder wurden bewirtschaftet, die Lehrerin Fräulein Seiler erteilte Schulunterricht. Man lebte wie aus der Zeit gefallen, denn alle Radiogeräte hatten sie abgeben müssen, es gab kaum Informationen. «Jedenfalls war es für uns eine fruchtbare, schöne Zeit»,[49] resümierte Rosemarie Reichwein. Nicht umsonst spricht sie von «uns» und meint damit nicht nur ihre eigene Familie. Sie fühlte sich aufgehoben in der Kreisauer Gemeinschaft. Zu diesem Zeitpunkt waren das neben Rosemarie Reichwein und Freya von Moltke, die jetzt mit allen Kindern gemeinsam im Berghaus wohnten, Marion Yorck und ihre Schwägerin Irene, genannt Muto, die allen Gefahren trotzend zwischen Berlin und Schlesien hin und her pendelten und Lebensmittel für die einen und Informationen für die anderen brachten. Mit ihnen konnte sie sich besprechen, noch dazu in der relativen Kreisauer Ruhe, und befand sich damit in einer ganz anderen Situation als beispielsweise Marie Louise von Scheliha.

Rosemarie Reichwein hatte eine Ausbildung und bereits dreizehn Jahre lang in ihrem Beruf als Gymnastiklehrerin gearbeitet. Für sie stand bald fest, dass sie wieder arbeiten würde, ja arbeiten musste, um sich und ihre vier Kinder durchzubringen. Schon am 14. November 1944, nicht einmal einen Monat nach dem Tod ihres Mannes, findet sich in ihrem Tagebuch der Vermerk, sie sei in Berlin sowohl am «Massageinstitut der Uni» als auch am «Hochschulinstitut für Leibesübungen» gewesen. Waren dies erste Sondierungsversuche für einen Neuanfang? Der Eintrag verrät nichts weiter, aber welche anderen Gründe hätte sie haben können, mitten im Krieg ein Sportinstitut aufzusuchen?

Schon im Frühsommer 1945 traf Rosemarie Reichwein weitere Vorbereitungen für ihre Zukunft. Das Wichtigste war es zunächst, sich Papiere zu besorgen, die sie als Gegnerin des Nationalsozialismus auswiesen. Daher reiste sie am 14. Juni 1945 nach Berlin. Wieder stand sie ganz früh auf und begann die abenteuerliche Reise, diesmal mit dem Fahrrad. Am Sonntag, dem 17. Juni, erreichte sie im Morgengrauen den Stadtrand von Berlin, und nach einem Fußmarsch durch die Trümmer kam sie um fünf Uhr abends bei ihrer Schwester in Wannsee an.[50] In den folgenden Tagen erhielt sie problemlos einen Ausweis als Opfer des Faschismus und konnte auch für Freya von Moltke und Marion Yorck die Dokumente mitnehmen. Einen guten Monat später, am 30. Juli 1945, erhielt sie eine polnische Arbeitserlaubnis und eröffnete in Schweidnitz eine Praxis für Krankengymnastik.

Zunächst hatte sie wenig Patienten, aber ein Anfang war gemacht. Rosemarie Reichwein war, wie Marie Louise von Scheliha, wenig in die Aktivitäten ihres Mannes einbezogen worden, so dass diese für sie nach seinem Tod keinen Anknüpfungspunkt boten. Aber anders als Marie Louise entschied sie sich ganz bewusst für einen Neubeginn, vielleicht auch deshalb, weil sie es gewohnt war, berufstätig zu sein. In ihrem Fall spielte der Zufall, der so vielen Menschen nach 1945 eine neue Existenz bescherte, keine große Rolle, die tüchtige Rosemarie hatte die Fäden selbst in der Hand.

Noch 2001, ein Jahr vor ihrem Tod, war es ihr wichtig, dass dies nicht ungesagt blieb. In einem Interview, das sie einem Schüler gab, kam sie darauf zu sprechen, nachdem dieser schon seine letzte Frage gestellt hatte: «Also ich hab' mich ja nachher ganz anders betätigt als früher mit meinem Mann. Hab' also meinen alten Beruf aus der Jugend wieder aufgegriffen, von dem er nur wusste, dass ich gerne Sport trieb. ... Ich hab' mich dann mit der Zeit auf spastisch gelähmte Kinder konzentriert, ... eine völlig neue Arbeit, von der mein Mann überhaupt keine Ahnung hatte ... das ist schon wichtig zu wissen, dass ich dann was neues entwickelt habe, völlig neu.»[51]

Ganz anders erging es Freya von Moltke, der der Abschied von Kreisau sehr schwer fiel – «ich habe einen solchen Drang nach Kreisau, dass ich es kaum noch aushalten kann».[52] Sie hat Kreisau gedanklich lange nicht verlassen. In ihren Briefen ist oft davon die Rede: «im Grunde leben wir ja doch hier wieder so wie in Kreisau»,[53] heißt es 1946 aus der Schweiz und zwei Jahre später aus Südafrika: «Kreisau ist mehr als lebendig in mir.»[54] Das kleine Gärtnerhaus, das sie dort gemietet hatte, war voller Bilder von Kreisau, und an der Tür hing ein Kleiderbügel, den sie vor zehn Jahren, bei ihrem letzten Besuch mit Helmuth James in Südafrika, im Schrank hatte hängen lassen. Er trug die Aufschrift «Creisau». Nach und nach kamen auch die überlebenden Geschwister von Helmuth James, um in Kapstadt zu wohnen, so dass sich für Freya das Gefühl verstärkte, wie in Kreisau zu leben. «Darauf kommt es ja schließlich nur an, dass ‹es ganz wie in Kreisau› ist und bleibt»,[55] schrieb sie

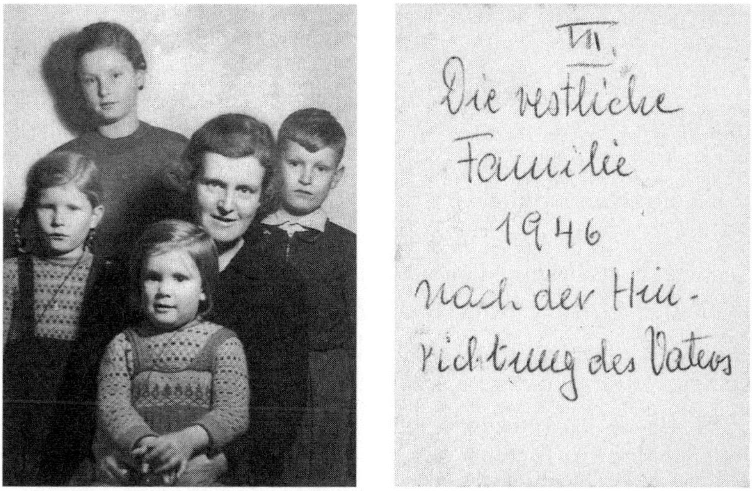

«Die restliche Familie 1946 nach der Hinrichtung des Vaters»: Rosemarie Reichwein mit ihren Kindern Renate, Sabine, Kathrin und Roland

1950. Sie war dabei nicht rückwärtsgewandt und hegte auch keine revisionistischen Pläne. Freya hatte gelernt, «wie wenig Zeit und Raum bedeuten».[56] Kreisau war für sie vielmehr eine Stimmung, eine Haltung und die Erinnerung an immerwährende Liebe und Freundschaft, Liebe zu Helmuth und Freundschaft zu den Frauen, mit denen sie ihr Schicksal teilte.

Freya von Moltke und Rosemarie Reichwein wechselten bis zu Rosemaries Tod Briefe, in denen sie immer wieder die Kreisauer Zeit beschworen, aber jede mit anderen Bildern im Kopf. Für Rosemarie Reichwein waren es vor allem die Freundschaft zu Freya und die gemeinsam durchlebte schwere Zeit. Gerade der «Sommer 45» ließ ein Zusammengehörigkeitsgefühl entstehen, das Rosemarie, anders als Freya, mit den anderen Frauen in dieser Intensität nicht kannte. Sie hatte vorher nicht recht zum Widerstandskreis gehört und blieb auch später, nach 1945, immer ein wenig am Rande, was sie in ihren Tagebüchern und Briefen bitter vermerkte.[57]

Wiedereinstieg in den Beruf

Im Herbst 1945 wurde Rosemarie Reichwein und Freya von Moltke immer klarer, dass sie in einem sowjetisch kontrollierten, in Zukunft polnischen Kreisau – oder Krzyżowa, wie es jetzt hieß – nicht bleiben konnten und wollten. Englischen und amerikanischen Freunden der Moltkes gelang es, Freya Anfang November mit einem kleinen Lastwagen aus Schlesien abzuholen. Für die Reichweins gab es diese komfortable Lösung nicht. Sie brachen mit dem Wenigen, das ihnen geblieben war, zunächst zu Fuß nach Berlin auf. Vier Tage später, am 27. September, kamen sie erschöpft in der zerstörten Metropole an.

Rosemarie begann sofort, den neuen Alltag zu organisieren. Bereits vor der Abreise hatte sie dafür gesorgt, dass ihr als anerkanntem Opfer des Faschismus, wie Antje Kind-Hasenclever, eine konfiszierte Wohnung ehemaliger Nazis zugewiesen wurde. Das neue Zuhause in der Bergstückerstraße 8 in Berlin-Wannsee musste allerdings erst renoviert und bewohnbar gemacht werden, so lange wohnte die Familie bei Rosemaries Schwester. Während sie von morgens bis abends unterwegs war, um das Notwendige zu veranlassen, gingen ihr gleichzeitig die Bilder des letzten Jahres wieder durch den Kopf. Am 20. Oktober jährte sich der Tod ihres Mannes zum ersten Mal, und sie erinnerte sich an ihre Angst und an ihr Hoffen. Am Tag selbst stellte sie zu Hause Blumen vor seinem Bild auf und las die Briefe, die er ihr geschrieben hatte.

Die einzelnen Frauen gingen sehr unterschiedlich mit dem Andenken an die Hingerichteten um. Es gab dafür natürlich kein Patentrezept. Wie konnte die Erinnerung an den toten Vater lebendig erhalten werden? Es galt, sein Handeln zu würdigen, ohne ihn gleichzeitig zum Helden und Märtyrer zu machen, der für die Kinder ein bedrückendes, weil unerreichbares Vorbild werden würde. Gar nicht darüber zu reden, so wie Marie Louise von Scheliha es praktiziert hatte, war sicherlich ebenso problematisch, wie zu viel vom Vater zu sprechen, so wie es Annedore Leber getan haben soll, die ihre Kinder damit «quasi elendete, strapazierte»,[58] was jedoch die Empfindung Rosemarie Reichweins wiedergibt. Wie ließ sich der Entschluss des Vaters für den Widerstand, der den Tod billigend in Kauf nahm, überhaupt sinnvoll darstellen, bedeutete er für die Kinder – und oft genug für die Witwen – doch zunächst in erster Linie Verlust? Die Auseinandersetzung mit diesem Thema blieb ein lebenslanges Thema für die Betroffenen, das auch die Enkelgeneration noch berührt.

Das Jahr 1946 brachte erste Normalisierungen. Am 1. März begann Rosemarie Reichwein in der Berliner Charité als Krankengymnastin zu arbeiten. Einen Monat später vermerkte sie stolz in ihrem Tagebuch: «Holte mein 1. Gehalt seit unserem Hochzeitstag heute vor 13 Jahren wieder ab.» Die Wohnung in der Bergstückerstraße wurde fertig. Sofort machte sie sich daran, auch den Garten umzugraben, um Gemüse anzubauen. Sie ging aber auch ins Kino und in die Staatsoper, wo sie zum Beispiel Erna Berger in *Rigoletto* hörte. Im Theater erlebte sie die Tänzerin Gret Palucca und sah *Die Illegalen* von Günther Weisenborn, ein Stück über den Widerstand, in der Volksbühne, «was alles wieder in mir aufwühlte».[59]

Einen Teil des Jahres verbrachte Rosemarie Reichwein damit, eine Ausreisegenehmigung zu erhalten, um mit den Kindern nach Schweden zu reisen. Ein Einreisevisum hatte sie längst. Schwedische Freunde hatten die Familie eingeladen, sich bei ihnen ausgiebig zu erholen. Zwar wurde die Einreise auch nicht ohne weiteres gewährt, es bedurfte der Hilfe des «Kreisauers» und damaligen Oberpräsidenten Schleswig-Holstein Theodor Steltzer, um von den wenig deutschfreundlichen Schweden aufgenommen zu werden. Als sehr viel schwieriger erwies es sich jedoch, von den Alliierten aus dem Land gelassen zu werden. Deutsche durften nicht reisen, egal, was sie in den zwölf Jahren der Diktatur gemacht hatten. Als Rosemarie den Pass endlich erhielt, sagte sie «dem Amerikaner, der mir den Paß schließlich gab, daß er ja im Grunde genommen als Emigrant besser weggekommen war als wir, die wir hier alles durchgestanden hatten. Unsere Kinder dürften doch nicht darunter leiden und einen Winter mit Hunger vor sich haben. Da zeigte er Nachsicht.»[60]

Ihre Kinder brachte Rosemarie in dieser Berliner Aufbauphase bei Verwandten in Hessen und in Göttingen unter. Im November sammelte sie alle wieder ein, um nach Schweden auszureisen. Doch in Lübeck erreichte sie die Nachricht vom Tod ihres Vaters. Daraufhin eilte sie allein nach Göttingen zurück, um an seiner Beerdigung teil-

Im Dezember 1946 brach Rosemarie Reichwein mit ihren Kindern nach Schweden auf, wo die Familie bis April 1947 blieb.

nehmen zu können, und fuhr dann wieder in den Norden. Am 1. Dezember 1946 begann die Reise durch Dänemark. Nach siebenmaligem Umsteigen und einem Aufenthalt im Quarantänelager in Landskrona gelangten sie endlich in das schwedische Lund, wo sie Weihnachten mit den Freunden Otto und Laura Rydbeck feierten.

Die Verzögerung des Schwedenbesuchs, der eigentlich schon viel früher geplant war, bedeutete für die Reichweins Glück im Unglück, denn sie ersparte ihnen den schrecklichen Hungerwinter in Deutschland. Erneut wurden die Kinder auf verschiedene Familien verteilt, während Rosemarie bei ihrer alten Lehrerin in Stockholm Kurse zur Auffrischung ihrer beruflichen Kenntnisse besuchte. Sie nahm später auch in Lund Unterricht und konnte für kurze Zeit in Malmö arbeiten. Nebenbei kümmerte sie sich um die Kinder, wann immer es ging, so dass sie sich in ihrem Tagebuch am 24. Januar 1947 quasi vor sich selbst entschuldigt, der Eintrag sei in schlechter Schrift verfasst, «weil ich vor Müdigkeit nicht mehr konnte».

Zu dieser Müdigkeit trug eine weitere Aufgabe bei: Sie hielt Vorträge über den Widerstand in Deutschland, über den man in Schweden, wie generell im Ausland, nichts wusste. Zur Vorbereitung las sie die wenige verfügbare Literatur, die im vergangenen Jahr in der Schweiz erschienen war.[61]

Am 15. April endete der Schwedenaufenthalt, die Familie kehrte zurück nach Berlin, und Rosemarie führte ihr arbeitsreiches Leben weiter. Den kommenden Sommer nutzte sie vor allem, um für den Winter vorzusorgen. Wann immer es ging, holte sie, meist mit Hilfe der Kinder, im Umland von Berlin, oft bei den Freunden in Tiefensee, Obst und Gemüse zusätzlich zu dem, was sie im eigenen Garten anbaute.[62] Im Haushalt brauchte sie Hilfe, da im Mai die Arbeit in der Charité wieder begonnen hatte. Daneben gab sie auch Unterricht im Oskar-Helene-Heim, einer Vereinigung zur Hilfe Körperbehinderter. Da sie in Schweden eine gymnastische und keine explizit krankengymnastische Ausbildung durchlaufen hatte, legte sie Wert auf entsprechende Weiterbildung.

Am 16. September 1949 ließ sich Rosemarie beim Arbeitsamt als frei praktizierende Krankengymnastin eintragen und behandelte nun eigene Patienten oder machte Hausbesuche. Im Juni 1950 zog die Familie in die Bahnhofstraße am Bahnhof Wannsee um. Dort konnte Rosemarie auch Patienten zu Hause behandeln. Sie hatte eine Mitarbeiterin, die Kinderturnen anbot und die Freundin des Dirigenten Sergiu Celibidache war, der als Nachfolger Furtwänglers die Berliner Philharmoniker leitete. Diese mietete den Raum, um Ballettunterricht zu geben. Rosemarie Reichwein vertraute ihrem Tagebuch an: «Ich lebe jetzt in einer Phase der Angst vor dem eigenen Mut – so viel Neues anzufangen u. auszubauen. Trotzdem fühle ich mich dazu getrieben, denn – verharren – ist Stillstand.»[63]

Journalistin, Verlegerin, Politikerin: Annedore Leber

«Wenn Gedanken Gestalt annehmen könnten! Wie hätten sie euch über die Festtage eingehüllt und eingesponnen, um euch zu wärmen, zu schützen und zu tragen für euer ganzes kommendes Leben», schrieb Julius Leber in einem seiner letzten Briefe an Annedore.[64]

Betrachtet man ihr weiteres Leben, so möchte man meinen, sein Wunsch habe sich erfüllt: Seine Gedanken waren ihr Erbe, das sie trug und das ihrem Leben neuen Sinn verlieh. Sie sah es als ihre «Aufgabe an, zwischen *dem* Toten und den Lebenden zu vermitteln, um etwas von dem Feuer seines Geistes an die Nachwelt weiterzugeben.»[65]

Eine weitere wichtige Stütze wurde für sie die katholische Kirche. In der ersten Hälfte des Jahres 1945 konvertierte sie aus Überzeugung – vielleicht war dies auch eine Art von Annäherung an den verlorenen Mann, der katholisch gewesen war. Sicher spielte auch eine Rolle, dass Bischof Berning und die katholische Kirche ihr nach 1933 bei den Bemühungen um Lebers Freilassung hilfreich zur Seite gestanden hatten.[66]

Wo immer es seit 1945 um das Thema Widerstand ging, war Annedore Leber dabei. Als Charlotte von der Schulenburg ihren Mann postum entnazifizieren lassen musste, weil er schon vor 1933 begeistert in die NSDAP eingetreten war, ließ sich die zuständige Spruchkammer auch nicht durch die Tatsache der Hinrichtung davon überzeugen, dass Fritz-Dietlof von der Schulenburg seine Ansichten im Laufe der dreißiger Jahre geändert hatte. Annedore Leber und der überlebende Gustav Dahrendorf sandten Telegramme an die Spruchkammer, um sich für Schulenburg zu verwenden, und ihr Wort hatte Gewicht.[67]

Der Abschiedsbrief ihres Mannes, den Charlotte von der Schulenburg mit Verzögerung erhielt, nahm den Weg über Annedore Leber, «von der ja früh bekannt war, daß sie sich um diese Dinge kümmerte», so Schulenburg. Eine Sekretärin war beauftragt worden, die Abschiedsbriefe von vier Männern, die am selben Tag hingerichtet worden waren, zu vernichten. Aber dieses Ansinnen erschien ihr zu monströs. Sie tippte die Briefe ab und gab sie nach dem Krieg bei Annedore Leber ab, weil sie nicht wusste, an wen sie sich sonst hätte wenden sollen.[68]

Annedore Leber war es auch, die den Zusammenhalt unter den Witwen förderte. Sie lud die Frauen immer wieder ein, wohl auch deshalb, weil sie beruflich schnell wieder Fuß fasste und finanziell dazu in der Lage war. Rosemarie Reichwein lernte Annedore Leber am 17. Februar 1946 kennen: «Am späteren Nachmittag zu Frau Leber, eine zarte, empfindsame, weiche Frau, sicher das Gegenstück zu ihrem Mann und doch politisch so interessiert – ‹mit Haut u. Haar› – wie sie sagte ... Sie sprach viel von ihrem Mann.» Die zwei Frauen tauschten sich aus und sahen sich anfangs häufig. Im Juni 1946 heißt es in Rosemarie Reichweins Tagebuch: «zu Frau Leber in die Redaktion», am 2. Juli 1946: «Ging zu Frau Leber, wir sprachen über unsere Männer.»[69] Die Tagebucheinträge zeigen, dass Annedore Leber es sich zur Gewohnheit machte, zumindest die Berliner «Opfer-Frauen»[70] immer um den 20. Juli herum zu sich einzuladen und jedes Jahr kurz vor Weihnachten einen gemeinsamen Adventskaffee zu veranstalten. Ihr späterer Mitarbeiter Ragnar Leunig erinnert sich, dass sie nach den offiziellen Feiern zum 20. Juli, die es erst ab 1954 gab und die Annedore Leber regelmäßig besuchte, Gäste aus diesem Kreis zu sich nach Hause bat.[71]

Viele Berliner Angehörige und Überlebende kamen in den frühen Jahren auch zu den Gedenkveranstaltungen der Vereinigung der Verfolgten des Naziregimes (VVN), immer am zweiten Sonntag im September. Rosemarie Reichwein erinnerte sich an eine dieser Feiern als «nüchtern und etwas einseitig».[72] Die Witwen der Widerstandskämpfer vom 20. Juli und aus dem Kreisauer Kreis trafen sich am Abend desselben Tages zu einem Gottesdienst in der Dahlemer St.-Annen-Kirche. Diese Kirche war im «Dritten Reich» einer der wichtigsten Orte der Bekennenden Kirche. Hier predigte Martin Niemöller bis zu seiner Verhaftung, hier versammelte sich vom 4. Juli 1937 an die Gemeinde, um für die Gefangenen zu beten. Auch Helmut Gollwitzer wirkte bis zu seiner Einberufung zur Wehrmacht an St. Annen.

Nun gestaltete Harald Poelchau, der ehemalige Gefängnispfarrer von Berlin-Tegel, der unzähligen inhaftierten Widerstandskämpfern und ihren Familien, vor allem ihren Frauen, unter Einsatz seines Lebens geholfen und selbst im Kreisauer Widerstandskreis mitgewirkt hatte, hier die Gedenkgottesdienste. Ein Abendmahlsgottesdienst «mit den uns befreundeten ‹Witwen› ..., umso schöner bes. als wir nachher alle zusammen draußen saßen und die Gemeinschaft besonders empfanden», notierte Rosemarie Reichwein in ihr Tagebuch.[73] Die Frauen sahen sich als eine Schicksalsgemeinschaft, eng verbunden durch das gemeinsame Erleben und dankbar aufgehoben im Kreise weniger Gleichgesinnter in einem Umfeld, das sie weiterhin als Verräterwitwen betrachtete.

Aber zurück in die Zeit des Kriegsendes: 1945 kehrte Annedore Leber mit ihren Kindern, ihrer Schwägerin und ihrer Mutter aus Hordorf nach Berlin zurück. Dort fand sie ihr Haus beschlagnahmt vor und bekam, wie andere Frauen auch, ein Haus zugewiesen. Es lag in Zehlendorf und soll einem ehemaligen Ortsgruppenleiter gehört haben. Annedore gab die Schneiderei nun endgültig auf und suchte auch nicht nach einer Anstellung in einem Modeverlag, wie sie sie in den letzten Kriegsjahren gehabt hatte. Die Kohlenhandlung in der Torgauer Straße sicherte zunächst ihr Überleben und sollte nach ihrem Tod in die Hände ihrer Tochter Katharina übergehen.

Der Freund und sozialdemokratische Weggenosse Gustav Dahrendorf überzeugte Annedore Leber im Sommer 1945, aktiv am politischen Wiederaufbau mitzuarbeiten. Sie wurde Mitglied im Zentralausschuss der SPD, der im Juni 1945 in Berlin zusammengetreten war, um eine Neugründung der im Mai 1933 von den Nazis aufgelösten Partei vorzubereiten. Dasselbe versuchte der Politiker Kurt Schumacher, ab 1946 Parteivorsitzender der SPD, von Hannover aus. An beiden Orten vertrat man den Anspruch, für alle Sozialdemokraten zu sprechen, aber Schumacher konnte sich durchsetzen. Der Zentralausschuss blieb in seinem Wirkungskreis auf die sowjetische Besatzungszone beschränkt, wo bald die KPD den Zusammenschluss beider Parteien zu einer vereinigten Arbeiterpartei forcierte,[74] da die SPD wesentlich größeren Zulauf hatte als die KPD. Annedore Leber, seit Oktober 1945 Leiterin des Frauensekretariats im Zentralausschuss, war ursprünglich für eine Vereinigung, da es ihr sinnvoll erschien, die Kräfte der Arbeiterschaft zu bündeln, damit sie sich nicht, wie vor 1933, gegenseitig blockierten.[75] Da aber absehbar war, dass die KPD, von der sowjetischen Besatzungsmacht gefördert und gesteuert wurde und damit der Einfluss der Kommunisten auf Dauer stärker wäre als der der Sozialdemokraten, verließ Annedore Leber den Zentralausschuss. Als am 20./21. April 1946 auf einem Vereini-

Annedore Leber während einer politischen Versammlung in Berlin am 1. Juli 1948, kurz nachdem sie mit einer großen Rede zur Lage Berlins während der Blockade auch international auf sich aufmerksam gemacht hat.

gungsparteitag die SED gegründet wurde, trat Annedore Leber der West-SPD bei und wurde bald darauf als Kandidatin des Kreises Zehlendorf in die Stadtverordnetenversammlung gewählt. Die Arbeit überzeugte sie: «Was ist Politik? Für mich lebendiges Leben, in dem man als ein mit Verantwortungsgefühl und Gewissen versehener Mensch steht.»[76]

War es der Entschluss, sich dem Erbe des Journalisten Julius Leber als Publizistin zu widmen, der Annedore Leber zu der 1946 gegründeten SPD-nahen Tageszeitung *Telegraf* brachte? Oder entstand durch die Arbeit bei der Zeitung die Idee, als Journalistin für den Widerstand und das dringend erforderliche politische und zivilgesellschaftliche Handeln zu werben? Wir wissen es nicht, weil aus dieser Zeit kaum persönliche Äußerungen Annedore Lebers überliefert sind. Im Nachkriegs-Berlin war sie eine feste Größe in der Stadt, ihr Schicksal war den Alliierten bekannt und wies sie als eine Kraft aus, auf die man beim demokratischen Wiederaufbau setzen konnte. Durch ihre politische Arbeit hatte sie ihren Anspruch auf Mitwirkung bereits angemeldet, so dass sie im Mai 1946 Mit-Lizenznehmerin des *Telegraf* wurde, neben dem ehemaligen Reichstagspräsidenten Paul Löbe, der, wie der Gründer des Blattes, Arno Scholz, zuvor im Konzentrationslager beziehungsweise im Gefängnis gesessen hatte.[77]

Der umtriebige Scholz, Verlagskaufmann und Journalist, hatte schon früh bei der sowjetischen Militäradministration um eine Zeitungslizenz nachgesucht, sie aber als überzeugter SPD-Mann nicht erhalten. Nachdem Berlin eine Vier-Mächte-Stadt geworden war, wurde ihm die Herausgabe einer der ersten Zeitungen im britischen Sektor gestattet, neben dem *Tagesspiegel* im amerikanischen Bereich.[78] Am 22. März 1946 erschien die erste Ausgabe des *Telegraf*, die sich mit 150 000 Exemplaren sehr gut verkaufte. Innerhalb weniger Tage konnte die Auflage auf 200 000 Zeitungen pro Tag steigen, im November 1946 war sie bereits auf 550 000 hochgeschnellt.[79]

Dies wurde unter anderem möglich, weil die Briten ihr Blatt, *Der Berliner*, einstellten und dem *Telegraf* das freiwerdende Papierkontingent zukommen ließen. Scholz, Löbe und Leber wollten nichts weniger als die Erziehung der Deutschen, zunächst der Berliner, zur Demokratie vorantreiben. Nach angelsächsischem Vorbild waren im *Telegraf*, wie in den meisten anderen neu entstehenden Zeitungen auch, Information und Kommentar strikt getrennt. Nach den Goebbels'schen Propagandablättern, die nationalsozialistische Weltanschauung als Wahrheit verkauft hatten, nahmen die Leser und Leserinnen diese Möglichkeit unabhängiger Informationsvermittlung dankbar an, die Auflagenzahlen belegen es. In ihren Artikeln für den *Telegraf* vertrat Annedore Leber mit Vehemenz zwei klare Grundpositionen. Erstens müsse jeder frei sein, nach seinem Gewissen zu handeln und dies auch tatsächlich tun, und zweitens komme es auf den und die Einzelne an.

In dieser Zeit machte Annedore Leber auch ihre ersten Erfahrungen als Buchautorin. Anlässlich des zweiten Jahrestags des Attentats vom 20. Juli erschien, mehr Broschüre als Buch, ein Erinnerungsbändchen mit biografischen Skizzen zu Julius Leber und anderen sozialdemokratischen Mitstreitern des Widerstands: *Den toten immer lebendigen Freunden. Eine Erinnerung zum 20. Juli 1944.*[80]

Annedore Lebers besonderes Augenmerk richtete sich auf die Jugend. Nie wieder sollten Rattenfänger wie die Nationalsozialisten eine ganze Generation mit falschen Versprechungen locken können. Die jetzt heranwachsenden jungen Menschen müssten eigenes Urteilsvermögen erwerben, um sich nicht vom Weg der Demokratie abbringen zu lassen. Am 13. Dezember 1946 sprach sie im *Telegraf* die Jugend direkt an: «Und darum, Ihr Jungen: Bildet Euch eine eigene Meinung! Denn da liegt die Wurzel. Fasst Mut, das zu sagen, wozu Euch Euer Gewissen treibt, und handelt auch danach! Habt eine Gesinnung, habt eine Ansicht, die, wenn sie auch zunächst vielleicht noch unzulänglich ist, doch zeigt, dass Ihr empfindende, denkende und bewusste Menschen seid! Bekennt Euch zu dem großen und herrlichen Gut der inneren Freiheit, aus der allein die äußere Freiheit wachsen kann.» Um diese Größe zu erreichen, empfahl sie die Widerstandskämpfer als Leitbilder: «Nehmt Euch die Männer zum Vorbild, die Orden und Ehren verschmähten, weil für sie ein Kompromiss mit der Unehrlichkeit nicht tragbar war, die in einer seelenlosen Zeit sich ihre Seele gerettet haben, die in Jahren, wo es an Mannesmut mangelte, Charaktere geblieben sind. Werdet wahre, aufrechte Menschen mit einer Überzeugung, die aus Euch selbst gewachsen ist, und bleibt ihr treu, auch dann, wenn es einmal bitter schwerfallen mag.»[81]

Ebenso wie an junge Leser wandte sich Annedore Leber publizistisch und politisch auch an Frauen. Sehr viele Frauen hatten Adolf Hitler gewählt, und die (gleichen) Frauen waren es, die ihre Kinder nun zu eigener Urteilsfähigkeit erziehen mussten. Darum wollte sie gerade ihre Menschlichkeit wieder «erwecken» und sie zu «staatspolitischer Verantwortung» erziehen.[82]

Annedore Leber erwies sich bald als geschickte Politikerin, die energisch für die Gleichstellung von Mann und Frau kämpfte. Während einer Rundfunkrede im Berliner Sender RIAS – «Rundfunk im amerikanischen Sektor» – empörte sie sich über die Ablehnung eines sozialdemokratischen Antrages im Parlamentarischen Rat durch die CDU. Der von der Sozialdemokratin Elisabeth Selbert formulierte Satz, der in das Grundgesetz aufgenommen werden sollte – «Männer und Frauen sind gleichberechtigt» –, erschien den Christdemokraten überflüssig, weil er ihrer Ansicht nach bereits durch andere Paragraphen abgedeckt sei. In ihrer Empörung und in ihrem Kampf für diesen Satz stellte Annedore Leber die Position der CDU nicht dar und wurde deshalb vom RIAS der Verleumdung der CDU geziehen. Überdies, so fragte sich der zuständige Redakteur, wie komme denn der Sender überhaupt dazu, «einseitige sozialdemokratische Parteipropaganda zu treiben?»[83]

In zahllosen Reden und Zeitungsartikeln appellierte Annedore Leber an ihre Zeitgenossinnen, sich ihrer Kraft und ihrer Verantwortung bewusst zu werden. Ein Artikel im *Telegraf* war mit «Nur Mut!» überschrieben.[84] Mut und Selbstvertrauen für die politische Arbeit waren gemeint. Sie wandte sich dabei auch an diejenigen, die «Heim und Lebensglück in einer sinnlosen Katastrophe verloren» hätten. Sich selbst zählte sie nicht zu diesen Opfern einer «sinnlosen Katastrophe», denn das Opfer, das sie gebracht hatte, hatte einen Sinn.[85] Schon seit 1933 stand sie distanziert einer Mehrheit gegenüber, auf der «anderen Seite», und hat dies seitdem immer so empfunden: «Nicht aber ist bei meinem Erleben zu unterschätzen, dass ich immer eine Abgestempelte, eine Ausgestoßene war, gezeichnet durch den Mann, der im Konzentrationslager saß, zweifellos dadurch in der Gegnerschaft gegen Hitler verharrend.»[86]

Im September 1947 gründete Annedore Leber den Mosaik-Verlag. Die Lizenz dafür war ihr von der britischen Militärregierung bereits im Juli erteilt worden. Zu den Auflagen gehörte, dass die Verlagsprodukte nicht in Fraktur gedruckt werden durften. Außerdem war es verboten, Texte nationalsozialistischen, militaristischen, imperialistischen, rassistischen oder religiös intoleranten Inhalts zu veröffentlichen. Zweck des Verlages waren zunächst

Druck und Herausgabe der Zeitschrift *Mosaik. Monatsblatt für Sie und Ihn*. Diese sollte, so lautete eine Zeitungsmeldung, «ganz objektiv» sein und sich mit «allen Gegenwartsfragen, Frauenproblemen, Kunst und Politik» befassen.[87] Regelmäßig gab es Beilagen für Mode und Schnitte,[88] denn natürlich war neben den ideellen Zielen auch ans Geldverdienen gedacht. Diesem Zweck dienten auch Bastel- und Haushaltsbögen, Kinderbeilagen und Fotos, zum Teil sogar farbig.

Sitz des Unternehmens war und blieb die Kohlenhandlung, ohne die der Verlag nicht hätte existieren können.[89] Das Verlagsbüro lag hinter dem Kassenraum. Dort blieb alles so, wie es gewesen war, und wenn Annedore Lebers ehemalige Mitarbeiterin Ingeborg Schütze sich auf einen der Sessel setzte, die deutlich durchgescheuert und abgewetzt waren, hieß es, auf dem Platz habe Stauffenberg immer gesessen.[90] Die Zeitschrift musste allerdings Mitte 1949 ihr Erscheinen unvermittelt einstellen, wahrscheinlich als Folge der Papierknappheit während der Berliner Blockade.

Annedore Leber hat sich nach Kriegsende selbständig einen Platz im Nachkriegsberlin erarbeitet. Sie war nicht nur die Witwe von Julius Leber, sondern sie war auch Mitherausgeberin einer großen Tageszeitung, Journalistin, Verlagsbesitzerin und Herausgeberin einer eigenen Zeitschrift, Politikerin, Mitglied des ersten Berliner Stadtparlaments und gefragte Rednerin, außerdem aktives Zentrum im Kreis der Widerstandswitwen und Mutter zweier Kinder. Ernst Reuter, der spätere Oberbürgermeister von Berlin, schrieb 1947 an sie: «Liebe Genossin Leber! Ihr freundlicher Brief an meine Frau war unter meiner Adresse gegangen, trotzdem ich kein Dr. bin und auch nicht Fritz heiße, ist der Brief doch richtig angekommen. … Daß wir Gelegenheit hatten, Sie hier kennenzulernen, hat zu den Dingen gehört, die uns gezeigt haben, wie richtig unser Entschluß war, in die Heimat zurückzukehren.»[91]

Annedore Leber fragte sich gut ein Jahr später in ihrem Tagebuch: «Warum eigentlich betreibe ich diese furchtbare Karussellfahrt; warum stelle ich meine Kinder zurück, warum habe ich für viele schöne und wichtige Dinge kaum noch Zeit? Nur dies weiß ich genau: Es ist kein Anreiz für mich, in die Geschichte einzugehen! Was also ist es, was mich treibt. Berufsehre? Nein. Dafür nehme ich meinen Beruf zu wenig ernst! Keine Nächstenliebe? Dafür bin ich weder gut noch sentimental genug. Gekränkter Stolz, weil die sich da draußen besser fühlen als wir? Was weiß ich!»[92]

Leiterin der Volkshochschule Ulm: Inge Aicher-Scholl

Wie ging es der Familie Scholl nach Kriegsende? Bereits im Juni 1945 wurde Robert Scholl von den Amerikanern zum Ulmer Oberbürgermeister ernannt. Da die Wohnung am Münsterplatz während des Aufenthalts der Familie im Schwarzwald völlig zerstört worden war, zogen die Scholls in die Mozartstraße um. Im August 1945 kehrte auch Inge Scholl nach Ulm zurück. Sie war frei und konnte neu beginnen. Sie wollte Geschichte und Soziologie studieren. Aber dazu sollte es nicht kommen.[93]

Zunächst half sie Otl Aicher bei der Organisation einer Reihe von Vorträgen im Sommer 1945 in Ulm. Beide waren sich einig, dass es einen geistigen Aufbruch geben müsse, um nach den äußeren und inneren Zerstörungen des Nationalsozialismus eine bessere Gesellschaft aufzubauen. In diesem Vorhaben konnten sie an ihren Gesprächskreis der Vorkriegsjahre anknüpfen, wo sie sich eine weltanschauliche Basis erarbeitet hatten. Daher sollte der erste Redner aus diesem geistigen Kontext stammen, und er musste selbstverständlich ein Nazigegner gewesen sein. So fiel die Wahl auf den Theologen und Publizisten Romano Guardini, der – auch dies spielte in Zeiten des Mangels eine Rolle – nicht allzu weit entfernt von Ulm lebte. Der Vortrag wurde durch von Aicher entworfene Zettel angekündigt, die an die Ruinen der Stadt geklebt wurden.

Am 16. August 1945 war es endlich so weit: Nachdem die Amerikaner die Erlaubnis erteilt hatten, sprach Guardini in der Martin-Luther-Kirche über «Wahrheit und Lüge». Es kamen etwa sechshundert Zuhörer.[94] Bis Weihnachten 1945 wurden neun weitere Vorträge verschiedener Redner organisiert, «Religiöse Ansprachen», die alle gleichermaßen gut besucht waren.[95]

Wahrscheinlich schon Ende 1945, aber spätestens im Januar 1946 wurde aus dem Erfolg der Vortragsreihe die Idee einer Volkshochschule geboren. Inge Scholl, Otl Aicher und einige engagierte Ulmer Bürger kamen zusammen, um sie in die Tat umzusetzen. In einer Zeitungsanzeige bat man im Februar um Spenden, die reichlich flossen. Am 24. April 1946, genau ein Jahr nach der Befreiung Ulms durch amerikanische Truppen, wurde die «vh Ulm», wie sie sich nannte, eröffnet. Die Besetzung der Leitung mit Inge Scholl stand für kurze Zeit in Frage, weil sie in ihrem Entnazifizierungsbescheid aufgrund ihrer leitenden Positionen beim BDM als belastet eingestuft wurde. Aber die Amerikaner ließen sich überzeugen, dass ihre Einstellung sich gewandelt hatte. Als Belege für die antinazistische Haltung im Hause Scholl während des «Dritten Reiches» wurden nicht zuletzt die Opfer ihrer Familie akzeptiert.[96]

Überhaupt öffnete der Name Scholl Türen, was der Volkshochschule Ulm in ihren Anfangsjahren zugutekam. Mit bemerkenswertem Engagement erstellte Inge Scholl ein Programm, das weit über jene der überall in Deutschland entstehenden Volkshochschulen hinausragte. Der Schriftsteller Fedor Stepun sprach über «Demokratie und Masse», der ehemalige Journalist, Kultusminister des Landes Württemberg-Baden (der nördliche Teil des heutigen Baden-Württemberg) und spätere Bundespräsident der Bundesrepublik Deutschland Theodor Heuss trug über «Die nationale Idee im Wandel der Geschichte» vor. Der Schriftsteller Albrecht Goes las aus seinen Werken, seine Kollegin Gertrud Bäumer referierte über «Das Geschichtsbild des wahren Deutschland». Der Freiburger Historiker Gerhard Ritter dozierte über «Die Verwüstung des deutschen Geschichtsbildes im Dritten Reich». Und natürlich durfte Romano Guardini nicht fehlen, der über «Die Landschaft bei Hölderlin» nachdachte und damit an Hans Scholl erinnerte, dem Guardinis Buch zu dem Thema wichtig gewesen war.[97]

Der Erfolg stellte sich unmittelbar ein. Die Volkshochschule Ulm hatte innerhalb weniger Tage fast 2500 Mitglieder, deren Beiträge die Arbeit ermöglichten. Die eigentliche programmatische Arbeit machten Inge Scholl und Otl Aicher, richtiger: Sie hatten sie für sich reserviert. Otl Aicher, der ursprünglich in München Design studie-

Otl Aicher, Elisabeth Hartnagel-Scholl und Inge Aicher-Scholl, Anfang der 1950er Jahre

ren wollte, war schon sehr bald nach Ulm zurückgekehrt mit der Begründung, an der Kunsthochschule könne man ihm nichts mehr beibringen. Er entwarf die Plakate, Mitgliedskarten und Programmhefte.

Auch die grundlegende Programmschrift trug die Handschrift der beiden ehemaligen Mitglieder des Scholl-Kreises. Die gezielte Lektüre abendländischer Grundlagentexte und die Diskussionen darüber in der Gemeinschaft der gleichgesinnten Geschwister und Freunde hatten sie schließlich gegen die falschen Verheißungen der Nationalsozialisten immunisiert. Nun sollte diese Methode den Zeitgenossen helfen, das geistige Vakuum, das die Diktatur hinterlassen hat, neu zu füllen. Denn, so klagen Scholl und Aicher an, der Hang zur «Halbbildung» habe den Nationalsozialismus erst möglich gemacht: «Die Kluft zwischen Kultur und Zivilisation ist nur bei uns so groß, weil wir aus der Kultur etwas machten, was sie gar nicht ist, indem wir die beiden letzten Buchstaben des Wortes strichen. Es gab und gibt bei uns noch einen richtigen Kultur-Kult. So ist die Kultur zur Religion derer geworden, die sich für besonders gescheit und vornehm halten.»[98] Um also den Dialog zu befördern und in der vh Ulm zu institutionalisieren, bedürfe es der Begegnung «der ‹geistigen Führer› mit dem Volk». Damit wandten sich die Autoren genau an jene Zielgruppe, der sie zuvor Versagen vorgeworfen hatten. Indem die Bürger sich nun einer Bildung widmen sollen, die «sich der Zukunft öffnet», könne die vh eine Hochschule «*für* das Volk und *mit* dem Volk sein». Damit werde die Volkshochschule eine «Gemeinde von Freunden», in der «das Individuum [zu] seiner Würde als Humanum» zurückfinden.

«Humanität» und «christliches Abendland» waren Schlüsselbegriffe ihres Bildungskonzepts. Sie boten die Möglichkeit, an eine jahrhundertealte Tradition anzuknüpfen und die sogenannten zwölf dunklen Jahre aus der deutschen Geschichte auszuklammern. Die Verantwortlichen des «Dritten Reichs» mutierten in dieser Perspektive zu dämonischen Vertretern des Bösen an sich, Kriminellen, Psychopathen und Sadisten, die außerhalb der deutschen Gesellschaft und Geschichte standen. Die Mitglieder der Weißen Rose hingegen konnte man in diesem Deutungsmuster mitten in die Gesellschaft hineininterpretieren, eben als die Repräsentanten eines bildungsbürgerlichen Humanismus, der sich in der Diktatur zurücknehmen musste, aber in der Opferbereitschaft vom 18. Februar 1943 hell leuchtend zutage trat. Denn ein Opfer war der Tod der Mitglieder der Weißen Rose gemäß dem Erklärungsmuster der meisten Zeitgenossen. Wer Widerstand leisten wollte, der entschied sich zwangsläufig für den Märtyrertod, da der Widerstand gegen den Nationalsozialismus und seine vom Bösen geleiteten Schergen tödlich enden musste. Deshalb war Widerstand «objektiv sinnlos»,[99] so die zeitgenössische Schlussfolgerung, stattdessen war es sinnvoll, sich zurückzuziehen, um im geeigneten Moment für den Wiederaufbau zur Verfügung zu stehen.

Der Moment des Erschreckens, des Dialogs, der Offenheit in Deutschland war kurz. Schon im Juni 1947 vermerkten die Ulmer Volkshochschulgründer in ihrem Programm resigniert, die Zeit der unmittelbaren Abrechnung sei nun wohl vorüber.[100] Die Zahl der Teilnehmer an geistesgeschichtlichen Kursen ging zurück, es mussten mehr Sprachkurse angeboten werden, äußerst gefragt waren Stenografie und Buchhaltung. Inge Scholl versuchte lange, sich diesem Trend zu widersetzen, und wurde dafür kritisiert: Das hohe Niveau mache die vh Ulm zu einer Volkshochschule für Gebildete. Ein Vorwurf, so vermutet die Historikerin Barbara Schüler, den Inge Scholl wohl nie ganz verstanden hat.[101] Sie glaubte fest an die Verstandes- und Herzensbildung durch den Humanismus. Das christliche Abendland war für sie keine Floskel, sondern aktiver Bestandteil ihres Lebens: Das, was diesen Begriff inhaltlich ausmacht, war das Erbe ihrer toten Geschwister, das sie in der Volkshochschule weitertragen wollte.

Engelserlebnis

Inge Scholls Hoffnung, durch Bildung den mündigen, gegebenenfalls widerstandsbereiten Staatsbürger zu erziehen, erinnert an Annedore Leber, die zwar wesentlich politischer dachte, aber wie Inge Scholl ihr Leben dem Erbe und Andenken des Widerstandes widmete. Doch es gibt einen wichtigen Unterschied: Inge Scholl war keine Widerstandskämpferin, sie wusste nichts vom gefährlichen Tun ihrer Geschwister. Sie musste sich einen anderen Zugang zu Hans und Sophie suchen, und das war der katholische Glaube: Inge konvertierte am 22. Februar 1945, am zweiten Todestag der Geschwister, zum Katholizismus und vollzog damit den Schritt, den die Hingerichteten, wären sie am Leben geblieben, ihrer Meinung nach auch getan hätten. Sie seien zwar noch als Protestanten gestorben, aber bereits im katholischen Geist. Der katholische Glaube in der Ausprägung des «Renouveau catholique», wie sie ihn gemeinsam bei Carl Muth und Theodor Haecker kennengelernt hatten,[102] war das Band, das sie zusammenschloss. Sie konnte in dieser geistigen Verbindung gewissermaßen den Kontakt zu den Toten aufrechterhalten. Gerade der Katholizismus bot ihr darüber hinaus die Möglichkeit, den Verlust zu transzendieren, die toten Geschwister zu Märtyrern zu machen, um damit ihren eigenen Schmerz zu bekämpfen. An Carl Zuckmayer, dessen Drama *Der Gesang im Feuer-*

ofen noch im selben Jahr uraufgeführt wurde, schrieb sie im Juli 1950:

«Seit ich den ‹Gesang im Feuerofen› gelesen habe, erinnere ich mich wieder so stark an ein Erlebnis, das ich einen Tag nach dem Tode meiner Geschwister hatte. Ich war an jenem Tag sehr früh mit Otl, der zufällig auf Urlaub von der Front da war, nach München gefahren in der schwachen Hoffnung, die Beiden noch einmal sehen zu dürfen. Ich hatte einfach den wahnsinnigen, egoistischen Wunsch, sie noch einmal zu sehen und sie um Verzeihung zu bitten für die Liebe, die ich ihnen schuldig geblieben war. Aber die Sekretärin des Generalstaatsanwaltes, die schneeweißen Alpenveilchen auf ihrem Tisch, die Zeitungen und die Plakate verkündeten mir, dass dies nicht mehr möglich war. So zogen wir beide von morgens bis zum Abend hin und her, in dem strahlenden Vorfrühlings-München, um alles zu besorgen, was uns aufgetragen war. Als ich am Abend wieder bei untergehender Sonne auf dem Bahnsteig stand und Hans vor mir sah, wie oft er mir entgegengekommen war, und Sophie, wie sie mich zum Zug begleitete, da überfiel mich ein riesiger Schmerz. Und in diesem Moment erlebte ich etwas, an das die Erinnerung kaum mehr hinreicht, weil es so überaus *wirklich* war. Als sei dieser Schmerz wie ein dunkles Gebüsch, aus dem plötzlich ein Lied anfängt zu tönen, eine einzige, reine, erlöste, jubelnde Stimme, die in großen Bogen immer höher stieg. Und eine zweite, tiefere, fiel ein und stieg mit hoch – und eine dritte kam dazu. [Eingefügt: Und immer andere fielen ein (?)]. Wie riesige Girlanden zog sich dieser Gesang in den tiefen Himmel hinein, höher und höher. Es wird nie möglich sein, das auch nur annähernd in Worte zu fassen. Aber ich zehrte lange, lange Zeit davon, wie man vielleicht von einer einmaligen, wunderbaren Begegnung mit einem Menschen zehren kann.

Ich verstand nicht, was es war, ich versuchte mir auch nichts zu erklären. Ich nahm es einfach hin und fürchtete, durch das leiseste Fragen es zu zerstören. Die Melodie kannte ich zwar, es war ein herrliches Liebeslied, das ich kurz vorher mit Sophie gemeinsam auf einer Schallplatte gehört hatte. Und die Stimmen kannte ich auch, es waren ihre Stimmen. Trotzdem war alles ganz unbegreiflich.

Viele Wochen später las ich im Gefängnis das Buch über die Engel von Eric Peterson, einem sehr tüchtigen Theologen.[103] Es war nichts anderes als eine ganz nüchterne, glasklare theologische Abhandlung über die Engel auf Grund sämtlicher Überlieferungen der Heiligen Schrift und anderer Schriften, auch von Thomas von Aquin. Nichts als Interpretation. Plötzlich las ich an einer Stelle, dass es vorkommt, dass Menschen, etwa Märtyrer, nach dem Tod, geradewegs ins Paradies gelangen, geleitet von Chören jubelnder Engel. Und diese trockene Stelle hatte einen so jähen Bezug zu jenem Erlebnis, dass es mir erschien wie eine Verabredung.»[104]

Inge Scholl ließ ihrer Konversion zum Katholizismus eine Lebensbeichte vorausgehen, bei der sie «radikal aufrichtig» sein wollte.[105] Der schonungslose Rückblick voller Reue endete mit der Absolution, der Lossprechung von alten Sünden, und dazu zählte in Inges Augen inzwischen längst auch ihre Zeit im BDM. Die Beichte ermöglichte ihr den Bruch mit dem alten Leben. 1945 wurde für Inge Scholl zum Neuanfang. Aber es war ein Neuanfang, der tief in der Vergangenheit, im Widerstand und «Opfer» ihrer Geschwister, wurzelte. Er sollte ihr ganzes weiteres Leben bestimmen.

Sechstes Kapitel

Kampf um das Erbe des Widerstands

1948 läutete die Währungsreform im Westen das Ende der Nachkriegszeit ein. 1949 stiftete die Gründung der beiden deutschen Staaten die politische Ordnung, die für die nächsten vierzig Jahre Bestand haben sollte. Der westdeutsche und der ostdeutsche Staat wurden im Zuge des nun beginnenden Kalten Krieges immer weiter in das westliche und das östliche Bündnissystem integriert. Unterdessen machten sich die Westdeutschen mit Feuereifer an den wirtschaftlichen Wiederaufbau, der für Rückblick und Reflexion kaum Zeit ließ. Die Alliierten hatten ihre ehrgeizigen Pläne einer vollständigen Entnazifizierung der Bevölkerung ohnehin längst begraben. Sie war letztlich wohl auch nicht durchführbar, «it would have turned millions of Germans into pariahs and enemies of the new democratic regime», meint der Historiker Fritz Stern.[1] Man drückte gern ein Auge zu, um den Westdeutschen einen Gefallen zu tun, denn die waren nicht länger Feinde, sondern wichtige Bündnispartner.

Endlich Interesse?

Doch der Neuanfang kam nicht, die Stunde null ist eine Fama. Ein umfassender Mentalitätswandel fand in Deutschland keineswegs statt: Im August 1951, sieben Jahre nach dem Attentat auf Hitler, äußerten sich auf die Frage: «Wie soll man Ihrer Ansicht nach die Männer vom 20. Juli beurteilen?» nur 45 Prozent der deutschen Bevölkerung positiv, 21 Prozent waren unentschlossen, und 34 Prozent lehnten das Attentat ab; bei den Männern waren es sogar 40 Prozent, bei den Frauen dagegen nur 28 Prozent. Nach Altersgruppen aufgeschlüsselt, ergab sich: 31 Prozent der Befragten ab sechzig Jahren bewerteten die Widerständler negativ, von den jungen Leuten zwischen sechzehn und neunundzwanzig Jahren dagegen auffallende 40 Prozent.[2]

Einen Monat vor dieser Umfrage, im Juli 1951, fand sich ein kurzer Artikel auf der Titelseite der Wochenzeitung *Die Zeit*, der diese Stimmung mit folgenden Worten bitter kommentiert: «Sieben Jahre – und die ‹Verräter› von damals gelten beinahe schon wieder als ‹Verräter›. Vergessen sind die Zeiten, da das Leben und der Tod dieser Männer vereinsamt in der Aktiva-Spalte des Hauptbuches deutscher Geschichte standen, einem unermeßlichen Schuldkonto gegenüber. In Deutschland geht es wieder aufwärts. Der Neo-Nazismus marschiert. Generäle, die 1944 in jenem ‹Ehrengericht› saßen, das die Kämpfer gegen den Tyrannen mit Schimpf und Schande aus der deutschen Armee stieß, führen wieder das große Wort. ... Wenn diese Entwicklung weitergeht, werden die Überlebenden des 20. Juli spätestens den zehnten Jahrestag ihres Aufstandes gegen die Diktatur als Emigranten im Ausland erleben.»[3] Gerade *Die Zeit* hatte es sich auf die Fahne geschrieben, diese Haltung durch ihre journalistische Aufklärung zu verändern, allen voran Marion Gräfin Dönhoff. Jedes Jahr zum 20. Juli erinnerte sie mit einem großen Artikel an die Ereignisse, ein Gedenken, das schließlich 1964 in dem Satz gipfelte: «Hat irgend ein Volk größere Helden als diese?»[4]

Zwar blieb die breite Anerkennung des Widerstandes noch jahrzehntelang aus, aber es gab ein deutlich steigendes Interesse am Thema selbst. Bis Anfang der fünfziger Jahre war das Wissen über den Widerstand in der Bundesrepublik gering gewesen. Als die ersten Bücher darüber erschienen, fragte man, was möglich gewesen war, wie Widerstand hätte aussehen können. 1949 erschien das ursprünglich auf Englisch publizierte Buch des Historikers und Emigranten Hans Rothfels, *Die deutsche Opposition gegen Hitler*, in einem Krefelder Verlag. 1952 folgte Inge Scholls Buch *Die Weiße Rose*, mit dem sie zu ihrer großen Erleichterung den bis dahin sehr erfolgreichen Roman *Es waren ihrer sechs* des Emigranten Alfred Neumann vom Markt verdrängte.[5] 1953 brachte Günther Weisenborn *Der lautlose Aufstand* heraus. Das Buch, mit dem Untertitel

Bericht über die Widerstandsbewegung des deutschen Volkes, 1933–1945 basierte zum Teil auf den Vorarbeiten von Ricarda Huch. 1954 gab es gleich zwei bedeutende Neuerscheinungen: Annedore Lebers Buch *Das Gewissen steht auf. 64 Lebensbilder aus dem deutschen Widerstand* und eine Sammlung von Abschiedsbriefen mit dem Titel *Du hast mich heimgesucht bei Nacht*. Herausgeber dieser Anthologie waren Käthe Kuhn, die über ihre Zusammenarbeit mit dem Hilfswerk 20. Juli auf den Widerstand aufmerksam geworden war, der Schriftsteller Reinhold Schneider und der Theologe Helmut Gollwitzer. 1957 erschien Annedore Lebers Folgeband *Das Gewissen entscheidet. Bereiche des deutschen Widerstandes von 1933–1945 in Lebensbildern*. 1958 wurde auch Fabian von Schlabrendorffs Erinnerungsbuch *Offiziere gegen Hitler*, das wie Rothfels' Buch zunächst in Deutschland nicht zugelassen worden war, bei Fischer publiziert. Es erlebte, wie alle die genannten Werke, zahlreiche Neuauflagen mit fünfstelligen Verkaufszahlen. Sie wurden auch ins Englische, zum Teil ins Französische übersetzt. Viele der Bücher wurden bis in die 1980er, teils 1990er Jahre wieder aufgelegt. *Die Weiße Rose* von Inge Scholl wird bis heute viel gelesen.

Einen offiziellen Fürsprecher hatte der Widerstand in der Bundeszentrale für Heimatdienst, die 1952 gegründet wurde und seit Mai 1963 Bundeszentrale für politische Bildung heißt.[6] Die Institution sollte «den demokratischen und den europäischen Gedanken im deutschen Volke … festigen und … verbreiten», doch gab man sich seitens der Regierung keiner Illusion hin. Die Arbeit der Bundeszentrale «sei gewiß im Augenblick kaum mehr als ein Versuch, doch müsse er gemacht werden, weil es darauf ankomme, auf längere Sicht die allzu vielen Abseitsstehenden im Volk in unauffälliger Weise für den Staat zu gewinnen oder doch für ihn zu interessieren.»[7] Von den insgesamt siebenundfünfzig Publikationen, die hier in den nächsten elf Jahren erschienen, befassten sich sechs mit dem 20. Juli 1944.[8]

Während solche Publikationen eher langfristig wirken sollten, versprach man sich von einem uneingeschränkten Bekenntnis zum Widerstand eine direkte außenpolitische Wirkung. Nachdem sich die anfängliche Ablehnung der Widerstandskämpfer durch die Alliierten – aus Sorge vor der Aufdeckung eigenen Versagens – gelegt hatte, war der Widerstand ein Lichtblick im überwiegend negativen Bild von den Deutschen im Ausland. Insbesondere in Amerika beobachtete man genau, was sich in Deutschland tat. Freya von Moltke unternahm im Herbst 1949 auf Einladung des American Committee to Aid Survivors of German Resistance eine Reise durch die USA, um mit Vorträgen über den Widerstand Geld für das Hilfswerk 20. Juli zu sammeln. Sie berichtete der Organisatorin: «Hier sind die Kirchen gutmeinend, die Regierung überzeugt an höchster Stelle, dass man in Deutschland die demokratischen und liberalen Elemente stärken muss, aber im übrigen habe ich mich hier zum ersten Mal in einem Land befunden, wo es noch sehr viel Abneigung, Hass und Bitterkeit Deutschland gegenüber gibt. Der Widerstand ist unbekannt und unbeliebt.»[9]

«Der 20. Juli kommt vor Gericht»

Die in Deutschland verbreitete Skepsis gegenüber dem Widerstand brachte auch die wohlmeinenden Kräfte in den USA in Schwierigkeiten. Darüber beschwerte sich Allen W. Dulles beim Regierenden Bürgermeister von Hamburg, Max Brauer, der zehn Jahre in New York im Exil verbracht hatte. Allen W. Dulles, der Bruder des amerikanischen Außenministers John Foster Dulles, hatte während des Krieges Kontakte zum deutschen Widerstand gepflegt und die Ermordung Hitlers befürwortet. Noch in den fünfziger Jahren trat er als CIA-Chef für politische Morde ein. Der strikte Antikommunist Dulles war Mitglied im American Committee to Aid Survivors of German Resistance und wandte sich 1949 mit einer Bitte an Brauer: «Wie Sie sicher wissen, wurde 1948 das ‹American Committee to Aid Survivors of the German Resistance› gegründet, um den Witwen und Waisen derer zu helfen, die ihr Leben im Kampf um Deutschlands Befreiung gaben. Während dieser Nachkriegsjahre haben wir getan, was wir konnten, indem wir Spenden gesammelt, Geld- und Lebensmittelpakete geschickt haben.» Es werde jedoch immer schwieriger, Geld aufzutreiben, und er fährt fort: «Ein besonderes Hindernis für unsere Arbeit ist die Haltung einiger deutscher Parteien und bekannten Persönlichkeiten, so wie Herr Sonnerow [?] in Schleswig-Holstein und Herr Remer in Oldenburg, die in der Presse und im Radio die Männer des 20. Juli angegriffen und geschmäht haben. Ich weiß natürlich, dass diese Männer keineswegs repräsentativ für die gesamte deutsche Bevölkerung sind. Trotzdem ist es für einige von uns hier in Amerika entmutigend, dass Leute wie Remer es politisch opportun finden, die Widerstandskämpfer anzugreifen.»[10]

Otto Ernst Remer wurde im Herbst 1951 in Braunschweig wegen «übler Nachrede in Tateinheit mit Verunglimpfung des Andenkens Verstorbener» angeklagt.[11] Er hatte im Mai 1951 auf einer Wahlkampfveranstaltung der rechtsextremen Sozialistischen Reichspartei die Männer vom 20. Juli als «Landesverräter» beschimpft. Annedore Leber trat in dem Prozess gegen ihn als Nebenklägerin auf.[12]

Der ehemalige Major Remer war daran beteiligt gewesen, dass der Umsturzversuch vom 20. Juli 1944 scheiterte. Eigentlich sollte er – durch Auslösung des sogenannten Walküre-Befehls, den die Wehrmacht zur Unterdrückung eines Aufstands ausgearbeitet hatte und den die Männer um Stauffenberg in ihrem Sinne umfunktionieren wollten – dem Aufstand dienen. Mit einem Wachbataillon sollte er das Regierungsviertel absperren und Propagandaminister Joseph Goebbels verhaften. Er erkundigte sich jedoch zuvor bei Goebbels, ob Hitler tatsächlich tot war. Der verband ihn mit dem nur leicht verletzten Hitler in der Wolfschanze, welcher ihm den Befehl erteilte, den «Putsch» niederzuschlagen. Daraufhin besetzte Remer am späten Abend des 20. Juli mit seinem Wachbataillon die Ausgänge des Bendlerblocks, in dem Stauffenberg noch immer versuchte zu retten, was zu retten war. Dergestalt militärisch gestärkt, taten sich die dort festgehaltenen Gegner der Widerstandskämpfer zusammen, hielten ein Standgericht, erschossen fünf der Aufständischen und nahmen die anderen fest.[13] Remer wurde daraufhin noch bis zum Generalmajor befördert. 1949 gründete er die rechtsextreme Sozialistische Reichspartei, die im besagten Mai 1951 bei der Landtagswahl in Niedersachsen 11 Prozent der Stimmen errang[14] und mit sechzehn Abgeordneten als viertstärkste Fraktion in den Landtag von Hannover einzog.[15]

Anzeige gegen Remer erstattete 1951 zunächst der Bundesinnenminister Robert Lehr, der sich als ehemaliger Angehöriger des Widerstandes durch dessen Äußerung persönlich beleidigt sah. Der zuständige Oberstaatsanwalt hatte ihm mitgeteilt, dass eine Klage keine Aussicht auf Erfolg habe, und wollte die Sache auf sich beruhen lassen. Der niedersächsische Generalstaatsanwalt Fritz Bauer aber nahm sich der Sache an. Der in Stuttgart geborene Bauer hatte als Jude die Zeit des Nationalsozialismus in Skandinavien überlebt und war 1949 nach Deutschland zurückgekehrt mit der Begründung: «Schon einmal war die Demokratie zu Grunde gegangen, weil sie keine Demokraten besaß. Ich wollte einer sein.»[16] Bauer erkannte die Chance, die der Fall Remer bot, nämlich die «Legalität und Legitimität des Widerstandes vom 20. Juli zum Gegenstand eines Gerichtsverfahrens» zu machen,[17] um dort das objektive Recht auf Widerstand feststellen zu lassen. Dazu musste man dem Angeklagten Verleumdung nachweisen, indem die Frage des Eides in den Mittelpunkt des Verfahrens gerückt wurde: Inwieweit war durch den Eid, den alle Soldaten auf Adolf Hitler geschworen hatten, diesen das Recht auf Widerstand verwehrt? Bauers Strategie bestand darin, dem Eid die Funktion zuzuweisen, die Handlung des Einzelnen verpflichtend am Gemeinwohl zu orientieren, was zugleich die Unrechtmäßigkeit des allein auf Hitler ausgerichteten Schwurs begründete. Der Eid gegen Hitler sei «unsittlich» gewesen, deshalb hätten die Soldaten ihn gar nicht brechen können.[18]

Remers Anwälte bauten für ihre Verteidigung einen einfachen Gegensatz auf: Auf der einen Seite diejenigen Wehrmachtsangehörigen, die Mehrheit, die soldatischen Tugenden folgend, treu an ihrem Eid festgehalten hätten, auf der anderen Seite die Widerstandskämpfer, die als ehrlose Eidbrecher dargestellt wurden. Die Strategie war durchaus erfolgversprechend, stand doch die Wehrmacht nach wie vor in hohem Ansehen. Fritz Bauer hatte mit Bedacht Anklage wegen «übler Nachrede» erhoben, weil diese im Gegensatz zur «einfachen Beleidigung» einen juristischen «Wahrheitsbeweis» erforderte, den er durch die Kompetenz verschiedener Gutachter erbringen wollte.[19]

Schon der erste Fachmann war von Bauer geschickt ausgewählt

worden: Generalleutnant a. D. Helmut Friebe sprach über die «Stellung des Offizierskorps zum 20. Juli 1944». Er führte aus, dass im Sommer 1944 «die große Masse der Frontoffiziere und hauptsächlich der jüngeren Generation dem Attentat verständnislos und ablehnend» gegenübergestanden habe. Aber durch die intensive Aufklärung habe sich inzwischen die Einstellung des Offizierskorps zum Geschehen verändert.[20] Friebe war vorübergehend kommissarischer Vorsitzender des Verbandes deutscher Soldaten (VdS) und hatte sich als solcher bereits von den verleumderischen Äußerungen nicht nur Remers, sondern auch der Funktionäre des VdS distanziert. Als ehemaliger Angehöriger der Wehrmacht war er berechtigt, sich zu dieser Frage zu äußern, und war so in besonderem Maße dazu befähigt, die Argumentation der Verteidigung – die der guten und der schlechten Wehrmachtsangehörigen – zu untergraben.

Es folgte ein Gutachten des Theologen Rupert Angermaier über das «Widerstandsrecht nach katholischer Lehre». Seine zentrale These besagte, ganz im Sinne Fritz Bauers, dass die Männer vom 20. Juli durch den Widerstand ihren Soldateneid nicht gebrochen hätten, «vielmehr habe das NS-Regime das Gemeinwohl gefährdet und Widerstand sei deshalb kein Verrat, sondern ein Notwehrakt gewesen».[21] Im Anschluss daran erläuterten Hans Joachim Iwand und Ernst Wolf ihren «Entwurf eines Gutachtens zur Frage des Widerstandsrechts nach evangelischer Lehre». Als ein scheinbar stichhaltiges Argument gegen den Widerstand gerade im evangelischen Kontext war die Bibelstelle Römer 13,1–5 ins Feld geführt worden, die Gehorsam gegenüber der Obrigkeit fordert.[22] Wolf und Iwand argumentierten, dass auch die Obrigkeit pervertiert werden könne, wenn das Tier aus dem Abgrund, so wie es in Offenbarung 13 geschildert werde, sich erhebe und sich zum Gesetz aller Dinge mache: Das «aus dem Chaos aufsteigende Tier, welches an die Stelle des Menschensohnes und seiner Menschenwürde die Bestialität und die falsche Prophetie zum Prinzip macht, dem alles unterworfen wird [...] und ohne dessen Anbetung niemand mehr das Recht zum Leben hat». Widerstand gegen diesen zur Bestie gewordenen Staat sei die Pflicht des Christenmenschen, «im leidenden Gehorsam gegenüber dem

Verfall des rechtlichen Staatsganzen zu verharren, wäre Ungehorsam».[23] Damit war zum ersten Mal in der Geschichte der Bundesrepublik klar ausgesprochen, dass der NS-Staat ein Unrechtsstaat und somit Widerstand legitim war. Diese Argumentation widerlegte auch den Angriff der Remer'schen Verteidigung, die besagte, dass es Politik überhaupt aushebeln würde, wenn jedermann mit einer solchen Begründung Landesverrat üben dürfe.

Die Motivation für Attentat und Umsturz zu erläutern war die Aufgabe des Göttinger Historikers Hans-Günther Seraphim. Durch beeindruckende Beispiele von Aussagen der Beteiligten selbst, allen voran Ludwig Beck, und eine genaue Analyse des Regierungsprogramms Goerdelers, konnte er die wesentlichen Ziele der Opposition überzeugend darstellen. Schließlich war der ebenfalls in Göttingen lehrende Historiker Percy Ernst Schramm von Bauer gebeten worden, dem Vorwurf einer neuen Dolchstoßlegende mit wissenschaftlicher Expertise entgegenzutreten. Denn Schramm, wie Friebe ehemaliger Wehrmachtsangehöriger, war im Führungsstab der Wehrmacht mit der Führung des Wehrmachtstagebuchs betraut gewesen. Er konnte nun als Wissenschaftler beurteilen, was er als Soldat erlebt hatte, und Schramm machte unmissverständlich deutlich, «die militärische Lage war am 20.7. bereits ausweglos».[24] Damit entzog er der rechten Propaganda-Parole den Boden, erst der «Putsch» vom 20. Juli habe der deutschen Armee den Todesstoß, den Dolchstoß, versetzt.

Dem Verfahren, in dem es von Anfang an nicht in erster Linie um Remer gegangen war – «Der 20. Juli kommt vor Gericht» lautete eine der Schlagzeilen zu Prozessbeginn[25] –, war ein großes Medienecho gewiss. Fritz Bauer beeindruckte durch seinen leidenschaftlichen Einsatz und seine kluge Verhandlungsführung. Kritisch wurde es erst, als einer der Zeugen, die Bauer als Generalstaatsanwalt unterstützend geladen hatte, seine Aussagen in eigener Sache erweiterte. Fabian von Schlabrendorff, selbst an den Attentatsvorbereitungen beteiligt, äußerte sich sowohl zum Widerstand Hans Osters[26] als auch zu dem der Roten Kapelle. Während er dem einen Landesverrat aus «lauterer Gesinnung» bescheinigte, verurteilte er die kommunistischen Widerstandskämpfer als «verabscheuungswürdig».[27] Dadurch brachte er Bauer in die missliche Lage, dass aus berufenem Munde die Verbindung zwischen Widerstand und Landesverrat wiederhergestellt wurde. Die Verteidigung griff Schlabrendorffs Worte begeistert auf. Bauer konterte mit dem Paragraphen 91 StGb, der auch im «Dritten Reich» gültig gewesen war und der besagte, dass Landesverrat nur begehe, wer mit dem Vorsatz handele, dem Reich zu schaden. Die Motivation der Widerstandskämpfer aber, das war inzwischen bewiesen, war eine gegenteilige gewesen, und damit entfiel der Vorwurf – auch in den Augen des zuständigen Richters. Er folgte Bauers Argumenten und verurteilte Otto Ernst Remer am 15. März 1952 zu drei Monaten Haft, der er sich zum Teil durch Flucht ins Ausland entzog. Er sollte zeit seines Lebens ein Unbelehrbarer bleiben.

Denkmal im Bendlerblock

Wenige Monate nach dem Remer-Prozess, am 20. Juli 1952, legte Eva Olbricht, die Witwe eines der Mitverschwörer, die im Hof des Allgemeinen Heeresamtes, des sogenannten Bendlerblocks, sofort erschossen worden waren, den Grundstein für ein dort geplantes Denkmal. Die Anregung dazu stammte aus dem Kreis der Hinterbliebenen. Beim Festakt sprach der Regierende Bürgermeister von Berlin, Ernst Reuter, der die Angehörigen anschließend im Namen des Senats noch in das Gästehaus der Stadt einlud. Dies war die erste offizielle Gedenkveranstaltung zum 20. Juli 1944. In der Bundeshauptstadt Bonn entschloss man sich erst 1961 zu einer Feier am 20. Juli.

Am 19. Juli 1953 wurde im Bendlerblock das Denkmal des Bildhauers Richard Scheibe eingeweiht. In der Mitte des Hofes steht seitdem ein bronzener Jüngling mit entschlossenem Blick, aber gebundenen Händen. Im Anschluss an die Einweihung gab es wie im Jahr zuvor einen Empfang im Gästehaus des Berliner Senats, auf der Hans Lukaschek, ehemaliges Mitglied des Kreisauer Kreises und mittlerweile Bundesvertriebenenminister, eine Rede über das «Heldentum der Frauen» hielt. Er schloss mit den Worten: «Das, was ich hier sage, musste einmal gesagt werden, und es muss gerade dieser Frauen und ihres Heldentums gedacht werden.»[28] Für die zahlreichen anwesenden Witwen muss es ein großer Trost gewesen sein, dergestalt geehrt zu werden. Viele von ihnen kamen jedes Jahr. Annedore Lebers Tochter Katharina erinnerte sich: «Für meine Mutter war das wunderschön.»[29] Freya von Moltke hingegen schrieb Jahre später an einen Redner der Gedenkveranstaltung, Carl Zuckmayer: «Von den Feiern zum 20. Juli haben wir uns eigentlich sonst fern gehalten. Wir fanden, sie wurden Witwen-Versammlungs-Feste und kein deutscher Feiertag.»[30] Aber Freya von Moltke hatte nach 1945 die meiste Zeit im Ausland verbracht und erlebte die negative Stimmung im Land gegenüber dem Widerstand nicht, erfuhr keine persönlichen Anfeindungen. Dabei war ihre Beschreibung gar nicht so falsch, denn der Bendlerblock war *der* Ort für die Witwen, und zwar der einzige Ort, an dem ihnen die Anerkennung zuteilwurde, die ihnen sonst versagt blieb. Die Frauen, von denen viele kaum von ihren Männern Abschied nehmen konnten, hatten in den allermeisten Fällen auch kein Grab, an dem sie trauern konnten, weil man ihnen die Herausgabe ihrer toten Männer verweigert hatte.

1954 sprach Theodor Heuss als oberster Repräsentant des Staates zum zehnten Jahrestag des Attentats in Berlin[31] in Anwesenheit von Kanzler Adenauer und der gesamten Regierung. Gleich zu Beginn seiner Rede zeigte er sich entschlossen, «ein Bekenntnis zur Tat und zu ihrem Recht abzulegen». Seine Rede wurde deshalb zu einem Meilenstein in der Wahrnehmung des Widerstands in der jungen Republik. Heuss sprach die Dolchstoßlegende an, wie sie unter anderem von Remer propagiert wurde, und verwies sie in das Reich der Legende. Auch zur Frage des Eides fand er deutliche Worte: «Hitler selber war es, der den Widerstand provoziert hat», weil er den Eid, der auf Gegenseitigkeit beruhte, längst gebrochen hatte. Für den deutsch-amerikanischen Historiker Fritz Stern, der 1938 in die USA ausgewandert war, wurde diese Feierstunde zu einem beeindruckenden Erlebnis: «As I looked at the people in the courtyard – old, distinguished, and sadly proud, dressed in mourning, faces hardened and humbled by suffering – I felt a sense of shame of my indiscrimi-

Seit 1952 findet am Jahrestag des Attentats vom 20. Juli 1944 im Hof des Bendlerblocks, dem Sitz des Allgemeinen Heeresamtes während der NS-Zeit und Zentrum der Widerstandsgruppe um Ludwig Beck und Claus von Stauffenberg, eine Gedenkfeier statt. Am zehnten Jahrestag 1954 sprach auch Bundespräsident Theodor Heuss zu den Witwen des Widerstandes.

nate hate of Germans.»[32] Sechsundfünfzig Jahre später, am 20. Juli 2010, als er selbst im Bendlerblock sprach, erinnerte er sich an die Trauer der Hinterbliebenen: «Etwas änderte sich in mir, Gefühle vorerst, Gedanken später.» Jene Stunde im Bendlerblock 1954 habe ihn sein Leben lang begleitet, ihm den «Weg zu neuen Beziehungen zur deutschen Gegenwart ermöglicht». Auch Fritz Stern legte Wert auf die Feststellung, dass der Widerstand ohne die Hilfe der Frauen «unvorstellbar» gewesen wäre.[33]

Anlässlich des runden Jahrestages erschien 1954 eine Briefmarke, die Scheibes Denkmal im Hof des Bendlerblocks zeigt.[34] Ein Jahr später wurde die Bendlerstraße in Stauffenbergstraße umbenannt. Zwar wurde 1961 bundesweite Beflaggung angeordnet, zu einem offiziellen Feiertag aber ist der 20. Juli nie geworden.

Ausbilden, aufklären, warnen: Annedore Leber

Uta Maaß, die Tochter des hingerichteten Sozialdemokraten Hermann Maaß, erinnert sich, dass Annedore Leber «bei den 20. Juli-Treffen eine unübersehbare Person»[35] war. In den fünfziger Jahren ging sie ihren Weg in Politik, Bildungsarbeit und Publizistik konsequent weiter, immer getragen und angespornt von den Erfahrungen des Widerstands. Sie wurde Bezirksverordnete von Berlin-Zehlendorf (1954–1962) und Mitglied des Berliner Abgeordnetenhauses (1963–1967). Als Vorsitzende des Vereins Handwerker-Lehrstätte e. V. in Berlin-Britz engagierte sie sich für die Errichtung einer sogenannten Handwerker-Lehrstätte, in der Jugendliche eine praktische Grundausbildung erhalten konnten. Am 13. Juni 1952 konnte in der Berliner Paster-Behrens-Straße der Grundstein gelegt werden. Als sich die Ausbildungssituation in Berlin verbessert hatte, wurde die Lehrstätte zu ihrem zwanzigjährigen Jubiläum 1969 in «Annedore-Leber-Ausbildungsstätten Britz» umbenannt. 1974 wurden die Werkstätten als «Annedore-Leber-Berufsbildungswerk» neu gegründet.[36]

Auch in ihrer Verlagsarbeit legte Leber Wert darauf, Jugendliche anzusprechen, zu motivieren und zu erziehen.[37] Die Bücher, die sie in diesem Sinne herausgab, waren meist praktisch orientiert etwa die «313 Berufe für junge Mädchen» oder die «555 Jungensberufe in Landwirtschaft, Bergbau, Handwerk und Industrie».[38]

Während verschiedene Broschüren zur politischen Bildung oder zur Landwirtschaft die finanzielle Grundlage schufen, widmete sich Annedore Leber verlegerisch vor allem dem Widerstand. 1952 gab sie zusammen mit dem ehemaligen Weggefährten Gustav Dahrendorf Schriften, Reden und Briefe von Julius Leber heraus. Zwei der bekanntesten Werke des Verlages sollten die beiden Bände *Das Gewissen steht auf* und *Das Gewissen entscheidet* werden.

Schon kurz nach dem Krieg hatte man Annedore Leber die Fotos angeboten, die in Goebbels Auftrag während der Verhandlungen am Volksgerichtshof von den Angeklagten gemacht worden waren. Es ist sehr gut möglich, dass der Fotograf, der als Assistent an diesen Aufnahmen beteiligt gewesen war, mit dem Widerstand sympathisierte und deshalb versuchte, sie gerade an Annedore Leber zu verkaufen, *der* Nachlassverwalterin des Widerstandes.[39] Dieser Fundus führte zu der Idee, daraus ein Buch mit kurzen biografischen Skizzen von Widerstandskämpfern und -kämpferinnen zu machen. Annedore Leber nahm Kontakt mit Widerstandsfamilien auf, um weitere Fotos und Informationen zusammenzutragen. In Zusammenarbeit mit Willy Brandt, der Julius Leber gekannt hatte und selbst unter ihm als Journalist in Lübeck tätig gewesen war, und mit dem Politikwissenschaftler und Historiker Karl Dietrich Bracher entstanden Lebensläufe, die persönlich gehalten sind und keine Heroen darstellen sollen.[40] «Als Leitmotiv möchte ich den Gedanken durchziehen lassen: Es ist der Wert unserer abendländischen Kultur, dass der Einzelne aus der Reihe tritt, um für das Recht, Leben und die Seele des Mitmenschen einzustehen.»[41] *Das Gewissen steht auf* nannte sie ihr Buch, es erschien 1954 und war sofort erfolgreich, die Auflagen gingen schließlich in die Hunderttausende. Der große Erfolg – auch im Ausland – und die Fülle des Materials veranlassten Leber, Brandt und Bracher, 1957 einen zweiten Band, *Das Gewissen entscheidet,* herauszugeben.[42]

Ein weiteres wesentliches Anliegen von Annedore Lebers – man möchte fast sagen: missionarischer – Arbeit war die Warnung vor dem Kommunismus. Ihre Schriften und Reden durchzieht ein vehementer Antikommunismus. 1950 erfuhr sie, dass der kommunistische Demokratische Frauenbund (DFD) beschlossen hatte, seine Propaganda auf westdeutsche Betriebe mit hohen Frauenbelegschaften zu richten. Darin sah sie als Verlegerin eine Herausforderung und beeilte sich, ein kleines Bändchen zu produzieren, in dem sie Ost und West in zwei Kolumnen gegenüberstellte. Was scheinbar leichtfüßig daherkam, erwies sich bei näherem Hinsehen als knallharte Abrechnung der Systeme, aus der der Westen immer siegreich hervorging. Die Unabhängige Gewerkschafts-Organisation Groß Berlin (UGO) nahm 50 000 Exemplare ab, um sie in den Berliner Betrieben zu verteilen. Im Ostsektor wohnende Kolleginnen sollten für eine Verbreitung im Osten sorgen.[43]

Annedore Leber, die auch Mitglied der Deutschen UNESCO-Kommission war und zu all ihren Ämtern 1955 noch einen Platz im Personalgutachter-Ausschuss für die Streitkräfte hinzufügte, war keine verbiesterte Dogmatikerin, auch keine verbitterte Witwe. Edzard Reuter, der als Sohn des Regierenden Bürgermeisters häufiger im Hause Leber zu Gast war, erinnert sich an sie als «warmherzig und lebenslustig», sie war «ein bunter Schmetterling», «eine Persönlichkeit mit Temperament».[44] Ihr elegantes Auftreten, ihre Einladungen erschienen ihm als Ausdruck eines eher «außergewöhnlichen Lebensstils, der eigentlich gar nicht in das Arbeitermilieu passte». Freya von Moltke fasste das einmal so zusammen: «Annedore heißt sie nämlich und es passt.»[45]

Die Geschichte von der reinen Weißen Rose

Ebenso erfolgreich wie die Bücher Annedore Lebers war das schmale Bändchen von Inge Scholl *Die Weiße Rose*, das 1952 veröffentlicht wurde.[46] Im Jahr seines Erscheinens erlebte es zehn Auflagen, gut zehn Jahre später waren weit über zweihunderttausend Exemplare verkauft.[47] Schon kurz nach der Hinrichtung ihrer Geschwister hatte sie den Entschluss gefasst, ausführlich ihre Erinnerungen festzuhalten, ergänzt durch Tagebucheinträge und Briefe von Hans und Sophie. 1946 stellte sie biographische Notizen für Ricarda Huch zusammen. 1949 arbeitete sie an einem Manuskript, das sie eines Tages für eine Veröffentlichung nutzen wollte: die Geschichte der Weißen Rose als Jugendbuch.

Ausgangspunkt für das Buch von 1952 wurde schließlich ein Vorstoß des Verbandes deutscher Studentenschaften (VDS). Man bat die älteste Schwester der Scholls, Material für eine Broschüre herauszugeben, die die protestierenden Studenten in der DDR ideell unterstützen sollte. Dies war für sie ein willkommener Anlass, ihre antikommunistische Gesinnung unter Beweis zu stellen, denn in den Jahren zuvor hatte sie einen langen Streit mit der Münchner Studentengruppe der Freien Deutschen Jugend ausgefochten. Die FDJ existierte nach ihrer Gründung im Exil während des Zweiten Weltkriegs seit 1945 und bis zu ihrem Verbot 1951 auch in Westdeutschland. Die Münchner Studentengruppe der FDJ nannte sich nach den Geschwistern Scholl, zum Entsetzen Inges, da jede wie auch immer geartete Nähe zum Kommunismus rufschädigend war und in ihren Augen auch die Volkshochschule Ulm gefährdete. Eher zufällig erzählte sie Ende 1951 einem Lektor des Verlags der *Frankfurter Hefte* von ihren Vorarbeiten. Der bekundete sofort Interesse und rechtfertigte dies seinem Verleger Eugen Kogon gegenüber damit, dass ein solches Buch über die Weiße Rose «außerordentlich auf unserer Linie der moralisch-politischen Rechtfertigung des Widerstands läge, und zwar auf eine ganz untheoretische Weise, dass es niemandem in diesem Zusammenhang auch nur einfallen könnte, Bedenken anzumelden».[48] Da Inge Scholl angesichts der Auseinandersetzung mit der FDJ eine öffentliche Klarstellung über die Weiße Rose für überfällig hielt, griff sie das Angebot gerne auf, überarbeitete ihr Material, und wenige Monate später konnte der schmale Band bereits erscheinen.

Das Buch erzählt die Geschichte von Hans und Sophie Scholl, während alle anderen Mitglieder des Kreises nur am Rande erwähnt werden. Die Weiße Rose wurde auf diese Weise zum Synonym für die Geschwister Scholl zum Kummer der Familien Graf, Probst und Huber. Von den Schmorells lebte bald niemand mehr, und so trat der Anteil Alexander Schmorells, der als gleichberechtigter Mitautor der Flugblätter gilt, stark in den Hintergrund. Die Schwester von Willi Graf, Anneliese Knoop-Graf, die sich sehr um das Andenken ihres Bruders bemühte, sagte in einem Interview 2006: «Sowohl in der wissenschaftlichen Forschung als auch in persönlichen Begegnungen kann ich nicht dagegen an, wie bekannt vor allem die Geschwister Scholl sind. Hier wirkt das Buch von Inge Scholl über die Weiße Rose einfach seit den frühen fünfziger Jahren nach.» Sie sage dies nicht «schmerzlich bewegt», sie sei damit zurechtgekommen, «aber nicht von Anfang an». Zwar sei sie mit Inge Scholl befreundet gewesen, aber diese habe sich zu einem Zeitpunkt zu Wort gemeldet, als sie und Angelika Probst «noch nicht die Kraft» gehabt hätten, «über unsere Brüder zu schreiben».[49]

Die Schwester von Christoph Probst reagierte geradezu gekränkt auf die Darstellung ihres Bruders, die nahelegen könne, er habe gar nicht zum Widerstand dazugehört. Sie war auch unzufrieden damit, dass mit *Die Weiße Rose* ein Titel gewählt worden war, der vom

Sophie Scholl, 1940

Inhalt nicht gedeckt wurde, denn bisher hatte man immer von der Münchner Studentengruppe gesprochen. Der Begriff der Weißen Rose setzte sich erst mit dem Buch durch. Inge Scholl erwiderte Angelika Probst, dass sie zwar über Hans und Sophie geschrieben, aber alle gemeint habe. Das Leben ihrer Geschwister werde exemplarisch für die ideelle Gemeinschaft der Weißen Rose erzählt.

Inge Scholl erzählt chronologisch, beginnt mit der Kindheit, spart auch die Zeit in der Hitler-Jugend nicht aus, schreibt manchmal in der Rolle der Akteurin und Ich-Erzählerin, manchmal in der dritten Person. Sie arbeitet mit direkter Rede, auch dort, wo sie nur vermuten konnte, wie ein Gespräch zwischen Hans und Sophie hätte lauten können, und sie zitiert aus ihren inzwischen schon umfangreichen Archivmaterialien, was dem Buch Unmittelbarkeit und Authentizität verleiht. Anders als *Das Gewissen steht auf* ist *Die Weiße Rose*

Cato Bontjes van Beek

kein Sachbuch, sondern eine lebendige Familiengeschichte, was sicherlich zu seinem anhaltenden Erfolg beigetragen hat.

Und noch ein weiterer Faktor machte den Erfolg aus: die Jugend der Akteure und ihre vermeintliche Unschuld. Keine andere Widerstandsgruppe ließ sich so problemlos auf einen «reinen» Idealismus reduzieren wie die Weiße Rose. Und so hieß es im Werbetext des Verlags: «Die Aktion der Münchner Studenten war der 20. Juli der Studenten, die keinen Zutritt zum Führerhauptquartier, keine Truppen und keine Generäle, kein Regierungsprogramm und keine Ministerliste hatte, sondern nur die Reinheit, die Wahrhaftigkeit und den Mut der Jugend.» Die Rezensionen schwärmten fast alle von der «Makellosigkeit» ihrer Tat, «die fern einer Erwägung um politische Zweckmäßigkeit sich aus innerer Verpflichtung gegen das Böse auflehnt, sich nicht mit geistigem Widerstand begnügt, sondern zum

Handeln schreitet, um im eigenen Untergang ein Fanal zu errichten für die Lebenden»,[50] vom «Geist der Freiheit und Menschlichkeit, der in so ergreifender und überzeugender Reinheit» zutage getreten sei.[51] Oder: «Wo vom Widerstand gegen das Naziregime die Rede ist, wird man als reinstes Beispiel die ‹Weiße Rose› nennen müssen.»[52]

Die Leser und Leserinnen faszinierte besonders das «unschuldige Gesicht der jugendlichen Sophie Scholl».[53] Die «strahlende Kraft» des «fast noch kindlichen Antlitzes», die von Cato Bontjes van Beek gleichermaßen hätte ausgehen können, hätte man sie gekannt, bewegte die Menschen: «wie rührend ist das Bild».[54] Inge Scholl hatte zwar ihren Bruder Hans als den Organisator des Widerstandes dargestellt, doch fiel dieses junge, hübsche Mädchen, das auf vielen Bildern so fröhlich und lebenslustig wirkte, als Ausnahmeerscheinung auf. Und dies umso mehr, weil man wegen der Ausblendung des kommunistischen Widerstandes Cato Bontjes van Beek und andere junge Frauen wie Hilde Coppi, Liane Berkowitz oder Maria Terwiel eben nicht kannte.

Der Kommunismus hingegen war höchst präsent, er war im Positiven wie im Negativen der Fluchtpunkt, auf den die Nachkriegsdiskussion über den Widerstand immer wieder Bezug nahm. Mit der Parallelisierung der Systeme der nationalsozialistischen Diktatur und der «stalinistischen Willkür» im Osten[55] war es ein leichtes, den Protest der Münchner Studenten gegen das NS-Regime mit dem der ostdeutschen Studenten gegen die DDR gleichzusetzen. Diese Parallelisierung wurde auch auf den 20. Juli übertragen: Nach dem Aufstand vom 17. Juni 1953, bei dem nicht mehr nur Studenten auf die Straße gingen, wiesen bei den Feierlichkeiten zur Erinnerung an den 20. Juli der Regierende Bürgermeister von Berlin, Ernst Reuter, und der Berliner Senator für Sozialwesen auf die Vergleichbarkeit der Verhältnisse hin. Senator Otto Bach sagte: «Die Junitage des Jahres 1953 reihen sich würdig an die Julitage 1944.»[56]

Im Sommer brachte der Verlag der Frankfurter Hefte eine Neuausgabe von *Die Weiße Rose* in einfacherer Ausstattung heraus, die an Studenten in der DDR verteilt wurde. 1955 bezahlte der Verband Deutscher Studentenschaften 9000 Exemplare, die an Erstsemester westdeutscher Universitäten ausgegeben wurden. Um den politischen Impetus, der dem Buch zugesprochen wurde, noch weiter zu verbreiten, kaufte die Bundeszentrale für Heimatdienst 2000 Exemplare als Preise für einen Schülerwettbewerb.

Am 7. Juni 1952 heirateten Inge Scholl und Otl Aicher, die schon seit über zehn Jahren ein Paar waren. Zwischen 1953 und 1960 brachte Inge, die nun Aicher-Scholl hieß, fünf Kinder zur Welt. Sie war weiterhin Leiterin der Volkshochschule Ulm, deren Geschicke sie maßgeblich bestimmte, und Anfang der fünfziger Jahre zugleich mit einer weiteren Mammutaufgabe befasst, der Gründung einer Hochschule für Gestaltung.[57] Es hatte schon früh Überlegungen gegeben, die Volkshochschule Ulm zu erweitern. Während sie allmählich von den Höhen des Humanismus in das Tal berufsvorbereitender Steno-Kurse herabsank, entwickelten ihre Gründer den Plan für eine Akademie, die im Studium generale den «ganzen Menschen» bilden sollte. Gedacht war an ein neues Bauhaus, das auf die Herausforderungen reagierte, die die Technik an die moderne Gesellschaft stellte. Otl Aicher, der 1947 ein grafisches Büro in Ulm eröffnet hatte, brachte seine Vorstellung auf die Kurzformel: «individuum, gesellschaft, gestaltung». Unterstützt wurde er von dem Journalisten und Literaten Hans Werner Richter – linkskatholisch, reformsozialistisch und kritisch –, der die geistes- und sozialwissenschaftliche Seite der zu gründenden Akademie stärkte.

Während Otl der Ideengeber war, wurde es Inges Aufgabe, die neuen Ideen umzusetzen. Über Beziehungen zu Exilanten gelang es, die Idee der «Geschwister-Scholl-Hochschule», wie sie heißen sollte, beim amerikanischen Hochkommissar ins Gespräch zu bringen. Aicher-Scholl erläuterte ihm, dass «die Haltung der Geschwister Scholl in eine Bewältigung gegenwärtiger Aufgaben umgesetzt» werden müsse; es ging ihr darum, eine «demokratische Elite», die sich durch eine «politische, geistige und menschliche Haltung» auszeichne.[58] Die Idee fand Anklang bei John McCloy, dem Hohen Kommissar der Alliierten in der Bundesrepublik. Wenige Tage bevor er im Januar 1951 zu einer Reise in die USA aufbrach, traf er sich mit Inge Aicher-Scholl und war von ihr ebenso begeistert wie von dem Projekt. In Boston hielt er kurz darauf eine Rede, in der er die Hochschule und ihre Initiatorin vorstellte und für sie warb: «This girl has a mission.»[59] Er sagte ihr eine Million DM zu, unter der Bedingung, dass sie 700 000 DM von deutschen Stellen einwarb. Torpediert wurden ihre Bemühungen von dem ehemaligen Spitzel Albert Riester, der schon ihre Geschwister denunziert hatte und jetzt Inge kommunistischer Umtriebe bezichtigte. Aber schließlich konnten die Vorwürfe entkräftet werden.[60]

Ein weiterer wichtiger Unterstützer war der Architekt, Künstler und Gestalter Max Bill. Der jedoch hatte seine eigenen Vorstellungen von der Hochschule. Ein strittiger Punkt war der ins Auge gefasste Name, der Bill nicht einleuchtete, weil es sich ja nicht um ein «Institut zum Gedächtnis an die Geschwister Scholl» handele.[61] Er setzte sich damit durch, aber der Name blieb in der «Geschwister-Scholl-Stiftung» erhalten, die Inge Aicher-Scholl gründete und deren Vorsitzende sie war. Die nun offiziell «Hochschule für Gestaltung» genannte Institution sollte über die Stiftung finanziert werden. Der erste provisorische Betrieb der Hochschule mit einundzwanzig Studenten begann im August 1953 noch in den Räumen der Volkshochschule. Im Dezember 1954 waren die modernen Schulgebäude bezugsfertig.

Innerhalb von zehn Jahren ist es Inge Aicher-Scholl gelungen, die Weiße Rose zu einem Markennamen zu machen, der vor allem durch das Buch etabliert, durch die Volkshochschule institutionalisiert und durch die Hochschule internationalisiert wurde. Bei aller Anteilnahme am Erbe der toten Geschwister, darauf weist die Historikerin Barbara Schüler hin, war man sich in Ulm des symbolischen Potenzials bewusst, das der Name Scholl barg, der Türen öffnete und Wohlwollen auslöste.[62] Man kannte die Geschwister Scholl.

Wiedergutmachung und Gnadenrente: Marie Louise von Scheliha

Während Inge Aicher-Scholl die Namen ihrer Geschwister in die ganze Welt trug, war die fehlende Anerkennung ihres Widerstands jahrzehntelang ein sehr schmerzlicher Teil des Lebens vieler Aktiver und ihrer Hinterbliebenen. Gertrud Koch, geboren 1924, hatte sich als junges Mädchen den Kölner «Edelweißpiraten» angeschlossen, einer der oppositionellen, zum Teil aktiv widerständigen Jugendgruppen. Sie berichtet in ihren Erinnerungen: «Die Verwaltungsbehörden behandelten uns zwar als Opfer eines Unrechtsregimes, aber nicht als Angehörige des politischen Widerstands. Auch die Bezirksregierung Köln, die damals für das Bundesentschädigungsgesetz zuständig war, stufte die Edelweißpiraten nicht als politisch Verfolgte ein. Erst am 16. Juni 2005 wurden wir im Plenarsaal des Kölner Regierungspräsidiums im Rahmen eines Festakts als Widerstandskämpfer anerkannt. Es war zwar eine späte Ehrung für uns ‹Edelweißpiraten› – aber für mich war dieser Tag die Krönung meines Lebens.»[63] Gertrud Koch hatte gerade nicht Opfer sein wollen, sondern sich aus eigenem Entschluss dem Unrechtsregime entgegengestellt. Dass Öffentlichkeit und Politik in der jungen Bundesrepublik sich weigerten, ihr Handeln als politisch zu begreifen und ihren Widerstand zur Kenntnis zu nehmen, war eine Entwertung.

Im Falle Rudolf von Schelihas wurde sein Einsatz ganz ignoriert, und obendrein verleumdete man ihn. Weil er aufgrund der Inszenierung durch die Gestapo der Roten Kapelle zugerechnet wurde, sprach man ihm alle lauteren Motive ab und unterstellte, er sei Kommunist gewesen und habe aus Geldgier Informationen an die Sowjetunion verkauft. Diese ungerechtfertigten Beschuldigungen verletzten seine Witwe – und hatten ganz handfeste materielle Folgen für das von ihr angestrengte Wiedergutmachungsverfahren.

Die «Wiedergutmachung» war ein außerordentlich komplexes Verfahren.[64] Der Begriff bezeichnete zum einen die Vereinbarungen zwischen Deutschland und verschiedenen anspruchsberechtigten Staaten, allen voran Israel, oder Organisationen, die Ansprüche von Opfern vertraten, wie zum Beispiel die Jewish Claims Conference.[65] Zum anderen war «Wiedergutmachung» in der Bundesrepublik der Oberbegriff, der die zwei juristischen Kategorien «Rückerstattung» und «Entschädigung» umschloss. Während Ersteres die Restitution konkreter materieller Grundstücks- oder Vermögenswerte bedeutete, bezog sich Letzteres auf Schadenersatz unter anderem für die an Leben, Körper und Gesundheit, Freiheit, Eigentum und Vermögen erlittenen Einbußen; konkret also: Ausgleichszahlungen für erlittene

Nachteile beim beruflichen Fortkommen und für die damit entgangenen Rentenansprüche.

In der DDR hingegen meinte «Wiedergutmachung» die Reparationen an die Sowjetunion. Individuelle Entschädigungen wurden nicht gezahlt, man bedachte Betroffene dagegen mit Extrazahlungen der Sozialfürsorge und pauschalen Ehrenpensionen. Dieses Geld stand allerdings nur den «Kämpfern gegen den Faschismus» zu. Wer «nur gelitten», aber «nicht gekämpft» hatte, wurde an die allgemeine Fürsorge überwiesen.[66]

Erste konkrete Hilfsmaßnahmen gab es schon bald nach Kriegsende. Lokale Hilfskomitees, von denen sich viele später in der VVN, der Vereinigung der Verfolgten des Naziregimes, zusammenschlossen, organisierten die Verteilung von Lebensmitteln, Wohnungen, Hausrat und Arbeit für die, die man jetzt «rassisch, politisch oder religiös Verfolgte» nannte. Davon profitierten, wie erwähnt, sowohl Antje Kind-Hasenclever als auch Rosemarie Reichwein. Doch eine umfassende gesetzliche Regelung zur Wiedergutmachung ließ noch bis Anfang der fünfziger Jahre auf sich warten, was gerade für die Witwen des Widerstandes höchst problematisch war. Viele von ihnen besaßen keinerlei Einkünfte, und ihre Rentenanträge wurden aufgrund der ambivalenten Beurteilung des Widerstandes nicht sofort und meist nicht problemlos bewilligt.

So konnte etwa die Witwe von Hans Oster nach dem Krieg drei Jahre lang als Haushälterin eines amerikanischen Militärs arbeiten, stand aber nach dessen Rückkehr in die Vereinigten Staaten mit fast sechzig Jahren mittellos da, weil ihr eine Pension verweigert wurde.[67] Emmi Bonhoeffer, die Frau von Klaus Bonhoeffer, brachte sich zunächst mit «Kartoffeln schälen für ein Mittagessen» durch. Als Witwe eines Widerstandskämpfers bekam sie immerhin schon früh amerikanische Care-Pakete. Damit entwickelte sie ein Tauschsystem: Lebensmittel und Kleidung gegen Arbeit, das mit Billigung der Geber bald das ganze Dorf versorgte, in dem sie Aufnahme gefunden hatte. Emmi Bonhoeffer organisierte dreiundzwanzig Zweigstellen in Holstein, bis schließlich eine Rente ihr einen Umzug nach Frankfurt am Main erlaubte.[68] Charlotte von der Schulenburg verkaufte ihren Schmuck, um zu überleben, bevor sie für sich und ihre sechs

Kinder Unterstützung von Verwandten bekam und dann eine Stelle als Lehrerin im Reforminternat Birklehof antreten konnte. Barbara von Haeften und ihre vier Kinder lebten bis Weihnachten 1950 auf einer abgelegenen Burg ohne Wasser und Strom, bis sie bei ihrer Mutter in Heidelberg wohnen konnten.

Erst 1951 wurde die Bundesregierung in Sachen Wiedergutmachung aktiv. Im Mai 1951 wurde das «Gesetz zur Wiedergutmachung nationalsozialistischen Unrechts für Angehörige des öffentlichen Dienstes» verabschiedet, das allerdings auch noch einem anderen Ziel diente: Gleichzeitig wurde ein Gesetz verabschiedet, das denen die Rückkehr ins Amt erlaubte, die nach 1945 ihre Stelle sofort verloren hatten oder im Zuge der Entnazifizierung entlassen worden waren. Während es sich bei den vor 1945 verfolgungsbedingt Entlassenen um rund 100 000 Personen handelte, waren rund 430 000 Bedienstete nach dem Krieg aufgrund ihrer NS-Verstrickung entlassen worden.[69] Deren und nur deren Ansprüche waren mit dem § 131 im Grundgesetz festgeschrieben.

Im Deutschland war diese Vorgehensweise kein Problem, war doch die Haltung eines Großteils der Bevölkerung der «Wiedergutmachung» gegenüber eher negativ. Den meisten erschien finanzielle Hilfe für die Kriegerwitwen, die Bombengeschädigten und die Flüchtlinge und Vertriebenen als vordringlich, weil sie selbst einer der Kategorien zuzurechnen waren. Eine Umfrage der amerikanischen Hohen Kommission vom Oktober 1951 ergab, dass sich zwar 68 Prozent für die Wiedergutmachung gegenüber Juden aussprachen, aber 96 Prozent Hilfen für Kriegerwitwen forderten, 93 Prozent für Luftkriegsopfer, 90 Prozent für Vertriebene und immerhin noch 73 Prozent für Personen aus dem Umfeld des 20. Juli. 59 Prozent der Teilnehmer meinten: Waren nicht die Juden zum Teil selbst verantwortlich für das, was ihnen von den Nazis (nicht von den Deutschen wohlgemerkt) angetan worden war?[70]

Die Praxis der «Wiedergutmachung» für Angehörige des Widerstands gestaltete sich vor diesem Hintergrund schwierig. Immer wieder mussten Beamte ermahnt werden, ihre Schreiben höflich und angemessen zu formulieren. Nicht untypisch ist die folgende Begründung einer Ablehnung: «Ihr Mann hat überhaupt kein nationalsozialistisches Unrecht erlitten, er hat sich vielmehr selbst erschossen und ein erledigendes nationalsozialistisches Unrecht nicht abgewartet.»[71] Dass die «Wiedergutmachung» über die Finanzbehörden abgewickelt wurde, gab ihr einen schalen, fiskalischen Beigeschmack: Geld nicht «unnötig» auszugeben war eine selbstverständliche Prämisse. Jeder Beamte war ängstlich bemüht, keinen Präzedenzfall zu schaffen.

Die gesetzgeberischen Maßnahmen des Jahres 1951 betrafen nur den öffentlichen Dienst. Da sich die Aufhebung des Besatzungsstatuts (1955) abzeichnete, drängten die Alliierten, solange sie noch die Möglichkeit dazu hatten, auf weiterführende Gesetze zur «Wiedergutmachung». Die konkrete Durchführung und Finanzierung war bisher Sache der Länder, die das Gesetz uneinheitlich umsetzten und daran interessiert waren, die Zuständigkeit ganz dem Bund zu übertragen. Es wurde so lange um eine Ausweitung und Neuregelung der «Wiedergutmachung» gefeilscht, dass die Legislaturperiode ohne Ergebnis zu verstreichen drohte, zur Freude des Bundesfinanzministeriums, das keine Chance zur Verzögerung ungenutzt ließ. Doch der außenpolitische Schaden einer solchen Tatenlosigkeit erschien zu groß, so dass man im Sommer 1953 in einem legalen, aber parlamentarisch höchst ungewöhnlichen Verfahren die drei notwendigen Lesungen des Bundesergänzungsgesetzes in einer Woche durch den Bundestag jagte, damit es kurz vor der Auflösung des Parlaments noch Gültigkeit erlangen konnte. Am 1. Oktober 1953 trat eine bundesweite Regelung in Kraft, die eine Entschädigung der an Leben, Körper und Gesundheit, Freiheit, Eigentum und Vermögen erlittenen Einbußen für diejenigen deutschen Staatsbürger vorsah, die ihren Wohnsitz in Westdeutschland hatten. Das neue Gesetz stellte niemanden zufrieden, war restriktiv, es grenzte viele, vor allem die ausländischen Antragsteller aus und führte zu zahllosen Fällen krasser Ungerechtigkeit. Bundestag und Bundesrat billigten es ausdrücklich als einen Kompromiss, der in der kommenden Legislaturperiode überarbeitet werden musste.

Daher trat am 29. Juni 1956 das Bundesentschädigungsgesetz (BEG) in Kraft, und zwar rückwirkend zum 1. Oktober 1953. Es dehnte den Kreis der Anspruchsberechtigten erheblich aus auf juristische

Personen, Künstler, Wissenschaftler, Hinterbliebene von ermordeten Verfolgten, irrtümlich Verfolgte und Personen, die verfolgt worden waren, weil sie einem Verfolgten nahestanden. Der Wohnsitz in Westdeutschland war nicht länger Voraussetzung. Man erweiterte den regionalen Bezugsrahmen des Gesetzes auf die Gebiete, die am 31. Dezember 1937 zum Deutschen Reich gehört hatten. Außerdem wurden Sonderregelungen für Heimkehrer, Vertriebene, Flüchtlinge aus der DDR und *Displaced Persons* eingeführt. Ausländische Antragsteller waren weiterhin von der Wiedergutmachung ausgeschlossen ebenso wie nach dem Verbot der KPD 1956 Antragsteller, die dieser Partei angehört hatten. Ausgeklammert blieben darüber hinaus die später fälschlich als «vergessene Opfer» titulierten Roma und Sinti, Euthanasieopfer, Zwangssterilisierte, als «Asoziale» Verfolgte und Homosexuelle, da ihre Verfolgung angeblich nicht spezifisch nationalsozialistisch motiviert war.

Zurück zu Marie Louise von Scheliha. Um überhaupt eine Wiedergutmachungszahlung zu beantragen, musste sie sich endlich näher mit den Vorgängen um den Tod ihres Mannes beschäftigen, über die sie kaum etwas wusste. Als sie hörte, dass in Nürnberg ein Verfahren gegen den ehemaligen Chefankläger Manfred Roeder eröffnet werden sollte, schrieb sie an den leitenden Richter Robert Kempner in der Hoffnung, die nötige Aufklärung zu erhalten. Sie wollte unter anderem wissen, weswegen ihr Mann überhaupt zum Tode verurteilt worden war. Die Fragen wurden Roeder vorgelegt, doch seine Antwort war von so schamloser Heuchelei und voll von ungenierten Unwahrheiten, dass Kempner den Brief nie an die Witwe von Scheliha weitergeleitet hat.[72]

Marie Louise von Scheliha blieb also weiterhin im Ungewissen, erhielt unterdessen wenigstens eine geringfügige Beihilfe vom Land Württemberg-Baden als Wiedergutmachungsleistung, die aber wegfiel, nachdem sie mit dem Umzug nach Würzburg in Bayern lebte. Später in München nahm sich der Freund Kurt Graf Blücher von Wahlstatt, ein Bankier, der Sache an. Er versuchte die Bezüge wieder zu reaktivieren und schien damit zunächst Erfolg zu haben. Am 28. November 1950 kam der Bescheid, dass die Gewährung einer Witwenrente gerechtfertigt erscheine.

Doch dann nahm die ganze Angelegenheit eine überraschende Wendung, die den Auftakt für die nicht enden wollenden Auseinandersetzungen der nächsten Jahrzehnte bildete. Ein Beamter, der bei der Landesbezirksstelle für die Wiedergutmachung arbeitete, ohne jedoch selbst mit dem Fall Scheliha befasst zu sein, hatte im *Stern* gelesen: «Rote Agenten unter uns». Er machte eine Aktennotiz für seine Kollegen, die mit dem Satz schloss, dieser Fall dürfe nun eine negative Wendung erfahren. Und so war es auch. Die Sachbearbeiter wandten sich mit der Bitte um Ermittlung an die zuständige Staatsanwaltschaft, die beim Gericht in Lüneburg Erkundigungen über Roeder einzog. Von dort kam ein tendenziöser Schlussbericht, den der dortige ehemalige nationalsozialistische und jetzige niedersächsische Staatsanwalt zum Roeder-Prozess geschrieben hatte. Er ging milde mit Roeder um, stellte ihn als Opfer kommunistischer Machenschaften dar und bezeichnete Scheliha als jemanden, der «aus Gewinnsucht Spionage betrieben» habe.[73] Ohne weitere Untersuchungen wurde der Antrag von Marie Louise von Scheliha abgelehnt.

Nachdem die Bundesgesetzgebung zur Wiedergutmachung im Frühjahr 1951 auf den Weg gebracht worden war, gab ein ehemaliger Kollege Rudolf von Schelihas, der jetzt wieder im Auswärtigen Amt arbeitete, Marie Louise den Rat, einen neuen Versuch zu unternehmen. Sie meldete erneut Wiedergutmachungsansprüche beim Auswärtigen Amt an, und es begann ein neues Verfahren. Auch das Amt wandte sich sofort nach Lüneburg, wo man die Herausgabe der Akten ablehnte, die man derzeit noch brauche und die deshalb nicht einsehbar seien. Unwissenheit und vielleicht auch Unwilligkeit führten zu einer Verschleppung des gesamten Verfahrens, das sich über Jahre hinzog, ohne zu einem abschließenden Ergebnis zu kommen. Immerhin konnte das Auswärtige Amt im Februar 1955 das zuständige Bayerische Justizministerium zu folgender Bescheinigung veranlassen: Da die alliierte Gesetzgebung schon 1946 die nationalsozialistischen Kriegsstrafgesetze aufgehoben habe, sei das Urteil gegen Rudolf von Scheliha «kraft Gesetzes samt Nebenstrafen und Nebenfolgen aufgehoben». Damit hätten die Hindernisse ausgeräumt sein müssen, doch einige Monate später schaltete sich das Bundesinnenministerium ein und beschied Marie Louise von Scheliha im schönsten Bürokratendeutsch, dass «die Nebenfolgen beamten- und versorgungsrechtlicher Art nicht zu den im Kontrollratsgesetz genannten und aufgehobenen Nebenfolgen des Urteils» gehörten.[74] Deshalb sei Frau von Scheliha nicht anspruchsberechtigt im Sinne des Gesetzes. Die Witwe könne ja einen Antrag auf eine Gnadenrente stellen, wenn sie gleichzeitig auf die Weiterverfolgung der Wiedergutmachungsansprüche verzichte. Der mittellosen Marie Louise blieb gar nichts anderes übrig, als diesem freundlichen Ratschlag zu folgen. Im Januar 1956 reichte sie ein entsprechendes Schreiben beim Bundespräsidialamt ein, worauf wieder eine längere Prüfung folgte. Ein sorgfältiger Beamter sah sich die Unterlagen aufmerksam an und kam zu einem bemerkenswerten Schluss: Es sei fraglich, ob Rudolf von Schelihas Geständnis, «das anscheinend zur Grundlage der Verurteilung gemacht worden ist, frei oder erzwungen abgegeben worden ist. … Es dürfte davon auszugehen sein, daß Scheliha Gegner des Nationalsozialismus war und auch an der Widerstandsbewegung beteiligt war.» Konsequenzen für die Wiedergutmachung hatte allerdings auch diese Beurteilung nicht, aber Marie Louise von Scheliha bekam nun eine Gnadenrente «in Höhe des gesetzlichen Witwengeldes».[75] Damit war sie versorgt, aber doch zugleich gedemütigt und nicht anerkannt.

Deshalb beauftragte sie 1961 den mittlerweile als Anwalt tätigen Fabian von Schlabrendorff damit, die tatsächlichen Vorkommnisse des Jahres 1942 aufzuklären. Dieser nahm den Auftrag an, obwohl er seit 1951 ausgerechnet mit Alexander Kraell in einer Kanzlei zusammenarbeitete, dem Mann, der Rudolf von Scheliha zum Tode verurteilt hatte. Es passierte so gut wie nichts, und 1967 gab man dort den Fall wieder ab.

Marie Louise von Scheliha lebte inzwischen entweder bei ihrer Mutter in Wien oder bei ihrer Tochter Sylvia und deren Mann Klaus Koch in der Schweiz, wohin sie 1965 endgültig übersiedelte. Auch die jüngere Tochter Elisabeth und ihr Mann Thomas Ritscher hatten Deutschland längst verlassen. Sie alle wollten nicht länger in diesem Land wohnen.

Erst 1995 wurde – vor allem durch die Biographie von Ulrich Sahm über Rudolf von Scheliha – die bisherige Einschätzung über ihn vorbehaltlos revidiert und das Urteil von 1942 aufgehoben.[76]

Verteufelung und Seligsprechung der Roten Kapelle: Cato Bontjes van Beek

Als Anna von Harnack sich 1952 entschloss, im Prozess gegen den rechtsextremen Otto Ernst Remer, der die Attentäter vom 20. Juli öffentlich als Landesverräter beschimpft hatte, ebenfalls als Nebenklägerin aufzutreten, wurde sie von Fritz Bauer gebeten, ihren Strafantrag zurückzuziehen. Sie war die Witwe Ernst von Harnacks, der zum weiteren Umfeld der Attentäter vom 20. Juli gehörte und kurz vor Kriegsende, noch im März 1945, von den Nazis ermordet worden war. Aber der Name Harnack war in den frühen fünfziger Jahren vor allem durch Ernsts Cousin Arvid und dessen Frau Mildred bekannt, zwei Protagonisten der Roten Kapelle. Bauer wollte den Prozess auf das Geschehen um den 20. Juli konzentrieren, um das ohnehin konfliktreiche Thema nicht durch zusätzliche Komplikationen zu belasten. Eine wie auch immer geartete Verbindung zum kommunistischen Widerstand wäre weder von der Verteidigung noch von der Presse unberücksichtigt geblieben und hätte Bauers Strategie gefährdet.

Die Rote Kapelle war inzwischen ein beliebtes Thema der Boulevardpresse geworden, wo sie nicht als Widerstandsorganisation gesehen wurde, sondern als sowjetischer Spionagering, dessen Mitglieder «bezahlte Landesverräter» waren. Auch Annedore Leber vermied in ihren Büchern den direkten Bezug zur Roten Kapelle. Sie erkannte zwar die Bedeutung des kommunistischen Widerstands an, gibt in *Das Gewissen steht auf* der KPD in der Weimarer Zeit aber eine Mitschuld am Aufstieg der Nationalsozialisten und stellt sie als ein Instrument der sowjetischen Außenpolitik dar. Erst nach dieser Klarstellung kommt sie auf die Gruppe um Robert Uhrig und das Nationalkomitee Freies Deutschland sowie die Harnack/Schulze-Boysen-Gruppe zu sprechen, ohne dabei den Begriff der «Roten Kapelle» zu verwenden. Sie würdigt die «heroische Haltung» dieser Widerstandskämpfer und hebt besonders die Arbeit der Frauen hervor, unter ihnen ausdrücklich Cato Bontjes van Beek. Bei den Einzelbiographien aber tauchen Mitglieder der Gruppe kaum auf, weder Harro Schulze-Boysen noch Arvid Harnack sind vertreten; nur zwei der Frauen werden vorgestellt: Maria Terwiel, in der Kategorie der widerständigen Juristen, und Eva-Maria Buch, die im Oktober 1942 verhaftet und im August 1943 in Plötzensee hingerichtet wurde. Sie wird von Annedore Leber als politisch unerfahren dargestellt, um ihr Tun zu entschuldigen, denn die Zusammenarbeit mit einer kommunistischen Gruppe war in dieser Hochphase des Kalten Krieges eigentlich unentschuldbar.

Wissenschaftlich sanktioniert wurde die Sicht auf die Rote Kapelle als eine Gruppe von «Edelkommunisten», die zu Landesverrätern wurden, in der Goerdeler-Biographie des renommierten Historikers Gerhard Ritter. Ritter war ein Freund Carl Friedrich Goerdelers und selbst kurzzeitig inhaftiert, aber er saß der Gestapo-Konstruktion einer von Moskau gesteuerten, europaweit agierenden Organisation auf und kam zu dem Schluss: «Der Prozess vor dem Reichskriegsgericht, in einwandfreier Form durchgeführt, konnte nicht anders als mit einer Massenhinrichtung enden.»[77] Der anerkannten Darstellung seines Historikerkollegen Hans Rothfels bescheinigte er, sie beschönige den Fall. «Sachlich vollständiger» sei das Buch von Fabian von Schlabrendorff. Der war nämlich im Verlauf der fünfziger Jahre in den Neuauflagen seines Buches *Offiziere gegen Hitler* zu demselben Schluss gekommen wie Ritter, obwohl er in der Originalfassung von 1946 den Anteil der Kommunisten, zu denen er die Harnack/Schulze-Boysen-Gruppe rechnete, sehr wohl anerkannte. In späteren Ausgaben fehlte aber nicht nur die Anerkennung der Kommunisten, sondern auch die Schilderung der besonderen Freundschaft zwischen Claus von Stauffenberg und Julius Leber. In der ersten Auflage hatte Schlabrendorff noch «die Rolle der deutschen Arbeiterschaft und ihrer Führer bei den Vorbereitungen zum Staatsstreich vom 20. Juli 1944» gewürdigt.[78]

Maßgeblich mitverantwortlich für die völlig verzerrte Darstellung der Harnack/Schulze-Boysen-Gruppe war aber ausgerechnet derjenige, der sich jetzt Generalrichter a. D. nannte und die Männer und Frauen gut zehn Jahre zuvor in den Tod geschickt hatte: Manfred Roeder.[79] Der ehemalige Oberstkriegsgerichtsrat war zunächst in amerikanische Kriegsgefangenschaft geraten. Ab 1946 war er in Nürnberg inhaftiert, denn die einstmals von ihm Angeklagten Adolf

Grimme, Greta Kuckhoff und Günther Weisenborn hatten Anzeige wegen Verbrechen gegen die Menschlichkeit erstattet.[80] Aber es kam dort zu keinem Verfahren. Roeder merkte, dass er mit seinem angeblichen Wissen über die vermeintlichen Spione seine Position gegenüber den Amerikanern wesentlich verbessern konnte.[81] Da die Akten zum Prozess verbrannt waren (vermutlich von den Nazis selbst vernichtet), konnte er seiner Fantasie freien Lauf lassen, was in der Behauptung gipfelte, der Spionagering Rote Kapelle sei weiterhin aktiv. Schließlich präsentierte er noch einen – bisher verloren geglaubten – Gestapo-Abschlussbericht, der, wie Ulrich Sahm nachweisen kann, formal und inhaltlich fehlerhaft und widersprüchlich ist und mit großer Wahrscheinlichkeit von dem ehemaligen Gestapobeamten Horst Kropkow nach dem Krieg in englischer Gefangenschaft angefertigt wurde.[82] Damit war eine Fälschung in der Welt, die immer wieder als «authentische» Quelle zitiert wurde und in den folgenden Jahrzehnten großen Schaden anrichtete.

Nach mehreren Anläufen, Roeder wegen Verbrechen gegen die Menschlichkeit zu verurteilen, wurde das Verfahren gegen ihn im November 1951 schließlich eingestellt. Der Bericht der Staatsanwälte entlastete Roeder. Sie sahen ihn aufgrund der Anzeige Grimmes als Opfer «kommunistischer Machenschaften».[83] Die ehemaligen Angeklagten hätten sich in einen «maßlosen Haß gegen den nationalsozialistischen Staat hineingesteigert» und seien deshalb «zu einer objektiven Würdigung des Geschehens» nicht in der Lage.[84] Roeder selbst hatte schon in Nürnberg zu Protokoll gegeben: «Ich fühle mich völlig unschuldig. Ich habe als deutscher Richter meine Pflicht getan.»[85] Die Staatsanwälte in Lüneburg bestätigten nun, dass es sich bei den Prozessen 1942/43 nicht um Verbrechen gegen die Menschlichkeit handeln könne, da man nach dem geltenden Gesetz Recht gesprochen habe. Die Prozesse seien «ordnungsgemäße Verfahren»[86] gewesen und die Todesurteile «rechtmäßig».[87] Schließlich werde Landesverrat in Kriegszeiten in westlichen Ländern immer auf diese Weise geahndet. Dieser Bericht blieb bezeichnenderweise bis 1986 unter Verschluss.

Während einige Überlebende der Roten Kapelle längst von den Amerikanern observiert wurden – Greta Kuckhoffs Telefon wurde abgehört, Marie Louise von Scheliha erhielt Besuch von einem als Finanzbeamten getarnten amerikanischen Agenten, der sie über den Verbleib der angeblichen sowjetischen Gelder aushorchen wollte[88] –, konnte Roeder sein zerstörerisches Werk fortsetzen. «Dem Mord folgte Rufmord.»[89] Er ließ keine Gelegenheit aus, die Frauen und Männer der Harnack/Schulze-Boysen-Gruppe zu verunglimpfen. Eine erste Bühne bot sich ihm im niedersächsischen Wahlkampf, in dem auch Otto Ernst Remer aktiv war. Roeder hielt an seiner These fest, die Rote Kapelle sei beileibe keine Widerstandsorganisation gewesen, sondern es handle sich hier um einen immer noch aktiven, von der Sowjetunion bezahlten Spionagering.

Die Presse griff diese pikante Geschichte gern auf. Einen Agententhriller, den das Leben schrieb, ließ sich im April 1951 die *Frankfurter Allgemeine Zeitung* nicht entgehen. Sie machte daraus einen spektakulären Artikel, der Roeders Sicht der Dinge wiedergab. Im Mai des Jahres folgte die Illustrierte *Stern* mit der Überschrift «Rote Agenten unter uns». 1952 veröffentlichte Roeder selbst eine Broschüre mit dem Titel *Rote Kapelle. Europäische Spionage*, um vor allem der rechtsradikalen Position, der Widerstand habe ungezählten deutschen Soldaten – hier sind es 200 000 – das Leben gekostet, Raum zu geben.[90] Auf diesen Text bezieht sich der Historiker Gerhard Ritter, der hier «das bisher vollständigste Bild der aktenmäßig ermittelten Tatsachen» zu lesen glaubte.[91]

Von Mal zu Mal wurde die Zahl der Agenten größer, die angeblich abgesandten Funksprüche stiegen in die Hunderte, und die Geschichten wurden immer abenteuerlicher. Der ehemalige Oberstkriegsgerichtsrat, dem Ulrich Sahm nachweisen konnte,[92] dass er keine eigenen Zeugenbefragungen durchgeführt, sondern die zum Teil unter Folter erpressten Geständnisse der Gestapo unbesehen übernommen hatte, präsentierte immer unerhörtere Details: «Als Ermittlungsergebnis» im Fall von Cato Bontjes van Beek habe er noch heute in Erinnerung, dass sie sich dem Widerstand angeschlossen habe, «um dem Freundeskreis, dem sie sexuell verbunden war, gefällig zu sein».[93]

In der DDR klang das alles ganz anders. 1970 ließ das Institut für Marxismus-Leninismus wissen: «Obwohl die faschistischen Unterdrücker Deutschlands mit Demagogie und mit brutaler Gewalt versuchten, die deutsche Jugend zu ihrem willenlosen Werkzeug zu machen, wuchsen in dieser finsteren Zeit junge Menschen heran, die sich dem Einfluss der Naziideologie entzogen. Zu ihnen gehörte Cato Bontjes van Beek, die, noch nicht 23 Jahre alt, ihr Leben für ihre antifaschistische Überzeugung, für die Beseitigung der Hitlerdiktatur und die Beendigung des verbrecherischen Raubkrieges gegen die Völker Europas hingab.»[94]

Der Mechanismus war in beiden deutschen Staaten derselbe. Der Rückgriff auf den «richtigen» Widerstand, als dessen Erbe man sich präsentierte, diente der Legitimation des eigenen Systems. Was im Westen das «andere Deutschland» hieß, war im Osten «Fleisch vom Fleische des deutschen Imperialismus».[95] Hier begründete der kommunistische Widerstand die Tradition, die in der DDR seine Vollendung gefunden habe. Seine Protagonisten waren Helden, die starben, wie sie gelebt hatten, «aufrecht und mutig, Herz und Gedanken auf die Zukunft, unsere Gegenwart in der Deutschen Demokratischen Republik, gerichtet».[96]

Die Rote Kapelle konnte allerdings erst etwas später in die Ahnengalerie der DDR aufgenommen werden. Man tat sich schwer mit diesem «kunterbunten Haufen»,[97] wie es ein ehemaliges Mitglied, der spätere DDR-Historiker Heinrich Scheel, formulierte. Erst nachdem man Mitte der sechziger Jahre in der Sowjetunion angefangen hatte, sich mit Arvid Harnack und Harro Schulze-Boysen zu beschäftigen, zog die ostdeutsche Geschichtsschreibung nach. Auch hier kam die Spionagegeschichte zum Einsatz, allerdings unter umgekehrten Vorzeichen. Man bezeichnete die Männer und Frauen als «Kundschafter», um die vom Westen strapazierten und stets im Zusammenhang mit Landesverrat gebrachten Worte «Agent» oder «Spion» zu vermeiden. Diese Kundschafter hatten aus DDR-Sicht einen bedeutsamen Anteil an der Befreiung Deutschlands – selbstverständlich immer unter Führung der KPD.

Greta Kuckhoff aus dem Kreis um Arvid Harnack, die in der DDR als Präsidentin der Deutschen Notenbank Karriere gemacht hatte, versuchte mehrfach eine Richtigstellung. Sie wandte sich an das Institut für Marxismus-Leninismus, das die Deutungshoheit über die

DDR-Geschichte besaß, wo sie vortrug, dass sie damals in der Illegalität von einer Führung durch die KPD nichts bemerkt habe. Im Gegenteil, man habe sich vergeblich um den Kontakt zur KPD-Spitze bemüht. Von einer Steuerung aus Moskau könne keine Rede sein. Aber sie wurde nicht gehört, der Staat blieb bei der einmal gefundenen Version. Erich Mielke, der Chef des Ministeriums für Staatssicherheit, erkannte gar in der «Kundschaftertätigkeit die höchste Form des antifaschistischen Widerstandes», um auf diese Weise seine enge Zusammenarbeit mit den «sowjetischen Sicherheitsorganen» in die vermeintlich freiheitliche Tradition zu stellen.[98] Er war es auch, der vorschlug, verdienten Mitgliedern der Roten Kapelle postum den Orden des Großen Vaterländischen Krieges zu verleihen. Im Dezember 1969 übergab der sowjetische Botschafter den Angehörigen von zwölf Frauen und achtzehn Männern in Ost und West die Auszeichnung.

Cato Bontjes van Beek war nicht darunter. Und auch im Westen war sie vergessen. Olga Bontjes van Beek musste mehr als ein Jahrzehnt vor Gericht um die rechtliche Anerkennung des Leids ihrer Tochter kämpfen.[99] 1948 stellte sie einen Antrag auf Rente und Haftentschädigung, was ihr als Hinterbliebene eines Opfers des NS-Regimes zustand. Dieser Antrag wurde von der zuständigen Behörde mit der Eröffnung eines Entnazifizierungsverfahrens gegen Olga beantwortet. Ein halbes Jahr später wurde amtlicherseits festgestellt, dass die «vorgenannte Person vom Entnazifizierungsrecht nicht betroffen ist».[100] Sie erhielt eine monatliche Hinterbliebenenrente von 60 DM, kein Wort über die Entschädigungsfrage. Daher wandte sich Olga Bontjes van Beek Ende 1949 erneut an die Behörden, auch deshalb, weil sie das rechtswidrige Todesurteil gegen ihre Tochter aufheben lassen wollte. Wieder war die Antwort ein Entnazifizierungsverfahren, diesmal gegen die tote Cato. Im Sommer des folgenden Jahres wurden alle Anträge auf Wiedergutmachung im zuständigen Landkreis Verden bei Bremen ausgesetzt.

Zwei Jahre lang passierte nichts, bis Olga Bontjes van Beek plötzlich die Zusage für 1650 DM Haftentschädigung zugesandt wurde. Gegen diesen Bescheid vom April 1952 war aber schon Einspruch eingelegt worden, bevor er überhaupt das Amt verlassen hatte. Der

«Beauftragte des öffentlichen Interesses», ein gewisser Herr Reinhard, begründete sein Schreiben mit Zweifeln an Catos Motiven, es gebe «keinerlei Beweis für Überzeugungstäterschaft». Den Text scheint Manfred Roeder selbst ihm in die Feder diktiert zu haben. Die beiden großen Artikelserien zur Roten Kapelle in der *Frankfurter Allgemeinen Zeitung* und im *Stern* waren im Jahr zuvor erschienen, Roeders eigene Broschüre wurde 1952 publiziert. Und so lesen wir bei Reinhard: Ob Cato «aus einer politischen Überzeugung oder aus Erwerbsgründen oder aus Gefälligkeit» – hier schwingt die angebliche sexuelle Gefälligkeit mit – gehandelt habe, das stehe keineswegs fest.[101] Der Bescheid wurde zurückgezogen.

Nun begann Olga Bontjes van Beek gemeinsam mit ihrer tatkräftigen Schwester Emma, Verwandte, Freunde und ehemalige Mitstreiter wie den Schriftsteller Günther Weisenborn um Erklärungen zu bitten, was ein schmerzlicher Vorgang gewesen sein muss, da es der deutschen Nachkriegsbehörde nicht ausreichte, dass das junge Mädchen ihre Überzeugung mit ihrem Leben bezahlt hatte. Überdies wurde ein Rechtsbeistand gewonnen, der sich für die Familie einsetzen sollte. Diesem fiel jedoch nichts besseres ein, als den Herrn «Generalrichter zur Wiederverwendung», Dr. Roeder, zu bitten, er möge doch so freundlich sein und ihm bescheinigen, dass auch ihm, Roeder, nicht bekannt sei, dass Cato Bontjes van Beek des Landesverrats bezichtigt worden sei. Freilich war der Angeschriebene weit davon entfernt, diesem Wunsch zu entsprechen.

Als die Behörde den Vorgang weiter verschleppte, versuchte im September 1954 ein Bremer Rechtsanwalt, wieder Bewegung in die Sache zu bringen. Sein Schreiben wurde aber erst über zwei Jahre später, im November 1956, beantwortet. Die Haftentschädigung wurde erneut abgelehnt, wieder mit Roeders Argumenten: «Van Beek war als Agentin bei den Auftraggebern in Moskau gemeldet.» Vor Gericht sei militärischer Geheimnisverrat verhandelt worden; ob zu Recht oder zu Unrecht, dieser Frage ging die Behörde nicht nach, sondern folgerte geradezu zynisch: «Das Urteil mußte nach den damals geltenden Bestimmungen auf Todesstrafe lauten. Eine Verurteilung wegen Spionage ist keine typisch nationalsozialistische Unrechtshandlung. Spionage ist in allen Staaten strafbar.»[102] Dreizehn Jahre nach dem tragischen Verlust der Tochter musste Olga Bontjes van Beek erleben, wie Catos Ruf zerstört wurde. Es schien sich die Version der Täter unerbittlich überall durchzusetzen.

Drei Monate später klagte der Rechtsanwalt gegen die Ablehnung – und der Fall nahm endlich eine überraschende Wendung. 1957 kam es zu einem Prozess vor der Entschädigungskammer des Landgerichts Stade. Roeder selbst wurde als Zeuge vernommen und machte freche, abenteuerliche, ja phantastische Aussagen über Catos Motive und Charakter. Ausgerechnet Alexander Kraell, der Roeder in Nürnberg noch rundum entlastet hatte, widersprach diesem nun vehement. Im Februar 1958 fällte das Landgericht ein positives Urteil für Olga Bontjes van Beek. Ebenso wichtig wie die 7020 DM Kapitalentschädigung samt Rentennachzahlung, eigentlich noch wichtiger war der Umstand, dass das Gericht mit seinem Urteil Cato endlich gerecht wurde.

Aber damit war die Sache immer noch nicht zu Ende. So wie sich im Falle von Scheliha das Bundesinnenministerium eingeschaltet hatte, intervenierte hier das dazu berechtigte niedersächsische Innenministerium. Es legte Berufung ein, denn dort zweifelte man die Bedürftigkeit von Olga Bontjes van Beek an. Die Folge war, dass alle Familienmitglieder ihre Einkünfte offenlegen mussten. Olga hatte tatsächlich kaum Geld, und Jan Bontjes van Beek konnte ihr finanziell auch nicht unter die Arme greifen. Als man also anscheinend keinen guten Kürzungsgrund konstruieren konnte, ließ man sich etwas Neues einfallen. Eine Haftentschädigung wurde bemessen, indem man die Leistungen der betroffenen Person mit den vier Einkommensstufen eines Beamten verglich, die als Skala dienten, unabhängig davon, ob es sich um Beamte gehandelt hatte oder nicht.[103] Cato war vom Gericht in die höchste Gehaltsstufe eingeordnet worden. Gerade bei Künstlern, so hieß es aber nun, richte sich das Einkommen auch nach der «sozialen Stellung», die sich durch «Anerkennung eines größeren Kreises» ergebe. Hier handele es sich jedoch um eine Kunsthandwerkerin, so dass man von einer besonderen Reputation keineswegs ausgehen könne; eine Haftentschädigung auf dem Niveau einer mittleren Beamtenstelle sei daher völlig ausreichend. Der gerichtlich festgelegte Betrag wurde schließlich auf 6120 DM gekürzt.

«Ein Unterdrücken von etwas, mit dem man eigentlich nicht fertig wird»: Rosemarie Reichwein

Glücklicherweise verliefen nicht alle Fälle der «Wiedergutmachung» so problematisch. Rosemarie Reichwein erhielt nach Inkrafttreten der Gesetze ab Mai 1952 sowohl eine Entschädigung für «Schaden am Leben», der juristische Euphemismus, der den Tod beschreibt, als auch eine Witwenrente. Ein Freund habe die Formalien erledigt, und dann sei es quasi «automatisch» abgelaufen, erinnerte sie sich später.[104] Sie hatte in den Jahren zuvor keine Anträge auf Unterstützung stellen müssen und wohl auch nicht wollen, da sie in der Lage war, selbst Geld zu verdienen. Dazu kam die konkrete Unterstützung aus dem Familien- und Freundeskreis. Weihnachten 1953 erhielt sie noch einen positiven Bescheid zum Lastenausgleich, der die in Kreisau gemachten Anschaffungen kompensierte.

Freya von Moltke bewunderte die «Tüchtigkeit» ihrer Freundin, aber sie wird sich auch an die Worte ihres Mannes erinnert haben, der sie in einem der Kassiber aus dem Gefängnis, wenige Monate vor seinem Tod, davor gewarnt hatte, den Schmerz durch übermäßige Geschäftigkeit zu übertönen. Dass ihre Betriebsamkeit hier einen Grund hatte, war Rosemarie Reichwein offenbar bewusst: «Es ist immer noch ein Unterdrücken von etwas, mit dem man eigentlich nicht fertig wird; u. Arbeit hilft über alles hinweg.»[105]

Im Herbst 1952 nahm Rosemarie Reichweins Leben erneut eine Wende. Am 25. September notierte sie in ihr Tagebuch: «schöner Herbsttag, radelte nach Zehlendorf», hatte «ein sehr positives Lebensgefühl». Sie hatte einen Mann kennengelernt, mit dem sie für ein Jahr befreundet war. Er, der im Tagebuch immer nur als M. auftaucht, war verheiratet, und Rosemarie plagte das schlechte Gewissen, dennoch wollte sie die beglückende Beziehung hinnehmen «wie ein Geschenk, sogar auch von Edolf, der über allem steht».[106] Als M. im Februar 1953 aus beruflichen Gründen nach Frankfurt ging, besuchte sie ihn, sie schrieben sich, und es ist von großer Verliebtheit die Rede, M., der «mir Kopf u. Herz verwirrt». Trotzdem ist schon wenige Tage später zu lesen: «Ich *weiß*, dass mir M. auf Dauer nicht genügen wird.»[107] Im September erinnerte sie sich zwar an den Tag vor einem Jahr, «als er in mein Leben einbrach und ich wieder aufblühte», aber im November bilanzierte sie, dass das vergangene Jahr «doch nicht an E. heranreicht». M. verschwindet aus dem Tagebuch.

Jahre später ist es wieder die Vertraute Freya, mit der sie das Thema der Treue über den Tod hinaus diskutiert. Rosemarie Reichwein postulierte: «Trotzdem sind wir alle (die ich aus dem näheren Kreis kenne) unseren Männern untreu geworden.»[108] Und Freya von Moltke antwortete: «Aber ich will auch von der Treue zu unseren Männern sprechen. Glaubst Du, dass es auf *die Sorte* Treue ankommt? Ich glaube es eigentlich nicht. Die liegt viel tiefer. Da wage ich auch nicht zu sagen, ob wir treu oder nicht treu waren, und das kann man sicherlich erst nach unserem Tode entscheiden. Aber so einfach, wie Du es meinst, ist das sicherlich nicht zu entscheiden. Dich halte ich für treu und mich selbst halte ich für treu [...] aber ich glaube, wir halten ihnen in vielen Formen die Treue, oder besser, wir können ihnen in vielen Formen die Treue halten und eins ist sicher, dass wir erfüllt und froh leben können.»[109]

Rosemarie Reichwein hingegen notierte auf Freyas Antwortbrief: «Es gibt nur *eine* Treue zwischen Mann u. Frau u. da gehört ‹die Sorte› auch dazu. Zwischen Frauen ist das anders u. da werde ich Dir immer auf dieselbe Weise treu bleiben, auch wenn für Dich anderes dazwischen kommt, denn die Zeit in Kreisau ist bestimmend für mein weiteres Leben nach E's Tod geworden, durch Deine Hilfe.»

Freya von Moltke lebte seit 1960 mit dem Rechtshistoriker und Philosophen Eugen Rosenstock-Huessy zusammen in den USA. Helmuth James von Moltke hatte den eigenwilligen Mann an der Universität Breslau kennengelernt und mit ihm zusammengearbeitet, denn beide verband das Interesse an sozialpolitischen Themen. Freya, die Eugen vor dem Krieg nur flüchtig gekannt hatte, traf ihn 1956 in Deutschland wieder und verliebte sich Hals über Kopf in ihn. Der überragende Intellekt Rosenstocks, seine Eloquenz, sicher auch sein Humor und seine ausgeprägte Individualität zogen sie an. Aber sie konnte über Eugen auch eine Verbindung zu ihrem Mann Helmuth James herstellen, wie sie Eugen am Anfang ihrer Beziehung

Freya von Moltke, 1956

mitteilte: «Ich habe das alles ganz sorgfältig durchdacht und mein Kopf hat meinem Herzen gesagt, dass meine Liebe zu Dir Helmuths Tat fortsetzt, verlängert, erneut.»[110]

Schließlich fand Rosemarie Reichwein eine neue Aufgabe, die sie ausfüllte. Bei einem Besuch in England lernte sie die Bobath-Methode kennen, eine besondere Therapie-Möglichkeit für spastisch gelähmte und zerebral geschädigte Kinder. Die aus Berlin stammende, emigrierte Jüdin Berta Bobath hatte diese Technik zusammen mit ihrem Mann Karel bei der Arbeit mit gelähmten Soldaten entwickelt. Im Bobath-Center in London besuchte Rosemarie Reichwein verschiedene Lehrgänge, um die Methode zu erlernen. Sie war diejenige, die sie dann in Deutschland bekannt machte und sich für ihre Verbreitung einsetzte.

Rosemarie Reichwein, Anfang der fünfziger Jahre

Frei für Neues – Designerin und Kunstliebhaberin: Antje Kind-Hasenclever

Die unermüdliche Tüchtigkeit verbindet Rosemarie Reichwein und Antje Kind-Hasenclever. In Düren lebten Antje und ihre Kinder nicht einmal ein Jahr lang im Haus der Freunde, die sie 1950 eingeladen hatten, aber diese Zeit ermöglichte es ihr, schnell weiteren Anschluss zu finden. Wieder, wie schon so häufig, kamen Antje Kind-Hasenclever ihr Engagement, ihre Phantasie und ihr Geschick zustatten: Erstes Geld verdiente sie, indem sie Altartücher und Priestergewänder oder Fahnen für Reiter- und Karnevalsvereine stickte. Im Herbst 1950 konnte sie ihre Spielzeugsammlung, die sie schon in der Zeit ihrer Ehe mit Havemann aufgebaut hatte und über den Krieg retten konnte, im Dürener Leopold-Hoesch-Museum zeigen. Bald schon bekam die Stickmeisterin eine feste Stelle an der Werkkunstschule in Aachen, wo sie Sticken, Weben und Batiken unterrichtete.

Ihre Töchter Ulrike und Sibylle waren noch mehrere Male bei ihrem Vater Enno Kind zu Besuch, doch dann brach die Schweizer Seite den Kontakt ab. 1954 wurde die Ehe offiziell geschieden, das alleinige Sorgerecht lag bei der Mutter.

«An allen Ecken taten sich neue Möglichkeiten auf», so erinnerte sich die rührige Antje.[III] Neben ihrer Arbeit als Lehrerin war sie gestalterisch für eine Papierfabrik tätig. Zugleich arbeitete sie für die Glashütte Peill und Putzler, zeitweilig zusammen mit Wilhelm Wagenfeld, der von 1952 bis 1958 Leuchtenprogramme für die Firma entwarf. Antje Kind-Hasenclever konnte die in ihrer Ausbildung erlernten Techniken auch auf Glas umsetzen und war damit schließlich so erfolgreich, dass sie alle anderen Beschäftigungen aufgab. Sie hatte eine Kulturgruppe in der Firma gegründet, um die Kontakte zwischen dem Betrieb und dem «Designer, wie wir ja nun heißen», zu intensivieren. Antje Kind-Hasenclever arbeitete hier mit dem Dürener Museumsdirektor zusammen, mit dem sie befreundet war, organisierte kunstgeschichtliche Schulungen, regelmäßige Museumsbesuche, wechselnde Ausstellungen in den Firmengebäuden

Auch privat war Kunst ein zentrales Element in ihrem Leben. Antje Kind-Hasenclever war im Vorstand des Dürener Museumsvereins. Sie kannte die Künstler der Region und wurde verschiedentlich porträtiert, so fertigte der Bildhauer Ulrich Rückriem eine Büste von ihr an.

Wann erfuhren die Töchter, dass ihre Eltern Widerstandskämpfer gewesen waren? Beide können diese Frage nicht beantworten. «Das war normal. Wir wussten das.» Der Widerstand war kein Tabu, aber er war Vergangenheit.

Siebtes Kapitel

Lebensenden

Nachlassverwalterin des Widerstands: Annedore Leber

Das Leben von Annedore Leber blieb arbeitsam bis zum Schluss. Neben der politischen Arbeit im Berliner Abgeordnetenhaus war sie weiter publizistisch tätig. Den Schwerpunkt bildete der Mosaik-Verlag, den sie Anfang der sechziger in Annedore-Leber-Verlag umbenannte. Im Laufe der Jahre brachte sie weitere Bücher mit einem historisch-aufklärerischen Anliegen heraus, etwa über den 1921 ermordeten Politiker Matthias Erzberger und die Schwierigkeiten der ersten deutschen Demokratie oder über den von den Nationalsozialisten verfolgten Schriftsteller und Pazifisten Carl von Ossietzky.[1]

Als Freya von Moltke 1956 von Südafrika nach Berlin zurückkehrte, nahm Annedore Leber mit ihr Kontakt auf und bot ihr an, gemeinsam ein Buch über die jüngste Vergangenheit – die Zeit der Weimarer Republik und des «Dritten Reiches» – für junge Leser zu verfassen. Das Buch erschien 1960 unter dem Titel *Für und Wider* und erlebte mehrere Auflagen. Die beiden Frauen besuchten auch Schulen, um dort über den Widerstand zu sprechen. Eine gemeinsame Reise führte sie nach Lübeck an das Katharineum. Freya von Moltke berichtete darüber: «Morgens habe ich erst gesprochen + dann hat Annedore mit Kommentar die Bilder gezeigt – 2 Std. Nachmittags war im Lehrerzimmer viel Fragen + Antworten – Lehrer, Schüler, wir – 2 ½ Std. Es war das beste, was ich bisher an solchen Zusammenkünften erlebt habe.»[2]

Kurz nach Beendigung der Arbeit am gemeinsamen Buch verließ

Freya von Moltke Deutschland wieder, um mit Eugen Rosenstock-Huessy in den USA zu leben. Annedore Leber kämpfte allein weiter. Sie hätte gerne mit ihr weitergearbeitet,[3] denn außer Inge Aicher-Scholl trat sonst keine der Frauen an die Öffentlichkeit, sei es aus Scheu, eine Rolle anzunehmen, die ihnen als Frau, wie sie meinten, so gar nicht zustand; sei es, weil sie nach wie vor Demütigung und Anfeindung fürchteten oder weil sie schlicht keine Zeit dazu fanden.

Annedore Leber wurde neben Marion Gräfin von Dönhoff in Deutschland zu der maßgeblichen Instanz, wenn es um das Thema Widerstand ging. Daher war es naheliegend, dass sie im Februar 1962 den amerikanischen Justizminister Robert Kennedy bei seinem Berlin-Besuch nach Plötzensee begleitete, wo so viele Widerstandskämpfer hingerichtet worden waren. Daher war es naheliegend, dass Annedore Leber im Februar 1962 den amerikanischen Justizminister Robert Kennedy bei seinem Besuch in Berlin auf dessen ausdrücklichen Wunsch nach Plötzensee begleitete. Die *Bild*-Zeitung berichtete beeindruckt: «Von Annedore Leber ließ er sich einen Bericht aus jenen Tagen geben. … Tief beeindruckt reichte Kennedy Frau Leber seinen Arm. Er geleitete sie zu ihrem Wagen. Öffnete den Schlag. Ließ sie Platz nehmen. Schloß die Tür. Verneigte sich tief.»[4]

Anderthalb Jahre später traf Annedore Leber ein Schicksalsschlag, von dem sie sich nie wieder ganz erholen sollte: Ihr Sohn Matthias nahm sich das Leben. Julius Leber hatte in einem seiner letzten Briefe von «unsere[m] lieben und empfindsamen Matthias» geschrieben, der schon als Kind introvertiert gewesen war.[5] Nachdem Matthias 1949 in Berlin sein Abitur gemacht hatte, war er zunächst auf der Suche, studierte Soziologie und Philosophie in Berlin, Frankfurt und Basel, wallfahrte nach Lourdes, studierte Psychologie in Paris und begann schließlich ein Medizinstudium in Edinburgh, das er im Dezember 1962 mit einem Examen abschloss. Mutter und Sohn hatten ein enges, vertrautes Verhältnis, und doch fühlte sich der junge Mann auch von der sorgenden Mutter bedrängt. Er soll, so seine Schwester, die schrecklichen Ereignisse um seinen Vater schlecht verkraftet haben. Alle Versuche, durch psychiatrische Behandlung an Stärke zu gewinnen, scheiterten. Er erhängte sich mit zweiunddreißig Jahren am 18. August 1963 in ihrem Haus in Berlin.

Annedore Leber mit Robert Kennedy und Willy Brandt auf dem Weg zur Gedenkstätte Berlin-Plötzensee, Februar 1962

Seine Schwester Katharina dagegen stellte sich später selbst immer als relativ robust und ihrem Vater sehr ähnlich dar. Sie lebte in München als Journalistin, später war sie für einige Jahre mit einem Dänen verheiratet und wohnte in Kopenhagen, bevor sie wieder nach Bayern zurückkehrte. Ihre Tochter erinnert sich, dass Katharina Christiansen-Leber nie ein schlechtes Wort über ihre Mutter Annedore verlor, dass sie aber doch nicht ohne Grund eine gewisse geographische Distanz herstellte, um einer ständigen Fürsorge zu entgehen.

Annedore Leber, schon lange herzkrank und nun auch von Gallen- und Rückenleiden geplagt, machte weiter wie bisher. Sie hatte ihre Arbeit, sie hatte Freunde, unter ihnen der Prälat Walter Adolph, der sich während des Krieges als Mitarbeiter von Bischof Preysing für den Widerstand eingesetzt hatte. Als Generalvikar von Berlin kam er in den 1960er Jahren fast täglich zu Annedore Leber und wurde ihr ein enger Vertrauter. 1964 gratulierte noch der Bundespräsident, Heinrich Lübke, zu ihrem sechzigsten Geburtstag. Insbesondere in Berlin erfuhr sie vielfältige Ehrungen, alle Zeitungen berichteten über sie und ihr Lebenswerk. Am 28. Oktober 1968 starb Annedore Leber in Berlin mit nur vierundsechzig Jahren. Neben dem Prälaten Walter Adolph sprach der Regierende Bürgermeister von Berlin, Klaus Schütz, an ihrem Grab. Mehrere hundert Menschen, darunter die Schicksalsgenossinnen vom 20. Juli, kamen an einem regnerischen Tag zu ihrer Beerdigung auf dem Waldfriedhof in Zehlendorf.

Dies war die letzte große Ehrung, die Annedore Leber zuteil wurde. Die gesellschaftlichen Umbrüche, die die Studentenrevolte von 1968 mit sich brachte, hat sie nicht mehr erlebt. Bald nach ihrem Tod wurde sie vergessen.

1968: Wandel in der Wahrnehmung

Das Jahr 1968 war ein Wendepunkt in der Geschichte der Bundesrepublik. Eine junge Generation, die Mitte der vierziger Jahre geboren worden war und das »Dritte Reich« zumindest nicht mehr bewusst miterlebt hatte – die sogenannten Achtundsechziger –, betrachtete Nationalsozialismus und Widerstand mit anderen Augen. Aber die

Veränderungen setzten schon früher ein. Ausgelöst wurde die Entwicklung 1958 mit dem Ulmer Einsatzgruppen-Prozess, dem ersten großen NS-Prozess vor einem deutschen Gericht. Er wurde von den Scholls aufmerksam verfolgt. Hier entstand ein Muster, das in den folgenden Verfahren übernommen wurde, viele der Angeklagten wurden nur als Gehilfen verurteilt, weil man die oberste Nazi-Führungsriege zu den eigentlich Verantwortlichen erklärte.

1961 begann in Israel der Eichmann-Prozess, der in Deutschland große Aufmerksamkeit erfuhr. Er löste eine Diskussion über die Rolle der Täter aus, in deren Zentrum Hannah Arendts Buch *Eichmann in Jerusalem* stand. Mit ihrer These von der «Banalität des Bösen» erschütterte sie die bisherige Schutzbehauptung, die Nazis seien eine Gruppe von besonders bösartigen, verderbten Menschen gewesen, die Deutschland zwölf Jahre lang gewissermaßen «besetzt» gehalten und in den Abgrund gerissen hätten.[6]

1963 wurde der erste von drei Frankfurter Auschwitz-Prozessen eröffnet, an denen Fritz Bauer als hessischer Generalstaatsanwalt federführend beteiligt war. Sie zogen sich bis 1968 hin und führten der bundesdeutschen Öffentlichkeit Details des Holocaust vor Augen. Emmi Bonhoeffer kümmerte sich um die Zeugen des Prozesses, von denen viele seit der NS-Zeit das erste Mal wieder in Deutschland waren. Sie hatte von einer Freundin erfahren, dass man die Leute zwar ausfindig gemacht und eingeladen hatte, sich aber offenbar niemand Gedanken gemacht hatte, was es für ehemalige KZ-Häftlinge bedeutete, zurückzukehren und dann völlig allein gelassen zu werden.

Motor des gesellschaftlichen Umbruchs waren die Universitäten. 1968 wurde in München eine Gedenkfeier für die Weiße Rose von Studenten gestört. Sie warfen in überdeutlicher Symbolik Flugblätter in den Lichthof, in dem die Reden gehalten wurden, und riefen: «Die Mörder feiern ihre Opfer.»[7] Stein des Anstoßes für die linken Gruppen, die hier aktiv wurden, war zunächst die personelle Kontinuität an der Universität nach 1945. In einem zweiten Schritt rückten auch die strukturellen Kontinuitäten in den Blick, und beides galt schließlich nicht nur für den eng umrissenen Raum der Hochschulen, sondern für die gesamte Gesellschaft. Die «Achtundsechziger» traten an, um die Verhältnisse zu ändern, doch der Widerstand der

Münchner Studenten gegen den Nationalsozialismus konnte ihnen nicht länger Vorbild sein. Noch in den 1950er Jahren hatte man ganz selbstverständlich auf die Weiße Rose Bezug genommen und ihr Handeln mit dem Widerstand gegen den Kommunismus in der DDR gleichgesetzt. Knapp eine Generation später fand ihre Tat weiterhin Anerkennung, aber man vertrat zugleich die Auffassung: «Ihre Toten sind Märtyrer einer integren Gesinnung, aber nicht Gefallene im politischen Kampf.»[8]

So formulierte es der Berliner Student Christian Petry, der zusammen mit Vincent Probst, dem jüngeren Sohn von Christoph Probst, 1968 im *Stern* einen kritischen Artikel über die Weiße Rose veröffentlichte und seine Thesen in dem Buch *Studenten aufs Schafott* ausführlicher darstellte. Er war der Meinung, dass die Angehörigen der Weißen Rose den Nationalsozialismus nicht als politisches Phänomen begriffen, sondern in ihm die Verkörperung des metaphysischen Bösen erkannt hätten. Petry betrachtete sie als irregeleitete Opfer, deren überkommene bürgerliche Ideale dem 19. Jahrhundert verhaftet waren. Das sei einem «Austreten aus der Geschichte – und damit aus der Politik»[9] – gleichgekommen und habe sie an einer politischen Analyse des Nationalsozialismus gehindert, die ihnen einen effektiveren Widerstand erlaubt hätte. Der Artikel von Petry und Probst im *Stern* endete mit den apodiktischen Sätzen: «Im Namen dieses Idealismus lassen sich keine politischen Taten mehr tun, und bereits die Tat der ‹Weißen Rose›, die im Wesentlichen eine Opfertat war, hatte einen durchaus unpolitischen Charakter. … Wenn wir also die ‹Weiße Rose› historisch sehen ohne Bezug zur Gegenwart, dann wird sie damit nicht ein Stück unbewältigter Vergangenheit. Sie *ist* Vergangenheit.»[10]

Das Erbe des Widerstands spielte in den politisierten Jahren nach 1968 insgesamt keine besondere Rolle. Die Münchner Gedenkfeiern für die Weiße Rose wurden nach der Störung bis 1980 ausgesetzt, und der 20. Juli war für die linken Vordenker erst recht kein positiver Anknüpfungspunkt, symbolisierte er doch den Widerstand der Eliten und war inzwischen zum Gründungsmythos eines Staates geworden, den sie bekämpfen wollten. Das Wissen über den Widerstand war in der Blütezeit der Gesellschaftstheorien generell nicht weit verbreitet. Zwar veröffentlichte Peter Hoffmann 1969 sein bis heute grundlegendes Werk zu *Widerstand, Staatsstreich, Attentat.* Aber viele Formen von Opposition waren kaum erforscht, und da sich eine neue Generation von Historikern vor allem mit den Tätern, ihren sozialen Hintergründen und ihrer Mentalität, befasste, hat kein Jahrzehnt dem Widerstand so wenig Aufmerksamkeit gewidmet wie die siebziger Jahre.

Immerhin entwickelten junge Historiker in dieser Zeit neue Fragen und förderten damit neue Formen von Widerstand zutage. Der Widerstandsbegriff erweiterte sich dadurch bis hin zu den sogenannten *Stillen Helden,* die heute Teil der großen Ausstellung der Gedenkstätte Deutscher Widerstand sind. Diese Ausstellung war 1967 auf Anregung der Familien der Widerstandskämpfer und mit besonderer Unterstützung durch Annedore Leber in den drei historischen Räumen des Bendlerblocks eingerichtet worden.

Hüterin ihrer Geschwister: Inge Aicher-Scholl

Inge Aicher-Scholl konnte die kritische Einschätzung der Weißen Rose nicht aufhalten. Sie wehrte sich zwar öffentlich gegen Petrys Thesen, drang aber nicht durch. Dazu kamen weitere Probleme. Auch an der Hochschule für Gestaltung gab es Studentenproteste wie an einer regulären Universität, von der man sich doch so deutlich hatte unterscheiden wollen. Streitigkeiten unter den Dozenten erschwerten den Lehrbetrieb. 1968 wollte der baden-württembergische Landtag endgültig kein Geld mehr für die Hochschule zur Verfügung stellen, so dass sie geschlossen werden musste. Die Arbeit an der Volkshochschule, deren Leiterin Inge Aicher-Scholl von Anfang an gewesen war, wurde durch den Umzug der Familie 1972 nach Rotis im Allgäu erschwert. Dort hatten die Aichers eine alte Mühle gekauft, die Otl ausbaute und um einige Gebäude erweiterte. 1974, im Alter von siebenundfünfzig Jahren, legte Inge Aicher-Scholl die Leitung der Volkshochschule nieder und zog sich aus der Öffentlichkeit zurück. So wie Annedore Leber hatte auch sie einen schweren

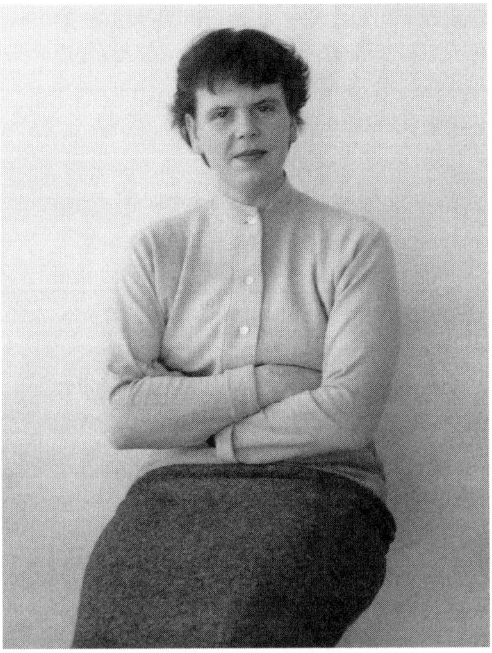

Inge Aicher-Scholl, porträtiert von Sisi von Schweinitz, 1955

Verlust in der Familie zu beklagen, 1975 starb ihre Tochter Pia durch einen Autounfall, den Otl Aicher verschuldet hatte.

1980 erschien das Buch des Journalisten Hermann Vinke, *Das kurze Leben der Sophie Scholl,* der hier erstmals Sophie zur Hauptfigur machte. Es ging in dem als Jugendbuch gestalteten Band ebenso um die Weiße Rose wie um das junge Mädchen Sophie Scholl, die in Briefen und Tagebuchaufzeichnungen selbst zu Wort kommt oder in den Erinnerungen ihrer Schwestern Inge und Elisabeth lebendig wird. Otl Aicher berichtete Hermann Vinke von seinen Erinnerungen, und Fritz Hartnagel stellte Briefe zur Verfügung. Nach der kritischen Distanzierung in den sechziger und siebziger Jahren wurde dieses Buch zum Ausgangspunkt für eine zweite «Nachkriegskarriere» der Sophie Scholl, bei der nun auch ihr Bruder Hans Scholl in den Hintergrund trat.

Zu dem neuen Interesse an der Weißen Rose trugen 1982 gleich zwei Kinofilme bei. Percy Adlon drehte *Fünf letzte Tage* und Michael

Verhoeven *Die Weiße Rose*, beide konzentrierten sich auf Sophie Scholl. Adlon erzählt im Rückblick aus der Perspektive von Sophies Zellengenossin Else Gebel und endet in dem Moment, als Sophie in den Justizpalast gebracht wird. Verhoeven zeigt ihre Münchner Zeit. Verhoevens Film erregte nicht zuletzt deshalb Aufmerksamkeit, weil er im Abspann schrieb, dass nach Auffassung des Bundesgerichtshofes die Urteile gegen die Weiße Rose zu Recht bestünden. «Sie gelten noch immer.»[11] In den Medien entbrannte ein Streit darüber, ob nicht die alliierte Gesetzgebung längst alle NS-Unrechtsurteile aufgehoben habe und wie man grundsätzlich mit dem Erbe der NS-Justiz umgehen solle.[12]

Sowohl Vinke als auch Verhoeven arbeiteten mit Inge Aicher-Scholl zusammen, aber keinem von beiden öffnete sie ihr privates Archiv. Sie war es, die die Originaldokumente und Photos heraussuchte. Sie wollte die Deutungshoheit über die Geschichte ihrer Geschwister nicht aus der Hand geben; nicht nur, weil sie, die Zeitzeugin, dem Fremden, der ein Buchautor, Filmemacher oder Historiker sein konnte, nicht zutraute, die «richtige» Deutung allein zu finden, sondern auch, weil jede Interpretation, die von der ihren abwich, schmerzlich sein konnte. Marion Yorck brachte die Angst hiervor auf die treffende Formel: «In dem Moment, wo ich meine Erinnerung zur Schau stellen würde, in dem Moment würde sie mir selbst zwangsläufig verloren gehen.»[13]

Das zeigte sich auch bei der Zusammenarbeit von Inge Aicher-Scholl mit der Publizistin Inge Jens. Aicher-Scholl hatte sich nach langem Zögern entschlossen, private Dokumente aus ihrem Archiv herauszugeben. Die Publizistin hob in ihrem Vorwort drei Gründe hervor, die ihrer Meinung nach den Weg der Jugendlichen in den Widerstand entschieden beeinflusst hatten: tief empfundene Freundschaft, die Prägungen der Jugendbewegung und das Russland-Erlebnis während des Krieges. Inge Aicher-Scholl konnte dieser Argumentation nicht folgen, sie sah nach wie vor den Ursprung des Widerstandes im Christentum. Das Vorwort von Inge Jens musste andernorts publiziert werden.[14]

Es gelang Inge Aicher-Scholl erst sehr spät, von den Behörden Dokumente über den Prozess gegen ihre Geschwister zu bekommen.

Lange Zeit kannte sie noch nicht einmal die Flugblätter der Weißen Rose. Auch die Abschiedsbriefe der Geschwister wurden der Familie nicht ausgehändigt. Der Verbleib der Verhörprotokolle und der Prozessakten war lange völlig unklar. Sie tauchten erst 1989 nach der Öffnung des Eisernen Vorhangs auf, sechsundvierzig Jahre nach dem Prozess. Inge Aicher-Scholl notierte resiginert: «Ich fühle mich nicht in der Lage, dies alles durchzusehen. Möglicherweise sind die Abschiedsbriefe von Hans und Sophie darin enthalten.»[15]

In der Öffentlichkeit war Inge Aicher-Scholl in den achtziger Jahren nicht mehr nur die Schwester von Hans und Sophie, sondern auch eine bekannte Aktivistin der Friedensbewegung, die übrigens auch von Emmi Bonhoeffer unterstützt wurde. Zusammen mit ihrer Schwester Elisabeth und deren Mann, Sophies ehemaligem Freund Fritz Hartnagel, engagierte sich Inge gegen die Stationierung von Atomwaffen in Deutschland. Doch in Rotis beschäftigte sie sich hauptsächlich mit ihrem Archiv und ihrer Familie. Nach wie vor musste sie sich um ihre älteste Tochter Eva kümmern, die mit dem Down-Syndrom zur Welt gekommen war, was man der jungen Mutter in den frühen fünfziger Jahren zunächst verschwiegen hatte, weil Behinderungen ein Tabuthema waren. Nicht zuletzt aus diesen Erfahrungen heraus schrieb sie in den neunziger Jahren ein Buch über Evchen.[16]

Otl Aicher starb 1991 bei einem Verkehrsunfall. Inge Aicher-Scholl starb 1998 mit einundachtzig Jahren in Rotis.

Lebensfreude und eiserner Wille: Antje Kind-Hasenclever

Antje Kind-Hasenclever beendete 1972 ihre berufliche Laufbahn als eine Designerin, die es noch zu entdecken gilt. Ausschlaggebend waren vor allem gesundheitliche Gründe. Durch die Arbeit in der Glashütte hatte sie sich starkes Asthma zugezogen, litt außerdem unter chronischem Rheuma und erheblichen Rückenschmerzen. Nach einem schweren Schlaganfall 1972, von dem sie sich mit eisernem Willen wieder erholte, unternahm sie Reisen, besuchte Moskau und St. Petersburg, genoss Locarno und immer wieder das Dörfchen Solz nahe Bebra im Norden Hessens, Stammsitz der Familie von Trott zu Solz, in die Antjes ältere Tochter Ulrike eingeheiratet hatte. Auch ihre jüngere Tochter Sibylle lebte hier mit ihrem Mann. In einem Fachwerkhaus mitten im Dorf planten die Töchter mit Unterstützung des hessischen Museumsverbandes ein Spielzeugmuseum für die auf 4000 bis 5000 Stücke angewachsene Sammlung ihrer Mutter. Doch diese erlebte die Eröffnung nicht mehr. Antje Kind-Hasenclever starb am ersten Weihnachtstag 1985 im Alter von einundachtzig Jahren und wurde drei Tage später auf dem Dorfriedhof von Solz begraben.

Und Robert Havemann? Als Antje Kind-Hasenclever Ende der siebziger Jahre wieder Kontakt zu ihm aufnahm, stand er mittlerweile in Grünheide bei Berlin (Ost) unter Hausarrest. Sie wechselten Briefe, die heimlich über den Dissidenten Jürgen Fuchs, der in West-Berlin lebte, transportiert wurden. Robert Havemann berichtete vom Alltag in der DDR, und Antje schickte Farbbänder für die Schreibmaschine, Briefpapier und manches Notwendige für die Familie. Er fragte sie nach ihrer Meinung zu seinen jüngsten Veröffentlichungen im *Spiegel*. Sie erinnerten sich auch an ihre gemeinsame Zeit in Berlin und an viele schöne Dinge in den Berliner Jahren zwischen 1933 und 1945. Der Widerstand wurde dabei nicht explizit angesprochen, denn Widerstand, ließe sich mit Freya von Moltke sagen, «Widerstand war Alltag».[17]

Ebbe und Flut der Erinnerungen: Marie Louise von Scheliha

1990 erschien die Biographie *Rudolf von Scheliha. 1897–1942. Ein deutscher Diplomat gegen Hitler*. Ihrem Autor, dem Diplomaten und ehemaligen Botschafter Ulrich Sahm, war bekannt, wie verdruckst das Auswärtige Amt mit diesem ehemaligen Mitarbeiter umging, und rekonstruierte in mühevoller Detailarbeit den «Fall Scheliha». Er war der Erste, der ausführlich mit Marie Louise von Scheliha sprechen konnte, er war der Erste, der wirklich fragte. Der Fall lag nicht nur weit zurück, sondern war im Laufe der Jahrzehnte auch von den ehemals Beteiligten vorsätzlich mit Vertuschung, Lügen und Halbwahrheiten überformt worden, die ihrer eigenen Entlastung dienen sollten. Sahm kam ihren Winkelzügen auf die Spur, so dass ihm ein plausibler Lebensbericht gelang, der Rudolf von Scheliha vollständig rehabilitierte.

Der nächste Schritt war die juristische Wiedergutmachung. Als kurz nach Erscheinen der Biographie im September 1991 das Bundessozialgericht in einem wegweisenden Urteil alle Todesurteile der Wehrmachtsjustiz während des Krieges als rechtswidrig und willkürhaft bezeichnete, beschloss die Familie von Scheliha, einen letzten Versuch zu wagen. Im Mai 1992 beantragte eine Anwältin unter Bezugnahme auf dieses Urteil die Wiederaufnahme des Wiedergutmachungsverfahrens von 1947.[18] Eine erste Antwort kam im Juni vom Auswärtigen Amt, in der man freundlich darauf hinwies, dass die Stellungnahmen, die man seinerzeit zu dem Fall abgegeben habe, bis jetzt gültig seien. Man habe alles zur Aufklärung Notwendige getan und wolle seine Erkenntnisse gern der zuständigen Landeswiedergutmachungsbehörde in Stuttgart zur Verfügung stellen, wenn diese dies wünsche. Die wiederum sah keine Möglichkeit «Herrn v. Scheliha dem Personenkreis des § 1 BWGöD unterzuordnen». Ähnlich wie das Auswärtige Amt argumentierte man, dass alle Positionen schon vor Jahrzehnten ausgetauscht worden seien, am Sachverhalt habe sich nichts geändert. Der Fall ging weiter an das Innenministerium, das die Anfrage ein halbes Jahr unbeantwortet ließ und am 9. März 1994 ebenfalls eine Wiederaufnahme des Verfahrens ablehnte. Marie Louise von Scheliha musste wenige Wochen vor ihrem neunzigsten Geburtstag erleben, wie Roeders pervertierte Sicht der Dinge erneut den Sieg davontrug. Das Ministerium schrieb, man habe doch schon den Antrag vom 30. Januar 1951 abgelehnt, weil «die Verurteilung von Herrn von Scheliha nicht aufgrund seiner politischen Überzeugung erfolgte, sondern weil er *erwiesenermaßen* aus Geldgründen Landesverrat betrieben habe».[19] Auch sei es keineswegs zweifelsfrei nachgewiesen, dass «er den Nationalsozialismus trotz seiner Mitgliedschaft in der Partei aus Überzeugung aktiv bekämpft hat».

Die Familie klagte. Der Fall wurde vor dem Verwaltungsgericht Köln verhandelt. Und dieses interpretierte das Urteil des Bundessozialgerichts nun dahingehend, dass auch das Reichskriegsgericht Terrorurteile gefällt habe, die einzig der Aufrechterhaltung des nationalsozialistischen Unrechtssystems dienten: «Daraus folgt weiter, daß das Verfahren, in dem Ihr Ehemann zum Tode verurteilt worden ist, rechtsstaatlichen Grundsätzen nicht genügt. Bei den gegen Ihren Ehemann sprechenden Erklärungen der seinerzeit am Prozeß beteiligten Personen handelt es sich um Erklärungen, die der ‹Reinwaschung› von eigener Schuld dienten; sie sind hier nicht mehr von Relevanz», heißt es im Urteilsspruch, der am 25. Oktober 1995 erging. Dreiundfünfzig Jahre nach seiner Hinrichtung war Rudolf von Scheliha damit endlich rehabilitiert.

Ein letztes Mal kam es im Anschluss daran zu einer Attacke der Verleumder. Heinz Höhne, der 1968 eine diffamierende Serie über die Rote Kapelle im Spiegel zu verantworten hatte,[20] sandte im Januar 1996 einen langen Leserbrief an die *Frankfurter Allgemeine Zeitung*. Unbeirrbar versuchte er, Scheliha erneut als bezahlten Spion darzustellen, nannte Sahms Biographie «apologetisch» und seine Thesen «unhaltbar». Zum Schluss deutete er raunend an, die Wahrheit werde eines Tages aus den Archiven der ehemaligen Sowjetunion ans Licht kommen, und dann werde man sehen, «welche Überraschungen voreiligen Rehabilitierern deutscher Sowjetspione noch bevorstehen».[21] Im Laufe der letzten sechzehn Jahre sind diese «Überraschungen» jedoch ausgeblieben. Die *FAZ* druckte eine Woche später einen ausführlichen Antwortbrief von Schelihas Schwiegersohn Thomas Ritscher, der Höhnes Beschuldigungen Schritt für Schritt widerlegte.

Wenige Tage bevor sich der Tag der Hinrichtung Rudolf von Schelihas zum 53. Mal jährte, wurde im Auswärtigen Amt in Anwesenheit der Familie eine Bronzetafel angebracht, die die Liste der geehrten Widerstandskämpfer um den Namen Rudolf von Schelihas ergänzte. 1997 wurde im Hamburger Stadtteil Neuallermöhe eine Von-Scheliha-Straße eingeweiht. Und im April 1998 brachte man auf dem einstigen Landgut der Schelihas in Zessel/Ciesle in Schlesien an der Kirche eine Gedenktafel für Rudolf von Scheliha in deutscher und polnischer Sprache an.

Marie-Louise von Scheliha verbrachte ihre letzten Lebensjahre in der Schweiz, umgeben von Kindern, Enkeln und schließlich auch Urenkeln – und umgeben von böhmischen Möbeln, die sie von ihrer Mutter geerbt hatte und die sie an das Schloss ihrer Kindheit in Kleinskal erinnerten. Sie starb achtundneunzigjährig am 2. April 2003 in der Schweiz und ist in Adliswil beerdigt.

1993 notierte Marie Louise von Scheliha in ihren Erinnerungen: «Die Menschen gehen viel zu nachlässig mit ihren Erinnerungen um. (Novalis) Kann ich mir diesen Vorwurf machen? Ich glaube nicht, denn die Erinnerungen gehen vielmehr mit mir um! Sie diktieren, sie sammeln ein, sie bewerten, sie reichen in die Welt des Träumers, für die man die Steuerung nur indirekt in der Hand hält. Sie ergänzen sich, sie verbinden, sie reflektieren irgendwie, erfreuen irgendwann, pflegen und belasten gleichzeitig. – In stillen Stunden wird man an den Schreibtisch gedrängt und dann geschieht Merkwürdiges: Im Tintenfluss steht die Vergangenheit in Greifweite vor einem – nimmt Gestalt an –! Die Zukunft verliert die Spannkräfte, – die Erwartungen sind flügellahm geworden im höheren Alter, – die Erinnerungen haben ihren eigenen Wellengang – Flut und Ebbe ...»[22]

Politisch denken: Rosemarie Reichwein

Zum siebzigsten Geburtstag von Rosemarie Reichwein schrieb ihr Freya von Moltke 1974: «Dein Leben hat ein Gewicht, das vielen anderen nicht vergönnt war.»[23] An diesem Tag wurde ihr das Bundesverdienstkreuz für ihr außerordentliches berufliches Engagement verliehen. Ein Jahr später entschloss sie sich, ihre Arbeit in der eigenen Praxis in Berlin-Wannsee so weit zu reduzieren, dass sie nur noch wenige Patienten zu behandeln hatte.

Zum 75. Geburtstag schenkten ihr ihre Kinder eine Reise nach Kreisau; die war «bestens gelungen, auch wettermäßig», berichtete sie Freya von Moltke.[24] Es war das erste Wiedersehen mit dem Ort, der jetzt Krzyżowa hieß, aber, wie sich bald herausstellen sollte, nicht das letzte. 1983 war sie wieder da. Anlässlich des vierzigsten Jahres-

Die Familie Reichwein 1979 in Kreisau, dem inzwischen polnischen Krzyżowa, auf der Treppe des verfallenen Berghauses

tages des 20. Juli plante das DDR-Fernsehen eine Dokumentation über den «bürgerlichen» Widerstand, der in der DDR neben dem kommunistischen Widerstand inzwischen ebenfalls anerkannt und gewürdigt wurde. Der Film beginnt damit, dass Rosemarie Reichwein und Freya von Moltke am Bahnhof in Schweidnitz/Świdnica ankommen. Mit dem Auto geht es weiter durch die leuchtend grüne Hügellandschaft Niederschlesiens, beiden Frauen wohlvertraut, bis man zum Ortsschild Krzyżowa kommt. Das Schloss wird nicht gezeigt, weil es zu dieser Zeit bereits völlig verfallen war. Der Film begleitet die Freundinnen, die alte Wege ablaufen, sich erinnern und sich freuen, endlich wieder einmal in Kreisau sein zu können; auch Freya von Moltke war nach ihrer Flucht erst 1976 wieder zurückgekehrt. Eingeschoben sind Szenen, in denen Schauspieler in der Rolle von Helmuth James von Moltke und Peter Yorck von Wartenburg den Kreisauer Kreis und sein Programm vorstellen. Die Frauen werden zum Widerstand befragt, aber es geht eigentlich nicht um sie, sondern um ihre Männer. Nur ganz am Schluss gibt es einen kurzen Ausblick auf ihr Leben nach 1945. Die vielen, langen, mühsamen und manchmal einsamen Jahrzehnte danach waren ein Appendix, der mit ein paar letzten freundlichen Fragen abgetan wurde.[25]

Dabei wurde übersehen, wie politisch die meisten Frauen des Widerstands dachten. Rosemarie Reichwein war nach eigenem Bekunden durch den Widerstand gegen Hitler zu einem politischen Menschen geworden: «Damals wachte ich eigentlich erst auf»,[26] erkannte sie später, und damit erging es ihr wie den meisten anderen Frauen aus dem Umfeld des 20. Juli und des Kreisauer Kreises.

Rosemarie Reichwein blieb ihr Leben lang politisch wach. Als ihr 2001 der hessische Verdienstorden vom damaligen Ministerpräsidenten Roland Koch überreicht werden sollte, lehnte sie die Annahme ab, da sie Koch als Politiker nicht für aufrichtig hielt. Sie missbilligte seine Rolle in der Affäre um illegale Parteispenden für die CDU, die er fälschlich als «jüdische Vermächtnisse» ausgab, um die Herkunft des Geldes nicht offenlegen zu müssen.[27]

Im folgenden Jahr, am 5. August 2002, starb Rosemarie Reichwein im Alter von achtundneunzig Jahren in Berlin.

Die Frauen des Widerstands melden sich zu Wort

Clarita von Trott zu Solz erinnerte sich an die Zeit vor ihrer Ehe, in der sie Politik als etwas empfand, «dem man ausgeliefert ist», mit dessen Auswirkungen man sich abfinden musste.[28] Viele Frauen des Kreisauer Kreises waren höhere Töchter aus gutbürgerlichem Hause. Bildung für Frauen wurde oft als verlorene Investition angesehen, wie im Hause des Historikers Delbrück. Sein Sohn Max wurde später Nobelpreisträger, aber seine Tochter Emmi, verheiratete Bonhoeffer, konnte nicht einmal das Abitur machen. «Mein Vater war kein Freund des Frauenstudiums. Er fand es auch nationalökonomisch falsch, weil Frauen nach dem damaligen Verständnis anschließend ohnehin heirateten.» Max Tiefenbacher, der Vater von Clarita von Trott, tat die Möglichkeit eines Studiums mit dem schlichten Argument ab, vom Lesen bekomme man rote Augen, «und dann will Dich niemand mehr» – heiraten natürlich.[29] Auch diejenigen, die studiert und sogar promoviert hatten, wie zum Beispiel Freya von Moltke und Marion Yorck, beide Juristinnen, übten zunächst keinen Beruf aus, sondern heirateten. Und das war für sie normal, denn «wir alle waren doch mehr die Frauen unserer Männer».[30] Die Formulierung taucht sehr häufig auf, zeitgenössisch und im Rückblick, und charakterisiert sehr gut das Selbstverständnis der Beteiligten.

Sie alle waren keine emanzipierten Frauen im heutigen Sinne. Einige wandten sich ausdrücklich gegen die Frauenbewegung in der Bundesrepublik. Nicht nur Rosemarie Reichwein wunderte sich darüber, dass «die Frauen [heute] versuchen, eine besondere Rolle zu spielen, was damals gar nicht üblich war». [31] Mann und Frau waren eine Einheit, moderne Emanzipation wurde von den Befragten als Trennung und Auflösung einer als beglückend erlebten Gemeinsamkeit empfunden. Die Frau war dabei allerdings nicht Anhängsel, sondern «Kameradin»,[32] gleichberechtigte, kompetente und politisch denkende Gesprächspartnerin, die ihre eigene Rolle auszufüllen hatte. Und in diesem Sinne war sie doch emanzipiert.

Freya von Moltke antwortete 1992 auf die Bemerkung einer Interviewerin, dass die Rolle der Frauen im Widerstand nicht zu unterschätzen sei: «Ganz bestimmt, da haben Sie vollkommen recht. Das trifft auf alle zu. Jetzt ist es eine schwierige Zeit für die Frauen. Es ist eine schöne, aber auch eine sehr schwierige Zeit, weil sie sich selbst etablieren müssen. Die Emanzipation der Frau ist wirklich eine der Revolutionen unserer Zeit. Aber in der jetzigen Zeit haben sie es so schwer, weil sie sich in dieser Emanzipation sozusagen von den Männern trennen müssen. Wunderbar in unserer ganzen Lage war, daß die Frauen die Tätigkeit der Männer teilten, ohne sich dabei als emanzipierte Frauen, die sie doch im Grunde waren, etablieren zu müssen. Das hatten wir alle nicht nötig. Wir hatten nicht dies Gefühl, daß man nun hier stehen und sich bewähren muß, das hatten wir ja alle schon gemacht, als Mann und Frau zusammen. Es ist allerdings ganz leicht, sich an einem hervorragenden Mann zu orientieren. Aber wenn man mit dummen Männern zu tun hat und selber eine viel klügere Frau ist, dann ist die Sache schwierig. Wir waren alle in der günstigen Lage, daß wir wirklich mit so guten Männern zusammengehörten.»[33]

Das sagte Freya von Moltke im Abstand von fünfzig Jahren. In den dreißiger und vierziger Jahren waren die Frauen zurückhaltender. Gutsherrin zu sein, wie Freya von Moltke oder Marion Yorck, bedeutete zwar auch, eine gewisse öffentliche Rolle einzunehmen, aber in einem klar definierten, gesellschaftlich akzeptierten Rahmen. Für alles andere fehlte ihnen sicher nicht die Fähigkeit, aber das Selbstvertrauen. «Für die Planung haben wir uns nicht kompetent gefühlt», konstatierte Freya.[34] Aber wenn Marion Yorck zusammenfasst: «Eine sichtbare Rolle haben die Frauen dabei nicht gespielt»,[35] dann wird klar: Sie haben eine Rolle gespielt, denn die Männer hätten das, «was sie getan haben, nicht ohne ihre Frauen tun können. Sie waren doch alle von der Liebe und der Gemeinsamkeit abhängig. Und von der Versorgung!»,[36] so Marion Yorck, und Clarita von Trott ergänzt: «Damit unsere Männer sich mit allen zur Verfügung stehenden Kräften dem Widerstand widmen konnten, mußten wir Frauen ihnen mindestens von der häuslichen Seite her den Rücken freihalten.» Die Frauen waren der «ruhende Pol».[37]

Die Männer waren sich der Bedeutung ihrer Frauen bewusst, nicht nur die Äußerungen Lebers oder Moltkes belegen das. Sie könnten vielfach ergänzt werden, etwa durch den Satz Hans von Dohnanyis, der an seine Frau Christine schrieb: «Du weißt nicht, wieviel Kraft Du mir gibst»,[38] oder die Äußerung Theo Haubachs, der an seine Verlobte Anneliese Schellhase schrieb: «Was Du mir bist – ich kann es nicht sagen. Dass jemals ein Mensch so mein Leben ausfüllen würde, hätte ich *nie* gedacht. Ich muss es nochmals sagen: ohne Dich wäre ich nicht mehr da. Alle Hoffnung für ein neues Leben knüpfen sich an Dich, Deine Zuversicht, Dein Vertrauen erschüttert mich, Dein Glaube hält mich hoch und sicher.»[39]

Die Nachwelt hat sich oft schwerer damit getan, diese Haltung zu verstehen. Eine *Spiegel*-Redakteurin beschrieb die Frauen des Widerstands, nicht ohne Arroganz, als passive Opfer ihrer Erziehung: «Diese Frauen entsprachen ihren gesellschaftlich wohl eingebetteten Männern in der Grundgesinnung, und das mag schon das Geheimnis gewesen sein der Wahl ihrer Partner, die sie rückhaltlos bewunderten. Sie hatten durchweg aus dem Bürgertum in den Adel eingeheiratet, aber sie waren Geschöpfe jener tragenden Elite, die als weiblichen Edelmut die absolute Gefolgstreue dem Gatten gegenüber kultivierte. Ob sie ihre als gut oder gar glücklich beschriebenen Ehen opfern wollten, sie wurden nicht gefragt, sie wuchsen gleichsam hinein in den männlichen Widerstand, der Teil ihrer Beziehungen wurde.»[40]

Die Frauen selbst waren sich im Klaren darüber, dass es andere Frauen gab, die aktiven Widerstand geleistet hatten, die zum Teil mit ihrem Leben dafür bezahlen mussten, wie zum Beispiel Cato Bontjes van Beek, die den meisten Kreisauerinnen allerdings lange Zeit nicht bekannt gewesen sein dürfte. Im Rückblick wurde das oft thematisiert, etwa von Freya von Moltke: «Das ist eben der Unterschied zu den Frauen der Roten Kapelle; das waren Frauen, die etwas tun wollten, die nicht ertragen konnten, nichts zu tun. … Ich bedauere, daß ich selbst nicht so weit gegangen bin, und sehe das als eine Schwäche von mir.»[41]

Die einzige unmittelbar aktive Frau des Kreisauer Kreises, Margarethe von Trotha, hat sich nach dem Krieg nie wieder zu Wort gemeldet. Sie starb 1995 mit achtundachtzig Jahren, das heißt, sie muss das erstarkende Interesse am Widerstand noch miterlebt, die einschlägigen Publikationen gekannt haben. Sie hat aber niemals den Versuch unternommen, etwas geradezurücken und ihre Rolle im Widerstand öffentlich geltend zu machen.

Auch die 1893 geborene Elisabeth Schmitz schwieg nach 1945. Sie lehnte den Nationalsozialismus seit 1933 ab, wurde 1934 Mitglied der Bekennenden Kirche und half jüdischen Freunden und Bekannten, deren konsequente Entrechtung sie nicht ertragen konnte. Nach den Novemberpogromen 1938 bat die Lehrerin an einer Berliner Mädchenoberschule um die Versetzung in den Ruhestand – mit der mutigen Begründung, dass sie den nationalsozialistischen Erziehungszielen nicht nachkommen könne. Das Gesuch wurde bewilligt, und sie erhielt sogar eine kleine Pension. 1935 verfasste Elisabeth eine umfangreiche Denkschrift, in der sie die Bekennende Kirche zu konsequenterem Engagement gegen die Diktatur und für die Verfolgten aufrief. Dieser Aufruf wurde von ihr selbst vervielfältigt und verbreitet. Nach 1945 beriefen sich Theologen der Bekennenden Kirche gerne auf dieses sichtbare Zeichen des Widerstandes, das lange Zeit einer anderen Gegnerin des NS, Marga Meusel, zugeschrieben wurde.[42] Die tatsächliche Verfasserin schwieg bis zu ihrem Tod 1977. Warum?

Auch Margarete Sommer und Gabriele von Magnis, die im Rahmen der katholischen Kirche Rettungswiderstand geleistet hatten, kamen nach dem Krieg nie wieder darauf zu sprechen. Im Falle der beiden mutigen Katholikinnen vermutet die Historikerin Jana Leichsenring den Grund darin, dass beide ihr Handeln als Seelsorge betrachteten, während sie die politische Gegenwehr von ihren Bischöfen forderten.[43] Andere lernten, sich zu äußern.

«Und wir Frauen unserer Männer? Wir waren doch mit wenigen Ausnahmen die treuen Mithelfer unserer Männer, sollten wir da nicht auch die Dinge beurteilen können», schrieb Elisabeth Schwamb 1946 an Ricarda Huch.[44] Aber man ging damit nicht an die Öffentlichkeit; zum einen, weil die davon gar nichts hören wollte, zum anderen, weil zunächst alle damit beschäftigt waren, sich eine neue Existenz aufzubauen; und irgendwie schickte es sich wohl auch nicht. Ricarda Huch musste 1946 viele Frauen dazu überreden, von ihrem Widerstand gegen Hitler zu sprechen. Ähnlich erging es 1992 auch noch Dorothee von Meding, als sie Frauen des Widerstands für eine Buchpublikation befragte.

Die Filmregisseurin Irmgard von zur Mühlen, die über die Frauen des Widerstandes berichten wollte, traf auf andere Hindernisse. «Was wollen Sie mit 10 alten Frauen?»,[45] fragte man sie, als sie 1984 versuchte, ihr Filmprojekt über die Frauen des 20. Juli bei einem westdeutschen Fernsehsender unterzubringen. Das DDR-Fernsehen hingegen bekundete großes Interesse, und so wurde der Dokumentarfilm *Die Frauen des 20. Juli* 1985 erstmals im Osten ausgestrahlt. Als ihr dafür der Goldene Lorbeer des Ostfernsehens verliehen wurde, schreckte das die Intendanten im Westen auf. Das ZDF beeilte sich, den Film zu zeigen, und Irmgard von zur Mühlen erhielt 1986 die Goldene Kamera.

Ermutigt durch das Mitte der achtziger Jahre neu erwachte Interesse am Widerstand, veröffentlichten einige Frauen aus dem Kreisauer Kreis ihre Erinnerungen, um spät, aber nicht zu spät, zu berichten, was sie erlebt hatten. Marion Yorck von Wartenburgs Bericht *Die Stärke der Stille* erschien 1985. Barbara von Haeften erinnerte sich 1997 unter dem Titel *Nichts Schriftliches von Politik*. 1999 schrieb Rosemarie Reichwein über ihre Jahre mit Adolf Reichwein. 2004 wurde ein Band mit Reden und Aufsätzen von Emmi Bonhoeffer veröffentlicht, der zudem Gespräche mit ihr enthielt. In diese Reihe gehören auch Freya von Moltkes *Erinnerungen an Kreisau* aus dem Jahr 1997.

Freya von Moltke nimmt in diesem Zusammenhang eine Sonderstellung ein, da sie im Besitz eines besonderen Quellenschatzes war, der Briefe von Helmuth James von Moltke an sie aus den Jahren 1939 bis 1945. Mit einer für uns heute ebenso erfreulichen wie unbegreiflichen Offenheit berichtete Moltke seiner Frau nach Kreisau von seiner Berliner Widerstandstätigkeit. Mit einer für uns heute ebenso erfreulichen wie unbegreiflichen Offenheit berichtete Moltke seiner Frau nach Kreisau von seiner Berliner Widerstandstätigkeit. Helmuths Briefe hatten Freya von Moltke auf allen Stationen ihres Lebens in Südafrika, in Berlin und in Amerika begleitet. Der Plan, sie zu veröffentlichen, muss schon früh entstanden sein, weil sie unzweifelhaft eine bedeutende Quelle für die Erforschung des deutschen Widerstandes darstellen. Aber erst nach dem Tod ihres Lebenspartners Eugen Rosenstock-Huessy 1973 war für Freya der Moment gekommen, sich diesen Briefen zu widmen. Mit Beate Ruhm von Oppen fand sie die geeignete Historikerin, die Helmuth James von Moltkes *Briefe an Freya* aus den Jahren 1939 bis zu seiner Verhaftung im Januar 1944 umsichtig edierte. Ihre eigenen Antwortbriefe aus Kreisau jedoch fehlen, weil sie sie für unwichtig hielt. Nur die Korrespondenz aus dem Gefängnis Tegel vom Herbst und Winter 1944/45, die von Pfarrer Poelchau geschmuggelt worden war, enthält die Briefe sowohl von Helmuth James als auch von Freya von Moltke. Sie wurden auf ihren ausdrücklichen Wunsch erst nach ihrem Tod von ihrem Sohn und ihrer Schwiegertochter 2011 als *Abschiedsbriefe Gefängnis Tegel* herausgegeben. Rosemarie Reichwein schrieb Freya von Moltke dazu: «Du wirst das natürlich wieder auf Helmuth schieben – aber was wäre er gewesen ohne Dich. – Wir werden jetzt so oft gefragt, was haben Sie denn als Frau für den Widerstand gemacht, und [die Leute] wundern sich, dass wir unsere Männer ‹nur› stützten.»[46]

Rosemarie Reichwein, Freya von Moltke und viele anderen Frauen waren schließlich nicht länger bereit, «nur» als Unterstützerinnen ihrer Männer zu gelten, und machten den eigenen Widerstand und das eigene Risiko geltend. Doch wie konnte man denen, die im Frieden und in einer Demokratie aufgewachsen waren, klarmachen, was es bedeutete, in einer Diktatur Widerstand zu leisten? Es war nicht leicht zu vermitteln, dass die Kreisauer Gespräche über eine Neuordnung in der Zeit nach Hitler kein tatenloses Plaudern über die Zukunft waren, sondern Hochverrat und den Kopf kosten konnten.

«Es ist gar nicht so einfach über die ‹Verwicklung› mit dem 20. Juli etwas zu sagen!», schrieb die Überlebende des Solf-Kreises Lagi von Ballestrem schon 1952 an Käthe Kuhn. «Meine Mutter … und ich saßen seit Jan. 44 und haben daher auch von den akuter werdenden Plänen nichts wissen können. Hingearbeitet auf einen Umsturz haben wir Alle – jeder auf seinem Platz und in seiner Art – wobei es dann gleichgültig ist, wie groß und wichtig die Rolle war, die der Einzelne spielte! Es ging ja bei Jedem um den Einsatz der ganzen Person.»[47]

Vierzig Jahre später, 1992, äußerte sich Freya von Moltke in einem Fernsehinterview ganz ähnlich: «Es ist eine schwierige Rolle, und das will ich sehr gerne Ihnen gegenüber sagen: Ich fühle mich doch vollkommen als aktive Gegnerin des ‹Dritten Reichs› und als Mitglied des Kreisauer Kreises, und ich bin überzeugt, wenn Sie Marion Yorck befragen, dann wird sie genauso antworten wie ich. Aber ich habe nicht sehr viel getan oder geplant. Da Planung die Haupttätigkeit dieser Gruppe als Kreisauer Kreis war, so gehören wir eben nicht dazu.»[48]

Gehörten sie dazu: ja oder nein? Freya von Moltke beantwortete die Frage entschieden mit «ja». 1995 schrieb sie an Rosemarie Reichwein: «Ich freu mich auch, dass Du weiter redest und erzählst … Sag aber nicht, wir hätten alle keine Details gewusst. Denn Marion war ganz genau eingeweiht und ich habe auch viele Details von den Plänen gekannt, habe ja auch viel dafür getippt, versteckt, hin und her getragen. Sie sollen nicht denken, wir hätten sozusagen keine Ahnung gehabt. Wir waren jeder auf seine Art ganz dabei. Das sollst Du sagen. Tust Du ja wahrscheinlich auch.»[49]

Je selbstbewusster die Frauen des Kreisauer Kreises auftraten, desto mehr und desto selbstverständlicher wurde ihre Leistung anerkannt und schließlich auch geehrt. Freya von Moltke zum Beispiel nahm 1989 den Geschwister-Scholl-Preis für Helmuths *Briefe an Freya* entgegen, das Buch sei «Selbstporträt und Porträt seiner Frau zugleich», begründete die Jury die Entscheidung.[50]

Drei Kreisauerinnen – drei «Jahrhundertfrauen»: Rosemarie Reichwein ist achtundneunzig Jahre alt geworden. Freya von Moltke, 1911 geboren, starb am 1. Januar 2010 in ihrem Haus in Norwich, Vermont. Als letzte der Witwen aus dem Widerstand des Kreisauer Kreises starb Clarita von Trott zu Solz mit siebenundneunzig Jahren am Gründonnerstag des Jahres 2013. Sie wurde am großen, weithin sichtbaren Gedenkkreuz für ihren Mann in Imshausen begraben, an dem jedes Jahr der Männer und Frauen des 20. Juli gedacht wird.

Erinnerungsorte

Seit 1993 trägt ein Gymnasium in Achim bei Bremen den Namen Cato Bontjes van Beeks. In Bremen gibt es heute einen Cato-Bontjes-van-Beek-Platz, und im schleswig-holsteinischen Meldorf benannte man eine Straße nach ihr. Sie wurde 2006 in das Verzeichnis der evangelischen Märtyrer des 20. Jahrhunderts aufgenommen, in dem auch Rudolf von Scheliha, Mildred und Arvid Harnack sowie zahlreiche andere Widerstandskämpferinnen und Widerstandskämpfer verzeichnet sind. Sie erfüllen alle drei Kriterien: Sie wurden in einer evangelischen Kirche oder Glaubensgemeinschaft christlich geprägt; sie waren «durch ihr individuell verantwortetes Handeln in den Konflikt … geraten, in dem sie zu Tode kamen», und «physische Gewalt oder Repression anderer Art durch staatliche Instanzen, durch das gesellschaftliche Umfeld oder durch Einzelpersonen» hatte einen unmittelbaren Einfluss auf ihren Tod.[51]

Selbstverständlich sind auch Hans und Sophie Scholl zu Märtyrern erklärt worden, nicht nur von der evangelischen Kirche, sondern 1999 auch von der katholischen Kirche, die nichtkatholische Glaubenszeugen würdigt, «wenn sie in ökumenischen Widerstandskreisen tätig waren».[52] Deshalb sind auch protestantische Mitglieder des Kreisauer Kreises im katholischen Märtyrerverzeichnis zu finden, in dem natürlich auch die Katholiken Willi Graf, Kurt Huber und Christoph Probst nicht fehlen. Auch der russisch-orthodoxe Alexander Schmorell wurde zu einem «Blutzeugen» ernannt; er ist zugleich ein Märtyrer seiner Kirche.[53] Es gibt zweihundertunddrei Scholl-Schulen in der gesamten Bundesrepublik und sechsundneunzig Scholl-Straßen oder Plätze.[54] Aber mehr und mehr läuft Sophie ihrem Bruder den Rang ab. Zehntausend *Brigitte*-Leserinnen wählten sie im Jahr 2000 zur wichtigsten Frau des 20. Jahrhunderts. Sie konnte sich unter anderem gegen Rosa Luxemburg, Marie Curie, Virginia Woolf und Simone de Beauvoir durchsetzen.[55] Vorläufiger Höhepunkt dieser Entwicklung war die Aufstellung ihrer Büste im deutschen Ruhmestempel Walhalla bei Regensburg anlässlich ihres sechzigsten Todestages 2003. Dies allerdings geschah ausdrücklich mit dem Hinweis auf die mangelnde Anerkennung des Widerstandes von Frauen. Die Initiatorin, die bayerische Landtagsabgeordnete Hildegard Kronawitter, argumentierte ähnlich wie seinerzeit Inge Aicher-Scholl, mit der Ehrung Sophie Scholls würden alle Mitglieder der Weißen Rose gewürdigt. In der Walhalla stehen seitdem immerhin fünf Frauen unter 121 marmornen Männerbüsten.

2005 wurden der dritte und der vierte Film über Sophie Scholl ausgestrahlt, von denen der eine, *Sophie Scholl – Allen Gewalten zum Trotz …*, ihren Namen als Titel trägt, aber von der gesamten Weißen Rose berichtet;[56] während sich der andere Film, *Sophie Scholl – Die letzten Tage*,[57] tatsächlich auf Sophie Scholls letzte Tage beschränkt, weil er auf den erst nach 1989 aufgetauchten Verhörprotokollen basiert. Ist es die stereotype Verbindung von Emotionalität und Weiblichkeit, die den Regisseur dazu brachte, die «menschliche Seite des Widerstands» am Beispiel von Sophie darzustellen,[58] und nicht Hans Scholl, Willi Graf oder Schurik, wie die Freunde Alexander Schmorell nannten, als Protagonisten zu wählen? In einem

Dokumentarfilm aus dem Jahr 2013 mit dem Titel *Winter 42/43* wird schließlich nur noch berichtet, Sophie Scholl habe am 18. Februar 1943 Flugblätter in den Lichthof der Münchner Universität geworfen.[59] Hans findet keinerlei Erwähnung mehr!

Eine fehlt im Reigen der Geehrten: die zu ihrer Zeit berühmte Annedore Leber.[60] Zwar gibt es nach wie vor das Annedore-Leber-Berufsbildungswerk in Berlin-Britz, das sich dem Erbe seiner Gründerin verpflichtet weiß; zwar wurde anlässlich ihres hundertsten Geburtstages vor ihrem Geburtshaus in Berlin, Pariser Straße 14a, Ecke Uhlandstraße, am 18. März 2004 eine Gedenktafel enthüllt; zwar bemüht sich seit 2012 eine engagierte Stadtteilinitiative darum, die Kohlenhandlung in der Torgauer Straße in Berlin-Schöneberg zu einer Gedenkstätte für Julius und Annedore Leber auszubauen, aber außerhalb von Berlin ist die Frau, die sich selbst «im Mittelpunkt des Geschehens» sah, nach wie vor völlig vergessen. Dabei ist ihr Leben doch der beste Beweis für die Aussage Marion Yorck von Wartenburgs: «Wir Frauen haben bei alldem nicht abseits gestanden.»[61]

Anhang

Dank

Mein besonderer Dank gilt den Familien für die Unterstützung dieses Projekts, für lange, offene Gespräche, große Gastfreundschaft und die Erlaubnis, ihre Archive zu nutzen: den Enkeln von Annedore Leber, Julia und David Heinemann; den Töchtern von Antje Kind-Hasenclever, Sibylle Kopf und Ulrike von Trott zu Solz; den Töchtern von Rosemarie Reichwein, Renate Martin-Reichwein und Sabine Reichwein; der Tochter von Marie Louise von Scheliha, Elisabeth Ritscher-von Scheliha, und Thomas Ritscher (†).

Ich danke den Institutionen, die meine Arbeit an dem Buch gefördert haben: Die Brougier-Seisser-Cleve-Werhahn-Stiftung hat mit einem Stipendium zum Entstehen beigetragen. Unterstützt haben mich außerdem die Forschungsgemeinschaft 20. Juli, die Gerda-Weiler-Stiftung sowie das Deutsche Literaturarchiv Marbach.

Ein großer Dank für Unterstützung und Gesprächsbereitschaft geht auch an Egon Bahr, Jonathan Bauerschmidt, Dorothea und Klaus Beck, Ingeborg Bohrmann, Saskia Bontjes van Beek, Karl Dietrich Bracher, Peter Brandt, Heike Bretschneider, Sigrid Dahmen, Dörte Döhl, Annette Doll, Melanie Frey, die Gedenkstätte Deutscher Widerstand, Cornelia Irina Gerstenmaier, die Gruppe Göttinger Historikerinnen, Bylle Havemann, Arne Hoffrichter, Ute Janßen, Stefan Krolle, Hildegard Kronawitter, Annette Kuhn, Maria Lauper, Marianne Leibholz, Ragnar Leunig, Luise zu Lynar, Ulrike von Moltke, Verena Onken-von Trott zu Solz, Jens Pohl, Robert Raith, Bettina Irina Reimers, Alexandra Retkowski, Edzard Reuter, Monika Sammeck, Dagmar Seeger, Marikje Smid, Familie von Trotha, Hermann Vinke, Antje Vollmer, Sigrid Wachsmuth (†), Christoph Wackernagel, die Weiße-Rose-Stiftung, Marita Freifrau von Wilmowsky, Wilhelm Ernst Winterhager, Margrit Zauner, Uwe Ziegler.

Ein Extradank gebührt Benigna von Krusenstjern, Angelika von der Lahr und Ulrich Nolte vom Verlag C.H.Beck sowie Wilfried Enderle!

Förderer des Buches

Die Brougier-Seisser-Cleve-Werhahn-Stiftung ermöglichte der Autorin mit Hilfe eines Arbeitsstipendiums, einen relevanten Beitrag zur Erforschung der Neuesten Geschichte zu leisten.

BSCW Stiftung

Die Göttinger Historikerin Dr. Frauke Geyken hat sich mit großem Engagement den nahezu «vergessenen Frauen des Widerstandes» zugewandt. Durch die Erschließung bisher ungenutzten Quellenmaterials gelingt es ihr in anschaulichen Lebensschilderungen, dass die mutigen Frauen, die in der Zeit des Nationalsozialismus dem Widerstand angehörten oder diesen unterstützten, erstmals die ihnen gebührende Aufmerksamkeit erhalten.

Brougier-Seisser-Cleve-Werhahn-Stiftung
www.bscw-stiftung.de

Die Arbeit der Autorin wurde außerdem von den folgenden Institutionen gefördert:

Deutsches Literaturarchiv Marbach

Forschungsgemeinschaft 20. Juli 1944

Gerda-Weiler-Stiftung für feministische Frauenforschung
D–53894 Mechernich, www.gerda-weiler-stiftung.de

Anmerkungen

«Vergessen Sie mich nicht»

1 Shareen Blair Brysac: Resisting Hitler. Mildred Harnack and the Red Orchestra, Oxford 2000. Auf Deutsch: Mildred Harnack und die Rote Kapelle. Die Geschichte einer ungewöhnlichen Frau und einer Widerstandsbewegung, Bern 2003.

2 Sylke Tempel: Freya von Moltke. Ein Leben. Ein Jahrhundert, Berlin 2011. – Frauke Geyken: Freya von Moltke. Ein Jahrhundertleben. 1911–2010, München 2011.

3 Klaus-Jürgen Bremm: Eine zu anspruchsvolle Etikettierung?, in: http://www.glanzundelend.de/, 4. April 2011, S. 2.

4 Freya von Moltke an Irene Etzersdorfer, Four Wells, Norwich, Vermont, den 23. Juli 1992. Privatarchiv Maria Lauper (später PA Lauper) Langnau, Albis. Eine Antwort ist leider nicht erhalten.

5 Peukert 1982, S. 141–150.

6 Wickert 1994, S. 141. Der Lexikonartikel gibt eine Zusammenfassung der Monographie, die ein Jahr später in der Forschungsreihe der Gedenkstätte Deutscher Widerstand erschien: Wickert 1995.

7 Vgl. dazu auch Leichsenring 2003, S. 36 f.

8 Zahlreiche Beispiele dazu lassen sich in dem von dem Münchner Historiker Martin Broszat in den 1970er Jahren durchgeführten Forschungsvorhaben «Widerstand und Verfolgung in Bayern 1933–1945» finden. Er hat mit einer großen Gruppe von Wissenschaftlern «die ‹Wirkung des NS-Regimes› und die ‹Reaktionen auf die Politik des NS-Regimes in den verschiedenen Teilbereichen der Gesellschaft›» untersucht. Es stellte sich heraus, dass in gewissen bayerischen Milieus, dem katholischen, ländlichen oder z. B. der dortigen Industriearbeiterschaft, bestimmte Elemente des Nationalsozialismus konsequent abgelehnt, bestimmte Regeln und Gesetze nicht befolgt wurden, dies aber bei gleichzeitiger Zustimmung zu anderen Vorgaben und Maßnahmen des Regimes. Michael Wildt, Das «Bayern-Projekt», die Alltagsforschung und die «Volksgemeinschaft», Jena 2006, S. 2, http://www.lueders-kunden.net/wildt/download/Wildt%20Broszat%20und%20die%20Alltagsgeschichte%20Vortragsfasssung.pdf, 17. Oktober 2012. Die Problematik des dabei von Broszat eingeführten Resistenz-Begriffs ist vielfach diskutiert worden, denn er fragt nicht nach dem Grund für ein bestimmtes Handeln. Es ist aber aufschlussreich und wichtig für eine sinnvolle Definition des Widerstandsbegriffs, zu erkennen, dass eine Person bei vollständiger Verweigerung in bestimmten Bereichen sich dem Regime andienen kann oder gar versucht, sich dessen Handeln zum eigenen Vorteil zunutze zu machen.

9 Eine ganz ähnliche Formulierung benutzte auch Clarita von Trott zu Solz, s. Meding 1992, S. 268; 183.
10 Beer, Welzer 2011, S. 7.
11 Siehe hierzu Natalie Knapp, Der Stoff aus dem Helden sind, in: Die Zeit, 28. Februar 2013, Nr. 10, S. 40.
12 Steinbach 1994, S. 62.
13 Görner 2004, S. 4.

Kindheiten

1 Alle Zitate im Folgenden stammen aus den Erinnerungen von Christa Hasenclever, heute im Besitz ihrer Nichten, Privatarchiv Sibylle Kopf (später PA Kopf), Solz.
2 Bei der Darstellung des Lebens von Cato Bontjes van Beek stütze ich mich vor allem auf die quellengesättigten Studien von Vinke 2003 und Flügge 1996.
3 Vinke 2003, S. 152.
4 Vinke 2003, S. 28.
5 Vinke 2003, S. 41.
6 Vinke 2003, S. 32; 43.
7 Das jüngste Kind Thilde starb 1926 noch nicht ein Jahr alt.
8 Bassler, 2006, S. 18.
9 Elisabeth Hartnagel-Scholl in Abele-Aicher 2013, S. 119.
10 Zitiert nach Beuys 2010, S. 66.
11 Bassler 2006, S. 30.
12 Vgl. Beuys 2010, S. 66.
13 Elisabeth Hartnagel-Scholl in Abele-Aicher 2013, S. 120.
14 Vgl. Beuys 2010, S. 42–48. Manuel Aicher in Abele-Aicher 2013, S. 104.
15 Vgl. Beuys 2010, S. 33; 53.
16 In ihrer eigenen Familie sprach sie nur vom «Pflegesohn» Ernst, wie ihr Sohn Manuel Aicher berichtet. Es bestand später kein Kontakt mit dem in Ulm lebenden Ernst. Manuel Aicher in Abele-Aicher 2013, S. 104.
17 Zeitgenössisches Zitat nach Beuys 2010, S. 45.
18 Beuys 2010, S. 132.
19 «Ich hab' sie mal gefragt: ‹Bist du eigentlich ehrgeizig?› Und sie antwortete mir: ‹Ich hab' mein ganzes Leben darunter gelitten, dass ich keine richtige Berufsausbildung hatte.›» Elisabeth Hartnagel-Scholl in Abele-Aicher 2013, S. 120.
20 Bassler 2006, S. 31.
21 Sowohl Vinke als auch Beuys schildern verschiedene Begebenheiten, die dies belegen.
22 Maschinenschriftlicher Lebenslauf ohne Datum. Nachlass Julius und Annedore Leber, Bundesarchiv (später BArch Koblenz), N 1732/9.
23 Der Nachlass von Annedore Leber, den ich durchgesehen habe, wurde von ihren Enkeln Julia und David Heinemann im Jahr 2011 an das Bundesarchiv abgegeben. Er liegt in Koblenz, Nachlass Julius und Annedore Leber,

BArch Koblenz, N 1732. Bei der Darstellung des Lebens von Annedore Leber stütze ich mich weiterhin auf die sehr sorgfältige Biographie über Julius Leber von Dorothea Beck, 1983. Frau Dr. Beck konnte in den 1970er Jahren den Nachlass von Annedore Leber einsehen, der sich zu diesem Zeitpunkt noch im Besitz der Tochter Katharina Christiansen-Leber befand. Ich hatte freundlicherweise die Gelegenheit, das gesamte Material von Frau Dr. Beck durchzusehen, meinen herzlichen Dank dafür! Denn in ihrem fürderhin als Privatarchiv Beck (PA Beck), Telgte, benannten Leber-Archiv befinden sich Materialien, zum Teil in Abschrift, die heute im Nachlass nicht mehr aufzufinden sind. Weitere Informationen stammen aus Gesprächen mit Familienangehörigen und Zeitgenossen.

24 Brief von Annedore Rosenthal an ihre Eltern vom 13. Mai 1925, Nachlass Julius und Annedore Leber, BArch Koblenz, N 1732/59.

25 Böhme 1971, S. 119; 131.

26 Erinnerungen Annemarie Pallat, handschriftlich verfasst 1965 in Göttingen, Privatarchiv Renate Martin-Reichwein (später PA Martin-Reichwein), München.

27 Brief von Rosemarie Pallat an ihre Mutter [Hamburg?, 8. Febr. 1921], PA Martin-Reichwein, München.

28 Brief von Rosemarie Pallat an ihre Mutter auf Hiddensee vom 25. August 1915, PA Martin-Reichwein, München.

29 Brief von Rosemarie Pallat an ihre Mutter vom 6. Februar 1916, PA Martin-Reichwein, München.

30 Brief von Gertrud Liljekvist an ihre Schwester Annemarie Pallat vom 16. Mai 1916, PA Martin-Reichwein, München.

31 Erinnerungen Marie Louise von Scheliha, handschriftlich verfasst in Adliswil 1993, Privatarchiv Elisabeth Ritscher (später PA Ritscher), Adliswil.

32 Scheliha: Erinnerungen 1993, PA Ritscher, Adliswil.

33 Zitiert nach Sahm, 1990, S. 28.

34 Scheliha: Erinnerungen 1993, PA Ritscher, Adliswil.

Wege in den Widerstand, 1933–1939

1 Hans Mommsen war der Erste, der sich gegen die These wandte, die Nazis selbst hätten den Reichstagsbrand entfacht. Er wollte anhand dieses Beispiels verdeutlichen, dass der Nationalsozialismus kein monolithischer Machtblock war, der gezielt, dem Führerwillen folgend, handelte, denn diese These stützte die vorherrschende gesellschaftliche Entlastungsstrategie von der nazistischen Verbrecherclique, die die (unschuldigen) Deutschen unterdrückt habe. Hans Mommsen: Der Reichstagsbrand und seine politischen Folgen, in: Vierteljahrshefte für Zeitgeschichte, 12 (1964), 4, S. 351–413. Sven Felix Kellerhoff: Der Reichstagsbrand. Die Karriere eines Kriminalfalles. Die neueste Studie zum Reichstagsbrand, die, quellenorientiert, die verschiedenen Optionen der Täterschaft untersucht, ist die von Alexander Bahar, Wilfried Kugel: Der Reichstagsbrand. Geschichte einer Provokation: Das Ende einer Legende, Köln 2013.

2 Aus dem Prozessbericht von Helmuth James von Moltke an seine Frau, Berlin, den 10. Januar 1945. Moltke 2011, S. 469.
3 Gesetz über die Änderung des Strafgesetzbuches vom 28. Juni 1935, § 2, zitiert nach Püschel 1998, S. 12.
4 Leitsatz drei der Leitsätze über Stellung und Aufgaben des Richters, zitiert nach Püschel 1998, S. 12.
5 Die Wiederherstellung der «Majestät des Rechts» war eine der zentralen Forderungen des Kreisauer Kreises, die Formulierung stammt aus den Denkschriften.
6 So erinnerte sich ein damaliger Botschaftsangehöriger, der Attaché Christian Zinsser. Sahm 1990, S. 66.
7 Christian Zinsser zitiert nach Sahm, 1990, S. 66.
8 Sahm 1990, S. 63 f.
9 Sahm 1990, S. 73.
10 Sahm 1990, S. 64.
11 Sahm 1990, S. 67.
12 Julius Leber an Annedore Leber, Lübeck, den 1. April 1933. Beck 1983, S. 212.
13 Noch nach seinem Tod, im August 1957, stellte Annedore Leber den Antrag, das Urteil gerichtlich aufheben zu lassen, was im März 1958 gelang. Das Landgericht Lübeck hob das Urteil auf, weil die Straftat «ihre Ursache in der Gegnerschaft Dr. Lebers zum Nationalsozialismus hatte und … auch nicht aus niederen Beweggründen begangen worden ist». PA Beck, Telgte.
14 Beck 1983, S. 142.
15 Julius Leber an Annedore Leber, Lübeck, den 24. Juni 1933. Beck 1983, S. 238.
16 Julius Leber an Annedore Leber, Lübeck, den 27. und 28. Juni 1933. Beck 1983, S. 239.
17 «Ich denke viel über mich selbst nach in den letzten Tagen. Und ich habe vieles an mir auszusetzen. Wenn ich nur daran denke, daß ich manchmal in Berlin kaum Zeit fand, dir zu schreiben in der Hast meines Lebens und meines ungeduldigen Blutes, und wenn ich manchmal daran denke, wie ich Briefe mit völlig wirrer Handschrift nur schnell dahinwarf – schaue dir nur manche Briefe daraufhin an – so bin ich im tiefsten Inneren bösen Gewissens und gönne es mir, daß das Schicksal mich jetzt lehrt, Zeit zu haben.» Julius Leber an Annedore Leber, Lübeck, den 27. und 28. Juni 1933. Beck 1983, S. 239.
18 Julius Leber an Annedore Leber, Lübeck, den 14. Juni 1933. Beck 1983, S. 230.
19 Julius Leber an Annedore Leber, Lübeck, den 4. September 1933. Beck 1983, S. 279.
20 Julius Leber an Annedore Leber, Lübeck, den 6. August 1933. Beck 1983, S. 261.
21 Julius Leber Tagebuch, Ende April 1933. Beck 1983, S. 139.
22 Julius Leber an Annedore Leber, Lübeck, den 1. August 1933. Beck 1983, S. 260.
23 Beck 1983, S. 132 f.
24 «Mein Leben ist zur Zeit im übrigen so nutzlos, daß ich nur noch in dir lebe und in dem Bemühen, dir soviel Freude wie möglich zu machen und soviel Schweres als möglich von dir abzuhalten. Was mich anbetrifft, will ich alles gern und stark tragen.» Julius Leber an Annedore Leber, Lübeck, den 27. August 1933. Beck 1983, S. 274.

25 Abschrift eines Briefes von Annedore Leber an Julius Leber, 6. Juni 1933, PA Beck, Telgte.
26 Julius Leber an Annedore Leber, Lübeck, den 31. August 1933. Beck 1983, S. 277.
27 In Wolfenbüttel wurde im Jahr 1937 eine von zwei zentralen Hinrichtungsstätten für Norddeutschland eingerichtet. Bis 1945 wurden hier 600 Todesurteile vollstreckt. Siehe http://wolfenbuettel.stiftung-ng.de/, 24. 11. 2012. Heute ist hier eine Gedenkstätte eingerichtet.
28 Julius Leber an Annedore Leber, Wolfenbüttel, 7. April 1935. Beck 1983, S. 305.
29 Der jüdische Schüler Hans Blumenberg, der als «Halbjude» zwar noch sein Abitur machen, aber dann an der offiziellen Verabschiedung schon nicht mehr teilnehmen durfte, erinnerte sich 1981 in einer Festschrift an seinen ehemaligen Schulleiter: «Rosenthals Schule überlebte den ‹Verfall›, weil es ihn gegeben hatte, weil die Zeit nicht ausreichte, seinen Standard vergessen zu machen.» http://www.katharineum.de/rundgang/geschichte/index_html, 24. November 2012.
30 Zitiert nach Recker 1998, S. 373.
31 Julius Leber an Annedore Leber, Esterwegen, den 19. Mai 1935. Beck 1983, S. 308.
32 Ich stütze mich bei der Darstellung der Aktivitäten des Bischofs auf Recker 1998.
33 Julius Leber an Annedore Leber, Sachsenhausen, den 21. Dezember 1936. Beck 1983, S. 319.
34 Zeitzeugen-Projekt | Wortprotokoll Katharina Christiansen-Leber | © Bayerisches Staatsministerium für Wissenschaft, Forschung und Kunst | Haus der Bayerischen Geschichte, Augsburg 2012, S. 3.
35 Julia Heinemann in einer E-Mail vom 10. Oktober 2013.
36 Zeitzeugen-Projekt | Wortprotokoll Katharina Christiansen-Leber | © Bayerisches Staatsministerium für Wissenschaft, Forschung und Kunst | Haus der Bayerischen Geschichte, Augsburg 2012, S. 3; Dertinger 1997, S. 21.
37 Abschrift eines Briefes von Annedore Leber an Julius Leber, 6. Juni 1933, PA Beck, Telgte.
38 Rosa Luxemburg: Briefe aus dem Gefängnis. Mit einem Geleitwort von Annedore Leber, Hamburg 1947, S. 7.
39 Abschrift eines Briefes von Annedore Leber an Julius Leber, 6. Juni 1933, PA Beck, Telgte.
40 Annedore Leber an Ricarda Huch als Erläuterung für deren geplantes, nicht mehr realisiertes Gedenkbuch über den deutschen Widerstand, 24. Juni 1946, DLA Marbach, A: Huch Widerstand: 93.29.66/1–4.
41 Reichwein 1999, S. 30.
42 Reichwein, Bohnenkamp, Schulz 1974, S. 123.
43 Reichwein, Bohnenkamp, Schulz 1974, S. 121.
44 Reichwein 1999, S. 31.
45 Adolf Reichwein war auch deswegen so glücklich über die Geburt seines Kindes, weil er während seiner ersten Ehe 1925 seinen zweijährigen Sohn durch einen Unfall verloren hatte. Reichwein 1999, S. 33.

46 Vgl. Reichwein, Bohnenkamp, Schulz 1974, S. 131.
47 Siehe dazu Henderson, 1958; Amlung 1999.
48 Zitiert nach Amlung 1999, S. 58.
49 Zitiert nach Amlung 1999, S. 60.
50 Reichwein 1999, S. 31.
51 Zitiert nach Amlung 1999, S. 63.
52 Reichwein 1999, S. 36.
53 Reichwein 1999, S. 34.
54 Reichwein, Bohnenkamp, Schulz 1974, S. 131.
55 Reichwein 1999, S. 35.
56 «Er begann mit weitreichenden Erkundungen über Verbleib, Gesinnung, Tätigkeit und Tarnung der alten Bekannten, von denen nur wenige fallen gelassen werden mußten, während neue dazu kamen, so daß das Netz seiner Beziehungen eher enger als weiter wurde. Seiner Festigung dienten schon die meisten Besucher in Tiefensee. Dort traf man sich; hinter dem pädagogischen Interesse wachte das politische. Als wir zur Taufe von Adolfs Sohn im Schulhause Pate gestanden hatten, konzertierten am Nachmittag alte Jenaer Schüler von ihm, aber mit Geigenkästen und Flötenfutteralen brachten sie Informationen herein und hinaus», erinnerte sich Hans Bohnenkamp in seiner Gedenkrede 1949. Bohnenkamp 1949, S. 18.
57 Reichwein, Bohnenkamp, Schulz 1974, S. 133.
58 Reichwein 1999, S. 36.
59 Reichwein 1999, S. 36.
60 «Reichwein erkannte, daß die pädagogische Gegenarbeit allein die innere und äußere Zerstörung unseres Volkes durch den Nationalsozialismus nicht aufhalten konnte.» Henderson 1958, S. 140.
61 Ich stütze mich bei der Darstellung von Neu Beginnen auf die detaillierte Darstellung von Helga Lichtenecker, Neu Beginnen, Examensarbeit Wilhelmshaven, Oktober 1971, Archiv der DDR-Opposition, RHG/HH 120, Bestand Harold Hurwitz, SPD 4, Neu Beginnen. Außerdem Loewenheim 1995.
62 Loewenheim 1995, S. 28.
63 Loewenheim 1995, S. 19.
64 Die Tagebücher, heute im Scholl-Nachlass im Institut für Zeitgeschichte in München, wurden sowohl von Barbara Beuys als auch von Christine Hikel, auf deren Aussagen ich mich beziehe, sehr sorgfältig ausgewertet.
65 Beuys 2010, S. 72.
66 Beuys 2010, S. 83.
67 Hikel 2013, S. 17.
68 Vinke 1980, S. 45.
69 Vinke 1980, S. 45.
70 Beuys 2010, S. 147.
71 Beuys 2010, S. 161.
72 Beuys 2010, S. 121.
73 Hikel 2013, S. 20.
74 Beuys 2010, S. 63.
75 Vinke 1980, S. 52 f.

Leben im Krieg, 1939–1943

1 Ausführliche Darstellungen des Gesamtkomplexes Rote Kapelle bieten, Coppi, Danyel, Tuchel 1994; Andresen, Coppi 1999; Roloff 2002; Andresen 2012, die auch meiner Darstellung als Grundlage dienen.
2 Roloff 2002, S. 146. Leopold Trepper veröffentlichte seine Memoiren, in denen er sich rühmte, der Chef der Roten Kapelle gewesen zu sein: Die Wahrheit. Autobiographie, München 1975. Es erschien auch eine französische und eine englische Ausgabe.
3 Danyel 1993, S. 23.
4 Elfriede Paul wurde inhaftiert, überlebte aber; sie veröffentlichte ihre Memoiren: Ein Sprechzimmer der Roten Kapelle, Berlin 1981.
5 Andresen 2012.
6 Der Schriftsteller Adam Kuckhoff und seine Frau Greta, die die Harnacks aus ihrer Studienzeit in Amerika kannten, stellten den Kontakt zu Schulze-Boysen her. Siehe auch Coppi 2002, S. 10.
7 Tuchel 1993, S. 146.
8 Vgl. Andresen, Coppi 1999, S. 337.
9 Tuchel 1993, S. 147.
10 Vgl. Andresen, Coppi 1999, S. 329. Nelson 2010. Coppi, Kebir 2013.
11 Coppi, Danyel 1993, S. 156.
12 Coburger 1994, S. 95 f.
13 Coburger 1994, S. 99.
14 Vgl. Meding 1992.
15 Andresen, Coppi 1999, S. 311 f.
16 Coppi 2002, S. 11.
17 Siehe dazu Tuchel 1994.
18 Die Historikerin Trude Maurer zitiert in einer Studie zur Vorgeschichte des Novemberpogroms von 1938 aus dem Brief eines Otto Buchholz aus Mannheim, dessen Spur sich 1941 im Warschauer Ghetto verliert. Er wurde später für tot erklärt. «Meine Lieben! Ihr werd' wohl schon durch Cilli mein Schicksal erfahren haben. Am 27. Oktober dieses Jahres Donnerstag abends um 9 Uhr kamen zwei von der Kriminalpolizei, verlangten meinen Paß, dann legten dieselben mir ein Ausweisungsschriftstück vor zum Unterschreiben und befahlen mir, sofort mitzugehen. Cilli und Bernd waren schon im Bett. Ich hatte gerade meine Arbeit fertiggemacht und saß beim Essen, mußte mich aber sofort anziehen und mitgehen. Ich konnte vor lauter Aufregung noch kaum ein Wort sprechen. Diesen Moment werde ich nie in meinem Leben vergessen. Wurde dann gleich im Schloßgefängnis wie ein Schwerverbrecher eingesperrt. Das war eine böse Nacht für mich. Freitagmittag um 4 Uhr wurden wir dann unter strenger Bewachung von Polizei und SS nach dem Hauptbahnhof gebracht. Jeder bekam einen Laib Brot und Margarine und wurde dann in die Waggons verladen. Das war ein Bild der Grausamkeit. Weinende Frauen und Kinder, herzzerreißende Szenen. Dann wurden wir unter strengster polizeilicher Bewachung in geschlossenen Waggons an die Grenze transportiert. Samstagmittag, um 5 Uhr an der Grenze angelangt, wurden wir über die Grenze geschoben. Ein

neues grausames Schreckensbild war hier zu sehen. Drei Tage lang waren wir auf dem Bahnsteig und Bahnhofshallen, 8000 Menschen. Frauen und Kinder ohnmächtig, wahnsinnig, Sterbefälle, die Gesichter gelb wie Wachs. Der reinste Leichenfriedhof. Unter den Ohnmächtigen war ich auch. Nichts, als das trockene Gefängnisbrot ohne etwas zu trinken. Geschlafen überhaupt nicht, 2 Nächte auf dem Bahnsteig und eine Nacht in der Bahnhofshalle, wo ich zusammenbrach. Es war kein Platz mehr zum Stehen. Eine verseuchte Luft. Frauen wie Kinder halbtot. Am vierten Tag ist endlich Hilfe gekommen. Ärzte, Schwestern mit Medikamenten, Butter und Brot vom jüdischen Comitee aus Warschau. Dann wurden wir in Baracken (militärische Viehställe) gebracht, welche mit Stroh bedeckt wurden, auf welches wir uns hinlegen konnten. Endlich ein warmer Schluck Tee, diese Freude.» Maurer 1988, S. 52 f.

19 Auslöser war ein polnisches Gesetz vom 31. März 1938, also gut zwei Wochen nach dem Einmarsch der deutschen Truppen nach Österreich, denn Polen befürchtete, dass die polnischen Juden, die in Österreich lebten, ausgewiesen werden würden. Daher bestimmte das Gesetz, dass jeder polnische Staatsangehörige, der länger als fünf Jahre im Ausland gelebt hatte, ausgebürgert werden konnte. Dies wiederum wollten die Deutschen nicht akzeptieren, stellten ein unzulässig kurzes Ultimatum und begannen dann mit der ersten Zwangsdeportation von Juden aus dem Reich. Die in Deutschland lebenden polnischen Juden, die sich nichts hatten zuschulden kommen lassen, wurden ohne Vorwarnung abgeholt. Man transportierte sie an die polnische Grenze, wo sie zum Teil bis zu 24 Stunden ausharren mussten, weil die überrumpelten Polen sie nicht ins Land lassen wollten. Vgl. Maurer 1988; Sahm 1990, S. 78 ff.; Schmid 2013.

20 Sahm 1990, S. 82.

21 Sahm 1990, S. 94.

22 Sahm 1990, S. 114.

23 Sahm 1990, S. 104.

24 Scheliha: Erinnerungen 1993, PA Ritscher, Adliswil.

25 Elisabeth Ritscher: Erinnerungen an ihre Mutter, PA Ritscher, Adliswil.

26 Scheliha: Erinnerungen 1993, PA Ritscher, Adliswil.

27 Sahm 1990, S. 183.

28 http://www.gdw-berlin.de/de/vertiefung/biographien/personenverzeichnis/#G, 23. Januar 2013. Rainer Blasius stellt einige der Attentatsversuche vor in der Frankfurter Allgemeinen Zeitung, 15. Juli 2013, Nr. 161, S. 7.

29 Ulrich Sahm fasst zusammen, wie die Gestapo sich den «Fall» Rudolf von Scheliha zurechtlegte: «Scheliha habe in Warschau den jüdischen Journalisten Herrnstadt, der Agent des sowjetischen Nachrichtendienstes gewesen sei, kennengelernt. Herrnstadt habe Scheliha wiederholt Darlehen gegeben oder mit ihm dunkle Devisengeschäfte gemacht. Dadurch sei Scheliha in eine finanzielle Abhängigkeit von Herrnstadt geraten. In seiner bedrängten Lage hätte Scheliha auf Druck von Herrnstadt vertrauliche Nachrichten geliefert und sich dafür bezahlen lassen, in einem Fall mit einem größeren, in die Schweiz überwiesenen Dollarbetrag. Nach Schelihas Versetzung nach

Berlin sei Herrnstadt erneut an ihn herangetreten, und zwar durch Vermittlung von Herrnstadts früherer Geliebten und ihm hörigen [– so die Gestapo –] Ilse Stöbe. Die Stöbe hätte Scheliha wiederholt formulierte Fragen übermittelt, die er ohne Zögern beantwortet hätte. Die Fragen hätten sich auf die politische und militärische Lage Deutschlands und die politischen und militärischen Pläne der Reichsführung bezogen. Die von Scheliha gelieferten Nachrichten seien über Ilse Stöbe an die sowjetische Botschaft in Berlin bzw. an sowjetische Agenten weitergegeben worden; … Für das Material sei er mit beachtlichen Beträgen entlohnt worden.» Sahm 1990, S. 208 f. Richtig ist, Rudolf von Scheliha kannte den Journalisten Rudolf Herrnstadt, dessen kommunistische Grundeinstellung ihm bekannt war. In Warschau hatte er zu der Gruppe von Korrespondenten gehört, die in der Botschaft regelmäßig empfangen und informiert wurden, wie es den diplomatischen Gepflogenheiten entsprach. Diese Gespräche zu führen war Aufgabe Schelihas. Der Historiker Hans Coppi, der sich seit Jahren der Erforschung der Roten Kapelle widmet, geht davon aus, dass Herrnstadt, vor dem Scheliha seine Gegnerschaft zum Nationalsozialismus nicht verborgen habe, ihn überzeugt haben soll, wichtige interne Informationen weiterzugeben. Coppi stützt sich in seiner neuesten Publikation auf die Ergebnisse eines russischen Historikers (Vladimir Lota, der 2004 auf Russisch ein Werk veröffentlichte mit dem Titel [Übersetzung Coppi]: «Alta» gegen «Barbarossa». Wie Nachrichten über die Vorbereitung des Überfalls Deutschlands auf die UdSSR beschafft wurden), der der Einzige ist, dem die russischen Archive Zugang zu den entsprechenden Quellen gewähren. Unter dem Vorwand, Herrnstadt werde die Nachrichten an den Secret Service in London weitergeben, habe sich Scheliha darauf eingelassen (Coppi, Kebir 2013, S. 52. Vgl. dazu die Ausführungen in Sahm 1990, S. 232–238). Nach Kriegsbeginn, als Rudolf von Scheliha in Berlin war, ging Herrnstadt nach Moskau und hielt Kontakt über seine Vertraute, die Journalistin Ilse Stöbe, die zeitweilig auch im Auswärtigen Amt arbeitete. Zu Ilse Stöbe siehe Elke Scherstjanoi: Ilse Stöbe: Verräterin oder Patriotin? Ein Gutachten des Instituts für Zeitgeschichte, in: Vierteljahrshefte für Zeitgeschichte 62 (2014), 1, S. 139–156.

30 Sahm 1990, S. 232.
31 Haase 1994, S. 162.
32 Haase 1994, S. 163.
33 Haase 1994, S. 163.
34 Sahm 1990, S. 190.
35 Vinke 2003, S. 44.
36 Auskunft von Frau Sigrid Wachsmuth (†), Berlin, die sich mit Cato Bontjes van Beek im RAD angefreundet hatte.
37 Vinke 2003, S. 48.
38 Vinke 2003, S. 33.
39 Vinke 2003, S. 58.
40 Vinke 2003, S. 54.
41 Harvey 2009, S. 63.
42 Ausführlich geschildert und belegt bei Harvey 2009.

43 http://www.dhm.de/lemo/html/wk2/kriegsverlauf/zwangsarbeit/, 8. Januar 2013.
44 Kettelhake 2008.
45 Auszüge abgedruckt bei Flügge 1996, S. 142 f.
46 Vinke 2003, S. 130.
47 Andresen, Coppi 1999, S. 359.
48 Vinke 2003, S. 98.
49 An diese Äußerung erinnerte sich Olga Bontjes van Beek später. Undatiertes Textfragment, zitiert nach Vinke 2003, S. 107.
50 Gedenkstätte Deutscher Widerstand, Materialsammlung Rote Kapelle, Aus den Akten des Oberreichskriegsanwaltes in der Strafsache gegen Heinz Strelow, Aktenzeichen, StPl. (RKA) III, Nr. 525/42, Vollstr. R. II Nr. 557/43.
51 Vgl. Holtmann 2010, S. 249.
52 Vinke 2003, S. 126; 128.
53 Vinke 2003, S. 156.
54 Vinke 2003, S. 133.
55 Gedenkstätte Deutscher Widerstand, Materialsammlung Rote Kapelle, Gutachten in der Strafsache Heinz Strelow vom 18. Februar 1943.
56 Gedenkstätte Deutscher Widerstand, Materialsammlung, Haftbrief von Cato Bontjes van Beek an Rainer Küchenmeister, BA Dy 55/V24/13 Bd. 13; Berlin-Alexanderplatz, 18. 01. 1943.
57 Vinke 2003, S. 168.
58 Gedenkstätte Deutscher Widerstand, Materialsammlung Rote Kapelle, Gefängnistagebuch Marta Husemann, Teil II, S. 1.
59 Stieve war nicht der Einzige, der sich «Material» aus den Todeszellen «liefern» ließ. Sehr viele Widerstandskämpfer und -kämpferinnen wurden ohne ihr Wissen nach ihrem Tod den Anatomen überlassen, darunter viele Mitglieder der Roten Kapelle, zum Teil sogar gegen ihren Willen; Libertas Schulze-Boysen hatte in ihrem letzten Brief an ihre Mutter darum gebeten, man möge sie in ihrer Nähe begraben. Es gibt andere Beispiele. Diese gängige Praxis wurde lange nicht hinterfragt und wird erst seit wenigen Jahren in den Fachdisziplinen diskutiert und erforscht. Siehe hierzu Sabine Hildebrandt: The Women on Stieve's List: Victims of National Socialism Whose Bodies Were Used for Anatomical Research, in: Clinical Anatomy 26 (2013), S. 3–21. In einem Nachruf auf Stieve im «Neuen Deutschland» heißt es: «Groß waren seine Taten und überreich ist das Erbe, das er uns hinterlassen hat und das zu verwalten uns zur Ehre gereicht. In seinen Werken wird er weiterleben, solange noch der menschliche Geist leidenschaftlich nach Erkenntnis ringt.» Zitiert nach Materialien aus dem Cato Bontjes van Beek-Archiv, das im gleichnamigen Gymnasium in Achim mit Unterstützung der Familie Bontjes van Beek vom Schulleiter Dr. Stefan Krolle betreut wird. Veröffentlicht in Impressionen 2010/11 – Catos 90. Geburtstag, Schulzeitung, hrsg. vom Cato Bontjes van Beek-Gymnasium, S. 32.
60 Robert Havemann an Antje Kind-Hasenclever, Grünheide, den 3. November 1981. PA Kopf, Solz.

61 Interview mit Antje Kind-Hasenclever, «Er war eben ein Rebell.» Mein Leben mit Robert Havemann. Ein Feature von Thomas Hauschild, DLF, 19. Juli 1988.
62 Interview mit Antje Kind-Hasenclever, «Er war eben ein Rebell.» Mein Leben mit Robert Havemann. Ein Feature von Thomas Hauschild, DLF, 19. Juli 1988.
63 Püschel 2013, S. 14.
64 Püschel 2013, S. 14.
65 Zitiert nach Püschel 1998. Karl Larenz: Die Rechtsperson und subjektives Recht. Zur Wandlung der Rechtsgrundbegriffe, in: Grundfragen der neuen Rechtswissenschaft, hrsg. von Georg Dahm u. a., Berlin 1935, S. 241.
66 Interview mit Antje Kind-Hasenclever, «Er war eben ein Rebell.» Mein Leben mit Robert Havemann. Ein Feature von Thomas Hauschild, DLF, 19. Juli 1988.
67 Vgl. http://db.yadvashem.org/righteous/family.html?language=en&itemId=5419422, 29. Januar 2013. – Interview mit Antje Kind-Hasenclever, «Er war eben ein Rebell.» Mein Leben mit Robert Havemann. Ein Feature von Thomas Hauschild, DLF, 19. Juli 1988. – Hannemann 2001, S. 53 f.
68 Hannemann 2001, S. 75.
69 Anneliese Groscurth (1904–1996), Robert Havemann (1910–1982), Georg Groscurth (1904–1944), Herbert Richter (1901–1944), Paul Rentsch (1898–1944). Vgl. http://db.yadvashem.org/righteous/family.html?language=en&itemId=5419422, 29. Januar 2013.
70 Interview mit Antje Kind-Hasenclever, «Er war eben ein Rebell.» Mein Leben mit Robert Havemann. Ein Feature von Thomas Hauschild, DLF, 19. Juli 1988.
71 http://www.gdw-berlin.de/de/vertiefung/biographien/personenverzeichnis/#U, 31. Januar 2013.
72 Robert Havemann äußerte dies 1946, Hannemann stützt diese Vermutung, Hannemann 2001, S. 55.
73 Zum Arbeitseinsatz von Tschechen siehe: http://www.zwangsarbeit-in-goettingen.de/bibliothek/tollmientschechen2004.pdf, 1. Februar 2013.
74 Hannemann 2001, S. 57.
75 Flugblätter abgedruckt bei Hannemann 2001, S. 136 ff., hier S. 137. S. a. http://www.gegen-diktatur.de/beispiel.php?beisp_id=478&tafel_id=12&thema=0#, 1. Februar 2013.
76 http://www.dhm.de/lemo/html/wk2/kriegsverlauf/zwangsarbeit/, 1. Februar 2013.
77 Brief von Robert Havemann an Antje Kind-Hasenclever, 6. Januar 1980: «Erzähl mir auch noch mal was darüber, warum Enno so abgrundtief böse auf mich war. Kannst Du Dich noch an seine Rede erinnern, die er bei der Beisetzung von Groscurths Urne auf dem Friedhof in Charlottenburg hielt? War es nur, weil ich ihn nicht in unsere Gruppe aufnehmen wollte? Der Hauptgrund gegen seine Aufnahme war ja seine mangelhafte Selbstbeherrschung. Nicht Mißtrauen.» Robert-Havemann-Gesellschaft, BStU 000062.
78 Vgl. Tuchel 1994, S. 149.
79 Interview mit Antje Kind-Hasenclever, «Er war eben ein Rebell.» Mein

Leben mit Robert Havemann. Ein Feature von Thomas Hauschild, DLF, 19. Juli 1988.

80 Beuys 2010, S. 195.
81 Beuys 2010, S. 165.
82 James Matthew Barrie: Peter Pan, übersetzt von Hanspeter Nägele, illustriert von Sophie Scholl, Verlag Matthes und Seitz, Berlin 1989.
83 Beuys 2010, S. 159.
84 Beuys 2010, S. 178.
85 Beuys 2010, S. 277.
86 Beuys 2010, S. 403.
87 Beuys 2010, S. 325.
88 Siehe dazu Beuys 2010, S. 252. Zu Otl Aicher siehe seine Autobiographie «Innenseiten des Krieges» von 1985; auch «Freundschaft und Begegnung. Erinnerungen an Otl Aicher» 1997; Biographie Moser 2012, die die vorhandene Literatur kritisch einordnet.
89 Den geistigen Hintergrund und die den Flugblättern zugrunde liegende Gedankenwelt untersucht sehr detailliert Schüler 2000.
90 Ein Freund Aichers, der Geistliche Bruno Wüstenberg, der in seiner Ulmer Zeit mit Otl Aicher viel gelesen und diskutiert hatte und jetzt in Rom studierte, ging sogar so weit, Otl Aicher vorzuwerfen, dass man «diesen Deinen Freunden die Unbefangenheit absprechen muss, weil sie nichts sind als Deine Kreaturen, die gar nicht eigen denken, sondern so wie Du jedesmal willst.» Es war hier allerdings wohl auch deutliche Eifersucht im Spiel. Beuys 2010, S. 263. Zu Wüstenberg siehe auch Beuys 2010, S. 220 ff.
91 Beuys 2010, S. 165.
92 Hermann Vinke hat diesen Konflikt ausführlich dargestellt in Vinke 2008.
93 Beuys 2010, S. 207.
94 Beuys 2010, S. 176.
95 Beuys 2010, S. 173.
96 Beuys 2010, S. 179.
97 Beuys 2010, S. 211; 252.
98 Beuys 2010, S. 213.
99 Beuys 2010, S. 251.
100 Beuys 2010, S. 246.
101 Beuys 2010, S. 307.
102 Beuys 2010, S. 180.
103 Beuys 2010, S. 303.
104 Beuys 2010, S. 211.
105 Beuys 2010, S. 282.
106 http://www.bpb.de/geschichte/nationalsozialismus/weisse-rose/61009/flugblatt-i, 12. Februar 2013. Abgedruckt bei Chaussy, Ueberschär 2013, S. 23–46.
107 Chaussy, Ueberschär 2013, S. 23 ff.
108 Beuys 2010, S. 362 f.
109 Beuys 2010, S. 381.
110 Beuys 2010, S. 394.
111 Bald 2004.

112 Chaussy, Ueberschär 2013, S. 23 ff. Beuys 2010, S. 406 f.
113 Beuys 2010, S. 409.
114 Beuys 2010, S. 385; 407.
115 Beuys 2010, S. 375.
116 Beuys 2010, S. 421 ff.
117 Elisabeth Hartnagel-Scholl gibt 2013 im Gespräch mit Inge Aicher-Scholls Schwiegertochter Christine Abele-Aicher eine andere ‹Version›: «Das stimmt auch nicht. Denn da war ich dabei und hab' später den Hans Hirzel darauf angesprochen. Hans Hirzel hat zur Inge gesagt, sie solle dem Hans und der Sophie sagen, der Hans Hirzel hätte Halsweh, aber er sei noch nicht im Krankenhaus. Das war die Botschaft, die die Inge übermittelt haben könnte. Als der Hans Hirzel uns später besuchte, hat man ihm das mit ‹Machtstaat und Utopie› eingeredet. Ich sagte zu ihm: ‹Hans, das stimmt doch gar nicht.› Da bestätigte er mir: ‹Du hast Recht.›» Abele-Aicher 2013, S. 120.
118 Abgedruckt bei Waage 2012, S. 297 f.
119 Siehe dazu auch die Ausführungen von Beuys 2010, S. 456.
120 Beuys 2010, S. 433.
121 Vinke 2005, S. 178. Abele-Aicher 2012, S. 121.
122 Meldung in der New York Times vom 18. April 1943. Chaussy, Ueberschär 2013, S. 504.
123 Helmuth James von Moltke hatte, wohl über Ernst von Borsig, der deswegen extra nach München gereist war, eines der Flugblätter erhalten und sorgte dafür, dass es nach England gelangte. S. a. Schüler 2000, S. 159.
124 Reichwein 1999, S. 38.
125 Die Zitate aus den Tagebüchern werden im Folgenden nicht mehr jeweils einzeln gekennzeichnet. Das Tagebuch befindet sich im Privatarchiv Martin-Reichwein, München.
126 «E. half morgens Stiefel putzen und Kinder waschen. … Abends saß ich noch mit E. und zog Bohnen ab.» Tagebucheintrag vom 24. August 1942.
127 Brief an seine Eltern vom 16. April 1940. Reichwein 1974, S. 157. Reichweins pädagogisches Konzept und seine Umsetzung sind ausführlich geschildert bei Amlung 1999, S. 69 ff.
128 Reichwein 1974, S. 164.
129 «Am 28. März war Romais Konfirmation bei Hollmann in der kleinen Kirche in Nikolassee (von Blunck erbaut). Es war ein schöner Tag. Mittags waren wir drei ganz allein und nachmittags kamen Noacks mit Elwine, Hermann und Hans und später noch Eva Weisbach; aber Romai war in den Wald gelaufen und wollte keinen Besuch. Als ihr Freund Axel Frantzen mit Blumen erschien, schnauzte sie ihn höchst unfreundlich an: ‹Du bist ja wohl komisch›, das ist mir unvergeßlich geblieben. Sie war ja ein besonders hübsches und reizvolles Kind, und jeder hatte sie gern; aber liebenswürdig war sie nie.» Erinnerungen von Annmarie Pallat, 1965, PA Martin-Reichwein, München, S. 95
130 Brief vom 8. Februar 1921, PA Martin-Reichwein, München.
131 Reichwein 1974, S. 165.
132 Moltke 1991, S. 532.
133 Julius Leber in einem Brief an die Gerichtskasse Lübeck vom 30. März

1940, in dem er um Stundung seiner Gerichtskosten bat, weil seine finanziellen Verhältnisse beengt seien und seine Frau, die die Hauptnährerin der Familie war, entlassen worden sei.

134 Beck 1983, S. 200.

135 Kardorff [2]1981, S. 158.

Die Schatten des 20. Juli 1944

1 Freya von Moltke 1997, S. 24.

2 Helmuth James von Moltke an Lionel Curtis, Stockholm, den 25. März 1943, in: Freya von Moltke, Balfour, Frisby 1984, S. 213.

3 Manuskript Gustav Dahrendorf über Julius Leber, 1952, Privatarchiv Julia Heinemann, München.

4 Brief vom 29. Juli 1943. Moltke 1991, S. 513.

5 Meding 1992, S. 191.

6 Bielenberg 1969, hier Taschenbuch-Ausgabe [2]1981, S. 88 f.

7 Emmi Bonhoeffer [2004], [3]2005, S. 22 f.

8 Meding 1992, S. 192.

9 Clarita von Trott zu Solz im Interview mit Heike Bretschneider: «Lernen, die eigene Kraft zu spüren» in der Sendung «Über den Tag hinaus» am 20. April 2000, Bayerischer Rundfunk, zweites Programm.

10 Moltke 1988, S. 253 f.

11 Tagebucheintrag vom 3. Juli 1944.

12 Er spricht über seine letzten Stunden, bittet Freya, «bete für mich für jene Stunden», und fährt fort: «Noch etwas, Du musst allen sagen, dass ich sie im Herzen trage: Asta und Ulla, Pick, Zeumer, Schwester, die Tanten, Romai, Marion, Davy, Muto u. s. w.», Moltke 2011, S. 66. Asta, seine Schwester; Ulla, eine alte Freundin der Familie seit Kindertagen; Pick, seine langjährige Haushälterin in Berlin; Zeumer, der Kreisauer Verwalter; Schwester, die Kreisauer Gemeindeschwester; die Tanten, die Schwestern seines Vaters, die unten im Schloss lebten; Romai, Rosemarie Reichwein; Marion Yorck von Wartenburg; Davy, eine nahe Verwandte, die Witwe des Botschafters Hans Adolf von Moltke und wie Muto eine Schwester von Peter Yorck von Wartenburg.

13 «Er wollte mich nicht belasten. Er hat ja immer damit gerechnet: vielleicht verhaften sie dich mal und dann werden sie die Frau verhören. Er hat dafür gesorgt, daß seine Frau nichts weiß und somit auch nichts aussagen kann. Er wußte, ich bin sehr ehrlich, was unter diesen Umständen auch gefährlich war. Und darum wußte ich nichts von diesem Attentatsplan.» Ulrich Dietzel im Gespräch mit Rosemarie Reichwein, in: Sinn und Form 36 (1984), Beiträge zur Literatur, hrsg. von der Akademie der Künste der Deutschen Demokratischen Republik, S. 1191–1202; 1196.

14 So lässt es sich schließen aus einem Zeitungsartikel, den sie in der Zeitung «Telegraf», 2/2, 3. Januar 1947, S. 1, veröffentlichte. Es handelt sich um eine Erwiderung auf einen Artikel im «Tagesspiegel» vom 22. Dezember 1946, überschrieben mit «Improvisierter Widerstand». Der Schriftsteller Erik

Reger, nach 1945 Lizenzträger, Mitherausgeber und Chefredakteur des Konkurrenzblattes vom «Telegraf», die Männer des 20. Juli angriff. Sie widerlegte seine Argumente und schloss: «Ich weiß auch ferner, wie sehr man im Mittelpunkt dieser Widerstandsbewegung stehen musste, um die Vielfalt der Fäden zu übersehen. Selbstverständlich hat es genügend Leute gegeben, die irgendwo mit der Bewegung verbunden waren. Trotzdem sind sie niemals über die Peripherie gelangt. Ebensowenig haben sie Einblick in die wirklichen Pläne und Absichten genommen. So sieht es auch um die von Reger zitierten Zeugen aus.»

15 Lebenslauf Annedore Lebers, beigelegt ihrem Antrag auf Anerkennung als Opfer des Faschismus, Nachlass Ernst Reuter, Landesarchiv Berlin.

16 Kardorff ^{2}1981, S. 133.

17 Lebenslauf Annedore Leber, Nachlass Julius und Annedore Leber, BArch Koblenz, N 1732/9.

18 Adolf Reichwein hatte vom Oberkommando der Wehrmacht den Auftrag erhalten, vor der Truppe historische oder auch wirtschaftliche Vorträge zu halten. Reichwein schildert seine Reisen in Briefen an seine Frau z. B. Reichwein 1974, S. 190 f.; 212 ff.; 227.

19 Vgl. Brief vom 7. September 1943. Moltke 1991, S. 536 f.

20 Theodor Haubach, der 1923 bei Karl Jaspers promovierte. Er saß schon in den dreißiger Jahren über zwei Jahre im Konzentrationslager und hätte gemäß der Kreisauer Pläne Regierungssprecher werden sollen, wurde im August 1944 erneut verhaftet und im Januar 1945 hingerichtet.

21 Carlo Mierendorff, promovierter Volkswirt, war zeitweilig Pressechef des hessischen Innenministers und späteren Widerstandskämpfers Wilhelm Leuschner, dann Reichstagsabgeordneter. Er wurde von 1933 bis 1938 inhaftiert in verschiedenen Konzentrationslagern, kam dann wie Haubach, zum Kreisauer Kreis, wo er ausgleichend wirkte.

22 Tagebucheintrag vom 21. November 1943.

23 Meding 1992, S. 156.

24 Moltke 2011, S. 360.

25 Siehe dazu Rudolf von Thadden 2010.

26 Hoffmann 1992, S. 321.

27 Hoffmann 1992, S. 321, spricht von Stauffenbergs «Äußerungen großer Achtung und Zuneigung zu Leber». Annedore Leber diskutierte diese Idee in einem Zeitungsartikel im «Telegraf» vom 16. Juni 1946: «Dr. Leber und Stauffenberg. Führte Stauffenberg das Attentat aus, um den Freund zu retten?» Und Charlotte von der Schulenburg erinnerte sich: «Mein Mann und wohl auch Stauffenberg wollten an die Tat ran und keine Diskussionen mehr. Was die beiden verband, war im übrigen auch die Verehrung für Julius Leber.» Meding 1992, S. 248.

28 Kardorff ^{2}1981, S. 158.

29 Kardorff ^{2}1981, S. 159.

30 Neben dem Attentäter Claus Schenk Graf von Stauffenberg waren das Werner von Haeften, Friedrich Olbricht, Albrecht Ritter Mertz von Quirnheim. Ludwig Beck war nach einem missglückten Selbstmordversuch erschossen worden.

31 Aretin 2004, S. 20 f.
32 Der älteste Sohn Stauffenbergs, Berthold, schilderte in einer Rede anlässlich der Stuttgarter Stauffenberg-Gedächtnisvorlesung 2011 diese Zeit in einem Kinderheim mitten im Wald, das der Stadt Bremen gehörte, dort von der NS-Volkswohlfahrt betrieben und später von der Wehrmacht beschlagnahmt wurde. Stauffenberg 2011.
33 Siehe hierzu Aretin 2004, S. 28–33; 31.
34 Clarita von Trott zu Solz korrespondierte 1969 wegen der Übersetzung der Adam-von-Trott-Biographie von Christopher Sykes mit dem Verleger Eugen Diederichs. An den Übersetzer, Karl Heinz Abshagen, schrieb sie: «Meine Kinder waren vom 13. 8. bis Anfang Okt. 44 in einem Kinderheim in Bad Sachsa. Daß sie in diesem Kinderheim waren, erfuhren wir erst zwei Jahre danach durch Zufall, bis dahin wußten wir nicht, wo sie in der Zwischenzeit gewesen waren. Aber sie wurden tatsächlich nach nicht einmal 2 Monaten zurückgebracht.» DLA Marbach, Bestand A: Diederichs: 2009.24, Brief vom 8. August 1969.
35 Dertinger 1997, S. 26.
36 Zeitzeugen-Projekt | Wortprotokoll Katharina Christiansen-Leber © Bayerisches Staatsministerium für Wissenschaft, Forschung und Kunst | Haus der Bayerischen Geschichte, Augsburg 2012, S. 9.
37 Lebenslauf Annedore Leber, Nachlass Julius und Annedore Leber, BArch Koblenz, N 1732/9.
38 Lebenslauf Annedore Leber, Nachlass Julius und Annedore Leber, BArch Koblenz, N 1732/9.
39 «Die Hoffnung auf Verzögerung und Verschleppung erfüllte sich nicht, das Todesurteil wurde am 25. 10. 1944 ausgesprochen, aber zunächst nicht vollstreckt, weil der Sachbearbeiter der Gestapo, Kriminalrat Lange, der selbst wohl vom schmählichen Ende des Naziregimes überzeugt war, in sich plante, das Leben meines Mannes hinzuhalten, um dadurch für sich eine Rückendeckung für die Zeit des Zusammenbruchs zu schaffen, das ihn aber nicht hinderte, zur gleichen Zeit sämtliche weiteren Opfer dem Tode zuzuführen. Durch die falsche Blendung der Westoffensive im Dezember ermutigt, stellte er dann meinen Mann zur Vollstreckung des Urteils am 5. 1. 45 frei.» Lebenslauf Annedore Leber, Nachlass Julius und Annedore Leber, BArch Koblenz, N 1732/9.
40 Julius Leber an Annedore Leber, Drögen, den 31. Juli 1944. Beck 1983, S. 326.
41 Julius Leber an Annedore Leber, Ravensbrück, den 7. August 1944. Beck 1983, S. 327.
42 Julius Leber an Annedore Leber, Berlin, den 1. und 2. Januar 1945 und Berlin, den 6. Dezember 1944. Beck 1983, S. 338; 335.
43 Julius Leber an Annedore Leber, Berlin, den 25. Oktober 1944. Beck 1983, S. 331.
44 Julius Leber an Annedore Leber, Ravensbrück, den 31. August 1944. Beck 1983, S. 329.
45 Julius Leber an Annedore Leber, Berlin, den 24. und 25. Dezember 1944. Beck 1983, S. 337.

46 Brief von Annedore Leber an Julius Leber vom 2. Oktober 1944. PA Beck, Telgte.
47 «Mein Jäm, bitte für mich, dass ich dieses Gefühl [der Gemeinsamkeit] nie verlieren brauche. Ich bin dann nicht allein und einsam; aber die Einsamkeit werde ich sicher immer lieben, damit ich Dich fühlen kann.» Moltke 2011, S. 48.
48 Moltke 2011, S. 56. Vgl. «Du schreibst von dem letzten Jahr, das du in unserem Leben als besonders schön und wunderbar in deiner Erinnerung empfindest, da unser Alleinsein uns so nahe zusammenführte.» Julius Leber zitiert seine Frau im Brief vom 24./25. Dezember 1944. Beck 1983, S. 336.
49 Julius Leber an Annedore Leber, Berlin, den 17. Dezember 1944. Beck 1983, S. 336.
50 Moltke 2011, S. 208.
51 Moltke 1997, S. 77.
52 Roth, Ebbinghaus 2004, S. 240.
53 Brief vom 10. Oktober 1944. Moltke 2011, S. 58.
54 Interview mit ihrem Enkel James von Moltke.
55 Roth, Ebbinghaus 2004, S. 225.
56 Kardorff [2]1981, S. 198.
57 «Und wenn du mich ermahnst, in meinem schweren Schicksal doch immer Haltung zu bewahren, so kann ich dich beruhigen: ich weiß, was ich mir und dir usw. schuldig bin.» Julius Leber an Annedore Leber, Berlin, den 17. Dezember 1944. Beck 1983, S. 336.
58 Annedore Leber, Ein Frauenschicksal. Eine Erinnerung an den 20. Juli 1944. Ein Augenzeugenbericht von Annedore Leber, in: Wetzlaer Zeitung Neue Zeitung 58/20, vom 20. Juli 1946.
59 Telefonat mit Professor Dr. Karl Dietrich Bracher am 24. August 2012.
60 Lebenslauf Annedore Leber, Nachlass Julius und Annedore Leber, BArch Koblenz, N 1732/9.
61 Meding 1992, S. 172.
62 Meding 1992, S. 217.
63 Meding 1992, S. 225; 234.
64 Tagebucheintrag vom 4. Februar 1945.
65 Brief von Christine von Dohnanyi am 1. September 1945 an Sabine und Gerhard Leibholz im Nachlass Sabine Leibholz, Staatsbibliothek zu Berlin. Siehe auch die ausgezeichnete Biographie von Hans von Dohnanyi und Christine Bonhoeffer: Smid 2002.
66 Clarita von Trott zu Solz im Interview mit Heike Bretschneider: «Lernen, die eigene Kraft zu spüren», in der Sendung «Über den Tag hinaus» am 20. April 2000, Bayerischer Rundfunk, zweites Programm.
67 Trott zu Solz 2009, S. 334.
68 Trott zu Solz 2009, S. 334.
69 Meding 1992, S. 122.
70 Meding 1992, S. 218; 277.
71 Gefängnistagebuch Elfriede Paul, Abschrift, S. 46. Materialsammlung Rote Kapelle, Gedenkstätte Deutscher Widerstand.

72 Gefängnistagebücher, Materialsammlung Rote Kapelle, Gedenkstätte Deutscher Widerstand.

73 Aicher-Scholl 1993, S. 126.

74 Die Mutter hatte einen Brief mit in das Päckchen zum Geburtstag gelegt. Essen «wanderte» in ihre Zelle. «Der Berg der trockenen Stullen wuchs erstaunlich. ... Eine lange Schnur von aneinandergeknüpften Strümpfen schob sich aus Catos Fenster, im untersten stand ein Becher mit Essen, er wurde geleert und die Schnur wieder nach oben gezogen. Nein, nicht leer, Was fand sich nicht alles im armseligen Gepäck dieser Wanderer auf den Straßen zum Zuchthaus, auf der letzten Straße zum Tode. Was er nach oben brachte, wanderte weiter: hierhin eine angezündete Zigarette, am losgelösten Fensterstab befestigt, damit man sie in der dritten Zelle rechts in Empfang nehmen konnte, dorthin eine Scheibe Kuchen und dorthin ein Praliné.» Greta Kuckhoff über Cato Bontjes van Beek: Vom Alex nach Charlottenburg, in: Die Weltbühne, XXIV. Jahrgang, Berlin, den 30. Dezember 1969, Nummer 52.

75 Die Kassiber wurden 1993 von Inge Aicher-Scholl unter dem Titel «Sippenhaft» veröffentlicht.

76 Gefängnistagebuch Marta Husemann, Abschrift, S. 7. Materialsammlung Rote Kapelle, Gedenkstätte Deutscher Widerstand.

77 «Ich bin ein bisschen wehmütig gestimmt, schließlich gewöhnt man sich sehr an seine vier Wände. Schließlich habe ich mit Cato ja auch 5 schöne, vergnügte Wochen verlebt.» Gefängnistagebuch Marta Husemann, Abschrift, Teil II, S. 1. Materialsammlung Rote Kapelle, Gedenkstätte Deutscher Widerstand.

78 Kardorff [2]1981, S. 188.

79 Materialsammlung Rote Kapelle, Gedenkstätte Deutscher Widerstand: Aus den Akten des Oberreichskriegsanwaltes in der Strafsache gegen Heinz Strelow, Aktenzeichen, StPl. (RKA) III, Nr. 525/42, Vollstr. R. II Nr. 557/43; 236 Blatt Kopien, S. 9: «Daß die Anzeige ihre Pflicht gewesen wäre, war beiden Angeklagten bekannt. ... Hierbei hat der Senat berücksichtigt, daß die Angeklagte van Beek zur Zeit der Tat charakterlich noch nicht ausgereift war und daß sie einen großen Teil ihrer Erziehung im Ausland genossen hat. Der Senat ist auch überzeugt, daß die Angeklagte van Beek die Tat nicht als eigene gewollt und aus kommunistischer Einstellung heraus an der Verwirklichung der umstürzlerischen Ziele Schulze-Boysens mitgearbeitet hat. Vielmehr hat die Angeklagte, dem verbrecherischen Einfluß Schulze-Boysens und des Angeklagten Strelow unterliegend, deren hoch- und landesverräterisches Treiben ... unterstützen wollen. Im Hinblick auf die Gefährlichkeit der Handlungsweise der Angeklagten van Beek ... hat der Senat die Notwendigkeit gesehen, die hier getätigte Beihilfe nicht anders als die Selbsttäterschaft des – Angeklagten Strehlow zu bestrafen.»

80 Meding 1992, S. 227.

81 Brief von Renate von Hardenberg an Käthe Kuhn vom 8. März 1948. Bayerische Staatsbibliothek München, Nachlass Helmut Kuhn, ANA 581, Schachtel 20.

82 Fritz von Bergmann wurde 1947 ebenfalls als Widerstandskämpfer anerkannt, in der öffentlichen Verhandlung der Entnazifizierungskammer beim Magistrat von Groß Berlin – Unterkommission Ärzte am 16. 10. 1947: «Die Berufung wird befürwortet. Zur Begründung wurde angeführt: Appellant fällt als Mitglied der SA im Rang eines Truppenführers von 1938–1945 unter die Entnazifizierungsbestimmung 1 der Alliierten Kommandantur Berlin Anordnung 101a, Teil I,5. Die Zeugenaussagen haben übereinstimmend ergeben, daß er sich aktiv gegen den Nationalsozialismus gewandt hat, indem er Prof. Havemann, der im Zuchthaus Brandenburg saß, durch in seine Zelle geschmuggelte Lebens- und Genußmittel weitgehendst unterstützte. Zeuge Kind, der lange Zeit illegal lebte, wurde in erheblichem Maße vom Appellanten geholfen. Weiterhin hat Appellant Lebensmittelkarten für rassisch verfolgte Personen in weitestgehendem Maße gesammelt. Dadurch ist die Kommission zu der Überzeugung gelangt, daß Appellant sich gegen das nationalsozialistische Gewaltregime zur Wehr gesetzt hat und unter Eingehung erheblichen persönlichen Risikos alles tat, um dem Regime entgegenzutreten.» Landesarchiv Berlin: E Rep. 200-21, Nr. 173.

83 Christa Hasenclever: Antje. Versuch eines Lebensbildes aufgezeichnet von Christa Hasenclever, Bonn 1986, S. 49 f. PA Kopf, Solz.

84 Interview mit Antje Kind-Hasenclever, «Er war eben ein Rebell.» Mein Leben mit Robert Havemann. Ein Feature von Thomas Hauschild, DLF, 19. Juli 1988.

85 «Denunziationen waren für viele ‹Volksgenossinnen› ein Mittel neben anderen, eigene Interessen durchzusetzen, sie wurden in der Regel nicht aus politischer Überzeugung begangen. Beschleunigen eines Scheidungsverfahrens, Beseitigen einer lästigen Vermieterin oder zwangseinquartierter Bombenflüchtlinge, das Verdrängen eines Konkurrenten bei einer anstehenden Beförderung, die Fortsetzung alter Familien- oder Nachbarschaftsstreitigkeiten: Das Regime schuf durch sein Sicherheitsbedürfnis und seinen totalen Anspruch auf die Menschen die Möglichkeit, Probleme und Konflikte aus mehr oder weniger ‹privaten› Räumen (die ohnehin tendenziell aufgelöst wurden) in den politischen Bereich zu verlagern. Sie konnten beseitigt werden, in dem die störende Person den staatlichen Instanzen ausgeliefert wurde.» Heinsohn 1997, S. 201.

86 Siehe hierzu Aicher-Scholl 1993.

87 Vinke 2005, S. 184.

88 Fluchtbericht Marie Louise von Scheliha, S. 5, Niederstetten 1945, PA Ritscher, Adliswil.

Not überwinden, Neuanfang wagen? 1945/46

1 Damals nach dem Krieg, DVD, hrsg. von der Bundeszentrale für politische Bildung, 2010, hier Wolfgang Benz: Themen und Medien, Demokratisierung durch Entnazifizierung und Umerziehung, S. 118.

2 http://www.hdg.de/lemo/html/Nachkriegsjahre/DasEndeAlsAnfang/fluchtUndVertreibung.html, 21. März 2013 bei Schnee.

3 Siehe hierzu Laurien 1991, S. 134–147.
4 Abgedruckt in: Aufbau. Kulturpolitische Monatsschrift 1946, S. 571–578, hier S. 578. Er erinnert an John Sieg, Johnny Scheer, Walter Husemann, Lilo Herrmann, Arvid Harnack, Adam Kuckhoff und die Europäische Union, Saefkow-Gruppe, die Münchner Studenten, die Rote Kapelle, Widerstandsgruppe V, Die Freiheitspartei, «... und die vielen anderen Organisationen.» Hervorhebung im Original.
5 Damals nach dem Krieg, DVD, hrsg. von der Bundeszentrale für politische Bildung, 2010, hier Wolfgang Benz: Themen und Medien, Ost-West-Konflikt und deutsche Teilung, S. 159.
6 Meding 1992, S. 199.
7 In Teilen abgedruckt bei Weisenborn 1953, S. 9.
8 Clarita von Trott zu Solz schrieb an Ricarda Huch, Imshausen, den 12. 12. 46: «Darf ich Ihnen noch einmal sagen, wie dankbar ich Ihnen bin, daß Sie den unvergeßlichen Freunden, Mitkämpfern + damit auch meinem Mann dies Denkmal setzen wollen.» DLA Marbach, A: Huch Widerstand: 93.29.7912. Barbara von Haeften zeigte sich «dankbar, daß sie diese Edlen unserem Volk und vor allem unserer Jugend nahe bringen wollen.» An Ricarda Huch, Burg Friedingen bei Singen a. Htwl, den 18. Okt. 46. DLA Marbach, A: Huch Widerstand: 1999.135.3. Eta von Tresckow spricht sich aufgrund des herrschenden gesellschaftlichen Klimas dagegen aus: «Ich glaube, daß es nicht ratsam ist in der augenblicklichen Situation der Gärung, wo jeder neue Funke nach irgendeiner Seite als Zündstoff wirkt, gerade im Interesse des Ansehens und Andenkens dieser Männer, ihr Sein, Tun und Wesen darzustellen.» Schwiedrzik 1998, S. 209 ff.
9 Hervorhebung im Original.
10 DLA Marbach, A: Huch Widerstand: 93.29.83, verschiedene Autoren, Anonymus vom 6. 6. 1946. Hervorhebung im Original.
11 Renate von Hardenberg an Käthe Kuhn am 19. Januar 1948, Bayerische Staatsbibliothek München, Nachlass Helmut Kuhn, ANA 581, Schachtel 19, Mappe 8.
12 «Eben kommt ein Brief von Frau Saefkow, die ich gefragt hatte, ob ihr Mann auch auf unsere Ehrenliste soll. Sie lehnt es höflich aber bestimmt ab. ‹Der Name des Grf. H. verbietet mir, einzuwilligen, daß mein Mann in einem Atemzug mit ihm genannt wird. Er ist für mich ein markanter Vertreter des Regimes, das zum Mörder meines Mannes wurde.› Sie sagt auch nicht, daß ihr die christliche Aufmachung nicht liegt; sehr geschickt. Aber ich kann es verstehen, daß so viele den H. ablehnen.» Renate von Hardenberg an Käthe Kuhn am 2. Februar 1948, Bayerische Staatsbibliothek München, Nachlass Helmut Kuhn, ANA 581, Schachtel 19, Mappe 8.
13 Siehe dazu: Statisten in Uniform: die Mitglieder des Reichstags 1933–1945; ein biographisches Handbuch; unter Einbeziehung der völkischen und nationalsozialistischen Reichstagsabgeordneten ab Mai 1924 (Veröffentlichung der Kommission für Geschichte des Parlamentarismus und der Politischen Parteien), bearb. von Joachim Lilla, unter Mitarbeit von Martin Döring, Düsseldorf 2004, S. 223.
14 Tagebucheinträge von Rosemarie Reichwein vom 7. Juni und 24. Juli 1946.

15 1947, als die Fronten des Kalten Krieges sich in Berlin abzuzeichnen begannen, verließ Marion Yorck das Amt, um ihre juristische Ausbildung zu vervollständigen und 1952 als erste Frau in Deutschland Landgerichtsdirektorin zu werden. Sie galt als sehr strenge Richterin, die insbesondere den Paragraphen 175 sehr eng auslegte.

16 Zu den frühen Hilfsmaßnahmen siehe Goschler 2005, S. 68 ff.

17 Groehler 1995, S. 506.

18 Goschler 2005, S. 85.

19 Franz Dahlem, KZ-Häftling, Mitglied des Parteivorstandes der SED, in einem Bericht von der Delegiertenkonferenz zur Gründung der Vereinigung der Verfolgten des Naziregimes in der Sowjetischen Besatzungszone vom 22./23. Februar 1947, zitiert nach Groehler 1995, S. 12 f.

20 Die SPD gründete eine Gegenorganisation, die Arbeitsgemeinschaft verfolgter Sozialdemokraten. 1953 wurde die VVN in der DDR aufgelöst. In der BRD war die VVN sehr DKP-nah und wurde von der SED mitfinanziert, weshalb verschiedentlich versucht wurde, sie zu verbieten. 2002 kam es zu einer Vereinigung von Opferverbänden, die sich heute Vereinigung der Verfolgten des Naziregimes – Bund der Antifaschistinnen und Antifaschisten nennt.

21 Simone Barck: «Grundfrage: Antifaschistischer Widerstand». Zur Widerstandsrezeption in der DDR bis 1970, in: Hansen-Schaberg 2000, S. 218.

22 Im Oktober 1948. Hikel 2013, S. 70.

23 Günther Weisenborn: Es gab eine deutsche Widerstandsbewegung. Geschrieben im Einverständnis mit Vertretern ehemaliger Widerstandsorganisationen, in: Aufbau. Kulturpolitische Monatsschrift 1947, S. 87–90, hier S. 88. [In der Rubrik: Presseschau, urspr. veröffentlicht in: Die Neue Zeitung, München, 9. 12. 1946].

24 Pechel 1942; Rothfels 1948; Dulles [1947] 2000; Schlabrendorff 1946; Hans-Bernd Gisevius: Bis zum bitteren Ende, Zürich 1946.

25 Bayerische Staatsbibliothek München, Korrespondenz Lagi von Ballestrem, Schachtel 20: «American Committee to aid Survivors for the German Resistance. 145 East 52nd Street / New York 22, N. Y. Chairman: Reinhold Niebuhr / Treasurer: Paul H. Kempner / Organizing Committee: Karl Brandt / Edward B. Burling / Mrs. William L. Clayton / Mrs. Joseph C. Grew / Allen W. Dulles / Richard J. Kroner / Helmut Kuhn / Henry Smith Leiper / Felix Morley / Henry Parkman / George N. Shuster / Robert G. Sproul / Dorothy Thompson / Paul J. Tillich / Mrs. Harold Walker / Eric M. Warburg / Helen C. White / Secretaries: Mrs. Helmut Kuhn / Dotty Waetjen.»

26 Bielenberg ^{2}1994, S. 82. Sie schildert die Gründung in so engem Zusammenhang mit ihrer Arbeit beim «Observer», dass das Gründungs-«wir», von dem sie spricht, David Astor miteinzubeziehen scheint.

27 Siehe hierzu Eberhard Bethge (Hg.): An der Schwelle zum gespaltenen Europa: der Briefwechsel zwischen George Bell und Gerhard Leibholz, 1939–1951, Stuttgart [u. a.] 1974.

28 Die Kuhns schildern dies in einem Zeitungsartikel, der ohne Zeit- oder Ortsangabe im Nachlass zu finden ist: «All this was told in the letter. But

there was no complaint, no word about hunger or other privations. In fact, it was a rather proud letter. The writer seemed to fix a questioning glance upon us: ‹Are you too among our accusers who say: It serves you right?› When we read this letter, we were struck by what seemed to us a second, hidden meaning. This hidden meaning had flown into the letter quite against the will of the writer. Had we not known her well, we would have never discovered it. Mrs. M., once our fellow-parishioner in Martin Niemoeller's church, was a very active woman. She was a friend untiring in the service of those who needed her help. More often than not the people in need of such help had been in trouble for political reasons. We had been once among their number and we knew those who received it and to her who granted it. This protectress did not shrink form taking great risks. With such knowledge as a background, we were able to decipher the unintended secret meaning of the lettter. Here was someone in the habit of helping others, and was herself in bitter need of help. But the words to express this cruel fact were not at her command. This discovery stimulated us to a great effort. In the first place we helped allay our friend's most urgent suffering. We sent food parcels. Then we helped her so she could help others.» Bayerische Staatsbibliothek München, Nachlass Helmut Kuhn, ANA 581, Schachtel 19, Mappe 1.

29 Aretin 2004, S. 50.

30 Gottliebe von Lehndorff an Käthe Kuhn, 26. Juli 1948. Hervorhebung im Original. Ein Jahr später schrieb sie an Käthe Kuhn: «Rudi Gersdorff schrieb mir gestern, daß er von Ihrem Mann gehört hat. Er war während des Krieges mit m. Mann zusammen + gehört auch noch zu der lieben Vergangenheit, die man heute so festhält.» Gottliebe von Lehndorff an Käthe Kuhn, 26. Oktober 1949. Bayerische Staatsbibliothek München, Nachlass Helmut Kuhn, ANA 581, Schachtel 20.

31 Scheliha: Erinnerungen 1993, PA Ritscher, Adliswil.

32 Scheliha: Erinnerungen 1993, PA Ritscher, Adliswil.

33 «Mami, ein Versuch, zu verstehen», PA Ritscher, Adliswil.

34 Gefängnistagebuch Marta Husemann, Abschrift, S. 9. Materialsammlung Rote Kapelle, Gedenkstätte Deutscher Widerstand.
Die Ärztin Elfriede Paul, die später in der DDR eine Gallionsfigur des dortigen «antifaschistischen Widerstandes» wurde, formulierte in der Zeitschrift «Aufbau» gewissermaßen die offizielle Version dieser Position: «Wir Lebenden tragen, solange wir atmen, die heilige Verpflichtung in uns, das Werk des Widerstands zu vollenden, das wir gemeinsam mit unseren dahingegangenen Kameraden und Kameradinnen begannen. Wir Frauen der deutschen Widerstandsbewegung stehen mit klarem Bewußtsein in der aktiven Arbeit am deutschen Wiederaufbau. Unser Herz glüht für die Verfechtung der Menschenrechte und für die Wiedererlangung der Würde des deutschen Menschen. Und unser Verstand und unsere Tatkraft stehen im Dienst der Schaffung einer neuen, freien Demokratie.» Elfriede Paul: Frauen aus der Widerstandsbewegung, in: Aufbau. Kulturpolitische Monatsschrift 1947, S. 172–173.

35 Schwierdzik [2]1998, S. 211 f.

36 Clarita von Trott zu Solz an Ricarda Huch, Imshausen, den 12. Dezember 1946. DLA Marbach, A: Huch Widerstand: 93.29.7912.

37 Dabei schien die Tatsache, dass Scheliha nicht Landesverräter war, sondern verleumdet wurde, durchaus bekannt gewesen zu sein. Christine von Dohnanyi schrieb an ihre Schwester und ihren Schwager über einen Anwalt Grimme: «Er ist einer der wenigen, dem ich den Hals brechen möchte. Der Kerl war nämlich im Grunde nicht einmal ein Nazi von Gesinnung, sondern wollte auf Kosten seiner Häftlinge Karriere machen. Er hat da kein Mittel gescheut. Er hat auch Arvid Harnack auf dem Gewissen und seine Frau, die gezwungen wurde, zuzusehen wie ihr Mann erhängt wurde, ehe sie selbst erhängt wurde. Mit solchen Sachen hat der Kerl sich dann noch gerühmt. Mich hätte er auch gern an den Galgen gebracht. Ein Intimus von Gestapo Müller und Göring. Und sowas läuft frei rum. (Übrigens auch Scheliha, den Gert doch wohl auch kannte, hat er gehängt. Und dann hat er ihn noch hundsgemein verleumdet, er habe sich bestechen lassen. Erst nach dem Tode von Scheliha konnte man das wenigstens klären.)» Staatsbibliothek zu Berlin, Nachlass Sabine Leibholz, Brief vom 5. August 1946.

38 «Mami, ein Versuch, zu verstehen.» PA Ritscher, Adliswil.

39 Scheliha, Erinnerungen 1993, PA Ritscher, Adliswil.

40 Scheliha, Erinnerungen 1993, PA Ritscher, Adliswil.

41 Interview mit Antje Kind-Hasenclever, «Er war eben ein Rebell.» Mein Leben mit Robert Havemann. Ein Feature von Thomas Hauschild, DLF, 19. Juli 1988.

42 «Dr. Ernst Lautz (1887–1979): 1934–1936 Kammergericht Berlin, dort 1936 Generalstaatsanwalt, 1936–1939 Oberlandesgericht Karlsruhe, 1939–1945 Oberreichsanwalt beim Volksgerichtshof, 1947 im Nürnberger Juristenprozess zu zehn Jahren Zuchthaus verurteilt, 1951 vorzeitig aus der Haft entlassen, am 1. Dez. 1952 in den Ruhestand versetzt.» http://www.bundesarchiv.de/cocoon/barch/0000/z/z1960a/kap1_12/para2_18.html, 15. Mai 2013. S. a. http://han.sub.uni-goettingen.de/han/Munzinger-Online/www.munzinger.de/search/document?index=mol-00&-id=00000007051&type=text/html&query.key=TvyW4zHE&template=/publikationen/personen/document.jsp&preview=, 3. April 2013. http://www.spiegel.de/spiegel/print/d-43159295.html, 11. März 2013.

43 Dort wurde Robert Havemann Direktor des Instituts für Physikalische Chemie an der Ost-Berliner Humboldt-Universität, bis er auch dort mit den Obrigkeiten in Konflikt geriet. 1964 schloss man ihn aus der SED aus, 1965 wurde er mit Berufsverbot belegt, seit 1976 stand er unter Hausarrest.

44 «Toll» im Grimmschen deutschen Wörterbuch: «des oder wie des verstandes und bewusztseins beraubt und darnach sich geberdend, benehmend, unsinnig, wahnsinnig, tobsüchtig (s. DWB tollhaus), wütend, rasend, unbändig, ausgelassen, leidenschaftlich, zornig, heftig, thöricht, närrisch, unvernünftig, verrückt, stumpfsinnig, wirre, dumm, wunderlich u. dergl. je nach dem zusammenhange.» http://woerterbuchnetz.de/DWB/?sigle=DWB&mode=Vernetzung&lemid=GT05854, 4. April 2013.

45 Tagebucheintrag vom 23. Januar 1945.

46 Moltke 1997, S. 82.

47 Moltke 1997, S. 86.
48 Reichwein 1999, S. 66.
49 «Das Glück für uns in Kreisau war, daß wir das alles gemeinsam erlebten», beschrieb sie Dorothee von Meding die Situation, in der sie mit Freya, Marion und Muto eine enge Gemeinschaft bildete. Meding 1992, S. 175.
50 Weiter heißt es im Tagebuch unter Donnerstag, 14. Juni: «Ohne Schwierigkeiten u. Unterbrechung bis Liegnitz gekommen. Es war kühl, trübe u. Gegenwind. Hinter Jauer machte ich eine Stunde Rast am Feldrand. Hinter Striegau gab es nur noch öde, verwüstete Dörfer, ohne ein Lebewesen u. auf den Feldern blühte überall der rote Mohn. In Liegnitz wartete ich von 3–5 vergeblich auf der Kommandantur, fand eine nette Frau i. d. Gartenstr. 12, die mich u. mein Rad aufnahm. Liegnitz machte einen schrecklichen östlichen Eindruck (Liegnitzer Bahnhof ist eine Kloake). Freitag, 15. Juni: Ich hatte glänzend bei Frau Budig (Gartenstr. 12) geschlafen. Auf d. Bhf. war der Zug nach Sagan seit 10 Min. weg. Ich nahm wieder das Rad. Aber etwa 10 km hinter Liegnitz nahm es mir ein russ. Grobian weg. Da hängte ich mich bis Hainau an einen Pferdewagen mit singenden Russinnen, später nahm mich ein Lastauto u. wieder später eins bis Sprottau Flugplatz. Zuletzt eins das letzte Stück bis Sagan. Unterwegs hatte ich keine Kartoffeläcker mehr gesehen! Fuhren dann zu 3 i. Häuschen eines Waggons über Sorau nach Kottbus u. blieben dort ab Mitternacht liegen. Samstag, 16. Juni: Steif geworden u. nachts von plündernden Russen untersucht, stiegen wir bei Tagesanbruch aus u. sahen uns um. Unbeschreiblicher Eindruck eines deutschen zerstörten Bahnhofs i. russ. Hand. Wir wartete[n] weiter i. unserem Häuschen u. die mit Kartoffeln halbvollen Waggons füllten sich mit deutschen Flüchtlingen u. wir warteten alle bis zum Abend, bis endlich gegen 7 Uhr der Zug abfuhr. Es fing an zu regnen u. wurde kalt u. alles fror auf den Dächern. Wir blieben unterwegs viel stehen – Sonntag, 17. Juni: u. waren gegen 4 Uhr morgens (russ. Zeit) in Königswusterhausen. Gegen 5 krabbelte ich raus, wärmte mich an einem Feuerchen. Holte eine Fahrkarte für den Vorortzug, wusch mich. Um 7 ½ fuhr man ab nach Nied.Schöneweide. Dort auf d. Elektr. nach ‹Schlesch. Tor›, U.Bahn bis Prinzenstr. u. von da zu Fuß durch die Trümmer über Hallesch. Tor, Potsd. Platz, Steglitz bis Zehlendorf, wo ich nach 1 Std. Wartezeit einen Omnibus nach Wannsee bekam, wo ich gegen 5 Uhr bei Agathe i. d. Marienstr. (unser Häuschen stark beschossen und lediert [sic]) eintraf u. auf d. Veranda auf d. Liegestuhl ausschlief.»
51 Interview Bauerschmidt mit Rosemarie Reichwein in Berlin am 18. Mai 2001.
52 Freya von Moltke an Rosemarie Reichwein, Dornholzhausen, 17. Februar 46. Deutsches Institut für Internationale Pädagogische Forschung. Bibliothek für Bildungsgeschichtliche Forschung (später DIPF), Archiv, Nachlass Rosemarie Reichwein im Adolf-Reichwein-Archiv.
53 Freya von Moltke an Rosemarie Reichwein, Solduno, den 3. September 1946. DIPF, Archiv, Nachlass Rosemarie Reichwein im Adolf-Reichwein-Archiv.
54 Freya von Moltke an Rosemarie Reichwein, Rondebosch/Cape, den 4. August 1947. PA Martin-Reichwein, München.

55 Freya von Moltke an Rosemarie Reichwein, Kapstadt, den 4. Januar 1950. DIPF, Archiv, Nachlass Rosemarie Reichwein im Adolf-Reichwein-Archiv.

56 Freya von Moltke an Rosemarie Reichwein, Rondebosch/Cape, den 4. August 1947. PA Martin-Reichwein, München.

57 «Die Hortensienstraße ist ganz exklusiv geworden und andere warten auch, bis ich mich mal melde, weil eben Frau u. Kinder ohne den Mann u. Vater nicht mehr so anregend für sie sind.» Rosemarie Reichwein an Freya von Moltke, Berlin, den 4. März 1948. PA Martin-Reichwein, München. «Weißt Du, es ist doch manchmal sehr merkwürdig sich vorzustellen, wie Edolf jetzt mitten im Geschehen stehen würde, und dabei lebe ich selbst jetzt so völlig am Rande; denn alle, die früher an ihm zehrten und jetzt ‹etwas sind›, die haben vergessen, dass seine Familie noch da ist. Wir leben ein beschauliches und in der Woche arbeitsames Dasein und sind nur noch mit ganz wenigen Menschen zusammen.» Rosemarie Reichwein an Freya von Moltke, Berlin, den, 4. Februar 1954. DIPF, Archiv, Nachlass Rosemarie Reichwein im Adolf-Reichwein-Archiv.

58 Auf die Frage: «Hatten Sie Kontakt zu Annedore Leber?», antwortete Rosemarie Reichwein: «Ja, bis zum Schluß, bis sie starb. Die hat ja die Propaganda für ihren Mann so weit getrieben, dass sie ihre Kinder damit quasi elendete, strapazierte.» Interview Bauerschmidt mit Rosemarie Reichwein in Berlin am 18. Mai 2001.

59 Tagebucheinträge vom 30. April 1945, 25. Mai 1945, 4. Juni 1945.

60 Dietzel 1984, S. 1201. Acht Jahre später, im Interview mit Dorothee von Meding, erzählt Rosemarie Reichwein eine leicht abweichende Variante des Ereignisses: «Am Schluß bin ich an einen jüdischen Emigranten im american travel office in Dahlem geraten, und dem sagte ich: ‹Wissen Sie, Sie haben es gut gehabt, Sie konnten rausgehen, und jetzt sind Sie unbeschadet wieder zurückgekommen. Wir haben das Ganze hier mit durchgemacht, und jetzt erlaubt man den Kindern eines Mannes, der dabei als Nazigegner draufgegangen ist, nicht, zu Freunden nach Schweden zu reisen. Ich verstehe das nicht.› – ‹Warten Sie unten beim Pförtner›, sagte er, und kurz darauf kam ein Anruf, daß ich fahren könne.» Meding 1992, S. 167.

61 Einen Vortrag hielt sie am 21. Februar 1947 vor der deutschen Gemeinde in Stockholm; einen am 25. März vor der höger kvinnornas förening in Lund. Tagebuch 16. März 1947: «Ich las Schlabrendorffs Buch zu Ende – gut u. sehr angreifend, bes. mit seiner Liste zum Schluss.» – 18. März 1947: «Gisevius Buch ‹Bis zum bitteren Ende› gelesen. Zu meiner großen Enttäuschung. Stellt sich auch ins Rampenlicht u. lässt persönliche Gefühle vorherrschen.» – 24. März 1947: «Schrieb weiter über den Kreisauer Kreis – eine schwere Geburt.» Nebenbei machte sie sich Notizen über ihre Beobachtungen, die sie hinten im Tagebuch 1946 unter der Rubrik Notizen, als «Interessante Feststellungen» vermerkt: «Es herrscht hier mehr als sonst in Europa die Scheu vor dem Übertritt über die allgemein gültigen Formen, auch weil diese Formen (Gesellschaft, Bürgertum) hier noch viel mehr gültig sind.» … «Man meint, es wäre hier nie möglich die geistige Freiheit einzuschränken, dabei merken sie selbst nicht, wie sie durch regierungsmäßige Bestimmungen u. Zeitgs.propaganda eingeschränkt ist.»

62 «Zum dritten Mal nach der Arbeit zum Obstpflücken u. -holen. Diesmal bei Radeckes in Schmökwitz. Roland kam wieder mit. Wir nahmen ca. 13 Pfund Joh.beeren mit heim auf [dem?] 2 ½ stündigen Weg. Dann erst Abd. brot gemacht. Frl. Kress hat freies Wochenende. Sab. erst um ½ 11 im Bett. Dann noch Marmelade eingekocht.» Tagebucheintrag von 11. Juli 1947.

63 Tagebucheintrag vom 29. April 1950.

64 Julius Leber an Annedore Leber, Berlin, den 1. und 2. Januar 1945. Beck 1983, S. 338.

65 Annedore Leber an Ricarda Huch, 24. Juli 1946. DLA Marbach, A. Leber an R. Huch: A: Huch Widerstand: 93.29.66/1–4. Hervorhebung Geyken.

66 «Immer werde ich für alle diese Bemühungen dankbar sein, wie ich überhaupt in der Zeit des dritten Reiches große Unterstützung von der katholischen Kirche erfahren habe. Es war mit ein Grund, warum ich 1945 konvertierte.» Annedore Leber an Bischof Berning, 15. August 1949. Zitiert nach Recker 1998, S. 375.

67 Meding 1992, S. 245.

68 Meding 1992, S. 235.

69 Tagebucheinträge Rosemarie Reichwein vom 17. Februar, 14. Juni, 2. Juli 1946.

70 Tagebucheintrag Rosemarie Reichwein, 17. Dezember 1949.

71 Auskunft von Prof. Dr. Ragnar Leunig am Telefon, 8. April 2013.

72 Tagebucheintrag Rosemarie Reichwein, 10. September 1949.

73 Tagebucheintrag Rosemarie Reichwein, 10. September 1949.

74 Gründe für die Vereinigung beider Parteien, die auch im Westen diskutiert wurde, siehe Klotzbach 1982, S. 67 ff. Genaue Schilderung der Vereinigung von SPD und KPD in Berlin zur SED siehe Klotzbach 1982, S. 73–77.

75 In einer Urabstimmung am 31. März 1946 sprachen sich 62,1 % für gemeinsame Arbeit, aber 82,2 % gegen einen sofortigen Zusammenschluss aus. Klotzbach 1982, S. 77.

76 Tagebucheintrag Annedore Leber vom 20. April 1948, Nachlass Julius und Annedore Leber, BArch Koblenz, N 1732/15.

77 Annedore Leber und der «Telegraf» siehe auch Grebner 2002, hier vor allem S. 373–380.

78 Siehe dazu Oschilewski 1975.

79 10 Jahre «Telegraf» 1956, S. 22. Oschilewski 1975, S. 245.

80 Berlin: «Telegraf», 1946.

81 Annedore Leber: Der Heldentod, «Telegraf» Nr. 210/1 vom 13. Dezember 1946.

82 «Es ist nicht fortzuleugnen, dass die zugunsten der Nationalsozialisten ausfallenden Wahlen im Jahre 1933 nicht zum geringsten Teil durch die weiblichen Wahlstimmen ihre gegen die Demokratie und gegen die Humanität gerichtete Entscheidung erhielten. Gerade die Frauen sind wohl dazu verpflichtet, das Schandmal, was mit ihrer Hilfe Deutschland in der Welt gesetzt wurde, wieder auszutilgen. Deshalb sehe ich meine Aufgabe darin, alles zu tun, was in meiner Kraft steht, um in den Frauen die wahre Menschlichkeit wieder zu wecken, um sie zu staatspolitischer Verantwortung zu erziehen, um mit ihrer Hilfe eine Jugend heranzubilden, deren echter und wahrhafter

Geist dem Frieden unter den Völkern und Menschen dient.» Annedore Leber, Redemanuskript, ohne Ort, ohne Zeitangabe, maschinenschriftlich, im Nachlass Julius und Annedore Leber, BArch Koblenz, N 1732/14. Jürgen W. Falter betont, dass die NSDAP ihren Aufstieg nicht den Frauen zu verdanken hat. Frauen gehörten in der Weimarer Republik eher zu den Nichtwählern, und wenn sie wählten, dann die Parteien der konservativen Mitte, weniger die Radikalen von links oder rechts. Richtig ist allerdings, dass die Nazis bei weiblichen Wählern einen überdurchschnittlichen Stimmenzuwachs erzielen konnten und dass der Anteil der Frauenstimmen bei der Reichstagswahl vom 5. März 1933 hoch war. Wildt 2008, S. 59 f.

83 Ohne Autor, Verleumdungen im Rias, Tagesspiegel, 4. Januar 1949.

84 «Aber liegt in diesem Umstand [des Frauenüberschusses] wirklich nur eine deprimierende Trostlosigkeit für jene Frauen, die Heim und Lebensglück in einer sinnlosen Katastrophe verloren haben? Wäre es nicht für sie vielmehr eine dem Leben Sinn gebende und Inhalt verheißende Aufgabe, sich jetzt mit ihren seelischen und physischen Kräften über die Familie hinaus an die Familiengemeinschaft des Volkes zu wenden? Was im Grunde den Frauen fehlt, ist ein gewisses Zutrauen zu sich selbst. Anders als viele ihrer selbstbewußten männlichen Kollegen fürchten sie einen Mangel an Vorkenntnissen, einen nicht zureichenden Einblick in größere Zusammenhänge, Lücken des Wissens und der Erfahrung auf politischem Gebiet. … Die Zeit erlaubt keinem von uns zu ruhen und auf ein Wunder zu hoffen. Was aus Deutschland wird, liegt bei uns selbst. Es liegt zum großen Teil in der Hand der Frau. Also ihr Frauen, nur Mut!» Annedore Leber, «Telegraf», 4. Mai 1947.

85 «Mir ist bitteres genug angetan worden. Aber ich weiß, dass ich meine Opfer für den Sieg des Guten gebracht habe. Aus meinem Schicksal heraus habe ich gelernt, was den Menschen nicht zugefügt werden darf. Und darum will ich meine ganzen Bemühungen dafür einsetzen wieder unter den Menschen Vertrauen zu schaffen.» Annedore Leber, Redemanuskript für die Internationale Frauenliga für Frieden und Freiheit, Freundin und Schicksalsgefährtin, o. O., o. J. [Ende 1940er], maschinenschriftlich, Nachlass Julius und Annedore Leber, BArch Koblenz, N 1732/12, S. 15.

86 Annedore Leber, Redemanuskript für die Internationale Frauenliga für Frieden und Freiheit, Freundin und Schicksalsgefährtin, o. O., o. J. [Ende 1940er], maschinenschriftlich, Nachlass Julius und Annedore Leber, BArch Koblenz, N 1732/12, S. 10.

87 «Telegraf» 225/26. September 1947. Und in der Ausgabe vom Oktober 1947 liest man: «Mosaik, das neue Monatsblatt, will mit den Mitteln unserer Zeit und im Rahmen der tatsächlichen Möglichkeiten diese Zeit selbst unmittelbar anpacken. Es will sich aufzeigen und dann sprechen, wo ein Wort unbedingt gesagt werden muss … sucht die Zeitschrift Mosaik aus der Buntheit und Wirrnis der Tage, aus der Mannigfaltigkeit gerade des heutigen deutschen Frauenlebens in Wort, Bild und Farbe, ein Ausdruck unserer Zeit zu werden.» Freundliche Mitteilung von Frau Steffi Wolf, Deutsche Nationalbibliothek Leipzig. Vielen Dank dafür!

88 Nachlass Julius und Annedore Leber, BArch Koblenz, N 1732/58.

89 Dies berichtet nicht nur eine ehemalige Mitarbeiterin, Ingeborg Bohrmann,

sondern dies bestätigt Annedore Leber selbst in einem Artikel, eine Art Homestory in «Das neue Journal» vom 22. April 1959.

90 Erinnerungen von Ingeborg Bohrmann, geb. Schütze, an Annedore Leber, schriftliche Mitteilungen vom 20. August und 30. November 2012.

91 Ernst Reuter an Annedore Leber, 10. Januar 1947, Landesarchiv Berlin, E Rep. 200-21, Nr. 171.

92 Tagebucheintrag Annedore Leber vom 20. April 1948, Nachlass Julius und Annedore Leber, BArch Koblenz, N 1732/15.

93 Ich stütze mich im Folgenden auf die Studien von Schüler 2000 und Hikel 2013. Schüler hat eine höchst detailreiche Arbeit zum geistesgeschichtlichen Hintergrund der Weißen Rose vorgelegt, die aber auch eine genaue Darstellung der Gründung und Arbeit der Volkshochschule Ulm enthält. Hikel beschreibt das Leben Inge Scholls im Kontext des Diskurses über Erinnerungskultur.

94 Schüler nennt diese Zahl für einen vergleichbaren Vortrag in der Martin-Luther-Kirche vom Oktober 1945, S. 275.

95 Schüler 2000, S. 273.

96 Hikel 2013, S. 119.

97 Übersicht über die Vorträge der vh Ulm bei Schüler 2000, S. 476–494.

98 Dieses und die folgenden Zitate nach Schüler 2000, S. 296 f. Hervorhebungen im Original.

99 Hikel 2013, S. 51.

100 Schüler 2000, S. 318.

101 Schüler 2000, S. 321.

102 Zur Bedeutung von Muth und Haecker für Hans und Sophie bzw. für Inge Scholl siehe Schüler 2000.

103 Gemeint ist das Werk «Das Buch von den Engeln. Stellung und Bedeutung der heiligen Engel im Kultus» von Erik Peterson.

104 Inge Scholl an Carl Zuckmayer, Ulm, den 5. Juli 1950. DLA Marbach, A: Zuckmayer: 95.1.454/7. Hervorhebung im Original. Auch Christine Hikel findet in den Briefen Inge Scholls ähnliche Belege, in denen Inge Sophie als Heilige bezeichnet – «Ihr Wollen war tatsächlich das einer Heiligen» – oder Hans und Sophie in «gebetsartigen Tagebucheinträgen» (vom 24. November 1943 und vom 24. Mai 1944) «wie Heilige» anrief. Hikel 2013, S. 39.

105 Zitiert nach Hikel 2013, S. 39.

Kampf um das Erbe des Widerstands

1 Stern 2006, S. 198.

2 Institut für Demoskopie Allensbach, IfD-Bericht 3099: «Wissen und Urteil der Bevölkerung vor und nach dem 40. Jahrestag des 20. Juli 1944», Tabellen 20 bis 22. Dort wurden diejenigen befragt, im Bundesgebiet und in West-Berlin, die richtige oder ungefähr richtige Angaben zum 20. Juli machten.

3 Claus Jacobi: Vor sieben Jahren, in: Die Zeit, Nr. 29, 6. Jahrgang, Donnerstag, 19. Juli 1951.

4 Marion Gräfin Dönhoff: Es fehlt nicht an Vorbildern, in: Die Zeit (Titel-

seite), Nr. 29, 19. Jahrgang, 17. Juli 1964; zu den Konturen und zur Wirkungsmächtigkeit des von Gräfin Dönhoff etablierten Topos vom Widerstand gegen den Nationalsozialismus vgl. Conze 2003.

5 Siehe hierzu Hikel 2013, S. 39.

6 «Vergeblich sucht man in den Akten nach einer präzisen Begründung, weshalb die neu zu errichtende Zentrale nach dem historischen Vorbild, der Reichszentrale für Heimatdienst, benannt werden sollte. Im Ersten Weltkrieg gegründet, bestand die Reichszentrale in der Weimarer Republik fort, unterstand der Reichskanzlei und fungierte in Abstimmung mit den wechselnden Reichsregierungen als Propagandaeinrichtung. Der Begriff ‹Heimatdienst› wurde im Kontext dieser Debatte nicht hinterfragt. So findet sich keine Reflektion darüber, in welchem historischen Zusammenhang der Begriff ‹Heimatdienst› entstanden ist.» Hentges 2013, S. 434 ff.

7 Kabinettsprotokolle online, Kabinettsprotokolle 1952, 251. Kabinettssitzung am 7. Oktober 1952, Tagesordnungspunkt 5: Bundeszentrale für Heimatdienst, BMI. http://www.bundesarchiv.de/cocoon/barch/0000/k/k1952k/kap1_2/kap2_70/para3_5.html#d8e39, 10. November 2011.

8 Es erschienen in der Schriftenreihe der Bundeszentrale für Heimatdienst 16 Bände, die den Nationalsozialismus thematisierten, davon sechs den militärischen Widerstand des 20. Juli 1944 (Bd. 5, 6, 7, 8, 14, 17); sieben Veröffentlichungen widmeten sich der Ausgrenzung, Ghettoisierung und Ermordung der europäischen Juden (Bd. 2, 9, 32, 34, 36, 51, 59). Neun Titel standen unter dem Vorzeichen des Antikommunismus und befassten sich mit der kommunistischen Theorie und Praxis (Bd. 13, 16, 21, 22, 40, 41, 42, 44, 45), Hentges 2013, S. 442.

9 Freya von Moltke an Käthe Kuhn, 25. November 1949, Bayerische Staatsbibliothek München, Nachlass Helmut Kuhn, ANA 581, Schachtel 19, Mappe 1. Die Reise entpuppte sich allerdings als nicht sehr ertragreich. Zwar gab es Mitorganisatoren, die sich zufrieden äußerten, wie der Schatzmeister des Komitees, der Bankier Paul Kempner, der 1939 emigriert war: «Mit Graefin Moltke kann man Kasse machen.» Ebd. Aber Gräfin Hardenberg resümierte im folgenden Frühjahr: «Danke herzlichst für den Passus für den Rundbrief. Das bekommt ja dann auch Freya Moltke. Natürlich kann es einem (!) wurmen, daß so viel Geld für diese unsinnige Vortrags-Reise verschleudert wurde. *Sie* haben es ja voraus gesehen! Aber sagen wir uns, – Freya hat eine schöne und interessante Zeit gehabt und das ist sicher ein Vorteil für sie und indirekt auch für ihre Buben.» Renate von Hardenberg an Käthe Kuhn, 14. Februar 1950, Bayerische Staatsbibliothek München, Nachlass Helmut Kuhn, ANA 581, Schachtel 20.

10 Brief vom 11. Oktober 1949, in: Bayerische Staatsbibliothek München, Nachlass Helmut Kuhn, ANA 581, Schachtel 20.

11 Ich stütze mich bei der Darstellung des Verfahrens auf die Studie von Fröhlich 2006.

12 Außerdem Marion Gräfin Yorck von Wartenburg, Uwe Jessen, Alexander von Hase. Fröhlich 2006, S. 64.

13 Ludwig Beck wurde nach einem gescheiterten Selbstmordversuch erschossen, die anderen vier im Hof hingerichtet.

14 Fröhlich 2006, S. 103. Die CDU und die DP hatten Koalitionsverhandlungen mit der SRP aufgenommen, die aber nicht zum Erfolg führten.
15 Frei 1997, S. 325.
16 Zitiert nach Fröhlich 2006, S. 11.
17 Fröhlich 2006, S. 12.
18 Fröhlich 2006, S. 78.
19 Die Gutachten wurden in Publikationen der Bundeszentrale für Heimatdienst abgedruckt, zum Beispiel bei Royce 1960, S. 256–291.
20 Fröhlich 2006, S. 84.
21 Fröhlich 2006, S. 87.
22 Die hannoversche Landeskirche unter ihrem umstrittenen Bischof August Marahrens hatte sich noch nach dem Krieg darauf bezogen: Obwohl sich die Obrigkeit in zunehmendem Maße als unchristlich, ja antichristlich erwiesen habe, «haben wir ihr in äußeren Dingen den schuldigen Gehorsam erwiesen». Fröhlich 2006, S. 89.
23 Fröhlich 2006, S. 93.
24 Fröhlich 2006, S. 108.
25 Fröhlich 2006, S. 33.
26 Hans Oster hatte unter anderem die Niederländer über den deutschen Angriff auf ihr Land informiert. Fritz Bauer argumentierte, dass es sich um einen ungerechten Angriffskrieg gehandelt habe. Deshalb sei Oster zur Nothilfe der Informationsübermittlung berechtigt gewesen. Fröhlich 2006, S. 118.
27 Fröhlich 2006, S. 113.
28 Das Heldentum der Frauen, Rede des Bundesministers Dr. Hans Lukaschek an die Tischgesellschaft nach der Denkmalsenthüllung am 19. Juli 1953, Berlin, http://www.20-juli-44.de/pdf/1953_lukaschek.pdf, 23. Mai 2013.
29 Heike Bretschneider, Regie: Annedore und Julius Leber – Eltern im Widerstand, Bayerischer Rundfunk, München 1994.
30 Freya von Moltke an Carl Zuckmayer, Norwich, den 12. Juni 1969, DLA Marbach, A: Zuckmayer: 95.1.
31 http://www.20-juli-44.de/pdf/1954_heuss.pdf, 27. Mai 2013. Alle folgenden Zitate aus der Rede, S. 1, 2.
32 1926 in Breslau geboren, war Stern 1938 mit seinen Eltern in die USA emigriert. Er wurde Historiker an der Columbia University in New York und kehrte 1950 das erste Mal nach Deutschland zurück. Im Jahr 1954 übernahm er eine Gastprofessur an der Freien Universität in Berlin. Stern 2006, S. 213.
33 «Auch wissen Sie, was die Frauen im Widerstand geleistet haben: ohne deren Verständnis, ohne deren Liebe und Hilfe wäre der Widerstand unvorstellbar gewesen. Dieser unerschütterliche, als selbstverständlich empfundene Zusammenhalt entsprach dem Geist des Widerstands. Allein das Wissen um das unbeschreibliche Leid des Mannes, die verzweifelten Versuche, den Verurteilten doch noch das Leben zu retten, die Sorge um die Kinder zur Zeit der Sippenhaft: alles Beweise unfassbarerer Tapferkeit.» Fritz Stern: Die Menschen des 20. Juli sind ein Teil deutscher und europäischer Geschichte, http://www.20-juli-44.de/pdf/2010_Stern.pdf, 27. Mai 2013, S. 2.

34 https://de.wikipedia.org/wiki/Briefmarken-Jahrgang_1954_der_Deutschen_Bundespost_Berlin#Sondermarken, 27. Mai 2013.

35 Uta Maaß im Interview mit Jonathan Bauerschmidt, 18. April 2001.

36 Im «Telegraf» lesen wir dazu am 28. Juni 1969: «20jähriges Bestehen des Vereins der Handwerkerlehrstätte e. V. in Berlin Britz. Seit 1949 sind in der Lehrstätte rund 30 000 Erwachsene und Jugendliche ausgebildet worden. Der Senator für Arbeit, Gesundheit und Soziales, Dr. Klaus Bodin, als Hausherr der Lehrstätten, teilte mit, daß die Lehr- und Übungswerkstätten in Britz zusammen mit denen in der Grüntaler Straße (Wedding) über rund 500 Ausbildungsplätze verfügen. Gegenwärtig absolvieren in der Handwerkerlehrstätte 120 Jugendliche ihr Betriebspraktikum. Außerdem werden 380 Behinderte in Drei- bis Dreieinhalbjahreskursen handwerklich ausgebildet. Jährlich werden ungefähr 100 Personen in die Berufe entlassen. Die Ausbildung erfolgt durch 45 Lehrkräfte in über 30 Berufen.»

37 In der Einleitung zu einem Verlagsprogramm aus den späten 1950er Jahren schrieb sie: «Mit unseren Büchern möchten wir zu einer demokratischen Bewußtseinsbildung beitragen. Sie sollen dazu anregen, über die unveräußerlichen Werte von Wahrheit, Freiheit und Gerechtigkeit nachzudenken, und verdeutlichen, daß wir ohne Humanität nicht existieren können. Dies umschließt die geistige Auseinandersetzung mit der jüngsten Vergangenheit und ihren gegensätzlichen Erscheinungen von Unrecht und Widerstand. Gegenwart und Zukunft verlangen hier klare Entscheidungen. Sie fordern auch von der jungen Generation Urteilsvermögen und die Erkenntnis, daß jeder einzelne für den Weg, den sein Volk geht, persönliche Verantwortung trägt. Das dafür notwendige Wissen möchten ihr unsere Bücher vermitteln. Gleichzeitig stellt sich die Frage nach der Erziehung zu demokratischen Lebensformen. Da hierin eine stetige und vielfältige Aufgabe zu sehen ist, pflegen wir auch das Buch pädagogischer Art, das sich an Schule, Elternhaus oder sonstige Jugenderzieher richtet. Ebenso ist unsere Berufsschriftenserie aus der grundsätzlichen Erwägung entstanden, daß die Gesellschaft, die sich zuverlässige Staatsbürger wünscht, auch fähig sein muß, zunächst dem jungen Menschen einen festen beruflichen Rückhalt zu geben.» Nachlass Julius und Annedore Leber, BArch Koblenz, N 1732/25.

38 Annedore Leber: 313 Berufe für junge Mädchen, Berlin-Schöneberg [u. a.], Mosaik-Verlag 1953. 2. Auflage, ebenfalls 1953, 6.–15. Tsd.; 3., verb. Auflage, 1956, 15.–20. Tsd.; 5., verb. Auflage, 26.–30. Tsd. – Artur Appelt: 555 Jungensberufe in Landwirtschaft, Bergbau, Handwerk und Industrie, Berlin-Schöneberg [u. a.], Mosaik-Verlag Leber, 1955.

39 Katharina Christiansen-Leber erinnerte sich: «Sie hat die Bilder bekommen, die vom Volksgerichtshof gemacht wurden, von dem Fotografen Hoffmann, und dessen Helfer, ich glaube der hieß, das war der Fotograf Leonard glaube ich, der hat sich so geärgert über diesen Hoffmann, und war so absolut kein Nazi, dass er einen Haufen, ne Menge der Bilder beiseite geschafft hat, illegal. Und die hat er meiner Mutter gebracht. Und das war der Grundstock für diese Publikation.» Zeitzeugen-Projekt | Wortprotokoll Katharina Christiansen-Leber | © Bayerisches Staatsministerium für Wissenschaft, Forschung und Kunst | Haus der Bayerischen Geschichte, Augsburg 2012.

40 «Bei den Texten liegt mir besonders an einer menschlich lebendigen Schilderung, die mitunter durch ein kleines persönliches Erlebnis stärker hervortritt als durch die Zeichnung großer charakterlicher Eigenschaften.» Annedore Leber an Ludwig Bergstraesser, Darmstadt, vom 14. Oktober 1953, Hessisches Staatsarchiv Darmstadt, O 21 Nr. 14/3.
41 Annedore Leber an Frau von Kleist, 19. September 1953, Bayerische Staatsbibliothek München, Nachlass Helmut Kuhn, ANA 581, Schachtel 24, Mappe 1.
42 Das Gewissen steht auf, alle Berlin [u. a.], Mosaik Verlag: 4. Aufl., 22.–35. Tsd., 1955, 5. Aufl., 36.–44. Tsd., 1955, 6. Aufl., 45.–75. Tsd., 1956, 7. Aufl., 76.–80. Tsd., 1959, 8. Aufl., 81.–86. Tsd., 1959, 9. Aufl., 87.–100. Tsd., 1960, 10. Aufl., 100.–107. Tsd., 1963, 11. Aufl., 108.–115. Tsd., 1966, Büchergilde Gutenberg 1954, 1955, 1959, 1960, 1963 – Das Gewissen entscheidet, alle Berlin [u. a.], Mosaik Verlag: 2. Aufl. 1957, 3. Aufl., 15.–27. Tsd., 1957, 4. Aufl., 28.–32. Tsd., 1960, 5. Aufl. 33.–35. Tsd., 1962, 6. Aufl., 35.–40. Tsd., 1963, Büchergilde Gutenberg 1958, 1959, 1960, 1963.
43 Nachlass Julius und Annedore Leber, BArch Koblenz, N 1732/27.
44 Gespräch mit Edzard Reuter am 10. Juli 2012 in Berlin.
45 Freya von Moltke an Eugen Rosenstock-Huessy, Berlin, 29. Oktober 1958, Privatarchiv Helmuth Caspar von Moltke (später PA Moltke), Norwich, Vermont.
46 Ich stütze mich bei meiner Darstellung überwiegend auf Hikel 2013, S. 123–140.
47 Angabe in der Ausgabe der Fischer Bücherei von 1963, November 1963: 226.–237. Tausend, dazugerechnet werden müssen die Exemplare, die anfangs, 1952–1954, im Verlag der Frankfurter Hefte erschienen waren, der 1954 in Konkurs ging. Zahlen liegen nicht vor.
48 Hikel 2013, S. 127.
49 Knoop-Graf 2006, S. 14.
50 Münchner Merkur, 12. September 1952, Nr. 220.
51 Die österreichische Furche, Wien, 11. Oktober 1952.
52 Westfälische Nachrichten, Münster, 15./16. November 1952.
53 dpa-Buchbrief / Kultur, Hamburg, 12. November 1952.
54 Ulmer Nachrichten, Ulm, 23. Oktober 1952.
55 Dietrich Spangenberg, Leiter des Amtes für gesamtdeutsche Studentenfragen des VDS, auf einer Feier der FU, Gedenken für die Opfer der Willkür, am 20. Juli 1951, bei der auch Inge Scholl und Ernst Reuter anwesend waren: «Wir haben den 20. Juli in *voller Absicht* für diese Gedenkstunde gewählt. In einer Zeit nämlich, in der rechtsradikale Gruppen Widerstandskämpfer gegen Hitler als gemeine Landesverräter bezeichnen, kommt es uns darauf an, durch Betonung der Gleichartigkeit des Widerstandes gegen die nationalsozialistische und stalinistische Willkür, beide in ihrem verantwortungsvollen Kampf um die Freiheit zu ehren.» Colloquium. Zeitschrift der Freien Studenten Berlins, Berlin-Dahlem, August 1951.
56 Fröhlich 2006, S. 44.
57 Es handelt sich bei der folgenden Darstellung um eine stark gekürzte Fassung der ganz außerordentlich komplizierten Gründungsgeschichte der HfG, die in unserem thematischen Kontext auf einen chronologischen Be-

richt reduziert ist. Schüler 2000 geht auf die HfG ein. Eine detaillierte Gründungsgeschichte gibt Seeling 1985, sehr detailliert Spitz 1997, reich bebildert der Ausstellungskatalog Ulmer Museum, HfG-Archiv 2003.

58 Spitz 1997, S. 59.

59 McCloy zitiert nach Spitz 1997, S. 106.

60 Die Vorwürfe bzw. der gesamte Vorgang sind sowohl im Archiv der Hochschule für Gestaltung (AZ 524) als auch im Münchner Institut für Zeitgeschichte (ED 145/23 NL) nachzuvollziehen.

61 Zitiert nach Spitz 1997, S. 99.

62 Schüler 2000, S. 427 f.

63 Koch 2006, S. 253.

64 Meine Ausführungen stützen sich auf Goschler 2005 und 2009.

65 Festgelegt im Luxemburger Abkommen vom September 1952, in dem Warenlieferungen im Wert von 3 Milliarden DM an Israel und die Zahlung von 450 Millionen DM an die Jewish Claims Conference vereinbart wurden. Die Conference on Jewish Material Claims against Germany wurde 1951 als Gesamtvertretung von 52 jüdischen Organisationen in westlichen Ländern gegründet.

66 Goschler 2005, S. 75.

67 Allen W. Dulles an Max Brauer, Regierender Bürgermeister von Hamburg, 11. Oktober 1949: «I am referring to the 60-year-old widow of Major-General Hans Oster, who has had her pension refused and who has had to support herself for three years, without previous training or experience. This was not quite so materially felt by Frau Oster as long as she worked as house-keeper for the former U.S. Consul General. But Mr. Groth has left and his successor, I understand, has no need for her services. If I am correctly informed, pensions are now being paid to widows of German officials. It is then not possible to grant a pension to the widow of a man like Hans Oster, whose uncompromising opposition to the Nazisystem was known for many years before the war, and who left nothing undone to save his country from the disastrous war by unceasingly trying to bring about Hitler's downfall? As Frau Oster lives in Hamburg, I hope and believe that it may be possible for you to use your influence in a decisive manner on her behalf. I beg you to do so, not only for the sake of Frau Oster herself, but also because such action on the part of the Hamburg Government would help to insure the continued success over here of our work in aiding the deserving survivors of the German resistance movement.» Bayerische Staatsbibliothek München, Nachlass Helmut Kuhn, ANA 581, Schachtel 20.

68 Bonhoeffer [2004], 2005, S. 91; 95 ff.

69 Goschler 2005, S. 176.

70 Goschler 2005, S. 133 f.

71 Johannes Tuchel: 20. Juli «Feiglinge» und «Verräter», in: Die Zeit, 8. 1. 2009 Nr. 03, http://www.zeit.de/2009/03/A-Zwanzigster-Juli, 22. Juni 12. Die Wochenzeitung geht auf ihrer Titelseite ausführlich auf den Fall ein: «Das Opfer ist schuld. Die Oberfinanzdirektion München und das Versorgungsamt München II haben klassische Beiträge zur deutschen Zeitgeschichte geliefert: Sie und leider nicht sie allein, haben eine seltsame Auffassung vom

20. Juli und dem Kampf um die Freiheit. Dies geht aus einer Serie von Briefen und Bescheiden hervor, die Frau Elisabeth Wagner, Witwe des ehemaligen Generalquartiermeisters des Heeres, zugingen. Es begann mit einem Bescheid der Oberfinanzdirektion vom 28. Juni 1951, der so anfängt: ‹Auf o. a. Schreiben wird mitgeteilt, daß für Sie eine Wiedergutmachung nationalsozialistischen Unrechts überhaupt nicht in Frage kommt.› Nach dieser zackigen Einleitung kann man auf die Begründung gespannt sein. Hören wir sie: ‹Ihr Ehemann hat überhaupt kein nationalsozialistisches Unrecht erlitten, er hat sich vielmehr selbst erschossen und ein eventuelles nationalsozialistisches Unrecht nicht abgewartet. Ihr Ehemann hat auch keinen Nachteil bezüglich einer Beförderung erlitten, denn er hatte ja bereits den höchsten Dienstgrad erreicht. Es fehlt somit jede Begründung für eine Wiedergutmachung.› Somit bestand nach Meinung der Oberfinanzdirektion München General Wagners Bürger- und Gattenpflicht darin, den Galgen abzuwarten. Den nächsten Beitrag hat das Versorgungsamt München II geliefert, in einem aktenmäßig festgelegten mündlichen Bescheid vom 6. Oktober 1952 und einem schriftlichen vom 7. Oktober 1952. In beiden heißt es, dass dem Antrag auf Gewährung einer Witwenrente beziehungsweise einer Hinterbliebenenversorgung nicht nachgegeben werden könne. Frau Wagner hatte sich in ihren Anträgen nämlich auch darauf berufen, dass sie Sippenhaft erlitten habe, und hatte auf Grund des Gesetzes über Leistungen an Köperbeschädigte vom 26. 3. 1947 eine Wiedergutmachung beantragt. Da Frau Wagner 9 Monate in Ravensbrück in der Todeszelle zugebracht und sich dort eine dauerhafte Schädigung ihrer Gesundheit zugezogen hatte, schien dies nur recht und billig. Es wurde ihr jedoch mitgeteilt, Sippenhaft berechtige nicht zur Entschädigung, sie könne nicht als Verfolgte des Naziregimes anerkannt werden. Das Versorgungsamt München II ließ sie folgendes wissen: ‹Ihr Ehemann wurde am 23. Juli 1944 wegen aktiver Teilnahme an der Widerstandsbewegung gegen das nationalsozialistische Regime hingerichtet. (Hier befindet sich die Behörde im Irrtum, die Red.) Die Teilnahme an der Widerstandsbewegung diente nicht militärischen, sondern politischen Zwecken, nämlich der Beseitigung des damaligen Regimes. Die Handlungen können somit nicht als militärischer und militärähnlicher Dienst angesehen werden.› Wie damals die Lage an den Fronten war und wie es in der Heimat aussah, ist also unerheblich. Und dass gerade ein Offizier aus militärischer Schau heraus sich politisch zum Handeln verpflichtet fühlte, wird ohne weiteres missbilligt, obgleich in einem totalitären Regime Militärisches und Politisches gar nicht zu trennen sind. In seinem schriftlichen Bescheid ist das Versorgungsamt noch präziser: ‹Leistungen nach BVG›, heißt es darin, ‹können nur gewährt werden an Personen, die durch militärischen oder militärähnlichen Dienst oder durch unmittelbare Kriegseinwirkungen zu Schaden gekommen sind. Die Ursache des Todes ist aber die Teilnahme an der Widerstandsbewegung, die einen politischen Zweck, nämlich die Beseitigung des damaligen Regimes, verfolgte.› Die Schlußfolgerung ist klar: Frau Wagner muß sich selbst versorgen, und das hat sie nur ihrem toten Mann zuzuschreiben. Wie kam dieser auch dazu, sich um die politische Freiheit seines Volkes zu bekümmern und noch dazu als General, ‹also

nach Erreichung des höchsten Dienstgrades›. Die Witwe des Stellvertretenden Reichsprotektors in Böhmen und Mähren, SS-Obergruppenführers Heydrich, hat es besser. Sie bekam zu der Zeit, da Frau Wagner in München eine Ablehnung erteilt wurde, längst ihre Rente.» H. P. L. Die Zeit, Nr. 30, 8. Jahrgang, Donnerstag, 23. Juli 1953.

72 Abgedruckt bei Sahm 1990, S. 243 f.

73 Sahm 1990, S. 248; siehe auch S. 296–304.

74 Sahm 1990, S. 251.

75 Sahm 1990, S. 252 f.

76 Ich stütze mich bei meiner Darstellung auf Sahm 1990, S. 239–256.

77 «Die Organisation der ganzen Gruppe reichte bis nach Paris, Belgien und Holland; sie wurde von Moskau aus in verschlüsselten Radiosendungen über Paris und Brüssel gesteuert. Ihre geistigen Führer … gehörten zu jenen Edelkommunisten, die nicht nur der Haß gegen Hitler, sondern auch eine höchst individuelle geistige Entwicklung in das kommunistische Lager geführt hatte; der Reiz des geistigen Abenteuers mag dabei ebenso eine große Rolle gespielt haben (besonders bei dem romantisch veranlagten Schulze-Boysen) wie ein unklarer sozialer Enthusiasmus oder (wie bei Harnack) die Bewunderung der technisch-ökonomischen Leistung des bolschewistischen Systems. Was auch immer die Motive waren: praktisch haben sie sich bedingungslos dem Landesfeind als höchst gefährliche Werkzeuge zur Verfügung gestellt.» Ritter [1954], 1984, S. 106 f.

78 In der ersten Ausgabe, Zürich 1946, beginnt auf S. 137 (bis 140) ein Absatz mit folgenden Worten: «Zu diesem Zeitpunkt hatten sich Stauffenbergs Beziehungen zu maßgebenden Führern der deutschen Arbeiterschaft mehr und mehr verdichtet. Diese sollten wichtige Posten in der neu zu bildenden deutschen Regierung einnehmen.» Schlabrendorff lässt dann Gustav Dahrendorff zu Wort kommen, der auf den nächsten zweieinhalb Seiten «die Rolle der deutschen Arbeiterschaft und ihrer Führer bei den Vorbereitungen zum Staatsstreich vom 20. Juli 1944» schilderte. Diese Passagen sind z. B. in den Ausgaben der Fischer Bücher des Wissens der 1950er und 1960er Jahre ersatzlos gestrichen.

79 Die folgende Darstellung fußt vor allem auf Haase 1994, Andresen, Coppi 1999, Roloff 2002, Grosse 2008, Fröhlich 2006. – Adolf Grimme hat Roeder am 15. September 1945 bei der britischen Militärverwaltung angezeigt, die gemeinsame Anzeige erfolgte beim Internationalen Militärtribunal in Nürnberg.

80 «Das mit der Wahrnehmung ihrer Interessen beauftragte Komitee aller Überlebenden des Schulze-Boysen-Harnack Prozesses richtet an Sie das Ersuchen, gegen den früheren Oberkriegsgerichtsrat Dr. Manfred Roeder, augenblicklich in Haft im Internierten Lager Oberursel, ein Verfahren auf Grund des Artikel 10 des Kontrollratgesetzes wegen Verbrechen gegen die Menschlichkeit einzuleiten. Wir fügen Ihnen anbei die ersten eidesstattlichen Erklärungen und werden in kurzer Zeit weitere Erklärungen von allen übrigen ehemaligen politischen Gefangenen unseres Prozesses zur Verfügung stellen. Wir fühlen uns berechtigt, auch im Namen unserer Toten, die strengste Bestrafung für den unerhörten Missbrauch jeglichen Rechts-

gefühls durch den Beschuldigten Röder zu verlangen und bitten um eine möglichst rasche Untersuchung.» Gedenkstätte Deutscher Widerstand, Materialsammlung Rote Kapelle, grauer Aktendeckel 1, Widerstand, Folie 3.

81 Zur Zusammenarbeit Roeders mit dem amerikanischen Geheimdienst, wo er als «Othello» geführt wurde, siehe Roloff 2002, S. 292 ff.

82 Siehe hierzu Sahm 1990, S. 304–311; S. 304 ff. der Bericht; S. 306 ff. die Bewertung.

83 Fröhlich 2006, S. 58.

84 Grosse 2008, S. 90.

85 Grosse 2008, S. 87 f.

86 Haase 1993, S. 173.

87 Grosse 2008, S. 89.

88 Die amerikanischen Akten belegen, dass das Telefon von Greta Kuckhoff abgehört wurde. Vinke 2003, S. 196; Sahm 1990, S. 245 f.

89 Artikelüberschrift in der Frankfurter Allgemeinen Zeitung vom 27. Dezember 1995, S. 10.

90 Grosse 2008, S. 95.

91 Ritter [1954], 1984, S. 470.

92 Sahm 1990, S. 202.

93 Vinke 2003, S. 210.

94 Institut für Marxismus-Leninismus 1970, Bd. 1, S. 148.

95 Albert Norden in der «Weltbühne» im Juli 1947, nach Finker, Reich 1998, S. 162.

96 Institut für Marxismus-Leninismus 1970, Bd. 1, S. 7.

97 Roloff 2002, S. 344.

98 Andresen, Coppi 1999, S. 15.

99 Detaillierte Vorstellung des Rechtswegs bei Vinke 2003, S. 204 ff.

100 Vinke 2003, S. 204.

101 Vinke 2003, S. 205.

102 Vinke 2003, S. 209.

103 Schwarz 1989, S. 45. Goschler 2005, S. 191.

104 Interview mit Jonathan Bauerschmidt.

105 Rosemarie Reichwein an Freya von Moltke, den 12. Juli 1953, PA Martin-Reichwein, München.

106 Tagebucheintrag vom 7. November 1952.

107 Tagebucheintrag vom 14. und vom 16. März 1953. Hervorhebung im Original.

108 Rosemarie Reichwein an Freya von Moltke, den 29. März 1963. DIPF, Archiv, Nachlass Rosemarie Reichwein im Adolf-Reichwein-Archiv.

109 Freya von Moltke an Rosemarie Reichwein, Heidelberg, den 31. März 1963. DIPF, Archiv, Nachlass Rosemarie Reichwein im Adolf-Reichwein-Archiv.

110 Freya von Moltke an Eugen Rosenstock-Huessy, San Felice Cicero, 24. Juli 1956. PA Moltke, Norwich, Vermont.

111 Christa Hasenclever: Antje, Versuch eines Lebensbildes, Bonn 1986, PA Kopf, Solz. Auch die folgenden Zitate stammen aus diesen Erinnerungen.

Lebensenden

1 Zum Beispiel: Klaus Epstein: Matthias Erzberger und das Dilemma der deutschen Demokratie, Berlin [u. a.]: Leber, 1962. – Raimund Koplin: Carl von Ossietzky als politischer Publizist, Berlin [u. a.]: Leber, 1964. – Doch das Zeugnis lebt fort. Der jüdische Beitrag zu unserem Leben. Ein Sammelwerk, Berlin [u. a.]: Leber, 1965.
2 Freya von Moltke an Eugen Rosenstock-Huessy, Lübeck, den 5. September 1959. PA Moltke, Norwich, Vermont.
3 «Frau Leber holte mich … ab + ich arbeitete mit ihr bis mittag. Am liebsten will sie jetzt alle ihre Bücher mit mir zusammen machen. Sie hat es gesagt. Aber ich habe gesagt, ich habe keine Zeit.» Freya von Moltke an Eugen Rosenstock-Huessy, Berlin, den 10. Oktober 1958. PA Moltke, Norwich, Vermont.
4 Bild-Zeitung vom 24. Februar 1962. Archiv der deutschen Sozialdemokratie in der Friedrich-Ebert-Stiftung, Sammlung Personalia AL, 6057.
5 Julius Leber an Annedore Leber, Berlin, den 1. und 2. Januar 1945. Beck 1983, S. 338.
6 Jansen 2010, S. 13.
7 Zitiert nach Hikel 2013, S. 179.
8 Christian Petry, Vincent Probst: Studenten aufs Schafott, in: Stern (1968), 8, S. 32 ff. Zitiert nach Hikel 2013, S. 188.
9 Zitiert nach Hikel 2013, S. 186.
10 Hervorhebung Petry, Probst. Zitiert nach Hikel 2013, S. 188.
11 Zitiert nach Hikel 2013, S. 227.
12 Drei Jahre nach dem Film, am 25. Januar 1985, verabschiedete der Bundestag eine Erklärung, in der es hieß, dass der Volksgerichtshof «kein Gericht im rechtsstaatlichen Sinne, sondern ein Terrorinstrument zur Durchsetzung der nationalsozialistischen Gewaltherrschaft» gewesen sei. Damit galten dessen Urteile als aufgehoben. Hikel 2013, S. 230.
13 Meding 1992, S. 219.
14 Inge Jens: Über die «Weiße Rose», in: Neue Rundschau 95, 1/2 (1984), S. 193–213.
15 Zitiert nach Hikel 2013, S. 101.
16 Inge Aicher-Scholl: Eva – Weil Du bei mir bist, bin ich nicht alleine, Direktverlag, Riedlingen 1996. Zu beziehen über Julian Aicher, Rotis.
17 Meding 1992, S. 140.
18 Alle Informationen stammen aus der zugehörigen Korrespondenz der Anwältin mit den zuständigen Stellen, die als Dokumentation im Privatarchiv Ritscher in Adliswil vorliegt und eingesehen wurde.
19 Hervorhebung Geyken.
20 Heinz Höhne, Kennwort Direktor, http://www.spiegel.de/spiegel/print/d-46050039.html, 30. Juli 2013.
21 Frankfurter Allgemeine Zeitung, 4. Januar 1996.
22 Scheliha: Erinnerungen 1993, PA Ritscher, Adliswil.
23 Freya von Moltke an Rosemarie Reichwein, Four Wells, den 23. Juli 1974.

DIPF, Archiv, Nachlass Rosemarie Reichwein im Adolf-Reichwein-Archiv.

24 Rosemarie Reichwein an Freya von Moltke, Berlin, den 3. August 1979. DIPF, Archiv, Nachlass Rosemarie Reichwein im Adolf-Reichwein-Archiv.

25 Im Zusammenhang mit dem Film wurden in der Zeitschrift «Sinn und Form», die von der Akademie der Künste der DDR herausgegeben wurde, Interviews mit Rosemarie Reichwein (Dietzel 1984) und Freya von Moltke (Görner 1984) veröffentlicht.

26 Meding 1992, S. 155.

27 «Da habe ich zurückgeschrieben, mein Mann sei als Sozialdemokrat von den Nazis hingerichtet worden, da würden sie verstehen, dass ich das nicht wollte, Ich habe verfolgt, wie Koch Ministerpräsident wurde, wie er sich hoch gespielt hat und wie er auf die schiefe Bahn kam mit den Geldgeschichten und zu lügen anfing. Ich weiß nicht, warum die mit der Zeit alle korrupt werden, warum sie keine ethischen Vorstellungen haben von ihrem Beruf. Da geht's immer nur um Macht. Danach habe ich viel Post bekommen, von Freunden und Fremden. Aber solange man noch hier ist, hat man doch die Verpflichtungen! Wozu ist man sonst da?», in: Der Tagesspiegel, 4. März 2001, Nr. 17.339, S. W3.

28 Meding 1992, S. 183.

29 Meding 1992, S. 47; 181.

30 Meding 1992, S. 138.

31 Meding 1992, S. 171.

32 Clarita von Trott zu Solz erinnerte sich, Adam brauchte «einen Menschen, dem er absolut vertrauen konnte, der wusste, wie es in ihm aussah und der absolut am gleichen Strang zog, und unsere Freundschaft aus der Zeit vor Ausbruch des Krieges hatte ihm das sehr deutlich gemacht, dass er dazu in mir eine gute Kameradin finden würde.» Clarita von Trott zu Solz im Interview mit Heike Bretschneider: «Lernen, die eigene Kraft zu spüren.» In der Sendung «Über den Tag hinaus» am 20. April 2000, Bayerischer Rundfunk, zweites Programm.

33 Liz Wieskerstrauch im Gespräch mit Freya von Moltke, in: Die neue Gesellschaft. Frankfurter Hefte 5 (1992), S. 462–467; 467.

34 Meding 1992, S. 138.

35 Meding 1992, S. 212.

36 Yorck von Wartenburg [1984], 1985, S. 65.

37 Meding 1992, S. 190 f.

38 Smid 2002, S. 353.

39 Theo Haubach an Anneliese Schellhase am 8. Januar 1945, DLA Marbach, A: Huch Widerstand: 93.29.57/1.

40 Wie ein Damoklesschwert. SPIEGEL-Redakteurin Ariane Barth über die Witwen des 20. Juli: http://www.spiegel.de/spiegel/print/d-13683537.html, 25. Juli 2013.

41 Meding 1992, S. 131; s. a. S. 156, vergleichbare Äußerung von Rosemarie Reichwein.

42 Gailus 2011.

43 Leichsenring 2003, S. 48.

44 Brief von Elisabeth Schwamb an Ricarda Huch vom 31. 7. 1946, Undenheim, Rheinhessen, Staatsrat Schwamb Str. 55. DLA Marbach, A: Huch Widerstand: 93.29.75.

45 Leichsenring 2003, S. 111.

46 Rosemarie Reichwein an Freya von Moltke, Berlin, den 13. November 1988. DIPF, Archiv, Nachlass Rosemarie Reichwein im Adolf-Reichwein-Archiv.

47 Sie fuhr fort: «Wenn Sie fragen, ob Kiep, Bernstorff und Kuenzer, [Frau] Braune und [Helene von] Thadden, mehr verwickelt waren, als wir, dann kann ich nur sagen, dass m. Mutter, Fanny und ich bestimmt im selben Grad beteiligt waren wie die ersten Drei. Über Frau Braune und Helene von Thadden kann ich nichts sagen. Fanny war – als älteste Freundin unserer Familie – vollständig in unseren Kreis ‹verwickelt›, zu dem ja hauptsächlich Kuenzer und Bernstorff gehörten, die ja dann auch in unserem Prozess mitangeklagt waren: Solf und 5 Andere – meine Mutter war der Räuberhauptmann! Es ist mir persönlich ein bisschen unangenehm in etwas hereinzurutschen, an dem ich *aktiv* keinen Anteil hatte – da ich ja saß – und ich weiß, dass es m. Mutter und Fanny ebenso geht. Das Netz der Zusammenhänge und die Ueberschneidungen damals, sind so wirr und verwirrend, dass es kaum möglich ist klare Grenzen abzustecken. Wenn allerdings überhaupt Menschen miteinbezogen werden, die gesinnungsmäßig und durch ihre jahrelange Arbeit mit und in diesen Kreisen zugehörig sind, dann kann man uns 3 an sich natürlich auch dazu rechnen. Wenn wir Alle noch in Freiheit gewesen wären, wären wir Alle in irgendeiner Form beteiligt gewesen. Bis zu unserer Verhaftung waren wir 3 jedenfalls ständig in die Ueberschneidung sämtlicher Kreise verwickelt aus denen sich dann der 20. Juli entwickelte. Es kommt so sehr darauf an wie man bei der Verteilung die Grenzen der Zugehörigkeit abstecken will, wenn aber überhaupt solche in Betracht gezogen werden, die schon saßen und ‹im Geiste mitmarschierten› – da sie jahrelang in dem Geiste gearbeitet hatten – dann kann man Fanny, m. Mutter und mich mit gutem Gewissen dazu rechnen.» Lagi von Ballestrem an Käthe Kuhn, Berlin, den 21. März 1952. Bayerische Staatsbibliothek München, Nachlass Helmut Kuhn, ANA 581, Schachtel 20.

48 Hermann 1992, S. 47 f.

49 Freya von Moltke an Rosemarie Reichwein, 24. Mai 1995. DIPF, Archiv, Nachlass Rosemarie Reichwein im Adolf-Reichwein-Archiv.

50 Aus der Begründung der Jury. http://www.geschwister-scholl-preis.de/preistraeger_1980-1989/1989/index.php, 30. Juli 2013.

51 Siehe hierzu Schultze, Kurschat 2006, S. 47.

52 Auskunft von Prälat Professor Dr. Helmut Moll, Beauftragter der Deutschen Bischofskonferenz für das Martyrologium des 20. Jahrhunderts, am 7. August 2013.

53 Die Kriterien für die Aufnahme als Blutzeuge der katholischen Kirche sind unter anderem «die Tatsache des gewaltsamen Todes …, das Motiv des Glaubens- und Kirchenhasses bei den Verfolgern … und die Ergebenheit des Opfers in Gottes Willen trotz Lebensbedrohung.» Moll 2005, S. XI.

54 Auskunft der Weiße-Rose-Stiftung, München.

55 Sophie Scholl gewann mit einem «Viertel aller Stimmen und lag damit vor Rosa Luxemburg, Marie Curie, Marion Gräfin Dönhoff, Simone de Beauvoir, Marlene Dietrich, Madeleine Albright, Coco Chanel, Virginia Woolf und Madonna (in dieser Reihenfolge). Es gab natürlich viele Frauen, die bei unserer Vorauswahl schmerzlich vermisst wurden.» Brigitte 2, 12. Januar 2000, S. 3.

56 «Sophie Scholl – Allen Gewalten zum Trotz ...» von Ulrich Chaussy, http://www.3sat.de/page/?source=/ard/sendung/170891/index.html, 20. Juli 2013.

57 «Sophie Scholl – Die letzten Tage» von Marc Rothermund, http://www.bpb.de/geschichte/nationalsozialismus/weisse-rose/61078/interview-mit-regisseur-marc-rothemund, 12. Juli 2013.

58 «Sophie Scholl – Die letzten Tage» von Marc Rothermund, http://www.bpb.de/geschichte/nationalsozialismus/weisse-rose/61078/interview-mit-regisseur-marc-rothemund, 12. Juli 2013.

59 Mathias Haentjes, «Winter 42/43», WDR Mo., 7. 1. 2013.

60 «Auch eine so unvollständige Zusammenstellung wie die vorliegende sollte nicht auf die Nennung einiger so berühmter Frauen verzichten wie Freya Gräfin von Moltke, Nina Gräfin von Stauffenberg und Annedore Leber, die alle an der Arbeit ihrer Männer tätigen Anteil nahmen.» McCloy II 1963, S. 35.

61 Yorck von Wartenburg [1984], 1985, S. 64.

Quellen und Literatur

1. Unveröffentlichte Quellen

Gespräche mit:

Karl Dietrich Bracher über Annedore Leber (Telefonat)
Peter Brandt über Annedore Leber (Telefonat)
David und Julia Heinemann, Enkel von Annedore Leber
Sibylle Kopf, Tochter von Antje Kind-Hasenclever
Marianne Leibholz, Nichte von Dietrich Bonhoeffer und Emmi Bonhoeffer
Renate Martin-Reichwein, Tochter von Rosemarie Reichwein
Sabine Reichwein, Tochter von Rosemarie Reichwein
Edzard Reuter über Annedore Leber
Elisabeth Ritscher-von Scheliha und Thomas Ritscher (†)
Ulrike von Trott zu Solz, Tochter von Antje Kind-Hasenclever

Dokumente und Manuskripte in Privatbesitz:

Hasenclever, Christa: Antje. Versuch eines Lebensbildes, Bonn 1986, Privatarchiv Sybille Kopf, Solz.
Hasenclever, Christa: Bei uns in der Obernstraße, 1947, Privatarchiv Sibylle Kopf, Solz.
Leber, Annedore: Materialien aus ihrem Nachlass im Privatarchiv Dr. Dorothea Beck, Telgte.
Leber, Annedore: Ingeborg Bohrmann, Erinnerung an Annedore Leber, den Verlag Annedore Leber und die Kohlenhandlung Bruno Meyer Nachfolger, per E-Mail 2013.
Moltke, Freya von: Korrespondenz im Privatarchiv Maria Lauper, Langnau, Albis.
Moltke, Freya von: Korrespondenz mit Eugen Rosenstock-Huessy, Privatarchiv Helmuth Caspar von Moltke, Norwich, Vermont.
Pallat, Annemarie: Erinnerungen, maschinenschriftliches Manuskript, 1965, Privatarchiv Renate Martin-Reichwein, München.
Reichwein, Rosemarie: Tagebücher aus den Jahren 1942–1953, Privatarchiv Renate Martin-Reichwein, München.
Reichwein, Rosemarie: Briefe an die Eltern aus den Jahren 1913–1921, Privatarchiv Renate Martin-Reichwein, München.

Ritscher, Anina: Marie Louise von Scheliha. Eine Arbeit über meine Urgrossmutter, Ahnenforschungsaufgabe, Küsnacht 2010, Privatarchiv Elisabeth Ritscher, Adliswil.

Ritscher, Elisabeth: Erinnerungen an ihre Mutter, Privatarchiv Elisabeth Ritscher, Adliswil.

Scheliha, Marie Louise von: Erinnerungen, handschriftlich verfasst in Adliswil 1993, Privatarchiv Elisabeth Ritscher, Adliswil.

Scheliha, Marie Louise von: Wiedergutmachungsakten von 1951–1995, Privatarchiv Elisabeth Ritscher, Adliswil.

Öffentlich zugängliche Archive:

Archiv für Bildungsgeschichtliche Forschung, Deutsches Institut für Internationale Pädagogische Forschung, Berlin: Briefe Rosemarie Reichwein im Nachlass Adolf Reichwein. – Korrespondenz zwischen Rosemarie Reichwein und Freya von Moltke, 1945–2001

Archiv des Instituts für Demoskopie Allensbach: Ifd-Bericht 1665, März/April 1970 sowie Ifd-Bericht 3099, März/April 1984 und April/Mai 1985. – IfD-Umfrage 7058, Juli 2004

Archiv der Sozialen Demokratie in der Friedrich-Ebert-Stiftung, Bonn: Sammlung Personalia 6057: Annedore Leber. – Jeweils Korrespondenz mit Annedore Leber im: Nachlass Fritz Erler, Nachlass Paul Löbe, Nachlass Fritz Sänger, Nachlass Carlo Schmid, Nachlass Erwin Schoettle, Nachlass Helene Wessel

Archiv der Staatsanwaltschaft Göttingen: Entscheidung des Bundesgerichtshofes StGB §§ 185,186. 5. Strafsenat. Urteil vom 6. Mai 1958 g. Sch. 5 StR 14/58.

Bayerische Staatsbibliothek, München: Nachlass Helmut Kuhn, darin Nachlass Käthe Kuhn, ANA 581, Schachtel 18, 19, 20, 24

Bundesarchiv, Koblenz: Nachlass Julius und Annedore Leber, N 1732

Deutsches Literaturarchiv Marbach: A: Diederichs: 2009.24. – A: Huch Widerstand: 93.29.51. – A: Huch Widerstand: 93.29.57. – A: Huch Widerstand: 93.29.65. – A: Huch Widerstand: 93.29.66. – A: Huch Widerstand: 93.29.71. – A: Huch Widerstand: 93.29.75. – A: Huch Widerstand: 93.29.78. – A: Huch Widerstand: 93.29.79. – A: Huch Widerstand: 93.29.79. – A: Huch Widerstand: 93.29.83. – A: Huch Widerstand: 1999.0135. – A: Zuckmayer: 1995.1.446/3. –A: Zuckmayer: 95.1.453. – A: Zuckmayer: 95.1.454/2. – A: Zuckmayer: 95.1.455/14. – A: Zuckmayer: 95.1.1363. – A: Zuckmayer: 00.18.80

Deutsche Nationalbibliothek Leipzig: Mosaik: das Weltbild der Frau (Okt. 1947–Juli 1949), Mosaik-Verlag Berlin. Zeitschrift: ZC 9645

Gedenkstätte Deutscher Widerstand, Berlin: Materialsammlung Rote Kapelle – Gefängnistagebuch Elfriede Paul (Abschrift) – Marta Husemann, Eine kurze Übersicht meiner Erlebnisse in der Haft vom 19. September 1942 bis 30. März 1943 in dem Polizeigefängnis Alexanderplatz. (Abschrift)

Hauptstaatsarchiv Wiesbaden: Nachlass Anna Beyer (Abt. 1213 Nachlass Anna Beyer Nr. 10)

Institut für Zeitungsforschung, Dortmund: Leber, Annedore (Hg.): Frauen macht die Augen auf!, Berlin: Mosaik-Verlag 1950
Institut für Zeitgeschichte, München: Nachlass Inge Aicher-Scholl: 13. Presseausschnittsammlung zu Geschichte und Rezeption der Weißen Rose
Landesarchiv Berlin: Nachlass Ernst Reuter. – C Rep. 118-01, Nr. 8491. – E Rep. 200-21, Nr. 171, 173
Politisches Archiv des Auswärtigen Amtes, Berlin: Bestand B 100, Akte I, von Scheliha, Marie Louise
Robert-Havemann-Gesellschaft, Berlin: Archiv der DDR-Opposition. – Nachlass Robert Havemann. – RHG, RH 052, Bd. 2
Staatsarchiv Darmstadt: Nachlass Bergsträsser (Best. 0 21 Nr. 14/3). – Nachlass Stock (Best. 0 27 Nr. 535)
Staatsarchiv Hamburg: Nachlass Anneliese Schellhase. – Wiedergutmachungsakte, Bestandsnummer: 351-11, Signatur der Archivguteinheit: 41915. – Staatsexamensarbeit Eva Laval über Theodor Haubach, 1996. –Bestandsnummer: 361-12, Signatur der Archivguteinheit: A 4028
Staatsbibliothek zu Berlin, Preußischer Kulturbesitz, Haus Potsdamer Platz: Nachlass Sabine Leibholz, Briefe

2. *Veröffentlichte Quellen*

Filme:

Dagmar Brendecke, Cato, 2013.
Heike Bretschneider, Annedore und Julius Leber, Eltern im Widerstand, SFB 1994.
Rachel Freudenburg, Freya, Boston 2012.
Irmgard von zur Mühlen, Die Frauen des 20. Juli, Chronos Film, Berlin 1985/86.
Stefan Roloff, Die Rote Kapelle, ZDF Das Kleine Fernsehspiel. When 6 is 9 Productions 2003.
Karen Seybold, Die Widerständigen. Zeugen der Weißen Rose, Karen Seybold Film 2009.
Ulrich Teschner (Regie), Hans Bentzien, Hans Sparschuh (Buch), Wir haben nichts zu bereuen. Augenzeugen über den 20. Juli 1944 und den Kreisauer Kreis, Berlin, DDR-Fernsehen, 1984.
Die Frauen des 20. Juli 1944. Die Schicksale der Attentäter-Familien. ZDF History 2008.

Interviews:

Jonathan Bauerschmidt im Gespräch mit Uta Maaß, Freya von Moltke, Rosemarie Reichwein, Clarita von Trott zu Solz, Berlin 2001.

Interview mit Antje Kind-Hasenclever: «Er war eben ein Rebell.» Mein Leben mit Robert Havemann. Ein Feature von Thomas Hauschild, DLF, 19. Juli 1988.
James von Moltke im Gespräch mit seiner Großmutter Freya von Moltke, Norwich 1987 (sechs Stunden).
Clarita von Trott zu Solz im Interview mit Heike Bretschneider: «Lernen, die eigene Kraft zu spüren» in der Sendung «Über den Tag hinaus» am 20. April 2000, Bayerischer Rundfunk, zweites Programm.

Gedruckte Interviews:

Bassler, Sibylle: Die Weiße Rose. Zeitzeugen erinnern sich, Reinbek bei Hamburg 2006.
Ulrich Dietzel im Gespräch mit Rosemarie Reichwein, in: Sinn und Form 36 (1984), Heft 6, S. 1191–1202.
Eberhard Görner im Gespräch mit Freya von Moltke, in: Sinn und Form 36 (1984), Heft 6, S. 1180–1190.
Hermann, Ingo (Hg.), Freya von Moltke. Die Kreisauerin. Gespräch mit Eva Hoffmann in der Reihe «Zeugen des Jahrhunderts», Göttingen 1992.
Meding, Dorothee von: Mit dem Mut des Herzens. Die Frauen des 20. Juli, Berlin 1992.
Reuter, Angelika, Barbara Poneleit: Interview mit Inge Aicher-Scholl, in: Seit 1848. Frauen im Widerstand. Frauen im Faschismus. 1933–1945, Münster 1977, S. 171–213.

Andere gedruckte Quellen:

Abele-Aicher, Christine (Hg.): Die sanfte Gewalt. Erinnerungen an Inge Aicher-Scholl, Ulm 2012.
Aicher, Otl: Innenseiten des Krieges, Frankfurt a. M. 1985.
[Aicher, Otl] siehe Stiftung Hochschule für Gestaltung Ulm (Hg.): Freundschaft und Begegnung: Erinnerungen an Otl Aicher, Ulm 1997.
Aicher-Scholl, Inge: Nachrichten und Botschaften der Familie in der Gestapo-Haft nach der Hinrichtung von Hans und Sophie Scholl, Frankfurt a. M. 1993.
de l'Aigle, Alma: Meine Briefe von Theo Haubach, Hamburg 1947.
Andreas-Friedrich, Ruth: Schauplatz Berlin, Tagebuchaufzeichnungen 1945–1948, Frankfurt a. M. 1984.
Annedore-Leber-Berufsbildungswerk (Hg.): Annedore Leber. Namensgeberin unseres Berufsbildungswerkes, Berlin [3]2004.
Bielenberg, Christabel: Als ich Deutsche war. 1933–1945, München 1969.
Bielenberg, Christabel: Es war ein weiter Weg nach Munny House, München [1993], [2]1994.
Bohnenkamp, Hans: Gedanken an Adolf Reichwein (Schriftenreihe der pädagogischen Hochschulen Niedersachsens, hrsg. von Horst Wetterling, Heft 1), Braunschweig 1949.

Bonhoeffer, Emmi: Essay. Gespräch. Erinnerung, hrsg. von Sigrid Grabner, Hendrik Röder, Berlin [2004], ³2005.
Bonhoeffer, Emmi: Zeugen im Auschwitz-Prozeß. Begegnungen und Gedanke, Wuppertal-Barmen o. J.
Bontjes van Beek, Mietje: Verbrennt diese Briefe! Kindheit und Jugend in der Hitlerzeit. 1922–1945, Fischerhude, Berlin, Allgäu, Fischerhude 1998.
Bundeszentrale für Heimatdienst: Der 20. Juli. 1944. Geänderte und vervollständigte Bearbeitung der Sonderausgabe der Wochenzeitung Das Parlament: «Die Wahrheit über den 20. Juli 1944», bearbeitet von Hans Royce, Bonn ²1954.
Dönhoff, Marion Gräfin von: «Um der Ehre willen». Erinnerungen an die Freunde vom 20. Juli, Berlin 1994.
Dulles, Allen Welsh: Germany's Underground. The Anti-Nazi Resistance, Cambridge, Mss., [1947], 2000.
Erhart, Hannelore; Ilse Meseberg-Haubold, Dietgard Meyer: Katharina Staritz, 1903–1953. Dokumentation, Bd. 1: 1903–1942. Mit einem Exkurs zu Elisabeth Schmitz, Neukirchen-Vlyn 1999.
Haeften, Barbara von: «Nichts Schriftliches von Politik». Hans Bernd von Haeften. Ein Lebensbericht, München 1997.
Hammer, Walter: Hohes Haus in Henkers Hand: Rückschau auf die Hitlerzeit, auf Leidensweg und Opfergang deutscher Parlamentarier, 2., durchgearb. u. erw. Aufl., 1956.
Hardenberg, Renate Gräfin von: Auf immer neuen Wegen. Erinnerungen an Neuhardenberg und den Widerstand gegen den Nationalsozialismus, Berlin 2003.
Hauptausschuß «Opfer des Faschismus» (Hg.), 2 Jahre Hauptausschuß «Opfer des Faschismus», Berlin 1947.
Huch, Ricarda: In einem Gedenkbuch zu sammeln … Bilder deutscher Widerstandskämpfer, hrsg. von Wolfgang M. Schwiedrzik, Leipzig 1997.
Institut für Marxismus-Leninismus beim Zentralkomitee der SED (Hg.): Deutsche Widerstandskämpfer 1933–1945, Biographien und Briefe, 2 Bde., Berlin 1970.
Jens, Inge (Hg.): Hans Scholl, Sophie Scholl, Briefe und Aufzeichnungen, Frankfurt a. M. 1984, hier Berlin 1987.
Kardorff, Ursula von: Berliner Aufzeichnungen aus den Jahren 1942–1945, München 1976, hier ²1981.
Kempowski, Walter: Haben Sie Hitler gesehen? [1973], München 1989.
Knoop-Graf, Anneliese: Ausgewählte Aufsätze, hrsg. von Rolf-Ulrich Kunze und Bernhard Schäfers unter Mitarb. von Katja Schrecke, Konstanz 2006.
Koch, Gertrud: Edelweiß. Meine Jugend als Widerstandskämpferin, Reinbek bei Hamburg 2006.
Kuckhoff, Greta: Vom Alex nach Charlottenburg (über Cato Bontjes van Beek), in: Die Weltbühne, XXIV. Jahrgang, Berlin, den 30. Dezember 1969, Nummer 52.
Kuhn, Käthe; Helmut Gollwitzer, Reinhold Schneider: Du hast mich heimgesucht bei Nacht. Abschiedsbriefe und Aufzeichnungen des Widerstandes 1933–1945, München 1954.

Leber, Annedore, Den toten immer lebendigen Freunden. Eine Erinnerung zum 20. Juli 1944, Berlin Juli 1946.

Leber, Annedore: Ein Frauenschicksal. Eine Erinnerung an den 20. Juli 1944. Ein Augenzeugenbericht von Annedore Leber, in: Wetzlaer Zeitung Neue Zeitung 58/20, vom 20. Juli 1946.

[Leber, Annedore]: An das Gewissen der Welt: Berliner Frauen appellieren an die Menschlichkeit; Flugschrift enthält die Reden der Stadtverordneten Lucia Krüger, Annedore Leber, Ella Barowsky, die diese im Berliner Stadtparlament am 29. Juni 1948 hielten, Berlin 1948.

Leber, Annedore (Hg.): Frauen macht die Augen auf!, Berlin: Mosaik-Verlag 1950.

Leber, Annedore: «Sie haben nicht kapituliert. Frauen, die stärker blieben als die Gestapo», in: Die Neue Zeitung, 20. Juli 1952.

[Leber, Annedore]: Ein Mann geht seinen Weg: Schriften, Reden und Briefe von Julius Leber. Hrsg. von seinen Freunden [Gustav Dahrendorf], Berlin-Schöneberg [u. a.] 1952.

Leber, Annedore: Der Beitrag der Frau, in: Bundeszentrale für Heimatdienst: Der 20. Juli. 1944. Geänderte und vervollständigte Bearbeitung der Sonderausgabe der Wochenzeitung Das Parlament: «Die Wahrheit über den 20. Juli 1944», bearbeitet von Hans Royce, Bonn [2]1954, S. 32–34.

Leber, Annedore: Das Gewissen steht auf. 64 Lebensbilder aus dem deutschen Widerstand von 1933–1945, hrsg. in Zusammenarbeit mit Willy Brandt und Karl Dietrich Bracher, Berlin 1954.

Leber, Annedore, Das Gewissen entscheidet. Bereiche des deutschen Widerstandes von 1933–1945 in Lebensbildern. Herausgegeben in Zusammenarbeit mit Willy Brandt und Karl Dietrich Bracher, Berlin 1957.

Leber, Annedore; Freya Gräfin von Moltke: Für und wider. Entscheidungen in Deutschland, 1918–1945, Berlin, Mosaik Verlag 1961.

Leibholz-Bonhoeffer, Sabine: vergangen, erlebt, überwunden. Schicksale der Familie Bonhoeffer, Gütersloh [1976], [3]1979.

Loewenheim, Walter: Geschichte der Org [Neu Beginnen] 1929–1935. Eine zeitgenössische Analyse, hrsg. von Jan Foitzik (Schriften der Gedenkstätte Deutscher Widerstand, Reihe B: Quellen und Berichte, Bd. 1), Berlin 1995.

McCloy II, John: Die Verschwörung gegen Hitler. Ein Geschenk an die deutsche Zukunft, übersetzt von Peter Hoffmann, mit einem Vorwort von Fabian von Schlabrendorff, Stuttgart 1963.

Moltke, Freya von: Erinnerungen an Kreisau 1930–1945, München 1997.

Moltke, Freya von; Marion Yorck von Wartenburg: Erster Bericht über den Kreisauer Kreis aus dem Jahr 1945, abgedruckt in: Karl Heinz Roth, Angelika Ebbinghaus (Hg.): Rote Kapellen – Kreisauer Kreise – Schwarze Kapellen. Neue Sichtweisen auf den Widerstand gegen die NS-Diktatur 1938–1945, Hamburg 2004, S. 243–248.

Moltke, Helmuth James von: Briefe an Freya, hrsg. von Beate Ruhm von Oppen, München 1988.

Moltke, Helmuth James von: Im Land der Gottlosen. Tagebuch und Briefe aus der Haft 1944/45, hrsg. von Günter Brakelmann, München 2009.

Moltke, Helmuth James und Freya von: Abschiedsbriefe Gefängnis Tegel, September 1944–Januar 1945, hrsg. von Helmuth Caspar von Moltke und Ulrike von Moltke, München 2011.

Paul, Elfriede: Frauen aus der Widerstandsbewegung, in: Aufbau. Kulturpolitische Monatsschrift 1947, S. 172–173.

Paetel, Karl Otto: Deutsche innere Emigration. Anti-Nationalsozialistische Zeugnisse aus Deutschland (Vierter Band der Dokumente des Anderen Deutschland, hrsg. von Friedrich Krause), New York 1946.

Pechel, Rudolf: Deutscher Widerstand, Erlenbach-Zürich, 1947.

Poelchau, Harald: Die Ordnung der Bedrängten: Autobiographisches und Zeitgeschichtliches seit den zwanziger Jahren, Berlin 1963.

Poelchau, Harald: Die letzten Stunden. Erinnerungen eines Gefängnispfarrers, Berlin 1949, hier 1987.

Petry, Christian: Studenten aufs Schafott: Die Weiße Rose und ihr Scheitern, München 1968.

Reichwein, Rosemarie: Adolf Reichwein. Ein Lebensbild aus Briefen und Dokumenten. Ausgewählt von Rosemarie Reichwein unter Mitwirkung von Hans Bohnenkamp, hrsg. und kommentiert von Ursula Schulz, München 1974.

Reichwein, Rosemarie: Die Jahre mit Adolf Reichwein prägten mein Leben. Ein Buch der Erinnerung, herausgegeben von Lothar Kunz und Sabine Reichwein, München 1999.

Ritter, Gerhard: Carl Goerdeler und die deutsche Widerstandsbewegung: mit einem Brief Goerdelers in Faksimile, Stuttgart 1954.

Schlabrendorff, Fabian von: Offiziere gegen Hitler. Nach einem Erlebnisbericht von Fabian von Schlabrendorff bearbeitet und hrsg. von Gero von Gaevernitz, 3., verbesserte und ergänzte Auflage, Zürich 1946.

Scholl, Inge: Die Weiße Rose, Frankfurt a. M. 1953.

Schulenburg, Tisa von der: Ich hab's gewagt. Bildhauerin und Ordensfrau – ein unkonventionelles Leben, Freiburg 1981.

Schulthess, Konstanze von: Nina Schenk Gräfin von Stauffenberg. Ein Porträt, München, Zürich 2008.

Schwiedrzik, Wolfgang Matthias (Hg.): In einem Gedenkbuch zu sammeln …: Bilder deutscher Widerstandskämpfer / Ricarda Huch, Leipzig ^{2}1998.

Stauffenberg, Berthold Schenk Graf von: Auf einmal Verräterkind (Stuttgarter Stauffenberg-Gedächtnisvorlesung) Göttingen 2011.

Stern, Fritz: Five Germanys I have known, New York 2006.

Stiftung Kreisau für Europäische Verständigung in Zusammenarbeit mit der Kreisau Initiative Berlin (Hg.): Brücken schlagen. Briefe zum 90. Geburtstag von Freya von Moltke, München 2003.

Stöver, Bernd: Berichte über die Lage in Deutschland. Die Meldungen der Gruppe Neu Beginnen aus dem Dritten Reich (Archiv für Sozialgeschichte, Beiheft 17), Bonn 1996.

Trott zu Solz, Clarita von: Adam von Trott zu Solz. Eine Lebensbeschreibung, Berlin 2009.

Weisenborn, Günther: Rede über die deutsche Widerstandsbewegung, in: Aufbau. Kulturpolitische Monatsschrift 1946, S. 571–578.

Weisenborn, Günther: Es gab eine deutsche Widerstandsbewegung, in: Aufbau. Kulturpolitische Monatsschrift 1947, S. 87–90.

Weisenborn, Günther: Der lautlose Aufstand. Bericht über die Widerstandsbewegung des deutschen Volkes 1933–1945, Hamburg 1953.
Yorck von Wartenburg, Marion: Die Stärke der Stille. Erzählung eines Lebens aus dem deutschen Widerstand, Köln [1984], 1985.
Zimmermann, Wolf-Dieter (Hg.), Begegnungen mit Dietrich Bonhoeffer, München [4]1964.

3. Literatur

Amlung, Ulrich: «… in der Entscheidung gibt es keine Umwege». Adolf Reichwein, 1898–1944, Reformpädagoge, Sozialist, Widerstandskämpfer, Marburg [2]1999.
Andresen, Geertje; Hans Coppi (Hg.): Dieser Tod passt zu mir. Harro Schulze-Boysen. Grenzgänger im Widerstand, Berlin 1999.
Andresen, Geertje: Wer war Oda Schottmüller? Zwei Versionen ihrer Biographie und deren Rezeption in der alten Bundesrepublik und in der DDR (Studien und Dokumente zu Alltag, Verfolgung und Widerstand im Nationalsozialismus 3), Berlin 2012.
Annedore-Leber-Berufsbildungswerk (Hg.): Annedore Leber. Namensgeberin unseres Berufsbildungswerkes, Berlin [1989], hier [3]2004.
Archiv der Hochschule für Gestaltung Ulm, Museum Ulm, Christiane Wachsamnn, Brigitte Reinhardt (Hg.): «fangen wir an, hier in ulm» Hochschule für Gestaltung in Ulm. Die frühen Jahre. Ausstellungskatalog, Ulm 1995.
Aretin, Felicitas von: Die Enkel des 20. Juli 1944, Leipzig 2004.
Bade, Klaus Jürgen: Die Konkurrenz der Mythen. Widerstandsforschung im geteilten Deutschland, in: Universitas 48 (1993), Nr. 556, S. 766–777.
Bald, Detlef: Die «Weiße Rose»: von der Front in den Widerstand, Berlin 2004.
Bald, Detlef (Hg.): Die Stärkeren im Geiste. Zum christlichen Widerstand der Weißen Rose, Essen 2012.
Barck, Simone: «Grundfrage: Antifaschistischer Widerstand». Zur Widerstandsrezeption in der DDR bis 1970, in: Inge Hansen-Schaberg, Beate Schmeichel-Falkenberg (Hg.): Frauen erinnern. Widerstand – Verfolgung – Exil 1933–1945, Berlin 2000, S. 216–232.
Bassler, Sibylle: Die Weiße Rose. Zeitzeugen erinnern sich, Reinbek bei Hamburg 2006.
Beck, Dorothea: Julius Leber. Sozialdemokrat zwischen Reform und Widerstand. (Mit den Briefen aus der Haft), Berlin 1983.
Beer, Susanne; Harald Welzer: Sozialpsychologische Anmerkungen zur Widerstandsforschung, in: Informationen. Wissenschaftliche Zeitschrift des Studienkreises Deutscher Widerstand 1933–1945, Nr. 73, Juni 2011, 36. Jg., S. 6–10.
Bethge, Renate: Bonhoeffers Familie und ihre Bedeutung für seinen Widerstand (Gedenkstätte Deutscher Widerstand), Berlin 1987.
Beuys, Barbara: Vergeßt uns nicht. Menschen im Widerstand 1933–1945, Hamburg 1987.
Beuys, Barbara: Sophie Scholl, München 2010.

Böhme, Günther: Das Zentralinstitut für Erziehung und Unterricht und seine Leiter. Zur Pädagogik zwischen Kaiserreich und Nationalsozialismus, Neuburgweier/Karlsruhe 1971.

Bracher, Karl Dietrich: Rüdiger Schleicher, in: Joachim Mehlhausen (Hg.): Zeugen des Widerstands, Tübingen 1996, S. 217–242.

Brakelmann, Günter: Helmuth James von Moltke 1907–1945. Eine Biographie, München 2007.

Brakelmann, Günter: Peter Yorck von Wartenburg 1904–1944. Eine Biographie, München 2012.

Brandis, Udo: Die Bewertung des Widerstands in der BRD und der DDR. Ein Vergleich von Darstellungen in Geschichtsbüchern, in: Deutschlandarchiv 4 (1971), H. 7, S. 689–700.

Broszat, Martin: Resistenz und Widerstand. Eine Zwischenbilanz des Forschungsprojektes «Widerstand und Verfolgung in Bayern 1933–1945», in: Hermann Graml, Klaus-Dietmar Henke (Hg.): Nach Hitler. Der schwierige Umgang mit unserer Geschichte. Beiträge von Martin Broszat, München 1986, S. 68–91.

Brunner, José; Norbert Frei, Constantin Goschler (Hg.): Die Praxis der Wiedergutmachung. Geschichte, Erfahrung und Wirkung in Deutschland und Israel (Beiträge zur Geschichte des 20. Jahrhunderts 8, zugleich Schriftenreihe des Minerva Instituts für deutsche Geschichte der Universität Tel Aviv 28), Göttingen 2009.

Brysac, Shareen Blair: Resisting Hitler. Mildred Harnack and the Red Orchestra, Oxford 2000. Auf Deutsch: Mildred Harnack und die Rote Kapelle. Die Geschichte einer ungewöhnlichen Frau und einer Widerstandsbewegung, Bern 2003.

Burkhardt, Kai: Hörbares Schweigen. Adolf Grimme und die «Rote Kapelle» als erinnerte Geschichte der Nachkriegszeit, in: Magnus Brechtken: Life Writing and Political Memoir: Lebenszeugnisse und Politische Memoiren, Göttingen 2012, S. 79–105.

Chaussy, Ulrich; Gerd R. Ueberschär: «Es lebe die Freiheit!» Die Geschichte der Weißen Rose und ihrer Mitglieder in Dokumenten und Berichten, Frankfurt a. M. 2013.

Chowaniec, Elisabeth: Der «Fall Dohnanyi» 1943–1945. Widerstand, Militärjustiz, SS-Willkür (Schriftenreihe der Vierteljahrshefte für Zeitgeschichte 62), München 1991.

Coburger, Marlies: Die Frauen der Berliner Roten Kapelle, in: Hans Coppi, Jürgen Danyel, Johannes Tuchel (Hg.): Die Rote Kapelle im Widerstand gegen den Nationalsozialismus (Schriften der Gedenkstätte Deutscher Widerstand 1), Berlin 1994, S. 91–103.

Conze, Eckhart: Aufstand des preußischen Adels. Marion Gräfin Dönhoff und das Bild des Widerstands gegen den Nationalsozialismus in der Bundesrepublik Deutschland, in: Vierteljahrshefte für Zeitgeschichte 51 (2003), S. 483–508 (als PDF auch online verfügbar unter www.ifz-muenchen.de/heftarchiv/2003_4.pdf, 20. Januar 2014).

Conze, Eckhart; Norbert Frei, Peter Hayes, Moshe Zimmermann (Hg.): Das Amt und die Vergangenheit. Deutsche Diplomaten im Dritten Reich und in der Bundesrepublik, München 2010.

Coppi, Hans; Jürgen Danyel, Johannes Tuchel (Hg.): Die Rote Kapelle im Widerstand gegen den Nationalsozialismus (Schriften der Gedenkstätte Deutscher Widerstand 1), Berlin 1994.

Coppi, Hans: «Ein bunter Haufen». Die Freundes- und Widerstandskreise um Harro Schulze-Boysen und Arvid Harnack, in: Junge Welt, 31. August 2002, Nr. 202, S. 10 f.

Coppi, Hans; Stefan Heinz (Hg.): Der vergessene Widerstand der Arbeiter. Gewerkschafter, Kommunisten, Sozialdemokraten, Trotzkisten, Anarchisten und Zwangsarbeiter, Berlin 2012.

Coppi, Hans; Sabine Kebir: Ilse Stöbe: Wieder im Amt. Eine Widerstandskämpferin in der Wilhelmstraße, Hamburg 2013.

Danyel, Jürgen: Die Rote Kapelle innerhalb der deutschen Widerstandsbewegung, in: Hans Coppi, Jürgen Danyel, Johannes Tuchel (Hg.): Die Rote Kapelle im Widerstand gegen den Nationalsozialismus (Schriften der Gedenkstätte Deutscher Widerstand 1), Berlin 1994, S. 12–38.

Daxelmüller, Christoph: Nachkriegsalltag in Würzburg, in: Christoph Daxelmüller (Hg.): «... Froh, dass der Scheisskrieg vorbei war!» Alltag in Würzburg nach 1945, Würzburg 2009, S. 13–28.

Dertinger, Antje: Heldentöchter, Bonn 1997.

Dertinger, Antje: Frauen der ersten Stunde. Aus den Gründerjahren der Bundesrepublik, Frankfurt a. M. 1999.

Düring, Marten: Das Dilemma zwischen Effizienz und Sicherheit. Über die Beziehungen zwischen Verfolgten des Nationalsozialismus und ihren Helfern, in: Informationen. Wissenschaftliche Zeitschrift des Studienkreises Deutscher Widerstand 1933–1945, Nr. 73, Juni 2011, 36. Jg., S. 19–23.

Eichmüller, Andreas: Keine Generalamnestie. Die strafrechtliche Verfolgung von NS-Verbrechen in der frühen Bundesrepublik (Quellen und Darstellungen zur Zeitgeschichte 93, hrsg. vom Institut für Zeitgeschichte), München 2012.

Elling, Hanna: Frauen im deutschen Widerstand 1933–45, Frankfurt a. M. 1981 (3., verbesserte Auflage).

Finker, Kurt; Ines Reich: Reaktionäre oder Patrioten? Zur Historiographie und Widerstandsforschung in der DDR bis 1990, in: Gerd R. Ueberschär (Hg.): Der 20. Juli: das «andere Deutschland» in der Vergangenheitspolitik nach 1945, Berlin 1998, S. 158–178.

Flügge, Manfred: Meine Sehnsucht ist das Leben. Eine Geschichte aus dem deutschen Widerstand, Dokumentar-Roman, Berlin 1996.

Frei, Norbert: Erinnerungskampf. Zur Legitimationsproblematik des 20. Juli 1944 im Nachkriegsdeutschland, in: Christian Jansen, Lutz Niethammer, Bernd Weisbrod (Hg.): Von der Aufgabe der Freiheit. Politische Verantwortung und bürgerliche Gesellschaft im 19. und 20. Jahrhundert, Festschrift für Hans Mommsen, Berlin 1995, S. 493–504.

Frei, Norbert: Vergangenheitspolitik. Die Anfänge der Bundesrepublik und die NS-Vergangenheit, München [1996], 1997.

Fröhlich, Claudia: Widerstand von Frauen, in: Peter Steinbach, Johannes Tuchel (Hg.): Widerstand gegen die nationalsozialistische Diktatur, 1933–1945, Berlin 2004, S. 249–265.

Fröhlich, Claudia: «Wider die Tabuisierung des Ungehorsams», Fritz Bauers Widerstandsbegriff und die Aufarbeitung von NS-Verbrechen (Wissenschaftliche Reihe des Fritz Bauer Instituts 13), Frankfurt a. M. 2006.

Fuchs, Jörg, «Tot und erstarrt» – Würzburg 1945, in: Christoph Daxelmüller (Hg.): «... Froh, dass der Scheisskrieg vorbei war!» Alltag in Würzburg nach 1945, Würzburg 2009, S. 29–54.

Gailus, Manfred: Mir aber zerriss es das Herz. Der stille Widerstand der Elisabeth Schmitz, Göttingen [2010], 2011.

Gailus, Manfred; Clemens Vollnhals (Hg.): Mit Herz und Verstand – Protestantische Frauen im Widerstand gegen die NS-Rassenpolitik, (Berichte und Studien 65), Göttingen 2013.

Goergen, Peter: Willi Graf – Ein Weg in den Widerstand (Geschichte, Politik & Gesellschaft. Schriftenreihe der Stiftung Demokratie Saarland 11), St. Ingbert 2009.

Görner, Eberhard (Hg.): Am Abgrund der Utopie, Leipzig 2007.

Goldenstedt, Christiane: «Du hast mich heimgesucht bei Nacht.» – Die Familie Kuhn im Exil, Norderstedt 2013.

Goschler, Constantin; Ludolf Herbst (Hg.): Wiedergutmachung in der Bundesrepublik Deutschland, München 1989.

Goschler, Constantin: Schuld und Schulden. Die Politik der Wiedergutmachung für NS-Verfolgte seit 1945 (Beiträge zur Geschichte des 20. Jahrhunderts 3), Göttingen 2005.

Grebing, Helga; Christl Wickert: Widerstandsarbeit von Frauen gegen den Nationalsozialismus, in: Renate Knigge-Tesche (Red.): Frauen im Nationalsozialismus, Wiesbaden 1994, S. 32–46.

Grebner, Susanne: Der Telegraf. Entstehung einer SPD-nahen Lizenzzeitung in Berlin 1946–1950 (Kommunikationsgeschichte 13), Münster 2002.

Griebel, Regina: Cato Bontjes van Beek, in: Hans Coppi, Jürgen Danyel, Johannes Tuchel (Hg.): Die Rote Kapelle im Widerstand gegen den Nationalsozialismus (Schriften der Gedenkstätte Deutscher Widerstand 1), Berlin 1994, S. 277–281.

Groehler, Olaf: Zur Genesis der Widerstandsforschung in der Sowjetischen Besatzungszone Deutschlands und in der DDR, in: Christian Jansen, Lutz Niethammer, Bernd Weisbrod (Hg.): Von der Aufgabe der Freiheit. Politische Verantwortung und bürgerliche Gesellschaft im 19. und 20. Jahrhundert, Festschrift für Hans Mommsen, Berlin 1995, S. 505–516.

Grosse, Heinrich: «Niemand kann zwei Herren dienen». Zur Geschichte der evangelischen Kirche im Nationalsozialismus und in der Nachkriegszeit (Quellen und Forschungen zum evangelischen sozialen Handeln 23), Hannover 2008.

Haase, Norbert: Der Fall «Rote Kapelle» vor dem Reichskriegsgericht, in: Hans Coppi, Jürgen Danyel, Johannes Tuchel (Hg.): Die Rote Kapelle im Widerstand gegen den Nationalsozialismus (Schriften der Gedenkstätte Deutscher Widerstand 1), Berlin 1994, S. 160–179.

Habel, Walter (Hg.): Taschenbuch des Berliner Lebens, Berlin 1957.

Hampel, Anna-Katharina; Risse, Annika: Endlich frei? – Mobilität in einer zerstörten Stadt, in: Christoph Daxelmüller (Hg.): «... Froh, dass der Scheisskrieg vorbei war!» Alltag in Würzburg nach 1945, Würzburg 2009, S. 119–150.

Hannemann, Simone: Robert Havemann und die Widerstandsgruppe «Europäische Union» (Schriftenreihe des Robert-Havemann-Archivs 6), Berlin 2001.
Hansen-Schaberg, Inge; Beate Schmeichel-Falkenberg (Hg.): Frauen erinnern. Widerstand – Verfolgung – Exil 1933–1945, Berlin 2000.
Harvey, Elizabeth: «Der Osten braucht dich!» Frauen und nationalsozialistische Germanisierungspolitik, Hamburg 2009.
Hasenstab, Julia: Es gab ja nicht viel. – Lebensmittelversorgung, in: Christoph Daxelmüller (Hg.): «… Froh, dass der Scheisskrieg vorbei war!» Alltag in Würzburg nach 1945, Würzburg 2009, S. 97–118.
Heinsohn, Kirsten; Barbara Vogel, Ulrike Weckel (Hg.): Zwischen Karriere und Verfolgung. Handlungsräume von Frauen im nationalsozialistischen Deutschland, Frankfurt a. M. 1997.
Henderson, James L.: Adolf Reichwein. Eine politisch-pädagogische Biographie, hrsg. und übersetzt von Helmut Lindemann, Stuttgart 1958.
Hentges, Gudrun: Staat und politische Bildung: Von der «Zentrale für Heimatdienst» zur «Bundeszentrale für politische Bildung», Wiesbaden 2013.
Herlemann, Beatrix: Die Rote Kapelle und der kommunistische Widerstand, in: Hans Coppi, Jürgen Danyel, Johannes Tuchel (Hg.): Die Rote Kapelle im Widerstand gegen den Nationalsozialismus (Schriften der Gedenkstätte Deutscher Widerstand 1), Berlin 1994, S. 79–90.
Heukenkamp, Ursula: Das lautlose Deutschland. Widerstandsliteratur und ihre Rezeption, in: dies. (Hg.): Unterm Notdach, Nachkriegsliteratur in Berlin 1945–1949, Berlin 1996, S. 267–316.
Hiemann, Rafaela: Widerstand und kumulative Erinnerungskonstruktion: Rudolf-Christoph Freiherr von Gersdorff, in: Magnus Brechtken: Life Writing and Political Memoir: Lebenszeugnisse und Politische Memoiren, Göttingen 2012, S. 145–201.
Hikel, Christine: Sophies Schwester. Inge Scholl und die Weiße Rose (Quellen und Darstellungen zur Zeitgeschichte 94), München 2013.
Hildebrandt, Sabine: The Women on Stieve's List: Victims of National Socialism Whose Bodies Were Used for Anatomical Research, in: Clinical Anatomy 26 (2013), S. 3–21.
Hoffmann, Peter: Widerstand, Staatsstreich, Attentat: der Kampf der Opposition gegen Hitler. München 1969.
Holler, Regina: 20. Juli 1944, Vermächtnis oder Alibi? Wie Historiker, Politiker und Journalisten mit dem deutschen Widerstand gegen den Nationalsozialismus umgehen; eine Untersuchung der wissenschaftlichen Literatur, der offiziellen Reden und der Zeitungsberichterstattung in Nordrhein-Westfalen von 1945–1986 (Kommunikation und Politik 26), München [u. a.] 1994.
Holtmann, Karen: Die Saefkow-Jacob-Bästlein-Gruppe vor dem Volksgerichtshof: Die Hochverratsverfahren gegen die Frauen und Männer der Berliner Widerstandsorganisation 1944–1945, Paderborn [u. a.] 2010.
Hormayr, Gisela: «Ich sterbe stolz und aufrecht»: Tiroler SozialistInnen und KommunistInnen im Widerstand gegen Hitler (Studien zu Geschichte und Politik 15), Innsbruck 2012.
Huber, Wolfgang: Kurt Huber vor dem Volksgerichtshof. Zum zweiten Prozess gegen die Weiße Rose, Essen 2009.

Internationale Frauenbegegnungsstätte Ravensbrück (Hg.): Christliche Frauen im Widerstehen gegen den Nationalsozialismus. Häftlinge im Frauen-KZ Ravensbrück 1939–1945, Fürstenberg/Havel 1998.

Jansen, Christian: Die Geschichtsschreibung über den Nationalsozialismus in der Bundesrepublik. Paradigmen und Kontroversen, in: Manfred Grieger, Christian Jansen, Irmtrud Wojak (Hg.): Interessen, Strukturen und Entscheidungsprozesse! Für eine politische Kontextualisierung des Nationalsozialismus, Essen 2010, S. 11–34.

Jens, Inge: Über die «Weiße Rose», in: Neue Rundschau 95/1,2 (1984), S. 193–213.

Jessen, Olaf: Die Moltkes. Biographie einer Familie, München 2011.

Käßmann, Margot (Hg.): Gott will Taten sehen. Christlicher Widerstand gegen Hitler. Ein Lesebuch. Ausgewählt, eingeleitet und kommentiert von Margot Käßmann und Anke Silomon, München 2013.

Kettelhake, Silke: Erzähl allen, allen von mir! Das schöne kurze Leben der Libertas Schulze-Boysen, 1913–1942, München 2008.

Klotzbach, Kurt: Der Weg zur Staatspartei. Programmatik, praktische Politik und Organisation der deutschen Sozialdemokratie 1945–1965, Berlin/Bonn 1982.

Kramer, Nicole: Volksgenossinnen an der Heimatfront. Mobilisierung, Verhalten, Erinnerung (Schriftenreihe der Historischen Kommission bei der Bayerischen Akademie der Wissenschaften 82), Göttingen 2011.

Krusenstjern, Benigna von: «daß es Sinn hat zu sterben – gelebt zu haben». Adam von Trott zu Solz. 1909–1944. Biographie, Göttingen 2009.

Kuhn, Annette (Hg.): Frauenleben im NS-Alltag, Pfaffenweiler 1994.

Kuhn, Annette: Kindheitsmuster. Gedanken zum Widerstand von Frauen in der Spirale der Zeit, in: Das Argument 47 (2005), 1, S. 83–92.

Kunze, Rolf-Ulrich; Berhard Schäfers (Hg.): Anneliese Knoop-Graf, Ausgewählte Aufsätze, Konstanz 2006.

Kurschat, Andreas; Harald Schultze (Hg., unter Mitarbeit von Claudia Bendick): «Ihr Ende schaut an …» Evangelische Märtyrer des 20. Jahrhunderts, Leipzig [2006], 2008.

Laurien, Ingrid: Politisch-kulturelle Zeitschriften in den Westzonen 1945–1949. Ein Beitrag zur politischen Kultur der Nachkriegszeit, Frankfurt a. M. 1991.

Leichsenring, Jana (Hg.): Frauen und Widerstand (Schriftenreihe der Forschungsgemeinschaft 20. Juli 1944 e. V., Bd. 1), Münster 2003.

List, Corinna von: Frauen in der Résistance. «Der Kampf gegen die ‹Boches› hat begonnen!» (Krieg in der Geschichte 59), Paderborn [u. a.] 2010.

Loch, Walter: Die lokale Mitte der Verschwörung. Ein Gedenkblatt für Dr. Theodor und Elisabeth Strünck, in: Der neue Tag, 19. Juli 1986.

Lossin, Eike: «Ich habe ja zum Schluß auch geklaut.» Stehlen, Plündern, Organisieren – Recht und Ordnung nach dem Krieg, in: Christoph Daxelmüller (Hg.): «… Froh, dass der Scheisskrieg vorbei war!» Alltag in Würzburg nach 1945, Würzburg 2009, S. 55–74.

Maurer, Trude: Abschiebung und Attentat. Die Ausweisung der polnischen Juden und der Vorwand für die «Kristallnacht», in: Walter H. Pehle (Hg.): Der

Judenpogrom 1938. Von der «Reichskristallnacht» zum Völkermord, Frankfurt a. M. 1988, S. 52–73.
Medicus, Thomas: Melitta von Stauffenberg. Ein deutsches Leben, Berlin 2012.
Mehlhausen, Joachim (Hg.): Zeugen des Widerstands, Tübingen 1996.
Mehringer, Hartmut: Waldemar von Knoeringen. Eine politische Biographie. Der Weg vom revolutionären Sozialismus zur sozialen Demokratie, München [u. a.] 1989.
Mehringer, Hartmut: Widerstand und Emigration: das NS-Regime und seine Gegner, München 1997.
Merseburger, Peter: Theodor Heuss. Der Bürger als Präsident, Stuttgart [2012], 2013.
Meyer, Kristina: Verfolgung, Verdrängung, Vermittlung. Die SPD und ihre NS-Verfolgten, in: José Brunner, Norbert Frei, Constantin Goschler (Hg.): Die Praxis der Wiedergutmachung. Geschichte, Erfahrung und Wirkung in Deutschland und Israel (Beiträge zur Geschichte des 20. Jahrhunderts 8, zugleich Schriftenreihe des Minerva Instituts für deutsche Geschichte der Universität Tel Aviv 28), Göttingen 2009, S. 159–202.
Moll, Helmut (im Auftrag der Deutschen Bischofskonferenz): Die katholischen deutschen Märtyrer. Ein Verzeichnis, Paderborn [1999], 2005.
Moll, Christiane: Die Weiße Rose, in: Peter Steinbach, Johannes Tuchel (Hg.): Widerstand gegen den Nationalsozialismus (Schriftenreihe der Bundeszentrale für politische Bildung, Bd. 323), Bonn 1994, S. 443–467.
Moltmann, Jürgen: Klaus und Dietrich Bonhoeffer, in: Joachim Mehlhausen (Hg.): Zeugen des Widerstands, Tübingen 1996, S. 194–216.
Moltmann-Wendel, Elisabeth: Die Frauen der Männer des Widerstandes, in: Joachim Mehlhausen (Hg.): Zeugen des Widerstands, Tübingen 1996, S. 173–193.
Moser, Eva: Otl Aicher: Gestalter, Ostfildern 2012.
Nelson, Anne: Die Rote Kapelle: die Geschichte der legendären Widerstandsgruppe, München 2010.
Nelson, Anne: Nur seinem Gewissen verpflichtet. Rudolf von Scheliha, in: Jan Erik Schulte, Michael Wala (Hg.): Auswärtiges Amt. Diplomatie gegen Hitler, München 2013, S. 83–102.
Oppenheimer, Max (Hg.): Antifaschismus. Tradition, Politik, Perspektive. Geschichte und Ziele der VVN – Bund der Antifaschisten, Frankfurt a. M. 1978.
Oschilewski, Walther G.: Zeitungen in Berlin, Berlin 1971.
Oy, Gottfried; Christoph Schneider: Die Schärfe der Konkretion: Reinhard Strecker, 1968 und der Nationalsozialismus in der bundesdeutschen Historiografie, Münster 2013.
Perels, Joachim: Das juristische Erbe des «Dritten Reiches». Beschädigungen der demokratischen Rechtsordnung (Wissenschaftliche Reihe des Fritz Bauer Instituts 7), Frankfurt a. M. 1999.
Peukert, Detlev: Volksgenossen und Gemeinschaftsfremde. Anpassung, Ausmerze und Aufbegehren unter dem Nationalsozialismus, Köln 1982.
Pöpping, Dagmar: Gedenkkultur in München. Zum 70. Jahrestag der Hinrichtung von Mitgliedern der Weißen Rose, in: Mitteilungen zur kirchlichen Zeitgeschichte 7 (2013), S. 229–234.
Püschel, Almuth: «... der Angeklagte ist Jude». Die Auswirkungen der antisemi-

tischen Gesetzgebung auf Bürger der Provinz Brandenburg 1933–1945, Potsdam ²1998, online verfügbar unter http://www.politische-bildung-brandenburg.de/publikationen/pdf/jude.pdf, 29. Januar 2013.

Recker, Klemens-August: «Wem wollt ihr glauben?» Bischof Berning im Dritten Reich, Paderborn 1998.

Reinhold, Ursula; Dieter Schlenstedt u. a. (Hg.): Erster Deutscher Schriftstellerkongreß, 4.–8. Oktober 1947, Protokoll und Dokumente, Berlin 1997.

Roloff, Stefan (mit Mario Vigil): Die Rote Kapelle. Die Widerstandsgruppe im Dritten Reich und die Geschichte Helmut Roloffs, München 2002.

Roth, Karl Heinz; Angelika Ebbinghaus (Hg.): Rote Kapellen – Kreisauer Kreise – Schwarze Kapellen. Neue Sichtweisen auf den Widerstand gegen die NS-Diktatur 1938–1945, Hamburg 2004.

Rothfels, Hans: The German Opposition to Hitler. An Appraisal, Hinsdale, Illinois, 1948.

Rothfels, Hans: Die deutsche Opposition gegen Hitler: eine Würdigung, Krefeld 1949.

Sahm, Ulrich: Rudolf von Scheliha, 1897–1942. Ein deutscher Diplomat gegen Hitler, München 1990.

Sahm, Ulrich: Ilse Stöbe, in Hans Coppi, Jürgen Danyel, Johannes Tuchel (Hg.): Die Rote Kapelle im Widerstand gegen den Nationalsozialismus (Schriften der Gedenkstätte Deutscher Widerstand 1), Berlin 1994, S. 262–276.

Schad, Martha: Frauen gegen Hitler. Schicksale im Nationalsozialismus, München 2002.

Schilde, Kurt (Hg.): Eva-Maria Buch und die «Rote Kapelle». Erinnerungen an den Widerstand gegen den Nationalsozialismus (Eine Schrift der Bruno-und-Else-Voigt-Stiftung), Berlin 1993.

Schmid, Hans-Dieter: Die Abschiebung der Juden polnischer Staatsangehörigkeit aus Hannover 1938/39, in: Hannoversche Geschichtsblätter 66 (2012), S. 179–198.

Schmitthenner, Walter; Hans Buchheim: Der deutsche Widerstand gegen Hitler. Vier historisch-kritische Studien von Hermann Graml, Hans Mommsen, Hans Joachim Reichhardt und Ernst Wolf, Köln 1966. Das Buch wurde 1970 ins Englische übersetzt: The German Resistance to Hitler, with an Introduction by Francis L. Carsten, Berkeley and Los Angeles.

Schüler, Barbara: Von der Weißen Rose zur Eule der Weisheit. Die Anfänge der Ulmer Volkshochschule, hrsg. von der Ulmer Volkshochschule, Ulm 1996.

Schüler, Barbara: «Im Geiste der Gemordeten ...»: Die «Weiße Rose» und ihre Wirkung in der Nachkriegszeit (Politik- und Kommunikationswissenschaftliche Veröffentlichungen der Görres-Gesellschaft), Paderborn 2000.

Schwarz, Walter: Die Wiedergutmachung nationalsozialistischen Unrechts durch die Bundesrepublik Deutschland. Ein Überblick, in: Constantin Goschler, Ludolf Herbst (Hg.): Wiedergutmachung in der Bundesrepublik Deutschland, München 1989, S. 33–54.

Schwarzer, Alice: Marion Dönhoff. Ein widerständiges Leben, Köln 1996.

Schwiedrzik, Wolfgang Matthias: Träume der ersten Stunde: die Gesellschaft Imshausen, Berlin 1991.

Seckendorff, Eva von: Die Hochschule für Gestaltung. Gründung (1949–1953) und Ära Max Bill (1953–1957), Marburg 1989.

Seeling, Hartmut: Geschichte der Hochschule für Gestaltung Ulm, 1953–1968. Ein Beitrag zur Entwicklung ihres Programms und der Arbeiten im Bereich der Visuellen Kommunikation, Köln 1985.

Smid, Marikje: Hans von Dohnanyi – Christine Bonhoeffer. Eine Ehe im Widerstand gegen Hitler, Gütersloh 2002.

Spitz, René Michael: Die politische Geschichte der Hochschule für Gestaltung Ulm (1953–1968). Ein Beispiel für Bildungs- und Kulturpolitik in der Bundesrepublik Deutschland, Köln 1997.

Stadie, Babette (Hg.): Die Macht der Wahrheit. Reinhold Schneiders «Gedenkwort zum 20. Juli» in Reaktionen von Hinterbliebenen des Widerstandes, Berlin 2008.

Steinbach, Peter: Die Rote Kapelle – 50 Jahre danach, in: Hans Coppi, Jürgen Danyel, Johannes Tuchel (Hg.): Die Rote Kapelle im Widerstand gegen den Nationalsozialismus (Schriften der Gedenkstätte Deutscher Widerstand 1), Berlin 1994, S. 54–67.

Steinbach, Peter: Widerstand im Widerstreit. Der Widerstand gegen den Nationalsozialismus in der Erinnerung der Deutschen, Paderborn 2001.

Steinbach, Peter; Johannes Tuchel: Widerstand gegen die nationalsozialistische Diktatur 1933–1945, Berlin 2004.

Stiftung für Hochschule und Gestaltung (Hg.): Freundschaft und Begegnung. Erinnerungen an Otl Aicher, Ulm 1997.

Szepansky, Gerda: Frauen leisten Widerstand: 1933–1945, Frankfurt a. M. [1983], 1988.

Telegraf-Verlags-GmbH (Hg.): Telegraf. 10 Jahre. Vom Werden und Wirken einer Berliner Zeitung 1946–1956, Berlin 1956.

Terhoeven, Petra: Frauen im Widerstand: Das Beispiel der italienischen Resistenza, in: Zeitschrift für Geschichtswissenschaft 52 (2004), S. 608–625.

Thadden, Rudolf von: Trieglaff: eine pommersche Lebenswelt zwischen Kirche und Politik, 1807–1948, Göttingen 2010.

Tollmien, Cordula: Tschechen – «fremd«, «fleißig« und «gefährlich« – die ersten Opfer des nationalsozialistischen Menschentransfers, (April 1939 bis Kriegsbeginn), Unveröffentlichtes Manuskript 2004 (mit geringfügigen Änderungen im September 2011): http://www.zwangsarbeit-in-goettingen.de/bibliothek/tollmientschechen2004.pdf, 1. Februar 2013.

Trott zu Solz, Clarita von: Adam von Trott zu Solz. Eine Lebensbeschreibung, Berlin 2009.

Tuchel, Johannes: Motive und Grundüberzeugungen des Widerstandes der Harnack/Schulze-Boysen-Organisation. Zum Denken und Handeln von Liane Berkowitz, in: Kurt Schilde (Hg.): Eva-Maria Buch und die «Rote Kapelle». Erinnerungen an den Widerstand gegen den Nationalsozialismus (Eine Schrift der Bruno-und-Else-Voigt-Stiftung), Berlin 1993, S. 93–135; 96.

Tuchel, Johannes: Die Gestapo-Sonderkommission «Rote Kapelle», in: Hans Coppi, Jürgen Danyel, Johannes Tuchel (Hg.): Die Rote Kapelle im Widerstand gegen den Nationalsozialismus (Schriften der Gedenkstätte Deutscher Widerstand 1), Berlin 1994, S. 145–159.

Tuchel, Johannes (Hg.): Der vergessene Widerstand. Zur Realgeschichte und Wahrnehmung des Kampfes gegen die NS-Diktatur (Dachauer Symposien zur Zeitgeschichte 5), Göttingen 2005.

Ueberschär, Gerd R. (Hg.): Der 20. Juli: das «andere Deutschland» in der Vergangenheitspolitik nach 1945, Berlin 1998.

Ueberschär, Gerd R.: Für ein anderes Deutschland. Der deutsche Widerstand gegen den NS-Staat 1933–1945, Frankfurt a. M. 2006.

Ullrich, Christina: «Ich fühl' mich nicht als Mörder». Die Integration von NS-Tätern in die Nachkriegsgesellschaft (Veröffentlichungen der Forschungsstelle Ludwigsburg der Universität Stuttgart 18), Darmstadt 2011.

Ullrich, Volker: Der Kreisauer Kreis, Reinbek bei Hamburg 2008.

Ulmer Museum, HfG-Archiv, Dagmar Rinker, Marcela Quijano, Brigitte Reinhardt (Hg.): ulmer modelle, hochschule für gestaltung 1953–1968, Ausstellungskatalog, Ostfildern 2003.

Vinke, Hermann: Das kurze Leben der Sophie Scholl, Ravensburg 1980.

Vinke, Hermann: Cato Bontjes van Beek, «Ich habe nicht um mein Leben gebettelt.» Ein Porträt, Zürich, Hamburg 2003.

Vinke, Hermann: Fritz Hartnagel. Der Freund von Sophie Scholl, Zürich, Hamburg 2005.

Vinke, Hermann: Hoffentlich schreibst Du recht bald: Sophie Scholl und Fritz Hartnagel; eine Freundschaft 1937–1943, Ravensburg 2008.

Vollmer, Antje: Doppelleben. Heinrich und Gottliebe von Lehndorff im Widerstand gegen Hitler und von Ribbentrop, Frankfurt a. M. 2010.

Voss, Rüdiger von: Der Staatsstreich vom 20. Juli 1944: politische Rezeption und Traditionsbildung, Berlin 2011.

Waage, Peter Norman: Es lebe die Freiheit! Traute Lafrenz und die Weiße Rose, Stuttgart 2012.

Wetzel, Juliane: Zur Widerstandsrezeption in der BRD bis 1989, in: Inge Hansen-Schaberg, Beate Schmeichel-Falkenberg (Hg.): Frauen erinnern. Widerstand – Verfolgung – Exil 1933–1945, Berlin 2000, S. 233–243.

Wickert, Christl: Frauen zwischen Dissens und Widerstand, in: Wolfgang Benz, Walter H. Pehle (Hg.): Lexikon des deutschen Widerstandes, Frankfurt a. M. 1994, S. 141–156.

Wickert, Christl (Hg.): Frauen gegen die Diktatur – Widerstand und Verfolgung im nationalsozialistischen Deutschland 1933–1945, Berlin 1995.

Wiggershaus, Renate: Geschichte der Frauen und der Frauenbewegung. In der Bundesrepublik Deutschland und in der Deutschen Demokratischen Republik nach 1945, Wuppertal 1979.

Wildt, Michael: Das «Bayern-Projekt», die Alltagsforschung und die «Volksgemeinschaft», Jena 2006, S. 2, http://www.lueders-kunden.net/wildt/download/Wildt%20Broszat%20und%20die%20Alltagsgeschichte%20Vortragsfasssung.pdf, 17. 10. 2012.

Zankel, Sönke: Die weiße Rose war nur der Anfang, Böhlau 2006.

Zankel, Sönke: Mit Flugblättern gegen Hitler. Der Widerstandskreis um Hans Scholl und Alexander Schmorell, Böhlau 2008.

Bildnachweis

Seite 18, 65, 66, 114, 167: Privatarchiv Sibylle Kopf, Solz
Seite 21, 102, 233: Familienarchiv Bontjes van Beek, Fischerhude
Seite 24, 74, 123, 127, 212, 232: © 2014 Manuel Aicher, Dietikon (Schweiz)
Seite 29, 48: Julius und Annedore Leber Archiv
Seite 31, 59: Privatarchiv Sabine Reichwein, Berlin
Seite 36, 46: Privatarchiv Elisabeth Ritscher, Adliswil
Seite 40, 43: akg-images
Seite 57, 78, 82, 141, 227: Reproduktion Gedenkstätte Deutscher Widerstand, Berlin
Seite 73, 125: © 2014 Manuel Aicher, Dietikon (Schweiz), Fotos: Institut für Zeitgeschichte München–Berlin
Seite 85, 93: Privatbesitz/Reproduktion Gedenkstätte Deutscher Widerstand, Berlin
Seite 89: Bundesarchiv Berlin, BArch NJ 2/4/Reproduktion Gedenkstätte Deutscher Widerstand, Berlin
Seite 90: Historisches Museum Hannover, HAZ-Hauschild-Archiv
Seite 104: bpk/Liselotte Purper (Orgel-Köhne)
Seite 109: Bundesarchiv Berlin, BArch R 58/3191/Reproduktion Gedenkstätte Deutscher Widerstand, Berlin
Seite 131: akg-images/George (Jürgen) Wittenstein
Seite 144: Privatarchiv Helmuth Caspar von Moltke, Norwich, Vermont
Seite 147: Familienarchiv von Trott zu Solz
Seite 150: bpk
Seite 176: bpk/Friedrich Seidenstücker
Seite 182: Aus: Hans Coppi, Nicole Warmbold: Der zweite Sonntag im September. Gedenken und Erinnern an die Opfer des Faschismus. Zur Geschichte des OdF-Tages, Berlin 2011, S. 18.
Seite 197, 200, 255, 271: Privatarchiv Renate Martin-Reichwein, München
Seite 205: Walter Sanders/Time Life Pictures/Getty Images
Seite 254: Michael Rougier/Time & Life Pictures/Getty Images
Seite 259: Landesarchiv Berlin
Seite 264: HfG-Archiv, Ulmer Museum, Ulm

Personenregister